Informatik-Fachberichte

Subreihe Künstliche Intelligenz

Herausgegeben von W. Brauer in Zusammenarbeit mit dem Fachausschuß 1.2 „Künstliche Intelligenz und Mustererkennung" der Gesellschaft für Informatik (GI)

93

Künstliche Intelligenz

Repräsentation von Wissen
und natürlichsprachliche Systeme
Frühjahrsschule, Dassel (Solling)
5.–16. März 1984

Herausgegeben von Christopher Habel

Springer-Verlag
Berlin Heidelberg New York Tokyo

Herausgeber
Christopher Habel
TU Berlin, Institut für Angewandte Informatik, Sekr. FR 5–8
Franklinstr. 28–29, 1000 Berlin 10

CR Subject Classifications (1982) : I.2

ISBN-13: 978-3-540-15190-6   e-ISBN-13: 978-3-642-70283-9
DOI: 10.1007/978-3-642-70283-9

VORWORT

Um der starken Nachfrage nach Ausbildung und Fortbildung im Bereich der Künstlichen
Intelligenz Rechnung zu tragen, wurde vom Fachausschuss 1.2 "Künstliche Intelligenz
und Mustererkennung" der Gesellschaft für Informatik vom 5. -16. März 1984 in Dassel
(Solling) eine zweiwöchige Frühjahrsschule durchgeführt. Diese Frühjahrsschule war
die Nachfolgeveranstaltung zur KIFS-82, die im März 1982 in Teisendorf stattfand.
Die diesjährige KIFS stand unter dem Themenschwerpunkt

"Repräsentation von Wissen und natürlichsprachliche Systeme".

Das Kursangebot umfasste:

Gruldkurse:

- Bildverstehen (B. Neumann, Hamburg)

- Automatisches Beweisen (J. Siekmann, Kaiserslautern)

- Natürlichsprachliche Systeme (W. Wahlster, Saarbrücken)

Aufbaukurse:

- Inferenzmethoden (W. Bibel, München)

- Parser als integraler Bestandteil von Sprachverarbeitungssystemen
  (T. Christaller, Hamburg)

- Lernen und Wissensakquisition (Ch. Habel & C.-R. Rollinger, Berlin)

- Techniken der Wissensdarstellung (J. Laubsch, Stuttgart)

- Textverstehen und Textproduktion (U. Quasthoff-Hartmann, Bielefeld).

- Semantik-Modelle in der Künstlichen Intelligenz (C. Schwind, Marseille)

Spezialkurse:

- LISP 1 (G. Görz, Erlangen)

- LISP 2 (H. Stoyan, Erlangen)

- PROLOG (H. Gust & M. König, Osnabrück/ Berlin)

Die Durchführung der Spezialkurse, die eine Einführung bzw. Vertiefung der für die
KI wichtigsten Programmiersprachen zum Ziel hatten, erfolgte auf Kleinrechnern
(verschiedener Hersteller) und zum Teil auf einer LISP-Maschine. Die Rechner wurden
ausserdem für Übungen und Vorführungen zu einigen der weiteren Kurse verwendet.
Hierdurch wurde es möglich, die im Vorlesungsteil der Kurse erworbenen theoretischen
Kenntnisse, teilweise sogar am Rechner anzuwenden.
Durch die Konzentrierung auf einen Themenschwerpunkt und damit verbunden das Angebot
von Kursen, die bis zu den aktuellen Forschungsproblemen hinführten, war die KIFS-84
insbesondere für solche Teilnehmer konzipiert worden, die schon Grundkenntnisse auf
dem Gebiet der KI besitzen, bzw. in Teilbereichen der KI arbeiten.
Das verstärkte Interesse der Industrie und anwendungsorientierten
Grossforschungseinrichtungen zeigte sich nicht nur in der grossen Zahl der

Teilnehmer (und der Bewerbungen um Teilnahme), sondern auch daran, dass mehrfach Arbeits- und Diskussionskreise zu Problemen der KI-Anwendung gebildet wurden, bei denen ein reger Gedankenaustausch zwischen Anwendern und den Grundlagenforschern der Universität stattfanden. Nicht zuletzt sei hier den Spendern aus der Industrie gedankt, die durch finanzielle Zuwendungen die Zahlungen von Stipendien an studentische Teilnehmer möglich machten, bzw. kostenlos Rechnerausstattung zur Verfügung stellten:

   ABC Computersysteme GmbH (Lilienthal/Bremen)

   DIGITAL EQUIPMENT GmbH (München)

   NIXDORF COMPUTER AG (Paderborn)

   SIEMENS AG (München)

   SYMBOLICS GmbH (Eschborn)

Die interdisziplinäre Stellung der KI zeigte sich bei der KIFS u.a. daran, dass mit 20 Teilnehmern aus den Nachbar- bzw. Anwendungsdisziplinen (Medizin, Linguistik, Psychologie, Informationswissenschaften) ein recht beachtlicher Anteil an Nicht-Informatikern zu verzeichnen war.

Unterlagen zu den Kursen der KIFS-82 wurden von W. Bibel und J. Siekmann in der Reihe INFORMATIK-FACHBERICHTE (Springer Verlag) herausgegeben; der hier vorliegende Band stellt - in gewisser Weise - eine Fortführung des ersten Bandes dar. Da durch die Sammlung von Lehrmaterial zur KIFS-82 die Grundkurse der diesjährigen KIFS gut dokumentiert vorliegen, erfolgt hier, für die KIFS-84, ausschliesslich eine Publikation der Aufbaukurse. (Eine Einführung in LISP, verfasst von H. Stoyan und G. Görz, den Dozenten der LISP-Kurse der KIFS-84, ist 1984 im Springer-Verlag erschienen.)

Die im vorliegenden Band veröffentlichten Unterlagen zu den Aufbaukursen der Frühjahrsschule betreffen den für dieses Jahr gewählten Themenschwerpunkt "Repräsentation von Wissen und natürlichsprachliche Systeme".

Die Arbeiten von W. Bibel und J. Laubsch geben zusammen einen Überblick über die wichtigsten Strömungen im Bereich Repräsentation von Wissen. Dabei werden die beiden Hauptrichtungen, die logischer Repräsentationen einerseits (W. Bibel) und frame-orientierter Darstellungen andererseits (J. Laubsch), zum Ausgangspunkt der Darlegungen verwendet.

C. Schwind behandelt Probleme der Wissensrepräsentation in natürlich-sprachlichen Systemen. Sie geht hierbei von logischen Repräsentationen aus, die über PROLOG dargestellt und verarbeitet werden.

Die Arbeiten von T. Christaller und U. Quasthoff betreffen die Verarbeitung natürlicher Sprache. T. Christaller stellt dabei die zentrale Position des Parsings heraus, wobei jedoch über die traditionelle Sichtweise eines rein-syntaktischen

Parsings hinausgegangen wird und stattdessen ´integriertes Parsing´ unter Einschluss semantischer und pragmatischer Fragestellungen vorgeschlagen wird. U. Quasthoffs Arbeit stellt den gegenwärtigen Stand der linguistischen und kognitions-psychologischen Forschung im Bereich des Textverstehens (und skizzenhaft auch der Textproduktion) vor. Diese Einführung ist insbesondere ein Beitrag zur interdisziplinären Arbeitsweise, die für erfolgreiche KI-Forschung unumgänglich ist. Der abschliessende Beitrag von Ch. Habel und C. Rollinger ist ein einführender Überblick über den Bereich des ´Maschinellen Lernens´. Exemplarisch werden einige der wichtigsten Lernverfahren und "lernenden KI-Systeme" vorgestellt, und an ihnen die wesentlichen Probleme der maschinellen Akquisition von Wissen erläutert.

Ich möchte hier noch einmal allen Teilnehmern und Dozenten der KIFS-84 für ihre Mitarbeit danken, die insbesondere dazu geführt hat, dass durch die Diskussionen der Kurse dieser Sammelband, der eine Zwischenstellung zwischen Lehrbuch und Aufsatzsammlung besitzt zustande kommen konnte.

Berlin, Dez. 1984
Ch. Habel

I N H A L T

Wolfgang Bibel   Inferenzmethoden   1

Joachim Laubsch   Techniken der Wissensdarstellung   48

Camilla Schwind   Semantikkonzepte in der Künstlichen   94
                            Intelligenz

Thomas Christaller   Parser als integraler Bestandteil   159
                            von Sprachverarbeitungssystemen

Uta M. Quasthoff   Textverstehen und Textproduktion   184

Christopher Habel   Lernen und Wissensakquisition   249
Claus-Rainer Rollinger

INFERENZMETHODEN

W. Bibel
Technische Universität München

KURZFASSUNG

Inferenzbildung wird als eine zentrale Fähigkeit von Systemen angesehen, die intelligentes Verhalten realisieren. Im allgemeinsten Sinne
wird darunter die Fähigkeit verstanden, aus vorhandenem Wissen neues
Wissen mittels geeigneter Inferenzregeln zu erschließen.

Inferenzbildung tritt in verschiedensten Formen und Kontexten auf,
von der strengen mathematischen Beweisführung bis hin zum ungenauen
Schließen auf der Grundlage von vagem Wissen im menschlichen Alltag.
Die Grenzen zwischen verschiedenen solcher Formen sind unklar; begriffliche Verwirrung ist die Folge. Der vorliegende Artikel versucht
daher, einen klärenden Überblick über das Phänomen des Schließens in
seinen verschiedenen Manifestationen unter möglichst einheitlichen
Gesichtspunkten zu geben.

INHALT

EINLEITUNG

1.   MATHEMATISCH-LOGISCHE GRUNDLAGEN

  1.1   Klassische Logik
  1.2   Modallogik
  1.3   Mathematik

2.   NICHT-MONOTONE INFERENZ

  2.1   Das Phänomen des nicht-monotonen Schließens
  2.2   Verschiedene Representationformen
  2.3   Verschiedene Ansätze zur nicht-monotonen Inferenz

3.   SPEZIALFORMEN VON INFERENZ

  3.1   Inferenz über Wissen verschiedener Akteure
  3.2   Meta-Inferenz
  3.3   Induktives Schließen

ZUSAMMENFASSUNG

LITERATURVERZEICHNIS

EINLEITUNG

Wissen und Inferenz bilden das tragende Fundament intelligenter Systeme. Von den beiden ist es wohl insbesondere die Inferenz, die den qualitativen Unterschied zwischen klassischen Systemen (wie etwa dem Betriebssystem einer Rechenanlage) und solchen Systemen bedingen, deren Verhalten sich im Vergleich zu dem der Menschen durchaus als intelligent erweist. Nämlich, Wissen steckt natürlich auch in einem Betriebssystem, das sich deswegen jedoch noch lange nicht intelligent verhält, eben weil ihm die Inferenz abgeht.

Genaugenommen ist Inferenz natürlich auch Wissen, und zwar Wissen darüber, wie man aus Wissen anderes Wissen erschließen kann, also Wissen **über** die Verarbeitung von Wissen, kurz **Meta-Wissen**. Als solches unterscheidet es sich jedoch klar von dem übrigen Wissen über Daten, Objekte und ihre funktionalen oder relationalen Beziehungen, also dem Wissen auf der **Objektebene**.

Zur Illustration erinnere ich an das in der **Intellektik** (= Gebiet der künstlichen Intelligenz, KI) oft besprochene "Missionare und Kannibalen" Problem.

> "Drei Missionare und drei Kannibalen kommen zu einem Fluß. Dort gibt es ein Ruderboot mit zwei Plätzen. Wann immer Kannibalen den Missionaren gegenüber in der Mehrzahl sind, werden die Missionare verspeist. Wie können sie heil über den Fluß kommen?"

Wenn die Missionare (oder der Leser) die Lösung dieses Problems ausgeknobelt haben, dann ist offenbar (in dem obigen Sinne) anderes, neues Wissen zu dem hinzugekommen, das ihnen vorher zur Verfügung stand. Mechanismen, die solches leisten, bilden den Gegenstand dieser Arbeit.

Die Vielfalt solcher Mechanismen ist verwirrend reichhaltig. Sie reicht von der exakten Beweisführung des Mathematikers bis zu den spekulativen Folgerungen eines Börsenmaklers. Eine umfassende Darstellung des Themas sollte daher niemand erwarten, vielmehr soll hier nur ein einführender Überblick vermittelt werden. Dem liegt allderdings die Absicht zugrunde, die verschiedenen Phänomene unter möglichst übergeordneten und einheitlichen Gesichtspunkten miteinander in Beziehung zu setzen.

Einer dieser Gesichtspunkte ist die Zugrundelegung von Formalismen aus der mathematischen Logik aus Gründen, die in (Bibel 82a) ausführlich dargelegt wurden. Diese Formalismen und ihre Anwendung zum exakten mathematischen Schließen werden in Kapitel 1 zusammenfassend dargestellt.

Kapitel 2 untersucht dann die Phänomene des **nicht-monotonen** Schließens, die ihre Wurzeln in dem **Umfang** und der **Qualität** der zugrundeliegenden **Beschreibung** haben. Wir unterscheiden dabei die folgenden Aspekte. Einer ist die **minimale** Inferenz in dem Sinne, daß in dem obigen Problem eine Lösung der Art "alle sechs gehen 300 Meter flußaufwärts und benützen die dortige Brücke" nicht zugelassen wird, weil in der Problemstellung von einer Brücke keine Rede ist (ungeachtet der Tatsache, daß auch über die Nichtexistenz nichts ausgesagt ist). Der zweite Aspekt ist die **inkonsistenz-tolerante** Inferenz; Inkonsistenz in diesem Sinne ergäbe sich in der obigen Beschreibung, wenn etwa zusätzlich gesagt wird, daß einer der Kannibalen angesichts des Flusses in Ohnmacht fällt; dann steht eine solche Aussage in Konflikt mit dem intendierten Sinne der "Mehrzahl"-Regeln (Satz 3 der Beschreibung), weil ja ohnmächtige Kannibalen keinen Appetit auf Missionare haben können. Schließlich behandeln wir die Inferenz aufgrund von **vagem**, ungeklärten Wissen.

Die Nicht-Monotonie stellt nur eines unter einer Reihe von nach wie vor aktuellen Problemen im Zusammenhang mit Inferenz dar. Kapitel 3 untersucht solche Probleme, die mit der Struktur der zu modellierenden realen Welt zusammenhängen. Eines dieser Probleme besteht in der Tatsache, daß Wissen in verschiedenen Akteuren verteilt ist. Ein anderes bezieht sich auf die Fähigkeit, das eigene Schließen, quasi aus der Perspektive eines Über-Ichs, selbst zum Gegenstand der Betrachtungen zu machen, die **Meta**-Inferenz. Schließlich ist Inferenz wesentlich an den Mechanismen beteiligt, die mit dem Stichwort **Lernen** angedeutet seien.

Obgleich damit die Spannweite der Erörterung groß ist, finden viele weitere und wichtige Aspekte der Inferenz höchstens noch in der abschließenden Zusammenfassung eine Erwähnung. Dem interessierten Leser sei hierfür die zu unseren Themen ausgewählte Literatur empfohlen.

1. MATHEMATISCH-LOGISCHE GRUNDLAGEN

In diesem ersten Abschnitt werden wir einen kurzen Überblick über
einschlägige Logikformalismen und zugehörige Deduktionsmechanismen
geben sowie ihre Anwendung in exakten mathematischen Theorien diskutieren.

1.1 Klassische Logik

Von alters her bestand und besteht die Aufgabe der Logik in der Bereitstellung (und dem Studium) von Formalismen zur Beschreibung von
Wissen und Inferenz. Betrachten wir zum Beispiel die beiden Aussagen
"ein Großvater ist der Vater eines Vaters (kurz W1) und "jedermann
hat einen Vater" (kurz W2), so ergibt sich die offensichtliche Folgerung "jedermann hat einen Großvater" (kurz W0). Formal ist eine solche Folgerung eine Beziehung (bezeichnen wir sie mit $\models$) zwischen
dem Inhalt der beiden ersten Sätze einerseits und dem des letzten
Satzes andererseits. Da wir vom Inhalt (oder Sinn) der Sätze reden,
wird $\models$ eine **semantische** Beziehung oder Folgerung genannt.

Eine **Formalisierung** besteht nun in der Angabe einer Sprache, in der
sich Sätze dieser Art bilden lassen, sowie in der Angabe von syntaktischen Regeln, mit denen sich eine **syntaktische** Beziehung $\vdash$
(sprich "ableitbar") definieren läßt, so daß $\models$ zwischen dem Sinn
der Sätze genau dann gilt, wenn $\vdash$ zwischen den Sätzen als syntaktischen Gebilden gilt. Es dürfte einleuchtend sein, daß ohne einen
Übergang zur Syntax eine Automatisierung undenkbar wäre.
Grundsätzlich ist hierfür natürlich jede, also auch die natürliche
Sprache geeignet. In diesem Falle bliebe die Frage nach einer Definition von $\vdash$, so daß etwa im obigen Beispiel

$$\text{W1 \& W2} \vdash \text{W0}$$

gilt. Leider ist die natürliche Sprache zu komplex, aber auch zu vage, mehrdeutig und unklar, daß ein solcher Versuch auf Anhieb gelin-
gen könnte.

Deshalb geht man zunächst den Weg über eine präzise formale Sprache
(quasi als Modell der natürlichen Sprache), formuliert darin (unter
möglichster Beibehaltung des Sinns) W1, W2 und W0 in exakter
Weise und beschränkt sich hinsichtlich der Beziehung W1 & W2 $\vdash$ W0
auf solche formalen Sätze oder **Formeln.** Die **Prädikatenlogik (erster**

Stufe) liefert sowohl eine solche formale Sprache als auch einen darin wohldefinierten Folgerungsbegriff $\vdash$. Beides können wir hier nur an Beispielen kurz erläutern. Eine etwas ausführlichere Beschreibung findet sich in (Bibel 82a) (oder Bibel 83), während z. B. (Bibel 82) eine umfassende Einführung vermittelt.

Aus den Eigenschaften (dieser klassischen prädikatenlogischen Folgerungsbeziehung) weiß man, daß

$$W1 \ \& \ W2 \ \vdash \ W0$$

äquivalent mit

$$\vdash \ W1 \ \& \ W2 \rightarrow W0$$

ist, d. h. wir können das vorausgesetzte Wissen immer in die Behauptung miteinbeziehen, und haben uns so immer nur mit der Frage nach $\vdash$ F für eine gegebene Formel F zu befassen. In unserem Beispiel handelt es sich etwa um die folgende Formel

$$\forall xyz \ (Vyz \lor Vyx \rightarrow Gzx) \ \& \ \forall u \ \exists c \ Vcu \ \rightarrow \ \forall b \ \lor \ Gvb$$

die wir kurz mit VG bezeichnen wollen.

Eine Möglichkeit, $\vdash$ VG in einer mechanischen Weise zu testen, ist durch die von Robinson (65) eingeführte Resolutionsmethode gegeben. Sie besteht aus einer vorbereitenden Transformation der gegebenen Formel in eine normierte Form, dem eigentlichen Resolutionsprozeß und einem Abschlußtest.

In der vorbereitenden Transformation wird die Formel negiert, und die Implikation $\rightarrow$ durch die Disjunktion und Negation ersetzt, was im Beispiel zu

$$\forall xyz \ (\neg Vzy \lor \neg Vyx \lor Gzx) \ \& \ \forall u \ \exists c \ Vcu \ \& \ \exists b \ \forall v \ \neg Gvb$$

führt. Dann wird **skolemisiert** (hier Ersetzung des **Terms** c durch den Term fu), alle Quantoren werden weggelassen, und die entstehende Formel wird in **konjunktive Normalform** überführt, also

$$(\neg Vzy \lor \neg Vyx \lor Gzx) \ \& \ V(fu)u \ \& \ \neg Gvb.$$

Die entstehenden Konjunktionsglieder (hier genau drei) werden als
Mengen von **Literalen** aufgefaßt und dann **Clausen** genannt. Die so entstandene **Clausenform**

$$\{\neg Vzy, \neg Vyx, Gzx\} \ , \quad \{V(fu)u\} \ , \quad \{\neg Gvb\}$$

bildet dann den Ausgangspunkt des Resolvierungsprozesses, der nun an
unserem Beispiel illustriert werden soll.

Man wählt irgendeine Clause aus, sagen wir $\{\neg Gvb\}$, und darin irgend-
ein Literal L , hier also notwendigerweise $\neg Gvb$. Dann sucht man
irgendeine weitere Clause, in der ein Literal $\sim$L mit dem gleichen
Prädikatszeichen wie in L , hier also G , jedoch mit entgegenge-
setztem Vorzeichen (bezüglich der Negation) auftritt. Im Beispiel
kommt für $\sim$L nur Gzx in Frage. Die Terme in den beiden ausgewählten Literalen müssen nun wenn möglich paarweise **unifiziert**, d.
h. durch Einsetzen von Termen in Variable gleichgemacht werden. Hier
handelt es sich um die beiden Termpaare $\{z,v\}$ und $\{x,b\}$, die
offensichtlich in diesem Sinne (mittels der **Substitution**
$\{z \rightarrow v, x \rightarrow b\}$) unifizierbar sind. Diese Substitution wird auf alle
Literale in den beiden Clausen angewandt, die beiden ausgewählten
komplementären Literale werden entfernt und die übrigbleibenden Literale in einer neuen Clause, der **Resolvente**, vereinigt, die nun zusammen mit den bisherigen Clausen die neue Clausenmenge für den nächsten
Schritt bildet.

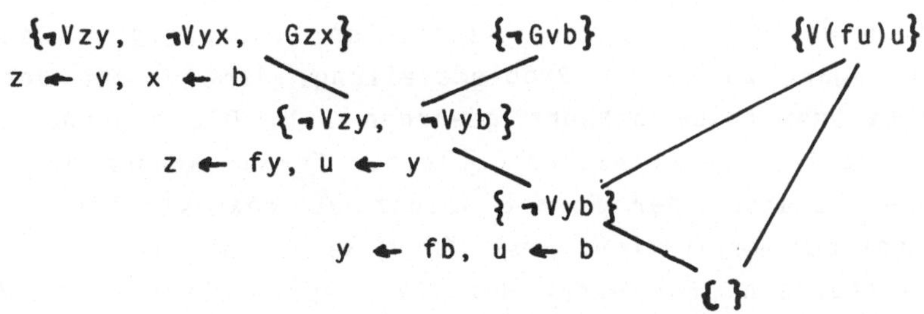

Figur 1: Der Resolutionsbeweis für VG

Dieses Verfahren wird solange fortgesetzt, bis einmal als Resolvente
die leere Menge $\{\}$ auftritt. Figur 1 zeigt die gesamte Ableitung von
$\{\}$ für unser Beispiel in einer wohl unmittelbar verständlichen Weise.

Damit haben wir den Grundmechanismus der Resolution (in einer hinsichtlich der Variablenbezeichnungen etwas vereinfachten Weise)
illustriert. Es ist klar, daß das Hauptproblem in einer möglichst
geschickten Auswahl der beiden komplementaren Literale liegt, über
die resolviert wird. Insbesondere muß man natürlich ausschließen, daß
Resolvierungen, die bereits ausgefhrt wurden, unnötigerweise später
nochmals in Betracht gezogen werden. Über solche **Verfeinerungen** des
Resolutionsverfahrens gibt es eine außerordentlich umfangreiche Literatur, auf die wir in diesem kurzen Überblick überhaupt nicht eingehen können. Vielmehr müssen wir uns auf die Nennung zweier besonders
wichtiger Verfeinerungen dieser Art beschränken, nämlich die **lineare**
Resolution und die **Konnektionsgraphen** Resolution, und den Leser z. B.
auf (Bibel 82) oder (Loveland 78) verweisen.

Es gibt bereits eine Fülle von implementierten Systemen, die nach dem
Resolutionsprinzip arbeiten. Allgemein nennt man derartige Systeme
Theorembeweiser, weil sie die logische Gültigkeit einer Formel F wie
ein mathematisches Theorem nachweisen. Diese Bezeichnung ist insofern irreführend, weil die Anwendbarkeit solcher Systeme weit über
die Mathematik hinausreicht. So finden sie schon heute praktische
Anwendungen in der automatischen Programmierung, in der Programmverifikation, in wissensbasierten Systemen wie Expertensystemen, im Entwurf von Schaltkreisen, um nur einige Beispiele zu nennen. Diese
Vielseitigkeit beruht auf der Universalität des zugrundeliegenden
Logikformalismus.

Es gibt einen weiteren, von der Resolution unabhängigen (wenn auch
verwandten) Zugang zu dieser Problemstellung, der nunmehr unter den
Namen **Konnektionsmethode** bekannt geworden ist. Die zugrundeliegende
Idee besteht darin, die Ableitbarkeit einer Formel anhand der inneren
syntaktischen Struktur der Formel selbst zu charakterisieren, ohne
diese, wie bei der Resolution, erst durch Resolventenbildung in viele
Teile zu zerstückeln. Für unser Beispiel repräsentieren die Konnektionen in der nachstehenden Darstellung einen solchen Konnektionsbeweis.

$$\forall xyz \ (Vzy \ \& \ Vyz \ \rightarrow \ Gzx) \ \& \ \forall u \ \exists c \ Vcu \ \rightarrow \ \forall b \ \exists v \ Gvb$$

Im Vergleich zur Resolutionsableitung in der Figur 1 stellt jede Konnektion hier die Kodierung je eines entsprechenden Resolutionsschlusses dar (obwohl der Zusammenhang in voller Allgemeinheit komplizier ter ist).

Grundsätzlich ist die Konnektionsmethode auf jede Formel anwendbar, so daß auf den bei der Resolution nötigen Umformungsprozeß in Clausenform verzichtet werden kann (wie aus dem Beispiel ersichtlich ist). Der Hauptteil in dieser Methode besteht dann in einer Lokalisierung von Konnektionen unter gleichzeitiger Unifizierung entsprechender Terme in den konnektierten Literalen. Dabei kann es sich als nötig erweisen, Formelteile in mehreren Kopien in Betracht zu ziehen, wie etwa der Teil Vcu im obigen Konnektionsbeweis in einer ersten und zweiten Kopie konnektiert wird. Dies geschieht so lange, bis eine bestimmte Eigenschaft ("aufspannend") von der Menge der lokalisierten Konnektionen erreicht ist, was hier als Terminationskriterium dient. Unter gewissen Bedingungen des Vorgehens ist dieses Kriterium genauso leicht zu testen wie das Auftreten der leeren Clause bei der Resolution. Bezüglich der Details sei auf (Bibel 82) bzw. (Bibel 83) verwiesen.

Die Konnektionsmethode hat gegenüber der Resolution eine Reihe von Vorteilen. Sie läßt sich außerordentlich speichereffizient programmieren, da für die Lokalisierung der Konnektionen dynamische Markierungen (d. h. bits) ausreichen. Dabei ist sie relativ einsichtig, was bei den Resolutionsverfeinerungen oft keineswegs mehr der Fall ist (so daß z. B. für die Konnektionsgraphen Resolution bis heute wichtige Vollständigkeitsfragen ungelöst sind). Überdies besteht ein direkter Zusammenhang zwischen einem Konnektionsbeweis und einem Beweis in der Form, wie ein Mathematiker ihn aufschreiben würde. Dies ist ein für eine interaktive Verwendung besonders wichtiger Aspekt, da der Benutzer im allgemeinen einen Konnektionsbeweis ebensowenig wie einen Resolutionsbeweis intuitiv verstehen würde.

Damit sind wir bei einem weiteren Zugang angelangt, nämlich einem ursprünglich von G. Gentzen erarbeiteten Formalismus, der dem natürlichen Schließen besonders nahe kommt. Hier geht man davon aus, daß gewisse Formeln evidenterweise ableitbar sind, wie etwa Formeln in der Gestalt $F \& \neg F$. Sie werden **Axiome** genannt. Sodann gibt es **Regeln** die bestimmen, wie man von bereits als ableitbar erkannten Formeln (möglicherweise unter gewissen Annahmen) zu weiteren Formel weiterschließen kann. Wie gesagt, haben diese Formalismen besonders für das Verständnis des Benutzers eine Bedeutung, während sie für die Implementierung von Beweisverfahren von geringer Bedeutung sind.

In verschiedenen Anwendungen erweist sich die Formalisierung in der
Prädikatenlogik **erster** Stufe als unbequeme Einschränkung. Wir bemer-
ken deshalb, daß sich die hier beschriebenen Verfahren auf die Logik
höherer Stufe unter gewissen Einschränkungen übertragen lassen. Für
den Fall der Konnektionsmethode ist dies in Abschnitt V.6 in (Bibel
82) näher ausgeführt. Auch andere Erweiterungen, wie etwa die Einbeziehung von Sorten, der Gleichheit, der Induktion sind u.a. dort
behandelt.

Umgekehrt reichen für viele Anwendungen bereits eingeschränkte Teilbe-
reiche der Prädikatenlogik vollends aus. Ein besonders wichtiger
solcher Teilbereich ist die Horn-Clausen Logik, auf der die Programmiersprache PROLOG basiert. Auch hier müssen wir uns mit dem Verweis
auf Abschnitt V.2 in (Bibel 82) begnügen. Dies ist dadurch gerechtfertigt, daß PROLOG nichts anderes als genau die vorher besprochenen
Techniken realisiert.

1.2 Modallogik

Modallogik kann man kurz als die **Logik der Notwendigkeit und Möglichkeit** beschreiben. Obwohl die Beschäftigung mit logischen Gesetzen,
die Modalitäten einbeziehen, viel weiter in die Geschichte der Philosophie und Logik zurückreichen, hat sie erst mit den Arbeiten von
C.I. Lewis (18) im zweiten Jahrzehnt dieses Jahrhunderts eine
adäquate Grundlage erhalten.

In die Modallogik führt man zusätzlich zu den logischen Operatoren
der klassischen Logik noch einen weiteren Operator $\Box$ (oft auch mit L
bezeichnet) ein. $\Box$ F soll die Aussage "F gilt **notwendigerweise**" for-
malisieren (im Unterschied zum Fall, daß F nur zufälligerweise gilt,
wie etwa die Aussage, daß der Abendstern identisch mit dem Morgenstern ist - ein oft zitiertes Beispiel hierzu). Meist wird zusätzlich
die Kombination $\neg\Box\neg$ als eigener Operator $\Diamond$ (oft auch M) bezeichnet, $\Diamond$ F zu lesen als "**möglicherweise** gilt F".

Wie immer in der Logik besteht die Aufgabe zunächst darin, die mit
diesen Operatoren verbundene semantische Vorstellung syntaktisch zu
charakterisieren, in Form von Axiomen oder Regeln. Hierzu gibt es die
verschiedensten Vorschläge, je nachdem, welche genauere Vorstellung
man mit $\Box$ verbindet. In der einfachsten Formalisierung fügt man zu
einer vollständigen Axiomatisierung der Aussagenlogik die folgenden

Axiome und Regeln hinzu.

$$A1: \quad \Box F \to F$$
$$A2: \quad \Box (E \to F) \to (\Box E \to \Box F)$$
$$R1: \quad E, \; E \to F \; \vdash \; F$$
$$R2: \quad F \; \vdash \; \Box F$$

Dieses System wird in (Hughes et al. 68) mit T , oft aber auch mit M bezeichnet. Ein genaueres Studium hat ergeben, daß es in seinen Konsequenzen (d. h. den ableitbaren Sätzen) nicht alle Vorstellungen adäquat wiedergibt, die man mit verbindet. Man kann wohl das Gleiche von all den vielen Varianten sagen, die deswegen bisher entwikkelt worden sind. Eine dieser Varianten ist das System S5, das als einzigen Unterschied zu T noch zusätzlich auf dem Axiom

$$A3: \quad \Diamond F \to \Box \Diamond F$$

basiert. Es sei hier nur erwähnt, daß die einleuchtendste Interpretation von modallogischen Sätzen von Kripke (59) stammt, die von der Vorstellung verschiedener **möglicher Welten** ausgeht. Eine Verallgemeinerung des Resolutionsverfahrens auf die Modallogik wurde von Farinas del Cerro (82) angegeben (siehe auch Fitting 83).

Die Schwierigkeiten mit der Modallogik könnten damit zusammenhängen, daß sie versucht, einen Metabegriff in direkter Weise innerhalb der Objektebene unterzumengen. Denn bezogen auf einen Kalkül **K** kann $\Box F$ offenbar auch als "F ist in **K** ableitbar" gedeutet werden, also als ein metasprachlicher Operator. Auf eine Trennung der beiden Sprachebenen auf einer prädikatenlogischen Grundlage werden wir in Abschnitt 3.2 eingehen.

1.3 Mathematik

In einem gewissen Sinne läßt sich die Mathematik als formale Idealisierung realer Gegebenheiten ansehen. Im Unterschied zur Realität, wie sie dem Menschen erscheint, ist die Mathematik jedoch präzise und eindeutig. Deshalb erschien es in den Anfängen der Beschäftigung mit der Automatisierung von Inferenz am aussichtsreichsten, sich zunächst auf die Mathematik als Anwendungsgebiet zu beschränken und erst nach dem Vorliegen von entsprechenden Einsichten hierzu andere Gebiete zusätzlich mit ins Auge zu fassen, die nicht so leicht überschaubar sind.

Genauso wie wir oben in Abschnitt 1.1 die Vater-Großvater Relation mit zwei Formeln (W1 und W2) charakterisiert haben, lassen sich ganze mathematische Theorien in solcher Weise **axiomatisch** charakterisieren. Automatisches mathematisches Beweisen würde sich demnach darauf beschränken, die gegebene Vermutung von einem Theorembeweiser abarbeiten zu lassen. Die Erfahrung zeigt jedoch, daß ein solcher Automatismus noch auf lange Sicht eine Illusion bleiben wird. Deshalb hat man sich besonders auch damit intensiv beschäftigt, wie sich auf der Grundlage einer solchen "exhaustiven" Beweismaschine durch heuristisches Vorgehen die jahrhundertelange Erfahrung der Mathematik zusätzlich nutzbar machen ließe. Eine gute Einführung in diese Thematik findet man in (Bundy 83).

Eine der wichtigsten Techniken in diesem Zusammenhang ist das **Umformen** (engl. rewriting), das wir am Beispiel der **Gruppentheorie** kurz erläutern wollen. Der Mathematiker nennt eine **Gruppe** jede Menge von Elementen, die die folgenden Eigenschaften aufweist (der Leser veranschauliche sich diese Eigenschaften am Beispiel der natürlichen Zahlen mit der Addition).

Erstens muß es in der Menge ein spezielles Element e geben, das neutrale oder Einheitselement. Weiter muß eine Operation . gegeben sein, die aus zwei beliebigen Elementen wieder ein Element der Menge liefert, sowie eine Operation - , die zu jedem Element x ein inverses -x ergibt. Im Beispiel ist dies die Addition + , die aus zwei Zahlen m und n die Zahl m+n liefert; das Einheitselement ist hier die 0 , und das inverse Element zur Zahl m ist hier -m . Außerdem benötigen wir die Gleichheitsrelation = mit den üblichen Eigenschaften. Hierfür werden schließlich die folgenden Beziehungen jeweils für beliebige Elemente x , y , z verlangt, die im Beispiel offenbar immer gelten.

$$e \cdot x = x \; ; \quad -x \cdot x = e \; ; \quad (x \cdot y) \cdot z = x \cdot (y \cdot z)$$

Als Beispiel wollen wir die folgende Aussage beweisen.

$$x \cdot x = e \quad \rightarrow \quad y \cdot z = z \cdot y$$

Sie besagt in der Sprache der Algebra, daß jede Gruppe von Exponent 2 abelsch ist. Mit einem Theorembeweiser würde man nun etwa mit Resolution diese Aussage als Folge der vorangegangenen Beziehungen einschließlich der Gleichheitseigenschaften (s. Abschnitt 2.3.1) nachweisen können. Der resultierende Beweis erscheint (jedenfalls an der Oberfläche) dem Mathematiker als äußerst unnatürlich und umständlich, denn sein Beweis sieht wie folgt aus.

$$
\begin{aligned}
x \cdot y &= e \cdot x \cdot y \\
&= y \cdot y \cdot x \cdot y \\
&= y \cdot e \cdot y \cdot x \cdot y \\
&= y \cdot x \cdot x \cdot y \cdot x \cdot y \\
&= y \cdot x \cdot e \\
&= y \cdot x
\end{aligned}
$$

Hierbei haben wir im letzten Schritt bereits das Lemma $x \cdot e = x$ verwandt, dessen zusätzlicher Beweis dem Leser überlassen sei. Vielleicht wird er dabei feststellen, daß es selbst für den Menschen nicht ganz trivial ist, die richtige Reihenfolge solcher Ersetzungen oder Umformungen herauszufinden.

Buchberger (65) sowie Knuth und Bendix (70) haben als erste untersucht, wie man in speziellen Theorien (wie hier der Gruppentheorie) zu einer **Standard**reihenfolge solcher Ersetzungen gelangt, mit der man in jedem Fall automatisch schließlich auf das gewünschte Ergebnis kommt. Hierzu gibt es inzwischen eine äußerst umfangreiche Literatur, auf die wir hier nicht eingehen können (vgl. Abschnitt V.4 in Bibel 82). Um jedoch einen gewissen Eindruck vom derzeitigen experimentellen Stand zu geben, erwähnen wir nur, daß Stickel (84) mit seinem auf dieser Methode basierenden System vollautomatisch z. B. beweisen konnte, daß aus $x^3 = x$ die Kommutativität eines Rings folgt.

Natürlich stellt sich damit die Frage nach der Beziehung zwischen dieser Umformungsmethode und den klassischen Beweisverfahren. Im Grunde läßt sich jeder solche Umformungsschritt als eine (abkürzende) Kodierung einer Folge von Schritten in anderen Verfahren (wie etwa der Konnektionsmethode) auffassen. Entsprechend läßt sich eine solche Standardreihenfolge ebensogut in einen Theorembeweiser als übergeordnete Steuerungsstrategie einbringen. Da sowohl abkürzende Kodierungen als auch Steuerungen wohlbekannte Techniken im Theorembeweisen darstellen, fügen sich daher die Umformungstechniken nahtlos in den klassischen Ansatz ein, den sie jedoch zweifelsohne bereichern.

2. NICHT-MONOTONE INFERENZ

2.1 Das Phänomen des nicht-monotonen Schließens

Die üblichen Systeme der mathematischen Logik haben die folgende **Monotonieeigenschaft:**

$$\text{Aus} \quad W \vdash F \quad \text{folgt} \quad W \cup V \vdash F$$

wobei F eine Formel und W,V Mengen von Formeln bezeichnen. In Worten bedeutet dies, daß eine logische Schlußkette auch bei Hinzunahme weiterer Annahmen gesichert bleibt.

Im alltäglichen Schließen ist es im Gegenteil oft so, daß sich vorher als richtig angenommene Schlußketten durch zusätzliches Wissen schließlich als falsch erweisen, was wir am Beispiel gleich erläutern werden. In diesem Sinne hat alltägliches Schließen einen **nichtmonotonen** Charakter. Es wäre allerdings voreilig, daraus den Standpunkt abzuleiten, die üblichen Systeme seien als Grundlage für die Formalisierung des alltäglichen Schließens gänzlich ungeeignet. Machen wir uns aber erst einmal mit dem Phänomen selbst vertraut.

Jedes Kind weiß, daß Vögel fliegen können. Wenn einem daher gesagt wird, daß Peter seinen Vogel Zwitschi (engl. Tweety) aus dem Fenster geworfen hat, dann würde man daraus die Vorstellung ableiten, Zwitschi sei einfach irgendwo hingeflogen. (Es sei dem Leser als kleine Übung überlassen, diese Ableitung formal wiederzugeben.) Der Kürze halber beschränken wir uns hier darauf zu erwähnen, daß in dieser Ableitung die **Annahme**

$$\forall x \ (\text{VOGEL } x \rightarrow \text{KANNFLIEGEN } x)$$

kurz VKF, eine entscheidende Rolle spielt.

Unsere so abgeleitete Vorstellung würde sich jedoch völlig verändern, erführe man nun zusätzlich, daß Peter vorher dem Zwitschi radikal die Flügel gestutzt habe. Nun würde sich nämlich sofort die Frage aufdrängen, ob Zwitschi diesen Sturz überhaupt heil überstanden hat. Zusätzliches Wissen hat also die Gültigkeit der vorherigen Ableitung außer Kraft gesetzt. Für das alltägliche Schließen gilt also **nicht** die eingangs formulierte Monotonieeigenschaft. Dabei sei erwähnt, daß es sich hier nicht um einen ausgefallenen Sonderfall, sondern um ein weitverbreitetes Phänomen im menschlichen Denken handelt.

Der Grund für die Diskrepanz zwischen logischen Formalismen und dem alltäglichen Schließen läßt sich an unserem Beispiel leicht erkennen. Er liegt darin, daß man im alltäglichen Schließen von falschen, weil unvollständigen Annahmen ausgeht. Es stimmt eben gar nicht, daß alle Vögel fliegen können, vielmehr gibt es eine ganze Reihe von Ausnahmen, z. B. Vögel mit radikal gestutzten Flügeln, Strauße, Pinguine usw. Genauer ist es so, daß **in der Regel** Vögel fliegen können, daß diese Regel aber eine Reihe von Ausnahmen kennt. Im alltäglichen Schließen wendet man in solchen Fällen immer die Regel an, es sei denn, es gibt gute Gründe für das Vorliegen einer der Ausnahmen. Im folgenden beschäftigen wir uns mit der Frage, wie sich dieses offenbar erfolgreiche menschliche Verhalten formal nachvollziehen läßt (und damit der Automatisierung zugänglich wird).

Nach all dem Vorangegangen müssen in einer solchen Formalisierung zum einen die Menge W der Sachverhalte, von denen ausgegangen wird, und eine Relation $\vdash$ bestimmt werden, die W und bestimmte weitere Sachverhalte in Beziehung setzt. Für W haben wir schon eine Reihe von Beispielen (siehe Einleitung, sowie 1.1 und 1.3) angegeben. Für $\vdash$ kann bisher nur die klassische Folgerungsrelation, bezeichnen wir sie genauer mit $\vdash$, in Betracht mit $Th(W, \vdash)$ – sprich: die **Theorie über** W **hinsichtlich** $\vdash$ – sei die Menge aller Sachverhalte F bezeichnet, so daß $W \vdash F$ gilt.

In allgemeinster Form besteht nun das gerade illustrierte Phänomen darin, daß $Th(W, \vdash)$ bei gegebenem W mit den tatsächlichen Gegebenheiten nicht übereinstimmt, d. h. zu groß, zu klein, oder beides ist. Zur Abhilfe muß man offenbar W oder $\vdash$ oder beides abändern. Aus Gründen der didaktischen Aufbereitung analysieren wir hierzu zunächst die Möglichkeiten hinsichtlich von W , also der formalen Repräsentation der Ausgangsfakten.

2.2 Verschiedene Repräsentationsformen

Im folgenden soll uns das Vogel-Beispiel des vorangegangenen Abschnitts stets als Illustration dienen.

2.2.1 In einem ersten Versuch könnte man an die Möglichkeit für W
als Konjunktion der folgenden Aussagen denken.

       W1   VKF , d.h. (VOGEL x $\rightarrow$ KANNFLIEGEN x)
       W2   VOGEL zwitschi
       W3 $\forall$x (STRAUSS x $\rightarrow$ VOGEL x)
       W4 $\forall$x (STRAUSS x $\rightarrow$ $\neg$ KANNFLIEGEN x)

Sie entspricht vielleicht am ehesten der obigen natürlich-sprachlichen Beschreibung. Offenbar ist sie aber in sich widersprüchlich,
denn ohne besondere Maßnahmen bezüglich der Operation des logischen
Schließens folgt aus W1 und W3 eine Regel, die im Widerspruch zu
W4 steht. Welche besonderen Maßnahmen hier in Frage kommen, werden
wir unter 2.3.6 behandeln.

2.2.2 Alle weiteren Varianten der Darstellung beziehen sich auf die
Regel VKF .

1) Man kann versuchen, VKF exakt zu formulieren, etwa in der in (Reiter 80) betrachten Form

   $\forall$x (VOGEL x $\wedge$ $\neg$ STRAUSS x $\wedge$ $\neg$ PINGUIN x $\wedge$ ... $\rightarrow$ KANNFLIEGEN x)

   Diese Lösung würde nun aber zur Beantwortung der Frage 'kann
   Zwitschi fliegen' den Beweis von

   $\neg$ STRAUSS zwitschi $\wedge$ $\neg$ PINGUIN zwitschi $\wedge$ ...

   erfordern, eine im allgemeinen unlösbare Aufgabe, jedenfalls eine
   mit einer völlig ineffizienten Lösung (man denke etwa an 100
   mögliche Ausnahmen). Zudem liegt eine solche Lösung offenbar weit
   entfernt vom menschlichen Vorgehen.

2) Eine zweite Variante von VKF ist von der folgenden in (McCarthy 83)
   betrachteten Art

   $\forall$x (VOGEL x $\wedge$ $\neg$ AUSNAHME x $\rightarrow$ KANNFLIEGEN x)

   Sie erfordert zusätzlich Aussagen der Art

∀x (STRAUSS x → AUSNAHME x)

Außerdem muß ¬ AUSNAHME zwitschi festgestellt oder erschlossen werden können, worauf wir in 2.3 zurückkommen. Tatsächlich wendet McCarthy das Ausnahmeprädikat auf einzelne Aspekte eines Objekts an; denn ein Strauß ist ja nur hinsichtlich des Fliegens, jedoch nicht hinsichtlich anderer Vogel- (oder auch Tier-)eigenschaften als Ausnahme zu betrachten. Die dort angenommene Notwendigkeit, all solche Aspekte explizit aufzulisten, erscheint jedoch als unpraktikabel.

3) Eine dritte in (Bibel 84) betrachtete Variante von VKF ist sehr ähnlich der vorangegangenen, allerdings formuliert in Logik zweiter Stufe, was uns nicht von vorneherein abschrecken sollte.

∃FV (FV ⊆ λz VOGEL z ∧ ∀x (x∈FV → KANNFLIEGEN x))

Entsprechend dem Fall 2 erfordert sie zusätzlich (direkt oder indirekt)

∀x (STRAUSS x → ¬ x∈FV) und zwitschi ∈ FV.

4) Die folgende Variante von VKF ist formuliert in der Sprache der Modallogik. Sie wird in (Reiter 80), (McDermott et al. 80), (McDermott 82), (Moore 83), u.a. zugrundegelegt.

∀x (VOGEL x ∧ ◇(KANNFLIEGEN x) → KANNFLIEGEN x)

Hierbei ist der Möglichkeitsoperator ◇ zu verstehen im Sinne 'es ist konsistent anzunehmen, daß' ; z. B. gilt
◇(KANNFLIEGEN zwitschi) , jedoch (wegen W4) nicht
◇(KANNFLIEGEN strauß) . Es wird also in die Regel das Ergebnis eines unabhängig davon durchzuführenden Beweisprozesses mit eingebaut.

5) Eine weitere Variante von VKF ergibt sich aus der Vorstellung, daß wir in einem Satz wie "Vögel können fliegen" gar nicht **alle**, also den logischen Quantor ∀ , im Sinn haben. Vielmehr sei hier in aller Regel an einen weichen, unscharfen, **vagen** Quantor im Sinne von "die meisten" gedacht. Hierzu hat insbesondere Zadeh (83) eine **vage** Logik (engl. fuzzy logic) entwickelt, in der solche Quantoren als vage Zahlen (fuzzy numbers) behandelt werden. Anstelle von VKF

haben wir hier

Qx (VOGEL x → KANNFLIEGEN x)

Das Problem hier ist, wie man die zu Q gehörige vage Zahl bestimmt.

6) Weitere Varianten in der Literatur sind in anderen als den hier betrachteten Logikformalismen formuliert, z. B. als "frames". Es sei
hier nur erwähnt, daß der Autor den Standpunkt vertritt, daß sich
solche Formalismen leicht in die Sprache der Logik übersetzen lassen, weshalb es sich in unserem Zusammenhang nicht lohnt, solch
andersartige Syntax im einzelnen zu studieren (vgl. Bibel 84).

Zusammenfassend läßt sich in einer ersten Beurteilung feststellen, daß

- die (widersprüchliche) Variante 2.2.1 unter allen anderen offenbar
der natürlichen am nächsten kommt, unter den übrigen
- die Variante 1 hingegen als unbrauchbar erscheint (und daher im
folgenden nicht weiter ins Auge gefaßt wird),
- die Varianten 2 und 3 im Prinzip von gleicher Art sind,
- die Variante 4 Elemente recht unterschiedlicher Natur miteinander
vermischt und
- die Variante 5 Bezug nimmt auf Quantitäten, die nicht leicht verfügbar
sind.

2.3   Verschiedene Ansätze zur Nicht-monotonen Inferenz

In unserem in 2.1 motivierten Bemühen, das Paar W , ⊢ den Realitäten
anzupassen, haben wir im letzten Abschnitt die verschiedenen Möglichkeiten hinsichtlich W kurz analysiert und konzentrieren uns nun auf
die Inferenzrelation ⊢ .

2.3.1 Ein Datenbankformalismus

Wir beginnen diesen Abschnitt mit dem hinsichtlich erforderlicher
Inferenzmechnismen anscheinend einfachsten Gebiet der Datenbanken
(DB). In naiver Sicht läßt sich eine DB als eine Tabelle mit einer
Schlüsselspalte auffassen, so daß bei Vorlage eines Schlüssels die
Einträge in der entsprechenden Zeile abgerufen werden können.

Aus Gründen, die hier nicht näher erläutert werden müssen (man denke

an uneingeweihte Benutzer z. B. mittels Bildschirmtext), reicht ein
solches Modell den heutigen Anforderungen an DBn nicht mehr aus.
Vielmehr stoßen die DB-Experten heute auf Fragen, mit denen sich
unter anderem Aspekt die KI-Experten (insbesondere im Gebiet des Automatischen Beweisens) seit Jahren beschäftigen. Unter anderen sind
dies die folgenden:

1) Wie kann man mehr Weltwissen in DBn einbeziehen?
2) Was ist die Semantik von Nullwerten?
3) Was sind DBn mit unvollständiger Information?
4) Was ist der genaue Begriff einer Anfrage an eine DB mit den in 1.-
   3. genannten Charakteristiken?
5) Was ist der genaue Begriff einer Integritätseinschränkung (engl.
   integrity constraint), kurz IE, bei solchen DBn und was heißt es
   genau, eine IE zu erfüllen?

Zur Klarheit, worüber hier formal die Rede ist, wollen wir vorweg den
Begriff der DB in unserem Sinne definieren und können dabei weitgehend auf (Reiter 84) zurückgreifen.

Eine **relationale Sprache** ist eine prädikatenlogische Sprache mit
endlich vielen Konstanten (mindestens eine) und Prädikatszeichen,
ohne Funktionszeichen, mit Gleichheit, und mit **(einfachen) Sorten** (d.
h. einstelligen Prädikaten).

Eine **relationale DB** (modelltheoretisch) ist ein Tripel (R,I,IE), wobei gilt:

1) R ist eine relationale Sprache.
2) I ist eine Interpretation für R, die die Konstanten und die
   Gleichheit auf einem endlichen Bereich interpretiert.
3) IE ist eine Menge von Formeln in R, die für jedes Prädikat
   P (verschieden von =) eine Formel der Gestalt
   $\forall x_1 \ldots x_n (Px_1 \ldots x_n \rightarrow P_1 x_1 \wedge \ldots \wedge P_n x_n)$ (P_i Typen)
   enthält.

Eine **relationale Theorie** ist eine prädikatenlogische Theorie T (d. h.
eine Menge von prädikatenlogischen Formeln) mit den folgenden Eigenschaften:

1) T enthält das **Bereichsbestimmungsaxiom** $\forall x \ (x=c_1 \ v \ \ldots \ v \ x=c_n)$
   und die **Namenseindeutigkeitsaxiome** $c_i \neq c_j \ , \ i,j = 1,\ldots,n, \ i < j,$

wobei c_1 , ..., c_n alle Konstanten in der Sprache sind.

2) T enthält die Gleichheitsaxiome

$\forall x \; x=x$ (Reflexivität)

$\forall x \; (x=y \rightarrow y=x)$ (Kommutativität)

$\forall xyz \; (x=y \wedge y=z \rightarrow x=z)$ (Transitivität)

$\forall x_1 \ldots x_m \; y_1 \ldots y_m \; (Px_1 \ldots x_m \wedge x_1 = y_1 \wedge \ldots \wedge x_m = y_m \rightarrow Py_1 \ldots y_m)$
                            (Leibniz'sches Ersetzungsprinzip)

3) T enthält eine Menge W von **atomaren Grundformeln** (d. h. von der Form $P\bar{c}$) ohne Gleichheitszeichen (die 'eigentliche' DB), sowie für jedes P , das nicht Sorte oder die Gleichheit ist, die folgenden **Vervollständigungsaxiome**

$\forall x_1 \ldots x_m \; (Px_1 \ldots x_m \rightarrow x_1 = c_{11} \wedge \ldots \wedge x_m = c_{1m} \vee \ldots \vee x_1 = c_{r1} \wedge \ldots \wedge x_m = c_{rm})$
wobei $\{(c_{11}, \ldots, c_{1m}), \ldots, (c_{r1}, \ldots, c_{rm})\} =$
$$\{\bar{c} \mid P\bar{c} = A \;\; \text{für irgendein} \;\; A \;\; \text{aus} \;\; W\} = C_P$$

Eine **relationale DB** (beweistheoretisch) ist ein Tripel (R,T,IE), wobei R und IE wie oben definiert sind und T eine relationale Theorie ist.

Auf dieser formalen Grundlage werden die obigen Fragen vergleichsweise leicht beantwortbar. Nämlich, mehr Weltwissen wird durch Hinzunahme von Formeln zu T und IE geleistet (Frage 1). Eine **Anfrage** ist eine $\exists$-quantifizierte Formel, deren Antwort durch eine Ableitung innerhalb dieser Theorie mit der klassischen Ableitbarkeitsrelation $\vdash$ (also in der Form T $\vdash \exists x \; F$) gegeben wird (Frage 4). Eine IE ist eine Formel F , so daß T $\vdash$ F gilt (Frage 5). Wie hier werden wir auch im folgenden bei $\vdash$ auf den Index k verzichten, soweit dadurch keine Mißverständnisse verursacht werden.

Bei der Hinzunahme von Weltwissen in **disjunktiver** Form (z. B. "Fa. X stellt die Produkte P1 **oder** P2 her - welches von beiden, ist unbekannt") muß allerdings die folgende Verallgemeinerung anstelle von 3) hinsichtlich T getroffen werden.

3') T enthält eine Menge W von **positiven Grundclausen** (d. i. Disjunktion von ein oder mehr atomaren Grundformeln). In der Definition von C muß für A dann nur verlangt werden, daß es als Literal in einer positiven Grundclause auftritt.

Auf dem Gebiet der DB spielen außerdem sogenannte **Nullwerte** eine Rolle (z. B. "irgendeine Firma stellt das Produkt P her - welche, ist unbekannt"). Von der formalen Logik her betrachtet handelt es sich

bei diesem Begriff schlicht um eine $\exists$-quantifizierte Variable ("$\exists$d
HERSTELLT(d,P)") bzw. - nach Elimination des Quantors - um eine Sko-
lemkonstante "d"). Läßt man solche Nullwerte bzw. Skolemkonstanten
zu, etwa $d_1,\ldots,d_r$, so erfordert dies nochmals eine entsprechende
Erweiterung der obigen Definition einer relationalen Theorie, die
darin besteht, die Konstantenmenge $\{c_1\ldots,c_n\}$ um $\{d_1, \ldots, d_r\}$ zu
erweitern, ohne jedoch die Namenseindeutigkeit bezüglich der d's zwingend zu verlangen (Frage 2).

Im Vergleich mit allgemeinen Theorien der Prädikatenlogik ist eine
relationale Theorie (einschließlich disjunktiver Aussagen und Skolemkonstanten) noch sehr eingeschränkt. Insbesondere ist sie in jedem
Falle **konsistent** und sogar **entscheidbar** (wegen der endlichen Bereiche). Diese Eigenschaften macht sie beim Stand der Technik so geeignet für die Praxis.

Andererseits hat man auch auf dem Bereich der DBn erkannt, daß zur
Einbeziehung von allgemeinerem "Weltwissen" ein so beschränkter formaler Rahmen nicht ausreicht. Man spricht hier von Konzeptmodellierung ("conceptual modelling"). Vom Standpunkt der Logik her gesehen
verbirgt sich dahinter das Bedürfnis, eben noch allgemeinere Formeln
in W (siehe oben) zuzulassen (obwohl die vorgeschlagenen Lösungsansätze zur Konzeptmodellierung in vielfältiges, nichtlogisches Ge-
wand gekleidet sind). Spätestens an diesem Punkt wird man sich daher
die Frage stellen, ob eben nicht doch die **ganze** Ausdruckskraft der
Prädikatenlogik für das angestrebte Ziel wissensbasierter Systeme
schließlich nötig sein wird, einen Standpunkt, den wir weiter unten
dann einnehmen werden und schon vor vielen Jahren z. B. in (Bibel 76)
eingenommen haben,

Kommen wir nun aber, auf der Basis einer relationalen Theorie, zu
unserem eigentlichen Thema. Wir haben bereits erwähnt, daß Antworten
durch Ableitungen der Anfragen A geliefert werden: $T \vdash A$. Steckt
auch in dieser relationalen Theorie schon Nicht-Monotonie? Die
Antwort ist ja, und sie hat ihren Grund in den Vervollständigungsaxiomen.

Ursprünglich hat Reiter hierfür eine viel einfachere Lösung vorgeschlagen, die sog. **Annahme der Weltabgeschlossenheit** ("closed world
assumption"). Die dahinterliegende Idee ist sehr natürlich. Nämlich,
wenn man einen Sachverhalt in natürlicher Weise beschreibt, so
beschränkt man sich darauf, alles zu schildern, was tatsächlich zu-

trifft, ohne noch eigens aufzuzählen was **nicht** zutrifft. Um z. B. auszudrücken, daß Fa. Meier Seife und Fa. Huber Tinte herstellt, würde man sich danach auf die beiden Feststellungen:

W1: HERSTELLT (meier, seife)
W2: HERSTELLT (huber, tinte)

beschränken. Auf die Frage "stellt Meier Tinte her?" würde aufgrund dieser Information jedermann sofort mit "nein" antworten, obwohl diese beiden Aussagen die zusätzliche Aussage

W3: HERSTELLT (meier, tinte)

jedenfalls nicht zwingend ausschließen. **In Ermangelung** dieser zusätzlichen Aussage würde jedermann jedoch ihr Gegenteil

$\neg$ HERSTELLT (meier, tinte)

als zutreffend unterstellen. Inferenz unter Einbeziehung solcher Annahmen nennt man **Ermangelungsinferenz** oder **Ermangelungsschließen** ("reasoning by default"). Ermangelungsschließen basierend auf der Annahme der Weltabgeschlossenheit (AWA) bezeichnet den speziellen Fall, daß für alle Grundatome, die nicht ausdrücklich genannt sind, die Negation als zutreffend angenommen wird (Reiter 80), im obigen Fall also

A1: $\neg$ HERSTELLT (meier, tinte)
A2: $\neg$ HERSTELLT (huber, seife)

Formal läßt sich dieser Spezialfall in seiner einfachsten Form so charakterisieren:

$$\neg P(\bar{c}) \text{ wird angenommen} \iff T \not\vdash P(\bar{c})$$

Ermangelungsschließen ist nicht-monoton, denn während A1 in der Theorie, die W1 $\wedge$ W2 enthält, aufgrund von AWA gilt, ist dies für W1 $\wedge$ W2 $\wedge$ W3 nicht mehr der Fall. Diese einfachste Form der AWA ist allerdings selbst für relationale Theorien aus den folgenden Gründen nicht adäquat.

1) Sie behandelt Skolemkonstanten nicht korrekt.

2) Beim Vorhandensein disjunktiver Aussagen führt sie zu Widersprüchen.

3) Als Metaregel ist sie nicht direkt in der Prädikatenlogik erster Stufe formalisierbar.

Deshalb wurde die AWA in der oben gegebenen Definition einer relationalen Theorie in Form der Vervollständigungsaxiome realisiert. So lautet z. B. das Vervollständigungsaxiom für HERSTELLT, in der obigen Theorie mit
$W1 \land W2$:

$$VA: \forall xy \ (HERSTELLT \ (x,y) \rightarrow x=meier \land y=seife \lor x=huber \land y=tinte)$$

Es gilt

$$VA \vdash \neg HERSTELLT \ (meier, \ tinte)$$

wie der folgende Konnektionsbeweis (s. Bibel 82), insbesondere Abschnitt V.3) zeigt, worin wir im Vergleich zu VA unmittelbar verständliche Abkürzungen verwenden.

$$\neg m=h \ \land \ \neg t=s \ \land \ \forall xy \ (Hxy \rightarrow x=m \land y=s \lor x=h \land y=t) \rightarrow \neg Hmt$$

Damit haben wir in einer beschränkten Klasse von Theorien, nämlich in den relationalen Theorien, eine formal präzise, nicht-monotone Schlußweise kennengelernt. Dabei handelt es sich äußerlich um klassisches Schließen, wie es im ersten Abschnitt beschrieben wurde. Die Nicht-Monotonie kommt dadurch ins Spiel, daß mit der Hinzunahme einer Aussage (z. B. Hmt) auch das zugehörige Vervollständigkeitsaxiom erweitert werden muß (im Beispiel durch Hinzufügen von $x=m \land y=t$ als weiterem Disjunktionsglied), um der Definition einer relationalen Theorie auch nach der Hinzufügung Genüge zu tun. Es sei hier nur erwähnt, daß die Vollständigkeitsaxiome die Rolle der "nur-wenn" Hälfte einer "wenn-und-nur-wenn" Definition spielt, was in (Kowalski 79, Kap.11) näher ausgeführt ist.

2.3.2 Negation als Mißerfolg

In PROLOG wird das im letzten Abschnitt diskutierte Problem auf der metasprachlichen Ebene gelöst. Im Englischen spricht man von "negation as failure", d. h. **Negation als Mißerfolg** (die unnegierte Behauptung zu beweisen), kurz NAM. Seien z. B. die beiden obigen Clausen W1 und W2 in PROLOG Form

Hms ←
Hht ←

gegeben mit der Aufgabe

← ¬ Hmt

zu beweisen. Dann löst ein PROLOG Interpreter dies grob gesagt dadurch, daß zunächst ein Beweis für

← Hmt

versucht wird. Wenn dieser Versuch fehlschlägt, was in diesem Beispiel offenbar zutrifft, gilt die ursprüngliche Aufgabe als gelöst.

Die Einfachheit des Beispiels soll nicht zu dem falschen Schluß verleiten, NAM sei identisch mit AWA in ihrer einfachsten Form wie sie im letzten Abschnitt gegeben war. Dort war nur von **Grundatomen** die Rede, während hier allgemeine Horn-Clausen C zugelassen sind. Also allgemein

¬ C wird angenommen ⟺ W ⊭ C

wobei W die "wenn"-Hälften der zugrundeliegenden Definitionen darstellen. Der theoretische Hintergrund besteht darin, daß es zu einer Menge von Horn-Clausen, also einem PROLOG Programm, ein **minimales** Modell gibt, das hier zugrundegelegt wird. Man spricht hier auch von **Minimalinferenz**, weil nur das ableitbar ist, was in diesem minimalen Modell gilt.

Allerdings handelt es sich in beiden Ansätzen um eine Regel auf der **meta**sprachlichen Ebene. Grundsätzlich ist eine gleichwertige Lösung auf der **objekt**sprachlichen Ebene aus technischen Gründen vorzuziehen (wegen der besseren Beherrschung der Deduktionstechnik). Für die Analyse der Problematik bietet die Einbeziehung der Metaebene jedoch eine klarere Übersicht, die bei einer Ausdrucksmächtigkeit **jenseits** der relationalen Theorien (also schon in PROLOG) beim derzeitigen Stand der Technik jedenfalls sehr hilfreich sein kann, wenn nicht sogar teilweise unentbehrlich ist (vgl. auch Bibel 84a).

Auf weitere Details hinsichtlich NAM wollen wir hier nicht eingehen, sondern diesbezüglich auf die vorhandene PROLOG Literatur z. B. auf (Clark 78) sowie auf Abschnitt 2.3 verweisen, wo quasi eine Formalisierung von NAM aufgezeigt wird. Nur bleibt noch festzuhalten, daß selbstverständlich auch die NAM zu einem nicht-monotonen Schließen führt, weil der Mißerfolg ja durch Hinzunahme weiterer Clausen (wie Hmt $\leftarrow$ im obigen Beispiel) aufgehoben werden kann.

2.3.3 Zirkumskription

Das Phänomen der Nicht-Monotonie trat in den relationalen Theorien (2.3.1) und in PROLOG (2.3.2) dadurch auf, daß die gegebene Formulierung W die ins Auge gefaßte Welt unvollständig beschrieb. Dabei wurde aber jeweils von einer **kontrollierten** Unvollständigkeit ausgegangen, in dem Sinne, daß die Vervollständigung aufgrund einer Vereinbarung entweder durch Axiome auf der objektsprachlichen Ebene oder durch metasprachliche Kontrollstrukturen mit Sicherheit erschlossen werden konnte (Minimalinferenz).

Auch in diesem und im nächsten Abschnitt fassen wir nochmals genau diese Situation ins Auge, nun allerdings in voller Allgemeinheit für die gesamte Prädikatenlogik. McCarthy (77; 80; 83) hat hierzu **Zirkumskription** als eine Form nicht-monotonen Schließen vorgeschlagen. Sie kann als Versuch beschrieben werden, ein Äquivalent in der Prädikatenlogik insgesamt zu den Vervollständigungsaxiomen in relationalen Theorien anzugeben. Wie dort handelt es sich also um einen Lösungsvorschlag auf der objektsprachlichen Ebene in Form eines Axiomenschemas, das hier in der Fassung von (McCarthy 80) wie folgt aussieht:

$$Z(P): \quad W(X) \wedge \forall \bar{x} \, (X\bar{x} \rightarrow P\bar{x}) \quad \rightarrow \quad \forall \bar{x} \, (P\bar{x} \rightarrow X\bar{x})$$

wobei W(P) die Formel zur Beschreibung der Welt, P ein darin auftretendes Prädikat, $\bar{x}$ ein Tupel und X eine Prädikatsvariable bezeichnet. Wir sagen Z(P) **umschreibt** (oder **ist die Umschreibung von**) P in W(P) .

Die Idee ist (wie bei den relationalen Theorien) die Vervollständigung durch Hinzunahme je einer Zirkumskriptionsformel als weiterem Axiom für jedes in W auftretendes Prädikat zu gewährleisten. Nehmen wir z. B. an, die Welt wäre allein durch

W: ISTBLOCK a ∧ ISTBLOCK b ∧ ISTBLOCK c

beschrieben. Dann besteht die Beschreibung des Prädikats ISTBLOCK in diesem speziellen Fall in der Formel

$$Xa \wedge Xb \wedge Xc \wedge \forall x \ (Xx \rightarrow ISTBLOCK\ x) \ \rightarrow \ \forall x \ (ISTBLOCK\ x \rightarrow Xx)$$

Als freie Variable steht X für jedes beliebige einstellige Prädikat, z. B. für

$$Xx = (x=a \vee x=b \vee x=c)$$

Mit dieser Instantiierung von Z(ISTBLOCK) und mit W läßt sich nun sofort

$$\forall x \ (ISTBLOCK\ x \rightarrow x=a \vee x=b \vee x=c)$$

ableiten, also genau das zugehörige Vervollständigungsaxiom der relationalen Theorie zu W . In diesem Sinne ist Z(P) tatsächlich eine Verallgemeinerung des Vorgehens in (2.3.1).

Zirkumskription ist ebenfalls eine Form des nicht-monotonen Schließens, da die letzte Formel offenbar nach Hinzunahme von ISTBLOCK d nicht mehr ableitbar ist. Im Gegensatz zu (2.3.1) kann diese Hinzunahme ohne Änderung der Zirkumskriptionsformel erfolgen. Als Preis für diesen Vorteil hat man sich nun mit deduktiv schwieriger zu bewältigenden Prädikatsvariablen abzufinden, was jedoch noch machbar erscheint, weil sie ja nur frei auftreten (vgl. Abschnitt V.6 in Bibel 82)

McCarthy (84) gibt die folgende Definition der Zirkumskription, die symmetrischer als die vorangegangene ist. Dazu sei A(P) eine Formel der Logik zweiter Stufe, worin P ein Tupel einiger der in A(P) frei auftretenden Prädikatzeichen bezeichnet. E(P,x) sei eine Formel, in der P und ein Tupel x von Individuenvariablen frei auftreten. Dann ist die **Zirkumskription von E(P,x) relativ zu A(P)** gegeben durch die Formel

$$A(P) \wedge \forall Q \ [A(Q) \wedge \forall x(E(Q,x) \rightarrow E(P,x)) \ \rightarrow \ \forall x(E(Q,x) \rightarrow E(P,x))]$$

Minker und Perlis (84) haben die Zirkumskription dahingehend erweitert, daß bei Bedarf gewisse Objekte aus dem Umschreibungsprozeß ausgenommen werden können, was sich in manchen Anwendungsfällen als nötig zu erweisen scheint. Die eben angegebene Zirkumskriptionsformel dürfte aber flexibel genug sein, solche Ausnahmen ebenfalls zuzulassen, da ja P nicht alle Prädikate umfassen muß.

Abschließend erwähnen wir, daß auch die Zirkumskription eine Art der Minimierung darstellt (vergleiche auch Minker und Perlis 84a), ebenso wie die im letzten Abschnitt genannte Negation als Mißerfolg. Im Gegensatz zu dieser wird diese Minimierung jedoch hier in axiomatischer Weise (durch Hinzunahme der Zirkumskriptionsformel als Axiom) erzielt. Die Ableitbarkeitsrelation $\vdash$ selbst bleibt dabei unangetastet. Dieser Ansatz scheint mir deshalb aussichtsreich für eine realistische Modellierung des "Schließens mit gesundem Menschenverstande" zu sein, weil er keine Pauschalregelung darstellt, vielmehr sehr fein regulierbar ist, was wohl auch für den gesunden Menschenverstand zutrifft.

2.3.4 Die mathematisch-logische Sicht

Für den mathematischen Logiker ist die Frage nach der Beziehung zwischen einer sprachlichen Beschreibung und der beschriebenen Wirklichkeit ein wohlbekanntes Terrain, nur spricht er von einem Modell statt von der Wirklichkeit. In dieser logischen Formulierung verbirgt sich hinter der Problemstellung der Vervollständigung in den drei letzten Abschnitten diejenige **minimaler Modelle** zu einer Formelmenge W , die wie folgt definiert sind:

M heißt minimales Modell zu einer Formelmenge W , wenn gilt:

1) $M \models F$ für jedes $F \in W$.
2) Zu jeder Unterstruktur **N** von **M** gibt es ein $F \in W$,
so daß $N \not\models F$.

In diesem Sinne bilden 3 Blöcke ein minimales Modell zur Formel W des letzten Abschnitts, während dies für 4 Blöcke (oder für 3 Blöcke **mit Farben**) offensichtlich nicht mehr gilt.

Davis (80) hat einen auf solchen minimalen Modellen operierenden **minimalen** semantischen Folgerungsbegriff versucht, syntaktisch zu charakterisieren. Wie 2.3.2 bereits erwähnt, zieht man auch für PROLOG wesentlichen Nutzen aus der Existenz solch minimaler Modelle. Das Problem hierbei ist in beiden Fällen die innewohnende **Pauschalminimierung**, die sicher inadäquat ist und daher von der Zirkumskription vermieden wird, wie oben erwähnt.

2.3.5 Modallogische Ansätze

Seit mehr als einem Jahrzehnt haben eine Reihe von Autoren versucht, die nicht-monotone Inferenz **modallogisch** zu fassen. Ein solcher Versuch drängt sich natürlich auf, wenn man beachtet, daß Modaloperatoren als metasprachliche Elemente aufgefaßt werden können, worauf wir in 1.2 hingewiesen haben. Denn darauf, daß es sich beim nicht-monotonen Schließen um Aspekte auf der metasprachlichen Ebene handelt, ist ja bereits mehrfach hingewiesen worden.

So führt Reiter (80) eine Ermangelungsregel ein, die wir an unserem Beispiel aus 2.2.1 illustrieren.

$$\text{VOGEL } x \; : \; \Diamond\text{KANNFLIEGEN } x \; / \; \text{KANNFLIEGEN } x$$

In Worten: Wenn x Vogel ist und es möglich ist, daß er fliegen kann, dann kann man auch schließen, daß x fliegen kann. Der Schluß, daß Vögel fliegen können, wird also nur unter der Nebenbedingung erlaubt, daß diese Annahme für x möglich (bzw. **konsistent** mit dem übrigen Wissen) ist. Wenn nun im übrigen Wissen

$$\forall x \; (\text{PINGUIN } x \rightarrow \neg \text{ KANNFLIEGEN } x) \qquad \text{und} \qquad \text{PINGUIN zwitschi}$$

vorliegt, so ist diese Konsistenz im Falle von zwitschi ersichtlich nicht gegeben. Auf diese Weise lassen sich daher Regeln mit Ausnahmen formal erfassen. Ihre allgemeine Form ist

$$F(x): \; A1(x) \, , \, \dots \, , \, Am(x) \; / \; G(x).$$

Reiter gibt im Detail an, wie man beim Vorliegen solcher Ermangelungsregeln das ursprüngliche Wissen W mittels dieser Regeln erweitern kann, d. h., er definiert einen Ableitbarkeitsbegriff für eine solche modale Theorie. Dieser erweist sich jedoch nur unter bestimmten Einschränkungen als sinnvoll; so etwa für den Fall m=1 und A1(x)=G(x) in der angegebenen Regelform, in dem man von einer **normalen** Ermangelungsregel spricht.

Das gleiche Programm haben McDermott und Doyle (80; 82) verfolgt, wobei sie sich aber in direkter Weise der Modallogik bedienen, was Reiter zu vermeiden versucht. Sie verwenden also die obige Regel in folgender Form.

$$\text{VOGEL } x \land \Diamond \text{KANNFLIEGEN } x \to \text{KANNFLIEGEN } x$$

Der Ansatz ist auf eine Reihe von Schwierigkeiten gestoßen, auf die in (Davis 80), (McDermott 82) und (Moore 83) genauer eingegangen wird, und die zum Teil mit den Schwierigkeiten in der Modallogik selbst zusammenhängen, von denen bereits in 1.2 die Rede war.

Wir wollen hier den letzten Stand der Diskussion, wie er sich in (Moore 83) darstellt, kurz umreißen. Moore weist zunächst darauf hin, daß man 2 unterschiedliche Formen des nicht-monotonen Schließens auseinander halten muß. Da ist einmal das **autoepistemische** Schließen, bei dem davon ausgegangen wird, daß die Formelmenge W die Realität in einem bestimmten Kontext richtig, dabei unvollständig, aber in einer durch Übereinkunft kontrollierbaren Weise unvollständig beschreibt. Alle bisher besprochenen Lösungsansätze beziehen sich auf diese Form von Schließen.

Davon zu unterscheiden ist das echte Ermangelungsschließen, bei dem man sich über Wissenslücken bewußt ist, und sich in diesem Bewußtsein zu gewissen Annahmen entschließt. Von diesem wird erst im Abschnitt 2.3.7 wirklich die Rede sein.

Zur Formalisierung des autoepistemischen Schließens definiert Moore, was er eine **autoepistemische Theorie T** nennt, wie folgt:

0. $W \subseteq T$ für irgendeine Ausgangsmenge W von Formeln.
1. Ist $F_1 , \ldots , F_n \in T$ und $F_1 \land \ldots \land F_n \vdash Q$, dann $Q \in T$.
2. Ist $F \in T$, dann ist auch $\Box F \in T$.
3. Ist $F \notin T$, dann ist $\neg \Box F \in T$.

$\vdash$ bezeichnet weiterhin die **klassische** Folgerung. Moore argumentiert, daß diese Regeln eine adäquate Grundlage darstellen. Dabei repräsentiert T das, was ein völlig rational denkender Akteur glaubt. So formuliert die Regel 2., daß der Akteur eben tatsächlich an sein Wissen glaubt. Bei der Frage, welcher modale Kalkül eine solche Theorie exakt formuliert, plädiert er in Konsequenz seines

Ansatzes für das (nicht-monotone) **schwache** S5, d. h. das System S5
(siehe 1.2) ohne das Axiom A1, $\Box F \to F$.

2.3.6 Handhabung von Inkonsistenzen

Wir haben bereits in der Einleitung auf drei Aspekte des nicht-monotonen Schließens hingewiesen. Alle fünf vorangegangenen Abschnitte
haben sich genaugenommen ausschließlich mit dem ersten Aspekt befaßt,
den wir dort unter dem Stichwort minimale Inferenz erwähnten. Das
heißt, daß bisher immer davon ausgegangen wurde, eine Formelmenge
W beschreibe einen Teil der Welt in exakter Weise und ein adäquater
Inferenzmechanismus liefere weitere Aussagen, die insgesamt eine
vollständige Beschreibung der Welt ergeben. Insbesondere haben wir
uns mit dem Fall befaßt, daß W in bezug auf die klassische Ableitbarkeitsrelation $\vdash$ unvollständig, d.h. im Sinne von Abschnitt 2.1,
daß Th(W,$\vdash$) "zu klein" ist.

Nunmehr wollen wir uns mit der Tatsache beschäftigen, daß in der Realität Beschreibungen in sich oft widersprüchlich sind. Wir haben auf
dieses Phänomen in Abschnitt 2.2.1 bereits hingewiesen und dort seine
Natürlichkeit betont. Kein (von Vorüberlegungen belasteter) Mensch
denkt doch bei dem Satz "Vögel können fliegen" an irgendetwas Ver-
gleichbares, wie eine die Ausnahmen berücksichtigende Zusatzklause
(von der Art der Ermangelungsregeln). Wenn man auf eine Ausnahme
stößt wie "Pinguine sind nicht-fliegende Vögel", so bleibt wohl der
vorangegangene Satz unangetastet, der neue Satz wird als weitere
Kenntnis hinzugenommen, jedoch mit einer zusätzlichen Maßnahme, die
den inhärenten (und eigens betonten) Widerspruch durch so etwas wie
eine zusätzliche **Metaregel** der folgenden Art löst:

"bringe die beiden Sätze niemals in eine direkte deduktive Beziehung".

Formal bedeutet dies, daß auf der objektsprachlichen Ebene ein expli-
ziter Widerspruch etabliert wird. In Kenntnis des traditionellen
Standardwissens über die Logik denkt man sofort an "aus wi-
dersprüchlichen Theorien kann man logisch **alles** ableiten", und flugs
ist (scheinbar) das Vorurteil gegen die Brauchbarkeit der (klassischen) Logik schon wieder bestätigt. Dabei ist eine adäquate Behandlung solcher Widersprüche ganz einfach, was wir unter Verwendung der
Terminologie der Konnektionsmethode im folgenden skizzieren wollen.

Was wir offenbar brauchen ist eine Formalisierung der obigen Metaregel. Im Spiel sind in diesem Beispiel zwei Aussagen der Form

$$k \begin{cases} Px \rightarrow Qx \\ \\ Pc \wedge \neg Qc \end{cases}$$

die Bestandteil der gesamten Beschreibung W sind. Eine Formel F gilt in dieser Welt, wenn W $\vdash$ F (ggfs. unter Verwendung weiterer Axiome) nachweisbar ist. In jedem Fall ist W $\vdash$ F durch eine aufspannende Konnektionenmenge K charakterisierbar (Bibel 82). Eine "direkte deduktive Beziehung", von der in der obigen Metaregel die Rede ist, läßt sich nun leicht so ausschließen, daß K der Bedingung unterworfen wird, keine Untermenge K' von Konnektionen zu enthalten, die mit der im Bild mit k bezeichneten Konnektion einen geschlossenen Zyklus bildet (einschließlich des Spezialfalls K' = $\{k\}$). Formal bedeutet dies eine Einschränkung von $\vdash$ mit dem gewünschten Effekt, so daß neben W noch eine Menge I von **Inkonsistenzkonnektionen** (wie dem k im gegebenen Beispiel) in den Kalkül mit einbezogen werden muß. Man würde daher z. B. schreiben W $|$ I $\vdash$ F mit der Interpretation "F läßt sich aus W unter Beachtung der Inkonsistenzkonnektionen I ableiten". Wir wollen hier von **inkonsistenztoleranter** Inferenz sprechen.

Natürlich läßt sich ein solcher Mechanismus auf der Grundlage jedes Deduktionskalküls, also nicht nur des Konnektionskalküls, realisieren. Tatsächlich hat Nilsson (80) eine ähnliche Lösung unter Verwendung von Hierarchien in der deduktiven Abarbeitung vorgeschlagen. Der Autor sieht dementsprechend eine adäquate Lösung aller unter dem Begriff Nicht-Monotonie in diesem Kapitel besprochenen Probleme in einer Behandlung in Form inkonsistenztoleranter Minimalinferenz. Die Minimalität sollte dabei in flexibler Weise auf dem von McCarthy beschrittenen Weg am adäquatesten erreichbar sein.

2.3.7 Ungesichertes Schließen

Die bisher getroffenen Annahmen über die Beschreibung W stellt noch immer eine Idealisierung dar. In Wirklichkeit stehen wir täglich vor der Aufgabe, **ungesicherte** Schlüsse der Art "wegen der fallenden Tendenz der Zinsen warte ich noch drei Monate mit der Aufnahme eines Darlehens". Daß Schlüsse dieser Art nur hypothetischer Natur sind, ist eine oft erlebbare Tatsache, nämlich wenn, um im Beispiel zu

bleiben, die Zinsen entgegen allen Erwartungen innerhalb der nächsten
3 Monate kräftig steigen. Anstelle von gesichertem Wissen bauen solche Schlüsse auf willkürlichen Annahmen, hier die Annahme, daß der
Trend fallender Zinsen sich über die nächsten 3 Monate fortsetzt.
Kein noch so raffinierter Kalkül ist in der Lage, die hier im Wissen
vorhandene Lücke zu schließen und so die Willkürlichkeit zu beseitigen. Somit stellt sich lediglich die Frage, wie durch eine geeignete formale Behandlung die Willkürlichkeit aufgrund allen verfügbaren Wissens auf ein Minimum beschränkt wird. Hierfür gibt es eine
breite Palette von Vorschlägen unter den Originalstichworten "fuzzy
reasoning" (Zadeh 83), "plausible reasoning" (Quinlan 83), "approximate reasoning" (Prade 83), "reasoning with uncertainty", "theory of
evidence", etc. Ihnen allen liegt die Idee zugrunde, den Grad der
Unsicherheit mit einem numerischen Wert (meist aus dem Intervall
 0,1) zu erfassen.

Die Unsicherheit beginnt schon in der Beschreibung selbst mit vagen
Prädikaten wie "jung", "blond", "groß", usw. Ist man mit 30 noch
jung? Jedenfalls nicht mehr "sehr jung". Jemand mit 20 dagegen ist
ohne Zweifel jung. Man könnte daher sagen, die Möglichkeit jemand
jung zu nehmen, ist mehr oder weniger gegeben; JUNG peter ist mehr
oder weniger wahr. Mit anderen Worten, statt einer 2-**wertigen Logik**
(wahr/falsch bzw. 1/0) ergäbe sich eine **vage Logik**, wo z. B. die
Wahrheit der Aussage JUNG x in Abhängigkeit des tatsächlichen Alters
von x durch die folgende Funktion dargestellt wird.

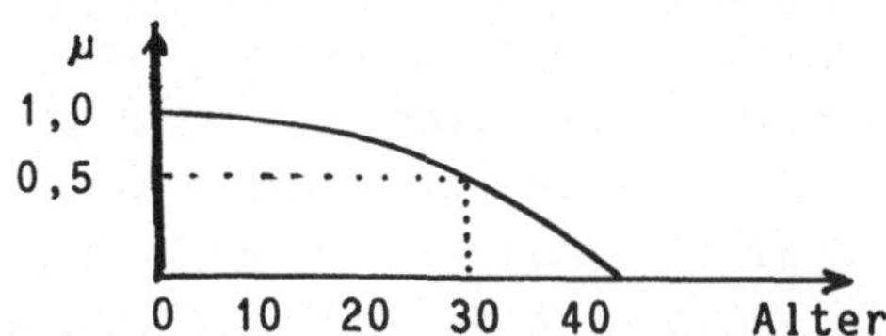

Hat man solche Funktionen für Prädikate festgelegt, so erhebt sich
als nächste Frage, wie sich der Wahrheitswert eines zusammengesetzten
Satzes wie "JUNG peter SCHÖN peter" aus den μ-Werten der einzelnen
Teile berechnet. Das ist insbesondere dann ein Problem, wenn solche
Werte für den zusammengesetzten Satz bereits aus Experimenten vorliegen. Z. B. könnte man sich solche Erfahrungswerte für Sätze der
Art "wer jung ist, ist auch schön" oder "wenn die Zinsen fallen, dann
steigen die Aktienwerte" aufgrund von Meinungsumfragen, Statistiken,
etc. beschaffen. Jeder solche Satz würde so mit einem Gewicht   μ
behaftet, das die Wahrscheinlichkeit seines Zutreffens mißt, und also

stellt sich die obengenannte Frage nach einem Zusammenhang zwischen diesem μ für den gesamten Satz und den μ's für seine Teile.

Tatsächlich gibt es Beziehungen aus der Wahrscheinlichkeitstheorie, wie die Regel von Bayes, die einen solchen Zusammenhang in einfachen Fällen beschreiben. Unter solchen Voraussetzungen lassen sich dann deduktive Schlüsse aus derart gewichteten Aussagen ziehen. Auf einem solchen Ansatz beruht das erfolgreiche Expertensystem PROSPECTOR (Duda et al. 79), das aus geologischen Daten das Vorkommen von Bodenschätzen zu lokalisieren versucht (und in einem solchen konkreten Versuch tatsächlich fündig geworden ist). Quinlan (83) beschreibt PONDEROSA, ein Expertensystem, das über die bei PROSPECTOR verwendete Technik hinaus noch Inkonsistenzen in einer Weise zuläßt, die der im letzten Abschnitt beschriebenen sehr nahe kommt.

Gewichtungen dieser Art spielen insbesondere auch in heutigen Systemen der natürlichen Sprachverarbeitung ein Rolle. So hat Wahlster (81) einen Evidenzenkalkül entwickelt, der in dem System HAM-ANS seinen Niederschlag gefunden hat.

In der natürlichen Sprache haben oft auch noch die logischen Junktoren vagen Charakter, wie z.B. in "die meisten Studenten sind ledig". In dem bereits erwähnten Ansatz von Zadeh (83) werden konsequenterweise auch solchen Quantoren μ-Werte zugeordnet. Für den Quantor "die meisten" ergibt sich in Abhängigkeit des tatsächlichen Prozentsatzes etwa die folgende μ-Funktion.

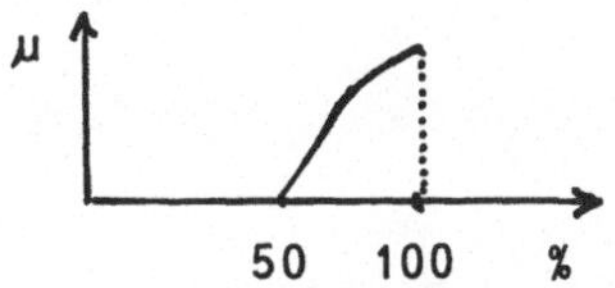

Auch hier muß der Zusammenhang beim Vorliegen mehrerer vager Quantoren und bei der Inferenzbildung quantitativ erfaßt werden, was zu einer komplizierten Possibilitätstheorie führt.

Es scheint, daß im Menschen solch vages Schließen ohne derart aufwendige numerische Berechnungen möglich ist. Deshalb plädiert (Bibel 84) für seine Formalisierung auf der Grundlage der klassischen Logik unter Verwendung von Variablen für vage Mengen wie "die meisten Studenten". Ihr Wert wird danach durch das verfügbare Wissen eingeschränkt, jedoch nicht numerisch festgelegt. Oft lassen sich unter solchen Voraussetzungen Inferenzen unmittelbar ausführen. In anderen Fällen gelingt dies erst aufgrund zusätzlich getroffener Annahmen, die sich aus dem inferentiellen Kontext bestimmen lassen.

Solch hypothetisches Schließen wirft dann das zusätzliche Problem der Aufrechterhaltung der Wahrheit ("truth maintenance") auf. Denn wenn sich eine solche Annahme im Verlauf als unhaltbar erweist, muß jede darauf aufbauende Folgerung anschließend überprüft werden, was Doyle (79) experimentell untersucht hat.

3. SPEZIALFORMEN VON INFERENZ

Das letzte Kapitel hat sich mit den Problemen der Übereinstimmung der sich aus einer Beschreibung W und einem Inferenzmechanismus $\vdash$ ergebenden Aussagen einerseits und den realen Gegebenheiten andererseits befaßt. Es ging sozusagen um die Feinjustierung von $(W, \vdash)$.

In diesem letzten Kapitel befassen wir uns mit der Tatsache, daß das Vorkommen von Wissen in der Welt in mehrfacher Weise strukturiert ist, was zusätzliche Aspekte für die Inferenz aufwirft. Insbesondere ist Wissen unter verschiedenen Akteuren verteilt (Abschnitt 3.1); sodann kann Wissen selbst Gegenstand von Wissen sein (Abschnitt 3.2); schließlich zwingt begrenztes Wissen zu induktiven Schlüssen (Abschnitt 3.3), womit vielleicht die wichtigsten, aber bei weitem nicht alle relevanten Strukturen dieser Art angesprochen sind.

3.1   Inferenz über Wissen verschiedener Akteure

Wie die alltägliche Erfahrung zeigt, ist es besonders schwierig, Schlüsse über das Wissen und Nichtwissen anderer Personen zu ziehen ("... das hätte er sich doch denken können ..."). Auch in Anwendungen der Künstlichen Intelligenz stellt sich dieses Problem, etwa bei (auf verschiedene Orte) verteilten Wissensbanken und Rechenvorgängen, bei kooperierenden Robotern, auch in der Kryptographie.

Nehmen wir als Beispiel an "Peter kennt Gerd's Telefonnummer" und "Gerd hat dieselbe Telefonnummer wie Eva". Die Frage ist, ob wir daraus schließen können, daß Peter auch Eva's Telefonnummer kennt. Offenbar doch nicht, es sei denn, Peter wüßte von der Gleichheit der beiden Nummern. Während die klassische Logik **referentiell transparent** ist in dem Sinne, daß man Gleiches durch Gleiches ersetzen kann, ist dies beim Schließen über das Wissen anderer nicht ohne weiteres möglich. Vielmehr ist die Objektargumentstelle des Prädikats KENNT oder WEISS **referentiell opak**, wie man sagt.

Wenn andererseits Peter von dieser Nummernidentität eben doch weiß, so ist der obige Schluß nicht zulässig. Deshalb stellt sich die Frage, wie man diesen subtilen Unterschied beim Schließen über das Wissen anderer kalkülmäßig erfassen kann. Hierzu gibt es drei grundsätzlich verschiedene Lösungsansätze.

Der erste geht auf (McCarthy 79) zurück, wo vorgeschlagen wird, das Problem durch eine Unterscheidung zwischen "Gerd's Telefonnummer" **als Konzept** und Gerd's Telefonnummer **als solcher**, etwa der Nummer 123456, zu lösen, eine Unterscheidung, die von einer Reihe von Philosophen getroffen worden ist. Wir wollen hier dahingestellt sein lassen, ob eine Formalisierung (tatsächlich im Rahmen der Logik erster Stufe) aufbauend auf dieser Unterscheidung sich in allen Konsequenzen und Details durchführen läßt, was von McCarthy natürlich nicht in allen Einzelheiten durchgeprüft werden konnte. Vielmehr soll hier die kritische Frage gestellt werden, was der genaue Sinn dieser Unterscheidung sein soll, oder, um die Frage technischer zu formulieren, wie die Semantik zu solch einer formalen Sprache auszusehen hat, d.h. etwa wie ein Modell dazu aussieht.

Betrachten wir dazu die Person Gerd. In McCarthy's Syntax wird sie durch zwei Konstanten repräsentiert, nämlich gerd als die Person selbst und Gerd, deren Sinn die Person Gerd als Konzept sein soll; was aber bedeutet letzteres in einem Modell? Unser Ansatz weiter unten wird hierauf eine präzise Antwort geben können, in dessen Licht sich McCarthy's Vorschlag als zu einfach erweist.

Ein zweiter Ansatz geht über eine Modifikation der Logik, insbesondere hin zur Modallogik. Eine Variante hiervon, die von Moore (77) vorgeschlagen wurde, vermeidet zwar die explizite Verwendung der Modallogik; nichts desto weniger nimmt die dabei verwandte Axiomatisierung Bezug auf die Vorstellung von verschiedenen möglichen Welten, die seit Kripke (63) auch die semantische Grundlage der Modallogik liefert. Auch diese semantische Vorstellung empfinden wir als unnatürlich. Überdies haben Fagin et al. (84) demonstriert, daß es in keiner Weise offensichtlich ist, wie solche Kripke Strukturen selbst einfachste Situationen von der hier besprochenen Art präzise modellieren können (s. auch Halpern et al. 84), Probleme, die in dem folgenden Zugang offenbar vermieden werden können.

Der letzte hier vorgestellte Ansatz (Bibel 84a) geht von der Annahme aus, daß verschiedene Akteure primär völlig voneinander getrennte Vorstellungen von der Welt haben. Wenn daher Peter, den wir kurz mit p bezeichnen, von Gerd's Telefonnummer, kurz telnr(gerd) , spricht, so bezieht er sich primär auf etwas anderes als irgend jemand anderes etwa h (für Hans), weil eben jeder seine **eigene** Vorstellung von den Dingen in dieser Welt hat. In einem adäquaten Kalkül muß daher der Term telnr(gerd) bei Peter eine andere Bezeichnung als bei Hans haben. Dies wird in diesem Ansatz durch einen Indizierungsmechanismus geleistet, der telnr (gerd) in einfacher Weise von telnr (gerd) zu unterscheiden erlaubt. Kalkülmäßig ist dabei die Konstante gerd zunächst als völlig verschieden von gerd anzunehmen.

In (Bibel 84a) ist aufgeführt, daß sich mit diesem Zugang die oben erwähnten subtilen Unterschiede beim Schließen über Wissen ohne Schwierigkeiten behandeln lassen. Überdies erscheint uns dieser Ansatz auch als sehr natürlich, denn ist es nicht tatsächlich so, daß uns die Welt des Anderen zunächst völlig verschlossen ist. Erst auf der Grundlage von eigenen Annahmen gewinnen wir im täglichen Handeln in manchen Fällen eine gewisse Bestätigung dafür, daß diese Annahmen zutreffen, in anderen werden sie widerlegt, wieder in anderen keines von beiden. Dies bedeutet, daß sich unsere Vorstellung von einer gemeinsamen Welt, an der wir alle partizipieren, nur in solchen zusätzlichen Annahmen und Prinzipien, sprich Axiomen, manifestieren sollten, nicht im Ausgangskalkül. Eine dieser Annahmen geht von der Vorstellung eines quasi öffentlichen Bewußtseins aus, d.h. eines fiktiven "Akteurs", den wir mit öb bezeichnen. In diesem Sinne läßt sich telnr (gerd) als Gerd's Telefonnummer selbst von z. B. telnr (gerd), d.h. Peter's Konzept von dieser Nummer, syntaktisch und semantisch klar unterscheiden, was die weiter oben gestellte Frage beantwortet.

Es sei abschließend erwähnt, daß Meltzer (82/83) einen Standpunkt vertritt, der dem hier zuletzt vorgetragenen sehr ähnlich ist.

3.2   Meta-Inferenz

Wir sind in dieser Abhandlung bereits mehrfach der Vorstellung einer Betrachtung von Wissen auf der **Objekt**ebene einerseits und der **Meta**ebene andererseits begegnet. So haben wir schon in der Einleitung die Inferenz selbst als Meta-Wissen angesehen. In diesem Abschnitt wollen wir auf die Inferenz auf der Metaebene, also auf die Meta-Inferenz eingehen. Es muß ausdrücklich betont werden, daß der verbleibende knappe Raum der Bedeutung des Themas in keiner Weise angemessen ist.

In der Vorstellung von getrennten Ebenen läßt sich die Metainferenz auch als Spezialfall der im vorangegangenen Abschnitt 3.1 behandelten Thematik auffassen. In diesem Sinne hätten wir es mit zwei verschiedenen Akteuren zu tun, dem Akteur (auf der Objektebene) und dem Metaakteur, oder, um es psychologisch auszudrücken, dem handlenden Ich und dem bewußt reflektierenden Ich.

Eine formale Behandlung metasprachlicher Begriffe läßt sich in einer in die Objektsprache integrierten Weise durchführen, wie es die Modallogik tut. Auf den metasprachlichen Charakter des modalen Operators $\Box$ haben wir ja bereits in Abschnitt 1.2 hingewiesen. Und immer, wenn wir auf Lösungen mittels der Modallogik hingewiesen haben, wie beim nicht-monotonen Schließen oder beim Schließen über Wissen anderer Akteure, so ging es tatsächlich um solch metasprachliche Aspekte. Ohne diesem Zugang seine Bedeutung streitig machen zu wollen, wurde in dieser Arbeit dennoch kein Hehl daraus gemacht, daß ihm aus Gründen der Verständlichkeit und technischen Realisierbarkeit hier nicht der Vorzug gegeben wird. Hinsichtlich der letzteren könnte allerdings das bemerkenswerte System SYMEVAL von Brown (83) die bisherigen Zweifel zerstreuen.

Die zweite Möglichkeit der Formalisierung besteht in der Einbeziehung höherer Stufen der Prädikatenlogik. Diese vermeidet die Einführung weiterer logischer Operatoren über die der klassischen Logik hinaus und erreicht die erforderlichen Charakterisierungen in einer axiomatischen Weise. Die Zirkumskription aus Abschnitt 2.3.3 ist hierzu ein gutes Beispiel, ist sie doch eine typisch metasprachliche Festlegung mit einer Formel der Logik zweiter Stufe dazu, wie das angegebene Wissen auf der Objektebene gemeint ist.

Eine letzte Möglichkeit besteht in einer Formalisierung innerhalb der Logik erster Stufe, die wir bisher nicht direkt angesprochen haben. Sie wurde von Weyrauch (80) in dem System FOL realisiert und von Bowen et al. (82) untersucht. Im Prinzip handelt es sich dabei um den im letzten Abschnitt zuletzt behandelten Ansatz für den Spezialfall von genau zwei Akteuren, dem Akteur und dem Metaakteur.

Grob gesagt, werden hier zwei zunächst unabhängige Sprachen L und M der Logik erster Stufe betrachtet, auf denen klassische Inferenz in der üblichen Weise möglich ist. Zum Beispiel läßt sich unser altes Beispiel aus dem letzten Kapitel hier wie folgt beschreiben.

$$\text{VOGEL } x \; \land \; \text{KONSISTENT(theorie, "KANNFLIEGEN } x\text{")} \; \land \; \text{ISTSTAND(theorie)}$$
$$\to \; \text{KANNFLIEGEN } x$$

$$\neg \; \text{BEWEIS(u,nicht(v))} \; \to \; \text{KONSISTENT(u,v)}$$

Zusammen mit weiteren Definitionen, die das Prädikat BEWEIS charakterisieren (s.S.156 in Bowen et al. 82), ergibt sich so eine vollständige Formalisierung in einer solchen **amalgamierten Logik**. Nämlich,
die Prädikate KONSISTENT, ISTSTAND, und BEWEIS gehören zur Metaspra-
che M . Ihre Argumente können Namen von Ausdrücken der Objektsprache
L sein. So gehört KANNFLIEGEN x zu L , und "KANNFLIEGEN x" bezeichnet einen durch eine bestimmte Kodierung gegebenen Namen hierfür. Für eine solche Kodierung kann man z. B. auf die im letzten
Abschnitt beschriebene Indextechnik zurückgreifen.

Auf der Metaebene läßt sich nun ableiten, ob KANNFLIEGEN x aufgrund
des augenblicklichen Standes der Theorie mit ihr konsistent ist, womit dann auf der Objektebene auf KANNFLIEGEN x mittels der ersten
Clause geschlossen werden kann, die offenbar gleichzeitig eine Verbindung zwischen den beiden Ebenen herstellt bzw. sie "amalgamiert".

Solche Amalgamierungsmechanismen sind hier unerläßlich. Insbesondere
benötigt man in M das Prädikat BEWEIS, das die Ableitbarkeit in L
ausdrücken soll. Im allgemeinen sind hierzu dann Regeln erforderlich,
die die Ableitbarkeit von BEWEIS(A',B') in M übersetzen lassen,
in A $\vdash$ B , und umgekehrt, wobei $\vdash$ die Ableitbarkeit in L und
A', B' die Namen von A und B bezeichnen.

Natürlich läßt sich die Einführung einer Metaebene weiter iterieren,
so daß man zur Metaebene usw. gelangt. In (Bibel 84a) wurde für ein
solches Schichtenmodell eines intelligenten Inferenzsystems plädiert.

Abschließend sei noch das Analogieschließen erwähnt, das als ein
wichtiges Werkzeug menschlicher Intelligenz angesehen wird. Es ist
von typisch metasprachlicher Natur. Denn eine Analogie zwischen zwei
Sachverhalten besteht formal in einer auf der Metaebene zu beschrei-
benden Beziehung zwischen den jeweiligen formalen Beschreibungen der
Sachverhalte. Wir halten daher den hier beschriebenen metasprachlichen als den natürlichsten Zugang zum Analogieschließen.

3.3   Induktives Schließen

Induktives Schließen bezeichnet den Prozeß der hypothetischen
Abstraktion einer Gesetzmäßigkeit aus Beispielen. Die Notwendigkeit
hierzu ergibt sich ebenfalls (wie in den Abschnitten 3.1 und 3.2) aus

der besonderen Struktur unserer Welt, hier insbesondere aus der Tatsache, daß wir Menschen nicht allwissend sind, vielmehr uns aufgrund relativ weniger Erfah-hrungen ein allgemeines Bild dieser Welt machen müssen, um uns darin zurechtzufinden. So gesehen kann induktives Schließen als ein Teilbereich des umfassenderen Kapitels der Theoriebildung und des Lernens angesehen werden.

Damit ist offensichtlich, daß auch mit diesem Stichwort hier noch ein umfassender Bereich angeschnitten wird, auf den wir hier bestenfalls nachdrücklich aufmerksam machen können. Insbesondere wollen wir uns hinsichtlich der allgemeinen Thematik des Lernens darauf beschränken, auf den Überblicksartikel von Dietterich et al. (82) bzw. das von Michalski et al. (83) herausgegebene Buch hinzuweisen. Unter den dort beschriebenen Lernmethoden fällt insbesondere das Lernen aus Beispielen unter die hier herausgegriffene induktive Inferenz.

Zur Illustration erinnern wir an das bekannte Intelligenztestproblem, aus dem Anfang einer Zahlenfolge wie etwa 3,5,7 auf die nächste Zahl der Folge zu schließen. In diesem Beispiel wäre die Zahl 9 eine vernünftige Fortsetzung, begründet mit der Hypothese, daß die vollständige Reihe aus den ungeraden Zahlen, beginnend mit der 3, besteht. Tatsächlich wäre man wohl ziemlich überrascht, wenn man vom Tester erführe, er hätte eigentlich die Zahl 11, also die nächste ungerade Primzahl, erwartet.

Tatsächlich gibt es unendlich viele mehr oder weniger plausible solcher Beschreibungen von Zahlenfolgen, deren Anfang aus 3,5,7 besteht. Aber ganz offensichtlich bedient sich unsere natürliche Intelligenz nur eines (endlichen) Bruchteils dieser theoretisch möglichen Beschreibungen und verfügt darüber hinaus über Vergleichskriterien, unter denen eine Beschreibung sich als naheliegender, einfacher, plausibler, vernünftiger erweist als eine andere. Danach ist "ungerade Zahlen" naheliegender als "ungerade Primzahlen". Vom Standpunkt der Künstlichen Intelligenz aus gesehen besteht demnach eine wichtige Aufgabe für das induktive Schließen darin, die möglichen Prinzipien zu erfassen, die hinter dieser Auswahl und Bewertung durch den Menschen unter allen möglichen Beschreibungen stehen. Offenbar gehören solche Prinzipien ihrer Natur nach zur metasprachlichen Ebene, womit sich ein bis heute wenig beachteter Zusammenhang mit der Thematik des letzten Abschnitts ergibt (vgl. V.5 in Bibel 82).

Ein großer Teil der umfangreichen Literatur über das induktive Schließen untersucht diese Fragestellung mehr von einem rein theoretischen Standpunkt aus. Dabei beschränkt man sich jeweils auf die verschiedensten Objekttypen anstelle der Zahlen bzw. Zahlfolgen in unserem Beispiel. Unter ihnen sind Polynome, LISP-Funktionen, logische Ausdrücke, um nur einige zu nennen. Es ist sicher eine wichtige Aufgabe, die Vielzahl der hierbei angesammelten Resultate soweit wie möglich für die Praxis verwertbar zu machen.

Von größtem praktischen Interesse ist die Anwendung des induktiven Schließens auf die Programmierung. Zum einen sind Programmierprobleme ursprünglich oft in Form von Beispielen gegeben, mit denen das Ein-, Ausgabeverhalten des intendierten Programms exemplifiziert wird. Demnach besteht die Aufgabe analog wie bei der Zahlenfolge darin, die naheliegendste Funktionsbeschreibung zu induzieren, die genau das vorgegebene Ein-, Ausgabeverhalten aufweist. Wird diese Funktionsbeschreibung in einer Programmiersprache (wie etwa LISP) erarbeitet, so ist im Erfolgsfall das Resultat offenbar ein lauffähiges Programm.

In anderer Form besteht eine Programmieraufgabe aus einer (mehr oder weniger vollständigen deskriptiven Beschreibung der Problemstellung. In diesem Fall wird ein induktiver Prozeß dazu benötigt, Eigenschaften aus der Problemstellung zu erschließen, die die Grundlage für einen (effizienten) Algorithmus abgeben.

Man ist heute davon überzeugt, daß allgemein wissensbasierte Systeme (z. B. Expertensysteme) nur über die Einbeziehung von induktiver Inferenz einen gewissen Grad von Intelligenz erreichen können. Insbesondere spielt sie für eine weitergehendere Automatisierung der Wissensakquisition durch solche Systeme eine entscheidende Rolle.

Mit dieser kurzen Illustrierung der induktiven Inferenz und zwei ihrer Anwendungen müssen wir es aus Platzgründen bewenden lassen. Der interessierte Leser sei auf die ausgezeichnete Übersicht über dieses Gebiet von Angluin et al. (84) und auf die Fülle der dort angegebenen Literatur verwiesen. Hinsichtlich der speziellen Anwendung auf die Programmierung vermittelt Biermann et al. (84) einen umfassenden Eindruck.

Zusammenfassung

In dieser Arbeit wurde der Versuch gewagt, einen Überblick über die vielfältigen Aspekte der Inferenz aus der Sicht ihrer Anwendung in der Intellektik zu geben. Wir haben uns dabei von einer durch die folgenden Gesichtspunkte nahegelegten Strukturierung leiten lassen. Im Idealfall spiegelt die formalisierte Beschreibung die reale Welt vollständig wider (Kapitel 1), was im Normalfall jedoch in verschiedener Weise keineswegs angenommen werden kann (Kapitel 2). Überdies sind die Phänomene der Inferenz zusätzlich durch die besonderen Strukturen in der Welt geprägt, insbesondere durch die Verteilung des Wissens auf mehrere Systeme (Kapitel 3).

Wie jede Einteilung ist auch diese bis zu einem gewissen Grad willkürlich. So besteht zum Beispiel durchaus ein Zusammenhang zwischen der nicht-monotonen Inferenz des Kapitel 2 und dem induktiven Schließen des Abschnitts 3.3. In beiden Fällen handelt es sich in gewisser Weise um einen Sprung auf die Konklusion, der nicht voll abgesichert ist ("jumping to conclusions").

Jedenfalls sollte durch diesen Versuch die außerordentliche Breite des Spektrums der Inferenzphänomene und ihrer Bedeutung für viele Bereiche der Intellektik sichtbar geworden sein. Dabei sei ausdrücklich betont, daß manche der Phänomene (ganz zu schweigen von der Vielfalt der Anwendungen) nicht einmal gestreift worden sind. Insbesondere haben wir spezielle Formen der Inferenz, die von den Strukturen der physikalischen Umwelt geprägt sind, bisher nicht einmal erwähnt (siehe Brown et al. 1983 und die dortigen Zitate). So etwa Inferenz, die Zeit, Raum, physikalischen Zustand (flüssig, gasförmig) speziell berücksichtigt. Ob die vorher erwähnten Formalismen, angereichert durch entsprechendes spezifisches Wissen zur Charakterisierung bereits ausreichen, sei an dieser Stelle dahingestellt. Als Arbeitshypothese für die weitere Forschung kann man jedoch allemal vorteilhaft von solch einer Annahme ausgehen.

Dank

Das Typoskript dieser Arbeit wäre ohne ein großzügiges Angebot der Firma GEI Systemtechnik in München-Ottobrunn nicht zustandegekommen, wofür ich den Herren Berner und Mattner zu großem Dank verpflichtet bin, nicht zuletzt aber auch Frau Paustian, die diesen unvertrauten Text hervorragend gemeistert hat.

Literaturverzeichnis

Angluin, D., Smith, C.H.: Inductive inference: theory and methods.
    Computing surveys 15, 237-269 (1984).

Bibel, W.: A uniform approach to programming. Report 7633, FB Mathe-
    matik, TUM (1976).

Bibel, W.: Automated theorem proving. Vieweg, Braunschweig (1982).

Bibel, W.: Deduktionsverfahren. Proceedings der Frühjahrsschule
    Künstliche Intelligenz 1982 (W. Bibel et al., eds.), Fachberichte
    Informatik 59, Springer, Berlin 99 - 140 (1982a).

Bibel, W.: Matings in matrices. C.ACM 26, 844-852 (1983).

Bibel, W.: Knowledge representation from a deductive point of view.
    Proceedings of the I IFAC Symposium on Artificial Intelligence,
    Leningrad, USSR, October 1983 (G.S. Pospelov, ed.), Pergamon Press
    Ltd. (1984).

Bibel, W.: First-order reasoning about knowledge and belief. Procee-
    dings of the International Conference on Artificial Intelligence
    and Robotic Control Systems, Smolenice, CSSR, June 1984 (1. Plan-
    der, ed.) North-Holland, Amsterdam (1984a).

Biermann, A., Guiho, G. und Kodratoff, Y.: Automatic program con-
    struction techniques. MacMillan, New York (1984).

Bowen, K.A., Kowalski, R.A.: Amalgamating language and metalanguage
    in logic programming. Logic Pogramming (K.L. Clark et al., eds.),
    Academic Press, London, 153-172 (1982).

Brown, F.M.: Experimental logic and the automatic analysis of algo-
    rithms. TR-83-16, University of Texas at Austin, Dept. of Computer
    Science (1983).

Brown, J.S. und de Kleer, J.: The origin, form, and logic of qualitative physical laws. IJCAI-83 (A. Bundy, ed.), Kaufmann, Los Altos, 1158 - 1169 (1983).

Buchberger, B.: Ein Algorithmus zum Auffinden der Basiselemente des Restklassenringes nach einem nulldimensionalen Polynomideal. Dissertation, Universität Innsbruck (1965).

Bundy, A.: The computer modelling of mathematical reasoning. Academic Press (1983).

Clark, K.: Negation as failure. In: Logic and data bases (H. Gallaire et al., eds.), Plenum Press, New York (1978).

Dietterich, T.G.; London, R.; Clarkson, K. and Droney, R.: Learning and inductive inference. The Handbook of Artificial Intelligence (P.Cohen et al., eds.), Kaufmann, Los Altos, 323 - 512 (1982).

Doyle, J.: A truth maintenance system. Artifical Intelligence. 12, 231 - 272 (1979).

Duda, R.; Gaschnig, J. und Hart, P.E.: Model design in the PROSPECTOR consultant system for mineral exploration. In: Expert systems in the micro-electronic age (D. Michie, ed.), Edinburgh Univ. Press, 153 - 167 (1979).

Fagin, R.; Halpern, J.Y., Vardi, M.Y., A modeltheoretic analysis of knowledge. IBM Res. Lab., San Jose, CA (May 1984).

Farinas del Cerro, L., A simple deduction method for modal logic. Information Processing Letters, 14, 49-51 (1982).

Fitting, M.: Proof methods for modal and intuitionistic logics. Reidel, Dordrecht (1983).

Habel, C.: Logische Systeme und Repädsentationssysteme. GWAI-83 (B. Neumann, ed.), Springer, Berlin 118-142, (1983).

Halpern, J.Y., Moses, Y.: Towards a theory of knowledge and ignorance. IBM RJ, (April 1984).

Hughes, G.E., und Cresswell, M.J.: An introduction to modal logic. Methuen, London (1968).

Knuth, D.E., Bendix, P.B.: Simple word problems in universal algebras. Computational problems in abstract algebra (J. Leed, ed.), Pergamon Press, 263-297 (1970).

Kowalski, R.: Logic for problem solving. North-Holland, New York (1979).

Kripke, S.: A completeness theorem in modal logic, J. Symb. Logic 24, 1-14 (1959).

Lemmon, E.: An introduction to modal logic. Americ. Phil. Quaterly Monograph Series (1977).

Lewis, C.I.: A survey of symbolic logic. Univ. of California, Berkeley (1918).

Loveland, D.W.: Automated theorem proving. North-Holland, Amsterdam (1978).

McCarthy, J.: Epistemological problems of Artificial Intelligence. IJCAI-77, W. Kaufmann,, Los Altos, 1038-1044 (1977).

McCarthy, J.: First-order theories of individual concepts and propositions. In: Expert systems in the micro-electronic age (D. Michie, ed.), Edinburgh Univ. Press, 271-287 (1979).

McCarthy, J.: Circumscription - a form of non-monotonic reasoning. Artificial Intelligence 13, 27-39 (1980).

McCarthy, J.: Applications of circumscription to formalizing common sense knowledge. Stanford University (1984).

McDermott, D., Doyle, J.: Non-monotonic logic I. Artificial Intelligence 13, 41-71 (1980).

McDermott, D.: Non-monotonic Modal theories. JACM 29, 33-57 (1982).

Meltzer, B.: Briefwechsel mit J. McCarthy und J. Barnden. Unveröffent-
   licht (1982/83).

Michalski, R.S., Carbonell, J.G., und Mitchell, T.M., Machine learning.
   Tioga, Palo Alto (1983).

Minker, J., Perlis, D.: Applications of protected circumscription.
   7th Conference on Automated Deduction (R. Shostak, ed.), Springer,
   Berlin, 414-425 (1984).

Minker, J., Perlis, D.: Circumscription - Finitary completeness results.
   Dept. computer Sc., Univ. of Maryland (1984a).

Moore, R.C.: Reasoning about knowledge and action. IJCAI-77, Kaufmann, Los Altos, 223-227 (1977).

Moore, R.C.: Semantical considerations on non-monotonic logic. IJCAI-
   83 (A. Bundy, ed.), Kaufmann, Los Altos, 272-279 (1983).

Nilsson, N.J.: Principles of artificial intelligence. Tioga, Palo
   Alto (1980).

Prade, H.: A synthetic view of approximate reasoning techniques.
   IJCAI-83 (A. Bundy, ed.), Kaufmann, Los Altos, 130-136 (1983).

Quinlan, J.R., Consistency and plausible reasoning. IJCAI-83
   (A. Bundy, ed.), W. Kaufmann, Los Altos, 137-144 (1983).

Reiter, R.: On closed world data bases. In: Logic and data bases (H.
   Gallaire et al., eds.), Plenum Press, New York (1978).

Reiter, R.: A logic for default reasoning. Artificial Intelligence
   13, 18-132 (1980).

Reiter, R.: Towards a logical reconstruction of relational database
   theory. In: On conceptual modelling: perspectives from artificial
   intelligence, databases and programming languages (M. Brodie et
   al., eds.), Springer, Berlin (1984).

Robinson, J.A.: A machine oriented logic based on the resolution
   principle. J.ACM 12, 23-41 (1965).

Shapiro, E.: An algorithm that infers theories from facts. IJCAI-81,
Kaufmann, Los Altos, 446-451 (1981).

Stickel, M.E.: A case study of theorem proving by the Knuth-Bendix
method discovering that $x^3=x$ implies ring commutativity. 7th International Conference on Automated Deduction (R. Shostak, ed.),
Springer, Berlin 248-258 (1984).

Wahlster, W.: Natürlichsprachliche Argumentation in Dialogsystemen.
Springer, Berlin (1981).

Weyrauch, R.W: Prolegomena to a theory of mechanized formal reasoning. Artificial Intelligence 13, 133-1970 (1980).

Zadeh, L.A.: A computational approach to fuzzy quantifiers in natural
languages. Comp. & Maths. with Appls. 9, Pergamon Press, 149-184
(1983).

TECHNIKEN DER WISSENSDARSTELLUNG

Joachim Laubsch
Institut für Informatik
Universität Stuttgart

1 Einführung

Auf dem Gebiete der Künstlichen Intelligenz werden (in analytischer Sicht) Simulationsmodelle menschlicher Intelligenzleistung erforscht und (in konstruktiver Sicht) Systeme entwickelt, die "intelligentes" Verhalten zeigen - ohne sich dabei notwendigerweise auf solche kognitive Modelle zu stützen. Derartige Systeme werden auch "wissensbasierte Systeme" genannt. Um den Entwurf solcher Systeme zu erleichtern, wurden sowohl spezielle Programmiersprachen zur Wissensdarstellung wie KL-One (Brachman, 1978 und 1983), FRL (Roberts & Goldstein, 1977) oder MRS (Genesreth et al., 1981) als auch Programmentwicklungsumgebungen (Meta-Systeme, "expert system shells") wie EMYCIN (van Melle, 1980), HPRL (Rosenberg, 1983), KEE (Kunz et al. 1984), Loops (Bobrow & Stefik, 1983) geschaffen.

Die Frage, was "Wissen" ist, beschäftigt Philosophen seit langem (s. z.B. die Übersicht von Ayer, 1956). Es wird zwischen "Wissen" und "Glauben" (belief) unterschieden, wobei als "Wissen" der Spezialfall bezeichnet wird, bei dem das Objekt des Wissens auch "objektiv" wahr ist, während dies beim "Glauben" nur subjektiv zutreffen muß. Solange ein KI-System keine Möglichkeit hat, die ihm vom Designer vorgegebenen Aussagen an einer externen Realität zu messen, müßten wir eigentlich von "Glaubensdarstellung" sprechen. Ein System, das nur "Wissen" enthält, könnte seine Meinung nicht ändern (belief revision). Neuere Arbeiten auf dem Gebiet des Problemlösens gehen darauf ein, wie bei unzureichendem Wissen über die Realität (oder subjektiven Haltungen und Einschätzungen) fehlendes Wissen erfragt oder durch Widerspruch aufgedeckte Annahmen revidiert werden können (Moore, 1984).

Die KI gibt uns Gelegenheit, in konkrete Systeme, die sich so verhalten, als ob sie Wissen haben, "hineinzusehen", um vielleicht so eine Möglichkeit zu haben, verstehen zu können, was "Wissen" eigentlich ist. Im folgenden verzichten wir auf eine Auseinandersetzung mit philosophischen und psychologischen Fragestellungen und untersuchen statt dessen einige der in solchen Systemen verwendeten Techniken. Eine Empfehlung für den am philosophischen Bezug interessierten Leser: Kap. 1-4 der Dissertation von Moore (1980).

Unter **Wissensdarstellung** wollen wir die symbolische Repräsentation von Objekten, Fakten und Regeln in operationaler Form für einen Handlungsträger mit symbolverarbeitender Kompetenz verstehen.

Die Frage nach der Bedeutung der Aussage

"Ein System hat Wissen."

haben Moore & Newell (1973) wie folgt beantwortet:

> "Ein System S hat Wissen W,
> wenn S immer dann wenn erforderlich, W anwendet."

Zum Beispiel sollte ein Terminplanungssystem wissen, daß an einem Ort und in einem Zeitintervall nicht mehr als eine Veranstaltung stattfinden kann. Dies Wissen ist z.B. erforderlich, wenn eine Tagung geplant wird oder auch wenn eine Frage wie: "Finden V1 und V2 am 7.2. von 16:00 bis 17:00 im H251 statt?" beantwortet werden soll.

Der wesentliche Punkt von Moore und Newell ist, daß es nicht nur auf die Existenz einer formalen Repräsentation des Wissens selbst, sondern auch auf die Bedingungen zur Anwendung des Wissens in unterschiedlichen Situationen ankommt. McCarthy (1968) wies bereits in seiner Arbeit zum "advice taker" auf die Problematik hin, wie ein System bei einer gegebenen Formalisierung von Weltwissen (common sense knowledge) aus der potentiell großen Menge solchen Wissens, das für eine Inferenz nötige auswählen könnte.

Welche Voraussetzungen müssen gegeben sein, damit Wissen angewandt werden kann? (vgl. Barr & Feigenbaum, Vol. 1, S.143-147, 1981)

(a) **Retrieval** (= Zugriff auf Wissen)
Die Organisation des Gedächtnisses soll die Auswahl des Wissens ermöglichen. Sie bestimmt, welches Wissen in einer Situation relevant ist oder möglicherweise erwartet werden kann.

(b) **Inferenz** (= Schließen aus vorhandenem Wissen)
Wir unterscheiden folgende Arten von Inferenz:
- Deduktive Inferenz
- Induktive Inferenz
- Statistische Inferenz (= approximative oder nicht-exakte Inferenz)
- Analogische Inferenz

(c) **Akquisition** (= Erwerb von Wissen)
Es gibt verschiedene Möglichkeiten, neues Wissen in ein System einzubringen:

- durch Programmieren in einer Wissensrepräsentationssprache: z.B. in einer frame-orientierten Sprache (wie FRL oder KL-One), in Produktionsregeln (wie in OPS5; Forgy, 1981) oder durch Logik-Programmierung in definiten Klauseln von Prolog (Roussel, 75; Clocksin & Mellish, 1981).

- durch Debugging mit einem Gebietsexperten im Fehlerfalle: In Teiresias (Davis 1977) wird ein Experte systematisch durch die Kette der Schlüsse geführt, die zum Widerspruch führten. Der Experte kann dann die Inferenzregeln modifizieren oder neue hinzufügen.

- durch Lernen aus einer systematischen Sequenz von Beispielen und Gegenbeispielen (s. z.B. Winston, 1975).

2   Beispiele zur Wissensdarstellung in intelligenten Systemen

EL (Stallman & Sussman, 1979), ein System zur Analyse analoger elektrischer Schaltkreise, benutzt Vorwärts-Inferenz durch Propagieren von Constraints basierend auf gebietsspezifischen Annahmen und Gesetzmässigkeiten (Ohmsches und Kirchoffsches Gesetz). Erschlossene Fakten erhalten als Begründung die Inferenzregel und die hierin verwandten Fakten. Die auf diese Weise entstandene Dependenzstruktur wird zur Erklärung der Schlüsse oder auch zu einer kontrollierten Revision von Entscheidungen verwendet (dependenz-gesteuertes Backtracking). Falsche Annahmen führen zum Widerspruch. Dann wird aufgrund gebietsspezifischer Heuristiken entschieden, welche Annahmen zurückgenommen werden sollen. Die Möglichkeit der redundanten Darstellung eines Schaltkreises in multiplen Perspektiven wird ausgenutzt, um verschiedene Lösungsmethoden zu integrieren (Sussman & Steele, 1980).

MOLGEN (Stefik, 1981) ist ein System zum Planen von DNA Experimenten. Es benutzt "Constraints" zur Darstellung der Beziehung zwischen Planungsvariablen (constraint formulation). Solche Constraints werden sukzessive zum Plan hinzugefügt. Bei der Verfeinerung des Plans werden diese propagiert und erweitert (constraint propagation). Durch Suchen werden die Planungsvariablen so instantiiert, daß die Constraints erfüllt werden (constraint satisfaction). Die frame-orientierte Sprache UNITS wurde zur Darstellung von Wissenseinheiten in MOLGEN (wie Organismus-Kultur, Synthese-Problem, Experiment-Operation usw.) entwickelt. KEE ist eine Wieterentwicklung von UNITS.

MYCIN (Davis, Buchanan & Shortliffe, 1977), ein System zur medizinischen Beratung, benutzt Regeln (die vage Prämissen und Konklusionen enthalten können) zur Darstellung vager Inferenzen, wie z.B. "A und B legen nahe, daß C auszuschließen ist". Solche Produktionsregeln werden ziel-orientiert durch Rückwärts-Inferenz angewandt. Eine allgemeinere Version von MYCIN (EMYCIN; van Melle 1980) wurde auf die Entwicklung von Expertensystemen in anderen Gebieten angewandt. Ein wesentlicher Gesichtspunkt bei MYCIN war die Integration einer Erklärungskomponente, die es ermöglicht, (1) die während einer Beratung erschlossenen dynamischen Daten aufgrund statischer Daten (wie Regeln und Eigenschaften von Parametern) zu erläutern und (2) das Regelsystem inkrementell zu verbessern.

R1 (McDermott, 1982; McDermott & Steele, 1981) konfiguriert VAX-Computer Systeme. Diese Aufgabe wird in eine sequentielle Abfolge von Teilaufgaben zerlegt. Für die Lösung jeder Teilaufgabe gibt es eine Menge von (in einem Kontext organisierten) Produktionsregeln, die in OPS5 (Forgy, 1981) ausgedrückt sind. Die Regeln beschreiben Bedingungen, die eine partiell definierte Konfiguration erfüllen muß, damit sie zu einer akzeptablen Konfiguration erweitert werden kann. Es gibt drei Kategorien von Regeln: (1) Operator-Regeln erzeugen oder erweitern eine partielle Konfiguration, (2) Sequenzierungs-Regeln bestimmen die Reihenfolge von Entscheidungen und (3) Informations-Sammlungs-Regeln extrahieren diejenigen Fakten aus der Datenbasis, die im Bedingungsteil der anderen Regeln benötigt werden. Die Bedingungen werden durch Muster beschrieben. Die Regeln sind so organisiert, daß weder Suche noch Revision von Entscheidungen stattfinden.

3   Ein einfaches wissensbasiertes System

Wie unterscheiden sich solche wissensbasierten Systeme von herkömmlichen Systemen? Nach Stefik et al. (1984) besteht bei herkömmlichen
Programmen lediglich eine Differenzierung zwischen Daten und Programm,
bei wissensbasierten Programmen dagegen zwischen Daten, Wissensbasis
und Programm. An einem einfachen Beispiel - dem Finden der Schmutz-
quelle in einem Leitungsnetz - wollen wir dies illustrieren.

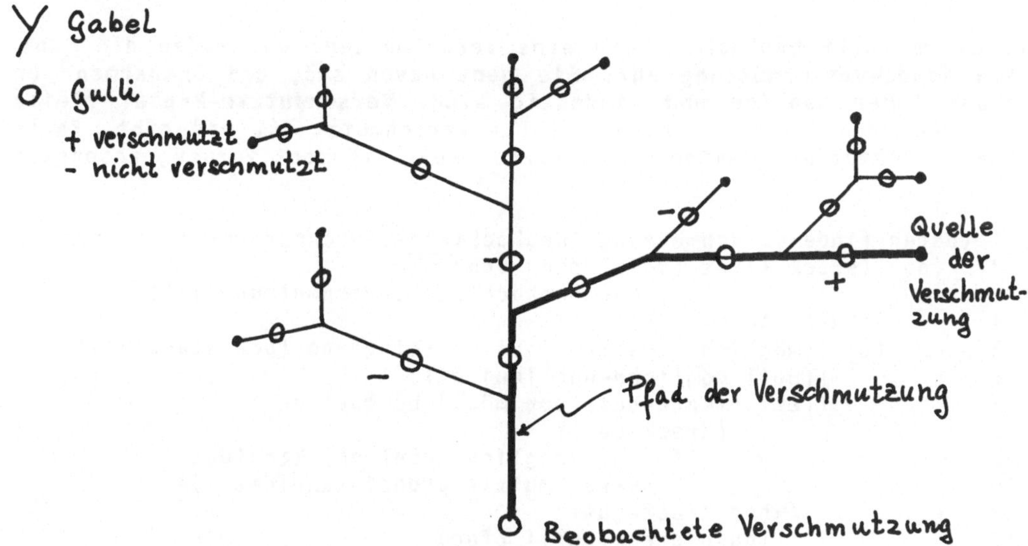

3.1 Die Lösung in einem herkömmlichen System
   (als Common Lisp Programm)

(1) <u>Datenstrukturen</u>:

```
Gabel:        (defstruct (gabel (:conc-name nil))
                 "Eine Gabel hat einen Ausgang und mehrere Eingänge,
                  die jeweils Verbindungen sind"
                 name
                 ausgang        ; Verbindung
                 eingänge)      ; Liste von Verbindungen

Verbindung: (defstruct (verbindung)
                 "Wasser fließt durch eine Verbindung von VON nach NACH.
                  Sie hat immer genau einen Gulli."
                 von            ; kann Quelle oder Gabel sein
                 nach           ; kann Gabel oder Symbol sein
                 gulli)         ; ein Gulli zur Entnahme von Proben
```

```
Gulli:      (defstruct (gulli (:conc-name nil))
              "Ein Gulli liegt auf einer Verbindung."
              name
              (lage :type verbindung))
```

Im folgenden Common Lisp Programm (Steele et al. 1984) nehmen wir an, daß diese Datenstrukturen benutzt wurden, um ein Leitungsnetz abzubilden.

(2) <u>Programm</u>:

An einem Gulli beobachten wir eine Verschmutzung und rufen die Funktion **finde-verschmutzung** auf. Sie geht davon aus, daß Entnahmen von Proben immer möglich und eindeutig sind. **Verschmutzte-Probe?** (Zeile 10) fragt den Benutzer, ob ein Gulli verschmutzt ist und gibt, falls eine Verschmutzung festgestellt wurde, sein Argument zurück, ansonsten NIL.

```
 1  (defun finde-verschmutzung (beobachtete-verschmutzung &aux pfad)
 2    (do ((stack (list (verbindung-von
 3                        (lage beobachtete-verschmutzung)))))
 4        ((null stack) nil)
 5      (do ((mögliche-quellen (gullis (eingänge (pop stack)))))
 6          ((null mögliche-quellen) nil)
 7        (let* ((kandidat (pop mögliche-quellen))
 8               (dreck-gulli
 9                 (if (null mögliche-quellen) kandidat
10                   (verschmutzte-probe? kandidat))))
11          (when dreck-gulli
12            (push dreck-gulli pfad)
13            (let ((vorgänger
14                    (verbindung-von (lage dreck-gulli))))
15              (typecase vorgänger
16                (quelle (report-pfad pfad)
17                        (return-from finde-verschmutzung pfad))
18                (gabel (push vorgänger stack))))
19            (return nil))))))
```

Folgendes Wissen ist in Form von Lisp kodiert: Wir beginnen an der Gabel, deren Ausgang die Beobachtungsstelle ist und suchen einen verschmutzten Gulli auf einem der Eingänge. Sobald es keine nicht untersuchten Eingänge außer dem Kandidaten gibt, muß dieser der Dreck-Gulli sein (Zeile 9). Sonst fragen wir den Benutzer (Zeile 10). Falls er bestätigt, daß die Probe an diesem Gulli verschmutzt ist, ignorieren wir alle weiteren Eingänge (Zeilen 11-20), denn wir nehmen an, daß die Verschmutzung von genau einer Quelle herrührt. Wenn der Vorgänger dieses Gullis eine Quelle ist, melden wir den Pfad (16) und beenden das Programm (17). Handelte es sich um eine Gabel, setzen wir diese auf den Stack und beginnen somit die nächste Iteration von 5-19.

So einfach dies Programm auch sein mag: Die Annahme, daß die Verschmutzung nur von einer Stelle rührt, ist versteckt. Würde diese Annahme nicht gelten, müßten wir "nur" die RETURN's aus Zeilen 17 und 19 entfernen, um zu erreichen, daß alle Eingänge von Gabeln untersucht

werden. Ein weiterer "Patch" wäre nötig, um das Stellen der Frage
(Zeile 10) nur dann zu vermeiden, wenn keiner der Kandidaten verschmutzt war. Ebenso ist die "Depth-First" Kontrollstruktur einkompi-
liert (Zeile 18). Um "Breadth-First" zu erreichen, müßten wir den verschmutzten Vorgänger der Gabel an eine Queue hängen und dürften keinen
Stack verwenden. Das Beispiel sollte zeigen, daß in der traditionellen
Lösung solch Wissen nicht explizit gemacht wird.

3.2 Die Lösung in einem wissensbasierten System

Im folgenden benutzen wir AMORD (De Kleer et al. 1977b), um den
"wissensbasierten" Ansatz zu illustrieren. Das Wesentliche hierbei
ist, daß wir zwischen **Datenebene**, **gebietsspezifischem Wissen**, **allge-
meinem Inferenzwissen** und **Kontrollwissen** in der Lösung unterscheiden
können und dies auch in der Sprache AMORD explizit machen.

Die Datenbasis könnten wir ähnlich wie unter 3.1 realisieren. Der
Einfachheit halber geben wir sie aber als Liste von Assertionen ein.
(Da es uns nur um das Prinzip geht, nehmen wir an, daß jede Gabel
genau zwei Eingänge hat.)

```
(assert '(gabel g0 (g1 g2)) '(premise))
(assert '(gabel g1 (q1 q2)) '(premise))
(assert '(gabel g2 (q3 q4)) '(premise))
(assert '(quelle q1) '(premise))
(assert '(quelle q2) '(premise))
(assert '(quelle q3) '(premise))
(assert '(quelle q4) '(premise))
```

(assert **Aussage Begründung**)

fügt **Aussage** in die Datenbasis ein und gibt der Aussage **Begründung** als
Rechtfertigung. Solche Aussagen werden vom Truth Maintenance System
(TMS; Doyle, 1978) verwaltet. Die Begründung "premise" bedeutet, daß
diese Aussage nicht von der Gültigkeit anderer Aussagen abhängt.

Die Wissensbasis enthält verschiedene Arten von Regeln. Einerseits
wollen wir das **gebietsspezifische** Wissen über die Ausbreitung einer
Verschmutzung in einem Leitungsnetz darstellen:

```
(defrule dreck-fließt ( (?g (gabel ?aus (?ein1 ?ein2))) )
   (assert '(IF (OR (Verschmutzt ?ein1) (Verschmutzt ?ein2))
             (Verschmutzt ?aus))
        '(premise)))
```

Die obige Regel sagt, daß, wenn einer der Eingänge einer Gabel verschmutzt ist, dann auch ihr Ausgang verschmutzt ist.

Durch

```
(defrule Regel-Name ( Fakt-Muster ... ) . Körper)
```

wird eine Regel definiert. Sobald AMORD beginnt, werden Regeln, deren
Fakt-Muster mit gültigen Aussagen unifizierbar sind, aktiviert. Im

allgemeinen kann eine Regel mehrere **Fakt-Muster** enthalten. Sie wird
nur dann aktiv, wenn alle Fakt-Muster mit gültigen Fakten unifizierbar
sind. Ein Fakt-Muster besteht aus einem Fakt-Namen und einem Fakt-
Inhalt. Variable sind durch den Präfix "?" gekennzeichnet.

Zum Beispiel kann das Fakt-Muster

```
        (?g      (gabel ?aus (?ein1 ?ein2)))
mit      |        |      |     |
        (fact-1 (gabel g0    (g1      g2)))
```

unifiziert werden. Hier ist fact-1 der Fakt-Name des Fakts (gabel g0
(g1 g2)).

Aktivieren einer Regel heißt, daß ihr Körper evaluiert wird. Der
Körper wird in einer Umgebung evaluiert, in der
  (a) die Variablenbindungen der Unifikation, aus Fakt-Muster und Fakt
  (b) die Variablenbindungen der lexikalisch äußeren Regel und
  (c) die Bindung der Fakt-Namen an die entsprechenden Variablen im
      Muster gelten.

```
(defrule propagate ( (?g (gabel ?aus (?ein1 ?ein2))) )
  (rule ( (?f (Verschmutzt ?ein1)) )
      (assert '(Verschmutzt ?aus) '(dreck-fließt ?f))
      (assert '(NOT (Verschmutzt ?ein2)) '(dreck-xor ?f)))
  (rule ( (?f (Verschmutzt ?ein2)) )
      (assert '(Verschmutzt ?aus) '((dreck-fließt ?f)))
      (assert '(NOT (Verschmutzt ?ein1)) '(dreck-xor ?f))))
```

Diese Regel sagt, daß, wenn **ein** Gabeleingang verschmutzt ist, geschlossen werden soll, daß der **andere** nicht verschmutzt ist. Redundant
wird eingetragen, daß der Gabelausgang verschmutzt ist. Dies könnte
auch durch die "Dreck-fließt"-Regel erschlossen werden (wie wir später
sehen werden).

Diese Regel zeigt auch, daß der Körper einer AMORD Regel weitere Regeln enthalten kann. Diese werden bei der Evaluation des Körpers
instantiiert; d.h. AMORD Regeln sind wie Regeln eines Produktions-
systems, das lokale Regelpakete zuläßt. (**rule** ist wie **defrule**, außer
daß die Regel keinen Namen bekommt.)

```
(defrule propagate-not-Verschmutzt ( (?g (gabel ?aus (?ein1 ?ein2))) )
  (rule ( (?e (Verschmutzt ?aus)) (?f (NOT (Verschmutzt ?ein1))) )
      (assert '(Verschmutzt ?ein2) '(dreck-xor ?f)))
  (rule ( (?e (Verschmutzt ?aus)) (?f (NOT (Verschmutzt ?ein2))) )
      (assert '(Verschmutzt ?ein1) '(dreck-xor ?f))))
```

Diese Regel sagt: Wenn **ein** Gabeleingang nicht verschmutzt ist, wohl
aber deren Ausgang, kann gefolgert werden, daß der andere Eingang verschmutzt ist.

In der "Dreck-fließt"-Regel taucht die Implikation (IF) auf. Um aus
Implikationen etwas zu schließen, könnte man Modus Ponens verwenden.
Hierzu brauchen wir eine **allgemeine Inferenzregel**! Diese könnte in

AMORD so formuliert werden:

```
(defrule show-modus-ponens ((?g (SHOW ?q)) (?i (IF ?p ?q)))
  (rule ((?f ?p))
        (assert '?q '(mp ?f ?i)))
  (assert '(SHOW ?p) '((bc mp) ?g ?i)))
```

Diese Regel sagt: Wenn Du ?q zeigen willst und ?p impliziert ?q, dann
zeige ?p. Wenn nun ?p gilt, gilt auch ?q. Die **show-modus-ponens** Regel
verwendet explizit Rückwärts-Inferenz (backward chaining, kurz: bc).
Sie sagt, daß ?q aus ?p nur dann inferiert wird, wenn man an ?q interessiert ist.

Explizites Interesse wird durch solche SHOW-Regeln ausgedrückt. Das
Interesse an ?q ist ein Fakt ?g. Dieser ist Grund für das Interesse an
?p. Die Begründung für (SHOW ?p) ist deshalb:

```
        ((bc mp) ?g ?i)
```

Der Rest dieser Liste ist eine Liste unterstützender Fakten. Neben ?g
ist auch die Implikation ?i enthalten. Sollte einer dieser Fakten
zurückgenommen werden (durch **retract**), so wird auch (SHOW ?p) revidiert.

Außerdem haben wir in der **Dreck-fließt** Regel Disjunktion (OR) verwendet. Deshalb definieren wir eine weitere allgemeine Inferenzregel, um
OR durch backward-chaining zeigen zu können:

```
(defrule show-OR ( (?g (SHOW (OR ?p ?q))) )
  (rule ((?f ?p))
        (rule ( (?s (SHOW ?q)) )
              (retract '(SHOW ?q) '((bc or+) ?g)))
        (assert '(OR ?p ?q) '(or+ ?f)))
  (rule ((?h ?q))
        (rule ( (?s (SHOW ?p)) )
              (retract '(SHOW ?p) '((bc or+) ?g)))
        (assert '(OR ?p ?q) '(or+ ?h)))
  (assert '(SHOW ?p) '((bc or+) ?g))
  (assert '(SHOW ?q) '((bc or+) ?g)))
```

Diese Regel wirkt auf den ersten Blick hin etwas schwer verständlich,
da sie von einer parallelen Verarbeitung der Regeln ausgeht.

Nachdem im Körper die beiden Regeln definiert sind, werden zwei
Prozesse begonnen: Einer, um ?p zu finden und ein weiterer um ?q zu
finden. Da es jedoch reicht, **einen** Disjunkt zu zeigen, können alle
Prozesse die angestoßen wurden, um den anderen zu zeigen, suspendiert
werden (durch **retract**), sobald der eine bekannt wird.

Wenn Fakten eingetragen werden, werden auch immer ihre Begründungen
eingetragen. **Dadurch wird eine Dependenzstruktur erzeugt.** So sehen
wir, daß der Grund für (OR ?p ?q) ist, daß entweder ?p oder ?q gilt
und wir die Regel zur Oder-Einführung (or+) angewandt haben. Dagegen
ist der Grund für das Interesse an ?p die Kontrollstruktur der
Rückwärts-Inferenz und das Interesse an (OR ?p ?q).

```
(defrule give-up-showing ( (?f (SHOW ?x)) (?g (NOT ?x)) )
  (retract-fact ?f))
```

Diese Regel sagt, daß, wenn ein Fakt namens ?f, dessen Inhalt es ist,
?x zu zeigen, aber bereits bekannt ist, daß (NOT ?x) gilt, der Fakt ?f
(d.h. das Interesse an ?x) zurückgenommen werden kann.

Sicher reichen diese allgemeinen Regeln nicht für viele Probleme (ja
selbst eine andere Menge gebietsspezifischer Regeln für dieses
Problem) aus. Der entscheidende Punkt ist, daß wir solches **allgemeines
Inferenzwissen bereits im System eingebaut** haben, und dann nur noch
die jeweiligen problemspezifischen Regeln hinzuzufügen brauchen.

Zur Lösung des Problems gehört jedoch noch ein dritter Aspekt: Das
Wissen über die **Kontrolle der Fragestellung.**

Das ursprüngliche Problem haben wir etwas erweitert, indem wir vom
System verlangen, es solle zuerst einmal versuchen, Verschmutzung zu
inferieren, bevor es den Benutzer fragt. Dazu definieren wir über das
Prädikat **Verschmutzt** das Prädikat **Infer-first:**

```
  (assert '(Infer-first Verschmutzt) '(premise))
```

und definieren eine allgemeine Regel für Infer-first Prädikate:

```
(defrule try-to-show ( (?g (SHOW (?property ?q)))
                       (?h (infer-first ?property)) )
  (enqueue `((when (find-fact '(SHOW (,?property ,?q)))
              (cond ((find-fact '(,?property ,?q)))
                    ((find-fact '(NOT (,?property ,?q))))
                    (T (funcall (query ,?property) ',?q)))))))
```

Dies sieht komplizierter aus als es ist: Dazu müssen wir wissen, daß
AMORD eine Art von Agenda-Kontrollstruktur (Charniak et al. 1980, Kap.
12) anbietet. Sobald keine Regel mehr durch einen Fakt aktiviert
werden kann, wird eine besondere Warteschlange (Queue) abgearbeitet.
An diese Queue können wir durch **enqueue** eine Sequenz von Aktionen
anhängen (S.u. Kap. 4.2.3). Die Agenda wird Item für Item bearbeitet.
Dabei können weitere Fakten assertiert werden. Bevor das nächste Item
betrachtet wird, werden die Regeln wieder aktiv.

Die **try-to-show** Regel sagt, daß, wenn eine Eigenschaft (?property)
eines Objekts ?q gezeigt werden soll, die zuerst inferiert, dann aber
erfragt werden soll, folgende Aktion an die Queue angehängt wird: Wenn
Du immer noch diese Eigenschaft suchst und hast weder gefunden, daß
sie gilt noch, daß sie nicht gilt, dann frage den Benutzer über
?property des Objekts ?q.

Die Schnittstelle zwischen ?property und der Frage benutzt die Technik
des daten-gesteuerten Programmierens (Charniak et al. 1980, Kap 9):

```
(defmacro query (property) `(get ',property 'query))
```

```
(defun (Verschmutzt query) (node)
  (if (Verschmutzte-Probe? node)          ; dies stellt die Ja/Nein Frage
```

```
(assert  (Verschmutzt ,node) '(user-says))
(assert  (NOT (Verschmutzt ,node)) '(user-says))))
```

Entsprechend der Benutzerantwort wird der Fakt mit der Begründung "user-says" eingetragen. Eine einfach zu erreichende Erweiterung wäre hier, eine Identifikation der Probe einzutragen. Wenn sich dann später herausstellen sollte, daß bestimmte Proben nicht korrekt analysiert wurden, ließen sich diese Fakten zurückziehen und gleichzeitig damit alle daraus gefolgerten Fakten. Die Analyse könnte dann in der neuen Situation fortgeführt werden, anstelle chronologisch bis zur Fehlersituation zurückgehen zu müssen.

Um das System in Gang zu bringen, sagt der Benutzer ihm, daß er daran interessiert ist, die Verschmutzung von einem x zu finden:

```
1 (defun finde-verschmutzung (x)
2    (assert  (SHOW (Verschmutzt ,x)) '(user-says))
3    (pdslet ((?x x)) ; pdslet bindet AMORD-Variable ?x an Lisp-Variable x
4          (rule ( (?a (Verschmutzt ?q)) (?b (Quelle ?q))
5                 (?c (Verschmutzt ?x)) )
6                (format t "-%-A ist verschmutzt durch -A" ?x ?q))
7          (rule ( (?a (NOT (Verschmutzt ?x))) )
8                (format t "-%-A ist nicht verschmutzt" ?x))))
```

Die Assertion (Zeile 2) zeigt dies Interesse und aktiviert die Rückwärts-Inferenz Regeln. Die Regeln (Zeilen 4-8) teilen dem Benutzer dann mit, ob es eine Verschmutzung gibt und woher sie kommt. Es ist dabei gleichgültig, ob vorher schon bekannt war, daß einige Knoten verschmutzt sind oder nicht (im Gegensatz zur ersten Lösung). Erst dann wenn keine Verschmutzung inferiert werden kann wird die Agenda bearbeitet.

Einige Erweiterungen sind eine interessante Aufgabe zum Experimentieren mit AMORD:

(1) Es kann durchaus sein, daß Dreck von mehreren Quellen kommt.
(2) Der Benutzer kann auch antworten: Ich weiß nicht!
(3) Probeentnahmen an manchen Orten sind teurer als an anderen.
(4) Von Außen erfährt das System während der Inferenz- oder
    Fragephase Zusätzliches über Verschmutzung.
(5) Benutze die Dependenzstruktur um den Zustand von Knoten im
    Leitungsnetz zu erklären.

Die Fragen, die man sich dann stellen sollte, wenn man mindestens eine der Erweiterungen in beiden Ansätzen gemacht hat, sind:

> Wie modular ist das Wissen, das ich hinzugefügt habe, d.h.
> wie wächst die Komplexität?
>
> Welche Fähigkeiten verlangen diese Erweiterungen im Vergleich
> zur traditionellen Lösung?

Der Boom auf dem Gebiet der Expertensysteme innerhalb der KI ist jedenfalls auch daraufhin zu führen, daß man wissensbasierte Systeme in diesem Stil schnell bauen und erweitern kann.

4   WISSENSBASIS UND KONTROLLE

4.1   Ansätze zur Darstellung einer Wissensbasis

4.1.1 Prädikatenlogik erster Stufe

Warum stellen wir Wissen im Rechner nicht in natürlicher Sprache dar?
Eine Antwort ist, daß es viele Möglichkeiten gibt, das gleiche zu
sagen.

        "Lisa gibt Hans das Buch"
        "Hans bekommt das Buch von Lisa"
        "Das Buch wurde Hans von Lisa gegeben"
        "Erna's Schwester gibt Hans das Buch"
        ...

Wir möchten eine kanonische Repräsentation, denn dann können wir das,
was wir daraus folgern wollen, mithilfe einer kleineren Menge von
Regeln tun.

Eine andere Antwort ist: natürliche Sprache ist ambig! Selbst so einfache Sätze wie die obigen lassen offen, um welches Buch es sich
handelte. Selbst wenn z.B. aus dem Kontext klar war, daß es sich um
die zweite Auflage von Winston's "Artificial Intelligence" Buch
handelt, ist immer noch offen, welches Exemplar es war.

Wir brauchen eine einfache und allgemeine Sprache, die zumindest diese
Probleme vermeidet. Eine solche Sprache ist der Prädikatenkalkül (PK).
Es muß gute Gründe geben, eine andere Sprache vorzuziehen.

Wie sicher aus Grundvorlesungen der Informatik bekannt ist, besteht
eine Aussage des PK aus Symbolen für Objekte, Variablen für Objekte,
sowie Symbolen für Funktionen, Prädikate und logische Operatoren.

Um die obigen Sätze darzustellen, führen wir folgende Objekt-Symbole
ein, um auf die entsprechenden Objekte zu referieren:

        Objekt-Symbol   Objekt

        lisa   Lisa = Erna's Schwester
        hans   Hans
        buch1   das Buch

Für alle Objekt-Symbole nehmen wir an, daß die referierten Objekte
existieren. Als Prädikat-Symbol für die geben/nehmen-Relation wählen
wir **Geben**. Dann können wir obige Sätze als PK-Aussage darstellen:

        Aussage   "Lisa gibt Hans das Buch"
           | |
    repräsentiert als   repräsentiert als
           | |
    instantiiertes Prädikat   (**Geben** lisa hans buch1)   (1)

Wir führen auch Funktions-Symbole ein, z.B. die Funktion

        (SCHWESTER ?person)

referiert auf die Schwester von ?person.

Nun können wir Terme wie

```
erna
(SCHWESTER erna)
(SCHWESTER (SCHWESTER erna))
```

bilden.

Nehmen wir an, daß diese Funktion für erna definiert ist, sodaß

```
(= (SCHWESTER erna) lisa).
```

Dann hat folgende Aussage die gleiche Bedeutung wie (1):

```
(Geben (SCHWESTER erna) hans buch1)                    (2)
```

Die binäre Relation "=" drückt Gleichheit zweier Objekte aus. Zwar werden jetzt gleiche Sachverhalte unterschiedlich dargestellt, aber Regeln über die Relation "=" und die Bedeutung von Funktionstermen erlauben es, (2) auf (1) zu reduzieren.

Aus atomaren Aussagen bilden wir mithilfe logischer Operatoren zusammengesetzte Aussagen. Die logischen Symbole sind: AND (Konjunktion), OR (Disjunktion), NOT (Negation), IF (Implikation) und IFF (Äquivalenz).

Der Satz

```
"Wenn Lisa das Buch Hans gibt, besitzt er es."
```

entspräche der PK-Aussage:

```
(IF (Geben lisa hans buch1) (Besitzt hans buch1))
```

Allgemeinere Aussagen lassen sich bilden, indem wir Quantifikation und Variablensymbole einführen. Dann können wir über beliebige Objekte sagen, daß sie ein Prädikat erfüllen, ohne zu sagen, um welche Objekte es sich handelt. Wenn wir z.B. ausdrücken wollen: "Wenn jemand jemandem ein Ding gibt, besitzt letzteres es.", benutzen wir den ALL-Quantor:

```
(ALL ?x (ALL ?y (ALL ?z
                 (IF (Geben ?x ?y ?z)
                     (Besitzt ?y ?z)))))
```

oder kürzer

```
(ALL ?x ?y ?z
     (IF (Geben ?x ?y ?z) (Besitzt ?y ?z)))
```

Die Variablensymbole ?x ?y ?z können als Wert jedes Objektsymbol annehmen. Es sollte noch möglich sein, das Objektsymbol auf Objekte einer Klasse einzuschränken.

Für obigen Satz ist diese PK-Aussage noch zu allgemein, denn ?x und ?y sollen auf Personen und ?z auf Dinge eingeschränkt sein. Nehmen wir an, die Prädikate PERSON und DING seien entsprechend definiert, dann stellt die PK-Aussage

```
(ALL ?x
    (IF (PERSON ?x)
        (ALL ?y (IF (PERSON ?y)
            (ALL ?z (IF (DING ?z)
                (IF (Geben ?x ?y ?z)
                    (Besitzt ?y ?z))))))))        (3)
```

den Sachverhalt dar. Der Bindungsbereich der Variablen ist so wie im Lambda-Kalkül definiert. Um die Existenz eines Objekts auszudrücken, benötigen wir noch den EXISTS-Quantor.

Für die Verwendung von Variablen-Symbolen gilt die Einschränkung, daß sie nur für Objekt-Symbole stehen dürfen, d.h. syntaktisch dürfen sie nur in Argument-Positionen von Relationen und Funktionen stehen.

4.1.2 Semantische Netze und Frames

Eine graphische Notation von Aussagen wurde unter dem Namen "semantische Netze" populär. Neben ihrer visuellen Attraktivität, sollte diese Darstellung auch die "Nähe zur Computer-Implementierung" und die Verwandtschaft zu assoziativen Gedächtnismodellen der Psychologie illustrieren.

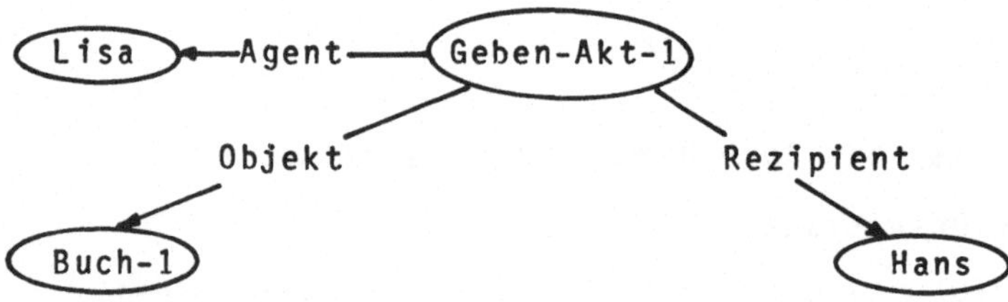

Das instantiierte Prädikat **Geben** wird zum Knoten **Geben-Akt-1**. Ebenso werden die Objekt-Symbole zu Knoten. Die Argument-Position wird durch Kanten-Namen wie **Agent**, **Objekt** und **Rezipient** explizit gemacht. Dies ist nur ein Ausschnitt aus dem gesamten Netz.

Die anderen Aussagen:

   (PERSON Lisa) (PERSON Hans) (BUCH Buch1) (GEBEN-AKT Geben-Akt-1)

sind damit verbunden:

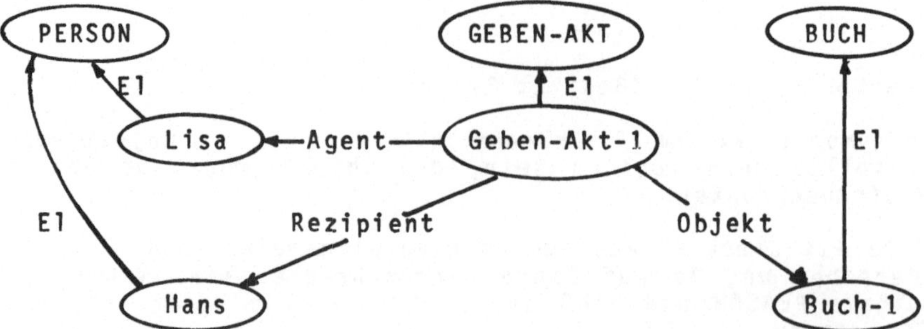

In verschiedenen Entwicklungen des Formalismus semantischer Netze (z.B. HAM-RPM) wird zwischen "begrifflichem" und "referentiellem" Netz unterschieden (Höppner, 1980). Im referentiellen Netz werden Sachver-

halte der Welt dargestellt, im begrifflichen Netz dagegen terminologische und definitorische Aussagen. Obiges Netz ist ein referentielles
Netz.

Eine Motivation für die Weiterentwicklung der semantischen Netze zu
Frames (Minsky 1975) war, Wissen in begrifflichen Einheiten zusammen-
zufassen, in denen Beschreibungen und Prozeduren zur Anwendung des
Wissens verbunden sind.

Die Beschreibung eines generischen Objekts sollte weiter spezialisier-
bar sein, um gemeinsame Beschreibungen vererben zu können. Beschreibungen sind intensional. Sie ermöglichen es, zu erkennen, ob ein individuelles Objekt als Instanz eines generisches Objekts klassifiziert
werden kann und ob ein generisches Objekt ein anderes generisches
Objekt subsumiert.

Sowohl individuelle als auch generische Objekte sollten partiell definierbar (d.h. variabel) sein können.

Objekte sollten unter verschiedenen Perspektiven gesehen werden können
(multiple Repräsentation).

Minsky's "Frame-Theorie" ist eine Theorie kognitiver Prozesse, die
davon ausgeht, daß Erkennen, Verstehen und Inferenz durch "Gestalt"-
artige Strukturen erklärbar ist. Menschliche Intelligenzleistung
entsteht nach dieser Theorie nicht durch Anwendung weniger univer-
seller Methoden, sondern durch eine große Menge partikulären Wissens.
Dies Wissen ist in Frames - d.h. Darstellungen prototypischer
Situationen - organisiert. Zunächst stand die Entwicklung der Frame-
Theorie - z.B. ausgeprägt in der Sprache KRL (Bobrow & Winograd, 1977)
- im Gegensatz zu reduktionistischen Ansätzen basierend auf dem PK
(vgl. Minsky 1975). Jedoch existieren Ansätze, frame-orientierten
Sprachen eine prädikatenlogische Interpretation zu geben (vgl. Hayes
1979; Kap. 9 in Nilsson 1983; Reiter 1980).

Derzeit gibt es keinen Frame-Formalismus, der alle oben erwähnten
Anforderungen erfüllt. Im folgenden betrachten wir einige dieser
Sprachen und fragen, wie sie solche Aufgaben zu lösen versuchen.

Die strukturierten Vererbungsnetze von KL-One (Brachman, 1984) beschreiben begriffliche Strukturen mithilfe weniger "epistemologischer
Primitive" und trennen davon die Sprache der Assertionen. Solche
werden relativ zu einem Kontext gemacht. In einem Kontext drückt man
die Existenz eines Objekts aus, sowie die Tatsache, daß dies Objekt
(genannt "Nexus") einer Beschreibung der begrifflichen Ebene genügt.
Solche Kontexte beschreiben extensional "reale" oder "hypothetische"
Welten, geglaubte oder gewünschte Aussagen.

Die Definition des Begriffs "Geben-Akt" in KL-One zeigt Abb. 4.1. Ein
Begriff ist als Ellipse dargestellt. Von ihm gehen Kanten aus, die
Rollen bezeichnen (RoleSets). Jede Rolle hat einen Namen, eine Re-
striktion für die Anzahl der "Filler" und eine Restriktion für den
Wert (value restriction, V/R). Die Restriktion für die Anzahl wird als
Intervall ausgedrückt. (1,nil) heißt: mindestens ein Filler. Dadurch
ist diese Beschreibung von "Geben" etwas allgemeiner als die unter
4.1.1.

Die superc-Kante zeigt von einem speziellen Begriff auf einen allgemeineren. Von der Beschreibung auf welche superc zeigt, werden alle
Rollen ererbt. Die Restriktionen der Rollen können von einem "tiefe-
ren" Konzept weiter eingeschränkt, nicht aber erweitert werden.

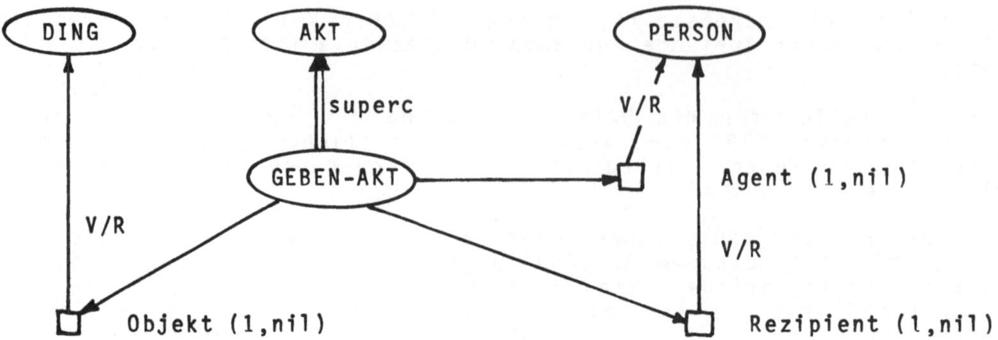

Abb. 4.1 Ein KL-One Netz

Die Beschreibung der Aktion "Zahlen" könnte nun die Beschreibung der
Aktion "Geben" durch Restriktion der Objekt-Rolle (restrict) und
Hinzufügen der Grund-Rolle weiter spezialisieren:

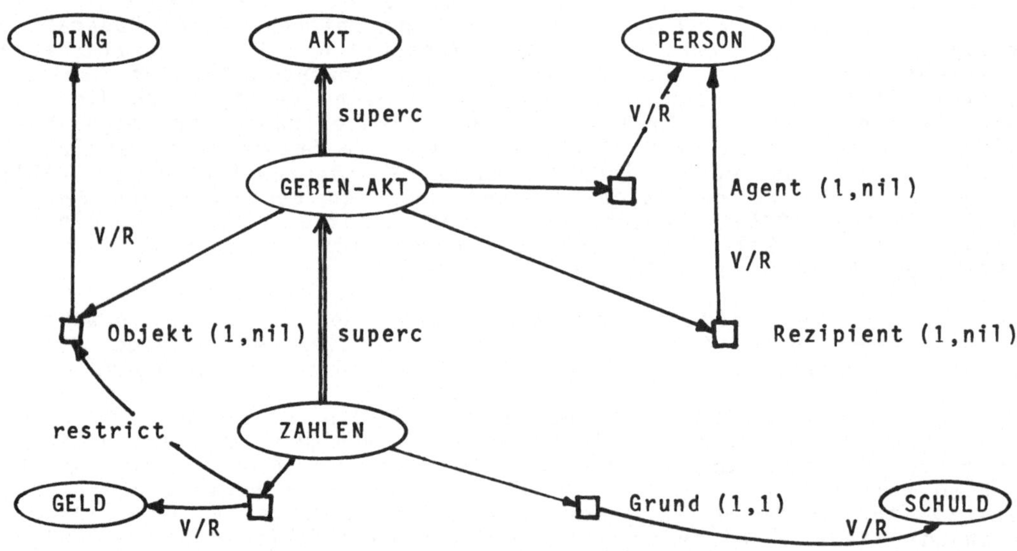

In KL-One ist es auch möglich, eine Rolle weiter zu differenzieren.
Zum Beispiel kann die Rezipient-Rolle eines "Sendens" weiter differenziert werden, in eine Rolle für den direkten Adressaten und eine Rolle
für diejenigen, die eine "Kopie" erhalten sollten.

Es ist auch möglich, daß eine Beschreibung von mehreren allgemeineren
Beschreibungen Rollen ererbt. Solche multiple Vererbungshierarchie
läßt auch multiple Beschreibung von Objekten sowie Betrachten unter
alternativen Perspektiven zu.

Ein Beispiel für eine solche Netzstruktur ist:

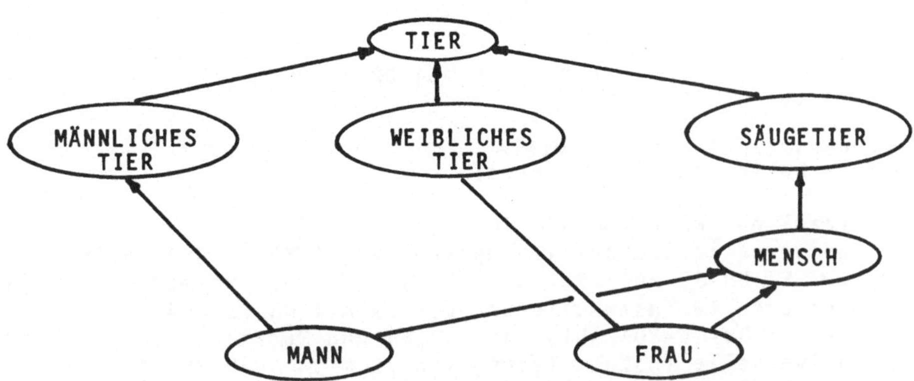

Die Darstellung von Beschreibungen in Vererbungs- oder Spezialisie-
rungshierarchien bedeutet eine Art Ökonomie der Darstellung und erlaubt, einfache Algorithmen, die feststellen, ob ein Objekt eine Eigenschaft hat.

Die Annahme, daß sich alle Begriffe durch Beschreiben gemeinsamer
Merkmale definieren lassen, ist umstritten. Wittgenstein zeigt am
Beispiel des Begriffs "Spiel", daß es unmöglich sei, gemeinsame Merkmale zu finden, die für jedes Spiel gelten. (Solche Begriffe bilden
eine "Familie".)

Semantik der Vererbung im PK: Vergleichen wir einmal, wie Vererbung im
PK oder im Vererbungsnetz dargestellt werden. Für Vererbungsnetze wäh-
len wir die Notation von ObjTalk (Laubsch, 1982). Die Übersetzung in
PK führen wir ähnlich wie Hayes (1979) und Nilsson (1983) durch.

Aus der Beschreibung eines generischen Objekts wird eine Menge von
Objekten. Aus den **superc** und **instantiates** Kanten wird die Element-von-
Relation:

        (El x y)

bedeutet, daß x Element von y ist. Rollen werden in zweistellige Prädikate übersetzt.

```
ObjTalk                     PK

AUTO                        (ALL ?x (IF (El ?x AUTO)
superc: FAHRZEUG                        (El ?x Fahrzeug)))        (1)
   Zahl_der Räder: 4        (ALL ?x (IF (El ?x AUTO)
                                        (Zahl_der_Räder: ?x 4)))  (2)


PKW
   superc: AUTO             (ALL ?x (IF (El ?x PKW)
                                        (El ?x AUTO)))            (3)

   Zahl_der Türen:          (ALL ?x (IF (AND (El ?x AUTO)
        (default 2)                         (NOT (El ?x DB-PKW)))
                                        (Zahl_der_Türen: ?x 2)))  (4)
DB-PKW
   superc: PKW              (ALL ?x (IF (El ?x DB-PKW)            (5)
                                        (El ?x PKW)))
   Zahl_der_Türen: 4        (ALL ?x (IF (El ?x DB-PKW)
                                        (Zahl_der_Türen: ?x 4)))  (6)
```

Vom Konzept DB-PKW wird eine Instanz, d.h. ein Objekt im referentiellen Netz gebildet:

```
BB-JL-204                    (E1 BB-JL-204 DB-PKW)                    (7)
   instantiates:    DB-PKW
```

Um nun herauszufinden, wieviele Räder das Objekt BB-JL-204 hat, geschieht im Falle des PK folgendes:

```
      (Zahl_der_Räder: BB-JL-204 ?x)
      universelle Instantiierung von ?x mit BB-JL-204 in (5)
       ⊣ (E1 BB-JL-204 PKW) aus (5,7) und Modus Ponens         (8)
      Universelle Instantiierung von ?x mit BB-JL-204 in (3)
       ⊣ (E1 BB-JL-204 AUTO) aus (3,8) und Modus Ponens        (9)
      universelle Instantiierung von ?x mit BB-JL-204 in (2)
       ⊣ (Zahl_der_Räder: BB-JL-204 4)                         (10)
      aus (2,9) und Modus Ponens
```

Im Falle von ObjTalk wird die gleiche Frage durch Senden einer
Nachricht an ein Objekt dargestellt:

```
      (ask BB-JL-204 Zahl_der_Räder: ?) ⇒ 4
```

Dies führt zu einem indirekten Zugriff entlang der instantiates- und
superc-Kantenkette, d.h. es wird angenommen, daß die der Rolle entsprechende Relation transitiv ist.

<u>Vererbung von Defaults</u>: Default-Inferenz ist ein Prozeß des Schlies-
sens, bei dem zunächst versucht wird, aus der gegebenen Wissensbasis
die gewünschte Information herzuleiten. Nur wenn dies nicht gelingt,
wird dazu Default-Wissen herangezogen. In frame-orientierten Sprachen
können Defaults als Filler von Rollen angegeben werden. Füller von
Rollen an spezifischen Objekten "überschreiben" die Default-Werte an
allgemeineren Objekten (shadowing). Im obigen Beispiel tritt dies bei
der Rolle "Zahl der Türen" auf. Hier muß die Abweichung von DB-PKW
gegenüber PKW in Regel (4) explizit dargestellt werden. Die Behandlung
der Negation als "Fehlschlag" (z.B. in Prolog) stellt in geschlossenen
Welten eine Art Default-Inferenz dar, denn sobald eine Aussage nicht
in der Datenbasis gefunden wird und sie auch auf Grund von Regeln
nicht gezeigt werden kann, wird die Gültigkeit ihrer Negation angenommen.

<u>Partonomie</u>: Für die Darstellung der Teil-Ganzes-Relation hat Höppner
(1980) untersucht, wie sich Abweichungen von der Transitivität darstellen lassen: Soll Transitivität der Partonomie zwischen einem Teil
und einem Ganzen gelten, so muß das Teil mit dem "größten" Ganzen
durch eine besondere Kante verbunden werden. Durch diese Kante wird
somit der Bereich der Transitivität begrenzt.

Dieser Vergleich zeigt, daß Vererbung von Eigenschaften in Vererbungs-
netzen einfacher darstellbar und durch einfache Zugriffsmechanismen
realisierbar ist. In ObjTalk und auch in KL-One werden Rollen entlang
der superc-Kante vererbt. Es ist möglich, besondere Vererbungsmecha-
nismen zu definieren, indem man der Rolle selbst eine Beschreibung
gibt. RLL (Greiner, 1980) und UNITS betrachten Rollen und Objekte
uniform und erlauben es, die Vererbung für jede Rolle eigens zu definieren. In ObjTalk kann für eine Rolle der Begriff, von dem ererbt

werden soll, entweder explizit angegeben werden oder es können rollenspezifische Vererbungsmethoden definiert werden. In LOOPS (Bobrow &
Stefik, 1983) kann rollenspezifische Vererbung durch sog. "active
values" erreicht werden.

Constraints an Objekten: Begriffe wie "Nehmen" und "Geben" lassen sich
als Unterbegriffe des Begriffs "Transfer eines physischen Objekts"
(PTRANS) definieren:

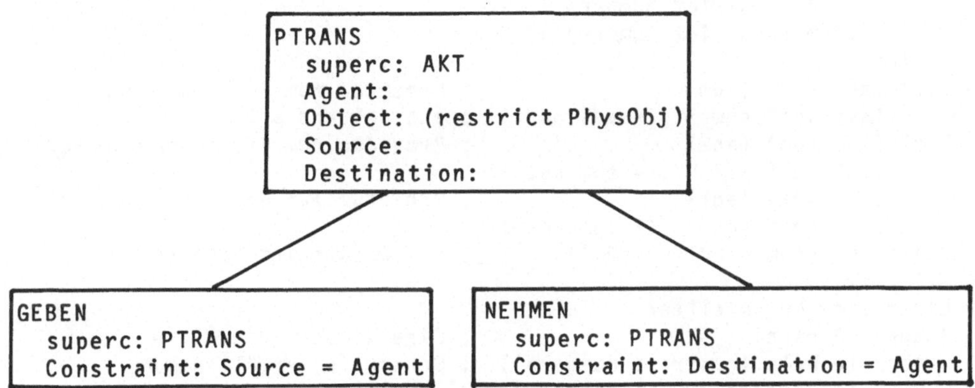

Hier sagt die Constraint Beschreibung, daß zwei Rollen eines Objekts
koreferentielle Filler haben müssen. Im PK würden wir dies durch folgende Aussagen darstellen:

```
(ALL ?x (IF (El ?x GEBEN)
            (ALL ?geber
                 (IFF (Agent ?x ?geber) (Source ?x ?geber)))))

(ALL ?x (IF (El ?x NEHMEN)
            (ALL ?nehmer
                 (IFF (Agent ?x ?nehmer) (Destination ?x ?nehmer)))))
```

In ObjTalk werden Constraints, welche die Gleichheitsrelation zwischen
Rollen eines Objekts beschreiben, durch den Corefs-Aspekt dargestellt
(Laubsch & Rathke, 1982), z.B.:

```
(ask class :new Person                     ; definiere die Klasse Person
    (descr (vater (class Person))          ; mit den Rollen: Vater, Mutter
           (mutter (class Person))         ; und Ehepartner
           (ehepartner (class Person)))
    (corefs (vater ehepartner == mutter)   ; "==" bedeutet:
            (mutter ehepartner == vater))) ; koreferentiell
```

Der Corefs-Aspekt besteht aus einer Liste von koreferentiellen Beziehungen der Form (⟨Pfad1⟩ == ⟨Pfad2⟩). Für jede Instanz muß gelten,
daß die Objekte, die von der Instanz aus über ⟨Pfad1⟩ und ⟨Pfad2⟩
erreicht werden, identisch sein müssen.

Andere Constraint-Relationen werden in ObjTalk durch den Constraint-
Aspekt beschrieben. Eine Constraint wird durch ein "Constraint-Objekt"

definiert. Soll eine Klasse eine Constraint-Relation erfüllen, so kann
diese durch ein Constraint-Pattern mit der Klasse assoziiert werden
(Constraint Applikation). Dadurch wird eine Constraint als abstraktes
Objekt definierbar.

<u>Ein Beispiel:</u>

```
(ask constraint :new Summe                    ; Erzeugen des Constraint-Objekts
    (descr (ad1 (restrict numberp))           ; Rollen der Summen-Constraint
           (ad2 (restrict numberp))
           (sum (restrict numberp)))
    (rules
     (r1 (ad1 ad2) (sum)                       ; Prozedur zum Berechnen von sum
        (ask self sum = ,(+ ad1 ad2)))         ; aus ad1 und ad2
     (r2 (ad1 sum) (ad2)                        ; Prozedur zum Berechnen von ad2
        (ask self ad2 = ,(- sum ad1)))
     (r3 (ad2 sum) (ad1)                        ; Prozedur zum Berechnen von ad1
        (ask self ad1 = ,(- sum ad2))))
    (patterns (sum = ad1 + ad2)))              ; das Constraint-Pattern

(ask Class :new Angestellter
    (superc Person)                            ; Eine Klasse, die diese
    (descr (gehalt (restrict numberp))         ; Constraint erfüllen muß.
           (grundgehalt (restrict numberp))
           (zulagen (restrict numberp)))
    (constraints                               ; das instantiierte Pattern
     (summe (gehalt = grundgehalt + zulagen)))))
```

Der Algorithmus, mit dem solche Constraints aufrecht erhalten werden
(constraint maintenance), entspricht dem von Steele (1980).

4.1.3 Krypton: Der Versuch einer Synthese aus PK und Frames

Auf Frames basierende Formalismen streben an, Wissen so zu organi-
sieren, daß der Zugriff auf relevante Information erleichtert wird.
Sie ermöglichen die Integration von prozeduralem Wissen und zeigen
Ansätze zur Behandlung von Perspektiven und Defaults. Fragen der Darstellung disjunktiver oder quantifizierter Aussagen bleiben entweder
unbeantwortet oder werden - wie bei den "partitionierten Netzen" von
Hendrix (1976) durch eine Notationsvariante des PK behandelt. Ein
Nachteil gegenüber der Prädikatenlogik ist, daß diese Formalismen eine
separate Inferenzkomponente erfordern (vgl. Laubsch, 1980).

Die Beschreibungssprache Omega (Hewitt et al. 1980) enthält Mechanismen wie Vererbung, Spezialisierung und Perspektiven. Für Omega wurde
eine mengentheoretische Semantik definiert (Attardi & Simi, 1982).
Inferenz wird durch Axiomen-Schemata dargestellt.

Um für KL-One eine generelle Inferenzkomponente zu entwickeln, ist ein
Formalismus nötig, der es gestattet, gültige Aussagen (Assertionen) zu
machen und zu erreichen, daß die in diesen Aussagen verwendete Terminologie durch das begriffliche Netz definiert ist. Hierzu wurde eine
eingeschränkte Variante von KL-One, genannt **Krypton** (Brachman et al.,
1983), basierend auf der Dissertation von Levesque (1982), imple-

mentiert. Sie integriert zwei Repräsentationssprachen: eine frame-basierte für Beschreibungen (Terminologie-Komponente) und eine logik-basierte für Fakten (Assertions-Komponente). Als Inferenz-Komponente wird ein Theorembeweiser für PK verwendet.

Terminologie-Komponente

Krypton's Terminologie-Komponente erlaubt die Definition von Konzepten und Rollen durch Kombination oder Restriktion anderer Konzepte und Rollen; z.B. könnte der Begriff "Junggeselle" aus den Konzepten "Unverheiratete-Person" und "Mann" gebildet werden:

  (ConjGeneric Unverheiratete-Person Mann)

Hier bildet die Operation **ConjGeneric** aus generischen Konzepten eine neue Beschreibung durch Konjunktion. Folgende Tabelle gibt eine Übersicht über Operationen auf **Konzepten**:

Ausdruck	Interpretation	Beschreibung
(ConjGeneric c1 ... cn)	"Ein c1 und ... ein cn"	Konjunktion
(VRGeneric c1 r c2)	"Ein c1 dessen r alle c2 sind"	Wert-Restriktion
(NRGeneric c r n1 n2)	"Ein c mit n1 bis n2 r's"	Zahl-Restriktion
(PrimGeneric c i)	"Ein c von der Art i"	primitives Subkonzept

Ebenso wie Konzepte als Spezialisierung anderer Konzepte definiert werden können, lassen sich auch Rollen als Spezialisierung anderer Rollen definieren; z.B. könnten wir die "Sohn"-Rolle als Spezialisie-rung der "Kind"-Rolle durch

  (VRDiffRole Kind Mann)

definieren. Operationen auf **Rollen** sind:

Ausdruck	Interpretation	Beschreibung
(VRDiffRole c r)	"Ein r das c ist"	Differenzierung
(RoleChain r1 ... rn)	"Ein rn eines ... eines r1"	Kette
(PrimRole r i)	"Ein r der Art i"	primitive Subrolle

Durch Komposition dieser Operationen können "Terme" gebildet werden: Für den Begriff "Familie" als Subkonzept von "Sozialstruktur" mit den Rollen "MännlicheEltern", "WeiblicheEltern" und "Kind" bilden wir so den Term:

```
(PrimGeneric Familie
  (ConjGeneric
    (NRGeneric (VRGeneric Sozialstruktur MännlicheEltern Mann)
            MännlicheEltern 1 1)
    (NRGeneric (VRGeneric Sozialstruktur WeiblicheEltern Frau)
            WeiblicheEltern 1 1)
    (VRGeneric Sozialstruktur Kind Person)))
```

Hier beschreibt z.B. (VRGeneric Sozialstruktur MännlicheEltern Mann)

ein Konzept mit der Rolle "MännlicheEltern", die auf Konzepte der Art
"Mann" eingeschränkt ist. Dies Konzept wird nun (durch NRGeneric)
weiter eingeschränkt, indem man verlangt, daß seine Rolle "Männliche-
Eltern" genau einen Wert haben muß:

    (NRGeneric (VRGeneric Sozialstruktur MännlicheEltern Mann)
             MännlicheEltern 1 1)

Assertions-Komponente

Die Assertions-Komponente dient dem Aufbau einer Menge von Fakten, die
als prädikatenlogische Ausdrücke formuliert sind. Die in diesen auftretenden nicht-logischen Symbole sind durch die Terminologie-Komponente definiert.

Was kann der Benutzer mit einer Krypton-Wissensbasis tun?

Die Wissensbasis wird als abstrakter Datentyp dargestellt, auf dem zwei
Funktionen definiert sind:

        Erweitern der Wissensbasis (TELL)
        Abfragen der Wissensbasis (ASK)

Beide Funktionen sind sowohl für die Terminologie- als auch die
Assertions-Komponente definiert.

(a) Funktionen auf der Terminologie-Komponente:

Gegeben ein Symbol und einen Term, können wir die Wissensbasis (WB)
erweitern, indem wir das Symbol durch diesen Term definieren:

    TELL: WB X Symbol X Term ⇒ WB'

Wir können auch fragen, ob ein Term einen anderen subsumiert:

    ASK: WB X Term X Term ⇒ (Ja , Nein)

Weitere Fragen, wie zur "Unverträglichkeit" (Disjunktheit) von Termen
sind möglich, erfordern aber weitere Operationen in der Terminologie-
Komponente, die wir hier nicht diskutiert haben.

(b) Funktionen auf der Assertions-Komponente:

Wir können eine Aussage für gültig erklären:

    TELL: WB X Aussage = WB'

(Sicherlich sollte WB' konsistent sein.)

Auch können wir fragen, ob eine Aussage gilt:

ASK: WB X Aussage =   (Ja, Nein, Unbekannt)

Beim Finden der Antwort kann die Terminologie-Komponente helfen. Ein
Beweiser nach dem Resolutionsprinzip ist interessiert daran, herauszufinden, ob zwei Literale inkonsistent sind. Dies kann aber bereits
von der Terminologie-Komponente her beantwortet werden, wenn die Unverträglichkeit hier definiert wurde (z.B. "Mann" und "Frau" als
einander ausschließende Subkonzepte von "Person") oder wenn der
negierte Term den nicht-negierten subsumiert (z.B. (NOT (Sozialstruktur ?x)) und (Familie ?x)).

4.1.4   Eine einfache Frame-Sprache und die Subsumption von Objekten

Zunächst beschreiben wir in einer fiktiven Frame-Sprache Objekte, die
wir Terme nennen. Wir unterscheiden zwischen generischen Objekten
(genannt "Klassen") und individuellen Objekten (genannt "Instanzen").
Bei beiden Arten von Objekten beschränken wir uns auf konstante
Objekte i.S. von (Stefik, 1980). Variable generische Objekte wären
Beschreibungen, die nur unvollständig definiert sind und aus denen
durch Berechnung Klassen entstehen können. Analog hierzu wären variable individuelle Objekte (die durch Berechnung definit werden können)
denkbar.

Syntax von Termen:


```
Term       =  Klasse | Instanz
Klasse     =  Name_einer_Klasse |
              (class Symbol_dessen_Wert_eine_Klasse_ist) |
              (class  {:self} (Super-Klasse ...)
                      {:with . Rollen} )
Instanz    =  Name_einer_Instanz |
              (instance Symbol_dessen_Wert_eine_Instanz_ist) |
              (instance {:self
                         (Symbol_dessen_Wert_eine_Klasse_ist ...)}
                      {:with . Rollen} )
Rollen     =  ((Slot Filler) ...)
Slot       =  Symbol
Filler     =  (value {Instanz | Klasse} ...)
              (default Instanz)
              (class Klasse)
```


Eine Klasse kann also mehrere Superklassen haben und eine Instanz kann
Instanz mehrerer Klassen sein. Klassen können sowohl Instanzen als
auch Subklassen haben, aber Instanzen haben keine weiteren "Subinstan-
zen".

Die Beschreibung eines Objekts subsumiert die Beschreibung eines anderen Objekts, wenn die Extension des ersten eine Obermenge der
Extension des zweiten ist. Die Extension der Beschreibung eines
Objekts ist (intuitiv) die Menge aller konkreten Objekte, die auf
diese Beschreibung "passen".

Eine Instanz wird von folgenden Klassen subsumiert:

- Klassen von denen sie unmittelbar Instanz ist (unmittelbare Klassen)
- Klassen die diese unmittelbaren Klassen subsumieren.

Eine Klasse wird von folgenden Klassen subsumiert:

- von sich selbst
- von ihren Superklassen
- von Klassen, die solche Superklassen subsumieren.

Das Frame-System speichert diese (Heterarchie-Information) in Form der **superc** und **instance-of** Kanten, um die Subsumptions-Relation nicht jeweils neu errechnen zu müssen.

Eine wichtige Aufgabe für ein Frame-System ist es, automatisch die richtige Einordnung einer Beschreibung in die Spezialisierungshierarchie (Klassifikation) zu erstellen.

Gegeben ist die Beschreibung einer Klasse K. Dann ist K richtig in die Taxonomie eingeordnet, wenn

(a)   bereits eine Klasse mit dieser Beschreibung existiert
        oder
(b)   ihre Superklassen jeweils die spezifischsten Klassen sind,
        die K subsumieren
        und
        K selbst alle ihre Subklassen subsumiert.

Ein Term K subsumiert einen Term L genau dann wenn jede charakteristische Rolle RK von K die entsprechende Rolle RL von L subsumiert. Wir machen einige vereinfachende Annahmen: Alle Rollen sind charakteristisch. Rollen entsprechen einander, wenn sie den gleichen Slot-Namen haben. Eine Rolle R subsumiert eine Rolle S, wenn der Filler von R (RF) den Filler von S (SF) subsumiert.

Das folgende Common Lisp Programm zeigt eine Definition der Subsumptions-Relation. Dies Programm kann den Kern eines Klassifikationsalgorithmus bilden. Für KL-One wurde ein solcher Algorithmus entwickelt (Lipkis, 1982). Wir verzichten hier auf die Darstellung der Datenstruktur für Terme und ihre Zugriffsfunktionen (die Namen sprechen für sich).

Die Funktion SUBSUMES definiert Subsumption für zwei Terme. Zunächst werden zu K und L die entsprechenden Terme gefunden (Zeile 2). Zeilen 3-10 behandeln den Fall, daß die Subsumption bereits in der Spezialisierungsheterarchie gespeichert ist.

Zeile 3 behandelt Instanzen. Es wird angenommen, daß Instanzen konstante Objekte sind, die so erzeugt werden, daß gleiche Instanzen auch identisch repräsentiert sind. Falls dies nicht der Fall ist, müßte hier auf Identität von Instanzen geprüft werden. Ein interessanter Fall wäre die Einführung variabler individueller Objekte ("indefinite Objekte"). Solche Objekte könnten dann im wesentlichen wie Klassen behandelt werden, ohne jedoch Klassen subsumieren zu können.

```lisp
 1 (defun SUBSUMES (K L)
 2    (setq K (coerce-to-term K)   L (coerce-to-term L))
 3    (cond ((instance-p K) (eql K L))
 4          ((and (class-p K)
 5                (cond ((class-p L) (subclass-p L K))
 6                      ((instance-p L)
 7                       (SOME #'(lambda (class)
 8                                 (subclass-p class K))
 9                             (class-of L)))))
10           t)
11          (t (EVERY
12               #'(LAMBDA (RK)
13                   (let* ( ((SK FK) RK)
14                           (RL (find-role SK L)) )
15                     (if (null RL) nil
16                         (let ( ((SL FL) RL) )
17                           (cond ((equal FK FL))
18                                 ((value-p FK)
19                                  (SUBSUMES1 FK FL))
20                                 ((instance-p FK)
21                                  (and (instance-p FL)
22                                       (SUBSUMES FK FL)))
23                                 ((class-p FK)
24                                  (if (value-p FL)
25                                      (EVERY #'(LAMBDA (W)
26                                                 (SUBSUMES FK W))
27                                             (filler-values FL))
28                                      (SUBSUMES FK FL)))))))))
29               (collect-term-roles K nil)))))
```

Zeilen 4-10 behandeln den Fall, daß Subsumption von Klassen bereits in
der Spezialisierungsheterarchie bekannt ist. Der Rest der Funktion
(11-29) versucht, Subsumption festzustellen. Dazu werden zunächst
durch folgende Funktionen alle von K ererbten Rollen gefunden:

```lisp
30 (defun collect-term-roles (x roles)
31    (if (eq x 'OBJECT) roles
32        (let ((term (coerce-to-term x)))
33          (dolist (trole (term-roles term))
34            (or (assoc (slot trole) roles)
35                (push trole roles)))
36          (collect-term-roles1 (term-isa term) roles))))
```

Die Suche nach Rollen bricht am Wurzel-Objekt "OBJECT" ab. Jedes
Objekt das Rollen haben kann, wird als Term abgebildet. Die Rollen
bilden eine Assoziationsliste. In Zeile 35 könnte man anstelle des
push eine alternative Strategie wählen, z.B. die am wenigsten restrik-
tivste Rolle finden oder auch spezielle Vererbungsinformation berücksichtigen.

Zeile 36 und die folgende Hilfsfunktion erledigen die Depth-first-
Suche in der Heterarchie (**term-isa** ergibt die Liste der Superklassen
einer Klasse oder die Klassen einer Instanz.):

```
37 (defun collect-term-roles1 (supers roles)
38   (if (null supers) roles
39       (collect-term-roles1
40         (cdr supers)
41         (collect-term-roles (car supers) roles)))))
```

Die Heterarchie wird dabei von links nach rechts gehend "depth-first"
von einer Klasse aus zu ihren Superklassen hin traversiert. Dabei
werden Rollen mit gleichem Slot, die später gefunden werden, verdeckt;
d.h. bei der Definition einer Klasse ist die Ordnung der Superklassen
bedeutsam. Verschiedene Frame-Sprachen bieten Mittel an, die Vererbung
explizit zu machen; z.B. die INHERIT Spezifikation in ORBIT (Steels,
1983).

In Zeilen 13-14 wird die Rolle von K in Slot und Filler zerlegt und
der entsprechende Slot im Term L durch find-role gesucht:

```
42 (defun find-role (slot term)
43   (cond ((assoc slot (term-roles term)))
44         ((eq term object) nil)
45         (t (some #'(lambda (superc)
46                      (find-role slot
47                                 (coerce-to-class superc)))
48              (term-isa term)))))
```

Auch hier muß die Heterarchie durchsucht werden. Wir haben angenommen,
daß Rollen nicht differenzierbar sind (wie das etwa in KL-One möglich
ist). Die Subsumption für Frame-Sprachen mit dieser Eigenschaft kann
u.U. die Komplexität von NP-vollständigen Problemen haben (Brachman &
Levesque, 1984).

In Zeile 19 wird Subsumption für value-Rollen geprüft. Dies ist etwas
kompliziert dadurch, daß solch eine Rolle mehrere Objekte disjunktiv
enthalten kann. Die Funktion subsumes1 (Zeilen 49-62) übernimmt diese
Aufgabe.

```
49 (defun subsumes1 (d1 d2)
50   (cond ((value-p d2)
51          (subsetp (filler-values d2) (filler-values d1)
52                   :test #'(lambda (x y)
53                             (if (constant-p x) (equal x y)
54                                 (subsumes y x)))))
55         ((instance-p d2)
56          (some #'(lambda (v)
57                    (and (not (constant-p v)) (subsumes v d2)))
58                (filler-values d1)))
59         (t   ; Fall der Konstanten
60          (some #'(lambda (v)
61                    (and (constant-p v) (equal v d2)))
62                (filler-values d1)))))
```

Eine Value-Rolle subsumiert eine andere, wenn die zweite Teilmenge der
ersten Rolle unter der Subsumptions-Relation ist (50-54). Eine Value-
Rolle subsumiert eine Instanz, wenn in ihr ein Element enthalten ist,
daß diese Instanz subsumiert (55-58). Schließlich können Konstante

einander subsumieren, wenn sie **equal** sind (59-62).

Die Subsumption von Instanzen wird (in 20-22) auf Identität zurückgeführt (dies könnte jedoch auch durch Subsumption ihrer Beschreibungen gelöst werden; vgl. Anm. oben). Natürlich kann ein individuelles
Objekt kein generisches Objekt subsumieren.

In Zeilen 23-28 wird beschrieben, was eine Klassen-Rolle (RK) subsumiert. Sie subsumiert eine Value-Rolle, wenn jeder ihrer Werte von der
Klasse subsumiert wird. Außerdem subsumiert eine Klassen-Rolle eine
andere, wenn die Klasse der ersten die der zweiten subsumiert (Zeile
28).

<u>Einige Beispiele</u>:

```
    (defclass Person :self (object) :with
      (geschlecht (class Sex)))
```

defclass definiert eine Klasse nach obiger Syntax, wobei
```
    (defclass Name . Rest) ==> (setq Name (class . Rest))
```

Das gleiche gilt für **definstance**.

```
    (defclass Sex)
    (definstance männlich (Sex))
    (definstance weiblich (Sex))
```

Da gilt, daß
```
    (subsumes Person (class :with (geschlecht männlich)))
```
können wir "Mann" als Subklasse von "Person" klassifizieren:

```
    (defclass Mann (person)
      :with (geschlecht (value männlich)))
```

Entsprechend auch "Frau":
```
    (defclass Frau (person)
      :with (geschlecht (value weiblich)))
```

Eine weitere Spezialisierung von "Person":
```
    (defclass Unverheiratete-Person (person)
      :with (ehestand (value ledig)))
```

Da für die Beschreibung
```
      X = (class :with
                (ehestand (value ledig))
                (geschlecht (value männlich)))
```
gelten
```
      (subsumes Unverheiratete-Person X) und (subsumes Mann X),
```

können wir "Junggeselle" als unverheirateten Mann klassifizieren:

```
    (defclass Junggeselle :self (Unverheiratete-Person Mann))
```

Wir erzeugen die Instanzen "Fritz" und "Maria":

```
(definstance Maria (person) :with
  (geschlecht weiblich)
  (alter jung)
  (ehestand ledig)
  (habitat Germany))

(definstance Fritz (person) :with
  (geschlecht männlich)
  (ehestand 'ledig)
  (child (definstance Hans (person) :with (child Maria))))
```

Für "Fritz" gilt (subsumes Junggeselle Fritz).

Die Definitionen

```
(defclass vater (person) :with (child (class person)))
(defclass großvater (person) :with (child (class vater)))
```

erlauben uns auch zu schließen, daß

```
(subsumes großvater fritz)
(subsumes vater großvater)
(subsumes (class (großvater) :with
                  (child (class (vater) :with
                                (child (class frau)))))
          fritz)
```

Wenn "Fräulein" definiert ist als

```
(defclass fräulein :self
  (Frau
    Unverheiratete-Person
    (class (person) :with (Alter (value jung)))))
  :with (Habitat Germany))
```

gilt auch

```
(subsumes (class (großvater) :with
                  (child (class (vater) :with
                                (child (class fräulein)))))
          Fritz)
```

da Maria, die Enkelin von Fritz, ein Fräulein ist.

Die Funktion **subsumes** erlaubt es uns, einen Klassifikationsalgorithmus
zu entwerfen. Für eine Instanz finden wir zunächst die Menge der
spezifischsten subsumierenden Subklassen sodaß möglichst viele Rollen
ererbt werden. Dann wird die Instanz hier zugefügt und die ererbten
Rollen werden weggelassen. Für Klassen geschieht das gleiche, aber es
muß außerdem entschieden werden, ob und wie die gegebene Heterarchie
zu modifizieren ist.

Da unsere Frame-Sprache noch etwas mager ist, wäre es nun eine geeignete Übungsaufgabe, folgendes zu tun:

Behandle Default-Rollen!
Behandle Rollen mit Zahl-Restriktion (wie in KL-One)!
Behandle Rollen auch als spezialisierbare Terme!

Eine weitere interessante Aufgabe wäre es, sog. "Prototyp"-Objekte zuzulassen. Durch Deklarieren von Instanzen als "zu einem Prototyp zugehörig" soll die Prototyp-Beschreibung inkrementell erweitert werden. Ein Prototyp ist einerseits wie eine Klasse, denn er dient dem Erkennen von Instanzen. Andererseits ist er wie eine Instanz, denn seine Rollenbeschreibung enthält Instanzen. Der Erkennungsprozeß kann als Match angesehen werden, der Wissen über Äquivalenzklassen von Instanzen hat (dargestellt in der "ist-wie"-Relation). Das Ergebnis des Match kann folgende Form haben: A **ist-wie** B, wenn a_1 **ist-wie** b_1, a_2 **ist-wie** b_2 usw., wobei a_i eine Rolle von A und b_i eine Rolle von B ist (vgl. Moore & Newell, 1973).

4.2 Kontrolle von Inferenzen aus einer Wissensbasis

In diesem Abschnitt betrachten wir die Frage, wie man aus vorhandenem Wissen Neues herleiten kann. Dazu untersuchen wir Formalismen zur Darstellung von (allgemeinen und gebietsspezifischen) Regeln und zur Kontrolle solcher Regeln (d.h. Wissen über die Anwendung dieser Regeln, sog. "Meta-Wissen").

Abb. 4.2 soll helfen, dies zu verdeutlichen.

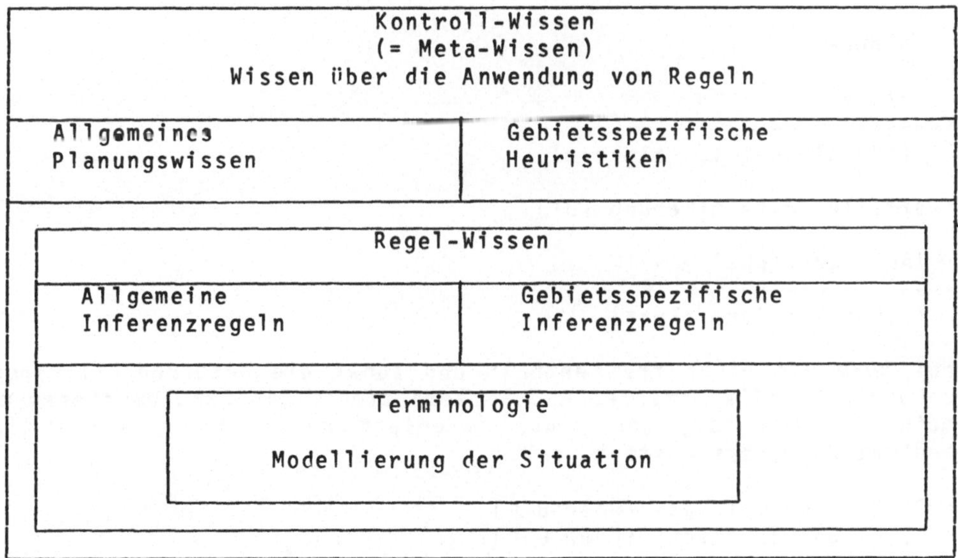

Abb. 4.2 Struktur einer Wissensbasis

4.2.1   Probleme der Blocks-Welt

Gegeben sei folgende einfache Situation:

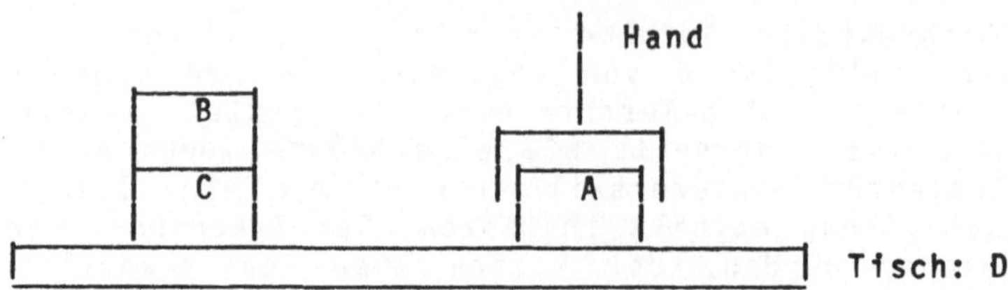

Fakten: F1: (Auf C D)   F2: (Typ A Block)   F3: (Typ D Tisch)
             F4: (Auf B C)   F5: (Typ B Block)
             F6: (Auf A D)   F7: (Typ C Block)

Regeln: R1: (ALL ?x ?y (IF (Auf ?x ?y) (Über ?x ?y)))

             R2: (ALL ?x ?y ?z
                     (IF (AND (Über ?x ?y) (Über ?y ?z))
                        (Über ?x ?z)))

Was läßt sich hieraus unter Verwendung **allgemeiner** Inferenzregeln
folgern? Beispiele für solche Inferenzregeln sind:

AND-Einführung (&+)

    alpha-1
    ...
    alpha-n

    (AND alpha-1 ... alpha-n)

Universelle Instantiierung (UI)

    (ALL var alpha)

    (subst var term alpha)

wobei term var nicht frei enthält und subst die Beta-Reduktionsregel
des Lambda-Kalküls entsprechend implementiert. Ein Problem dieser allgemeinen Regeln ist, daß etwas inferiert werden kann, woran nicht
unbedingt Interesse besteht, z.B.:

aus F4,R1 und UI folgt: (Über B C)
aus F1,R1 und UI folgt: (Über C D)
                         ----
aus &+ folgt: (AND (Über B C) (Über C D))
aus &+ folgt aber auch: (AND (Über B C)
                             (AND (Über B C) (Über C D)))
                         ...

Dies Beispiel zeigt, daß unbeschränkte Vorwärtsinferenz "zu viele"

Fakten erzeugt. Andererseits kann es auch sein, daß unbeschränkte
Rückwärtsinferenz nicht terminiert. Gegeben sei z.B. die Regel

    (ALL ?x ?y (IF (Platz-für (S ?x) ?y)
                   (Platz-für ?x ?y)))

wobei S eine Funktion ist, die für einen Block den nächst größeren
ergibt. Dies kann Ziele der Form

    (Platz-für A B), (Platz-für (S A) B), (Platz-für (S (S A)) B)
    ...

produzieren. Hier würde Vorwärtsinferenz terminieren.

Rückwärtsinferenz führt auch zu unnötig vielem Suchen, wenn es viele
Aussagen der Form

    (Pyramide P1), (Pyramide P2), (Pyramide P3) ...
    (Quader Q1), (Quader Q2), (Quader Q3) ...

gibt und auf Grund der Regeln

    (ALL ?x (IF (Pyramide ?x) (Block ?x)))
    (ALL ?x (IF (Quader ?x) (Block ?x)))
    (All ?x (IF (Block ?x) (Manipulierbar ?x)))

gezeigt werden soll, daß Q345 manipulierbar ist. Vorwärts-Inferenz
würde zwar mehr Fakten speichern, aber die Suche vermeiden.

Das Ergebnis solcher Überlegungen ist, daß eine Repräsentationssprache
erlauben sollte, sowohl Regeln als auch deren Kontrolle zu spezifizieren. Die Kontrolle ist abhängig von gebietsspezifischem Wissen und
beeinflusst die Effizienz der Problemlösung. Über die Beziehung
zwischen Effizienz der Problemlösung und Ausdrucksfähigkeit des
Repräsentationsformalismus bestehen bisher nur wenige theoretische
Arbeiten (vgl. z.B. Amarel 1968). Unter pragmatischem Aspekt scheint
sich die Ansicht durchzusetzen, daß dem Programmierer eine Vielfalt
gut integrierter Formalismen zur Verfügung stehen sollte (Stefik et
al. 1983; Kunz 1984). Was bisher in Systemen wie KEE, LOOPS u.a.
fehlt, ist ein mächtiges und einfach benutzbares Kontrollvokabularium.

Ein weiteres Problem der Blockswelt - das sog. "Frame-Problem" - ent-
steht dadurch, daß sich die Situation durch Operationen ändert. Jede
Operation führt zu einer neuen Faktenmenge. Betrachten wir die
Operation "Setze **Block** auf **Objekt**":

    (Setze **Block Objekt**)

Für sie müssen folgende Fragen beantwortet werden:

(a) Welche Aussagen, die vor der Operation galten, sind auch nachher
    gültig?

(b) Welche Aussagen, die vor der Operation galten, sind nachher **nicht**
    gültig? (DELETE-Liste)

(c) Welche Aussagen, die vor der Operation nicht galten, sind nachher
    gültig? (ADD-Liste)

Als Repräsentation für sich verändernde Situationen entwickelten
McCarthy & Hayes (1969) den Situationskalkül (situational calculus).
Jedes Prädikat erhält ein weiteres Argument, dargestellt als Situa-
tionsvariable S.

Die Ausgangssituation wird dargestellt als

  S = ((Auf A D INIT) (Auf B C INIT) (Auf C D INIT) ...)

Wenn in S nun die Operation "Setze B auf A" ausgeführt wird, so gilt

  (Auf B A S'), wobei S' = ((Setze B A) . S)

Folgende Regel könnte für das Setzen eines Blocks definiert sein:

    (ALL ?x ?y ?s
        (IF (AND (Frei ?x ?s) (Platz-für ?x ?y ?s))
            (Auf ?x ?y ((Setze ?x ?y) . ?s))))

Sie sagt, daß in ?s der zu setzende Block ?x frei sein muß und am
Zielort ?y Platz für ihn sein muß. Dies ist eine Implikation und nicht
eine die Datenbasis verändernde Produktionsregel.

Für eine Operation (wie **Setze**) gibt es sog. "Frame-Axiome", die
beschreiben, welche Aussagen in einer Situation gelten.

Für **Setze** gilt z.B. auch folgendes Frame-Axiom:

 "Alle Blöcke, die nicht von **Setze** bewegt werden, bleiben da, wo sie
  waren."

    (ALL ?a ?b ?x ?y ?s
        (IF (AND (Auf ?a ?b ?s) (NOT (= ?a ?x)))
            (Auf ?a ?b ((Setze ?x ?y) . ?s))))

Ähnliche Axiome müssen für **Frei** und **Platz-Für** definiert werden. Die
Formulierung dieser Frame-Axiome kann selbst für abgeschlossene Gebiete wie die Blockswelt nicht-trivial werden (Siehe z.B. de Kleer et al.
1977a).

4.2.2   Kontrolle der Inferenzen in Produktionssystemen

Ein anderer Ansatz zur Behandlung des Frame-Problems wurde in
Produktionssystemen verfolgt. Es gibt eine Datenbasis für Fakten.
Regeln fügen neue Fakten in eine Datenbasis ein (s.o. "ADD-Liste")
oder entfernen alte Fakten (s.o. "DELETE-Liste") aus ihr. Die Regeln
werden muster-gesteuert invoziert ("pattern-directed invocation"). Ein
Kontextmechanismus für alternative Datenbasen (wie in QA4 oder
CONNIVER) existiert nicht.

Um ein Problem der Block-Welt - wie etwa das Finden einer Sequenz von

Operationen, die eine Zielsituation erreichen - zu lösen, müssen wir

- die Fakten
- die Produktionsregeln und
- die Kontrollstruktur

bestimmen. Die Fakten der Situation stellen wir wie unter 4.2.1 dar. Den Fakt, daß eine Situation erreicht werden soll, in der ein Fakt ?f gilt, stellen wir durch (GOAL ?f) dar. Wenn wir uns entscheiden, die Regeln in der Vorwärts-Richtung anzuwenden, können wir die Axiome für die Operation **Setze** wie folgt als Produktionsregeln formulieren:

```
R1: (If (AND (GOAL (Auf ?a ?b))
             (Auf ?a ?ort) (Frei ?a) (Platz-für ?a ?b))
        then
        (Setze ?a ?b)
        (ADD (Auf ?a ?b))
        (DELETE (Auf ?a ?ort)
                (Frei ?b)
                (GOAL (Auf ?a ?b)))))
```

Jede Regel hat die Form:

   (If Prämisse then Aktion ...)

Solche Regeln haben - im Gegensatz zu den prädikatenlogischen Implikationen in 4.2.1 - auf der rechten Seite eine Sequenz von **Aktionen**, welche Seiteneffekte produzieren. Sie sind deshalb nur durch Vorwärts-Inferenz benutzbar. In obiger Regel fügt die Operation ADD einen Fakt in die Datenbasis ein und die Operation DELETE entfernt Fakten aus ihr. Die Prämisse von R1 sagt, daß ?a nichts über sich hat, und daß auf ?b Platz für ?a ist.

```
R2: (If (AND (GOAL (Auf ?a ?b))
             (NOT (Frei ?a)) (Auf ?c ?a))
        then
        (ADD (GOAL (Auf ?c Tisch)))))
```

Die Prämisse von R2 ist, daß auf ?a ein ?c liegt. Die Aktion fügt dann das Teilziel "Erreiche, daß ?c auf dem Tisch liegt" hinzu.

```
R3: (If (AND (GOAL (Auf ?a ?b))
             (Frei ?a) (NOT (Platz-für ?a ?b)) (Auf ?c ?b))
        then
        (ADD (GOAL (Auf ?c Tisch)))))
```

Diese Regel ist anwendbar, wenn auf ?b kein Platz für ?a ist. Das neue Teilziel ist dann, dasjenige was auf ?b liegt, auf den Tisch zu legen. Es fehlen noch die Regeln für **Platz-für** und **Frei**. Die Regeln werden aktiviert, indem ein Fakt der Form (GOAL ?p) eingetragen wird. Dadurch werden u.U. weitere Fakten dieser Art erzeugt. (Es ist dem Leser überlassen, sich einen Beispiel-Trace zu erzeugen.)

Der allgemeine Plan, der in diesen Regeln steckt, ist: Solange ?a mit Blöcken belegt ist, lege diese auf den Tisch. Dann, solange ?b mit

Blöcken belegt ist, lege auch diese auf den Tisch. Damit ist die Vor-
bedingung für die Operation "Setze ?a auf ?b" erfüllt.

Solche Regeln reichen für einfache Ziele aus. Für zusammengesetzte
Ziele wie

<pre>   (GOAL (AND (Auf A B) (Auf B C)))</pre>

muß ein neues Regelsystem geschrieben werden.

De Kleer et al. (1977a) entwickelten mit AMORD einen Formalismus, der
über die implizite Kontrolle in Produktionssystemen hinausgeht und
zeigten am Beispiel der Blockswelt wie sich allgemeine Problemlöse-
strategien in Regeln einbetten lassen. Dabei sind die gebietsspezifischen Regeln auf der Basis des Situationskalküls formuliert. Die
Strategie-Regeln (allgemeines Planungswissen) verwenden Annahmen, die
im Falle eines Fehlschlags revidierbar sind. Eine Strategie für ein
konjunktives Ziel wäre das fortgesetzte Verfeinern eines Ziels:

<u>Regel zum Erreichen eines Ziels G aus einer Situation S:</u>

<pre>   Wenn G in S erreicht ist, dann beende erfolgreich,
    sonst
        Wenn G ein einfaches Ziel ist,
            dann versuche entsprechende Gebiets-Regeln
                solange anzuwenden, bis eine erfolgreich ist
            andernfalls gib G in S auf.
        Wenn G ein konjunktives Ziel ist,
            dann nimm an, daß es durch einen Linearen Plan
                erreichbar ist. Versuche den Linearen Plan.
                Wenn diese Annahme nicht zutrifft,
                    dann analysiere die Gründe des Fehlschlags
                        und wähle einen entsprechenden
                        Nicht-Linearen Plan.</pre>

Linearer Plan für ein konjunktives Ziel der Form:

<pre>   (GOAL (AND ?g1 ?g2)) in Situation S

    Nimm die Ordnung (?g1 ?g2) an.
    Versuche ?g1 in S zu erreichen.
    Wenn ?g1 erreicht wurde,
        dann besteht eine Situation S1
            Versuche ?g2 in S1 zu erreichen
            Wenn ?g2 erreicht wurde,
                dann besteht eine Situation S2
                Wenn ?g1 und ?g2 in S2 gelten,
                    dann ist G in S2 erreicht
                    sonst versuche weitere Möglichkeiten
                        ?g2 in S1 zu erreichen</pre>

Den AMORD-Code zu diesem Kommentar kann man in de Kleer et al. (1977a)
nachlesen. Falls der lineare Plan fehlschlägt, muß ein nicht-linearer
Plan gefunden werden. Der Leser sollte sich überzeugen, daß der line-

are Plan für

```
(GOAL (AND (Auf C A ?s)
           (Auf A B ?s)))
```

in der obigen Ausgangssituation fehlschlägt (d.h. es wird keine
Situation ?s gefunden). Der Grund ist, daß das Erreichen von ?g1 eine
Situation erzeugt, in der ?g2 nur erreicht werden kann wenn ?g1 verletzt wird. Chronologisches Backtracking (wie in PLANNER oder Prolog)
könnte uns dazu verleiten, auch andere Möglichkeiten, ?g1 zu erreichen, zu erproben. Diese "brute force" Methode ist aber i.A. nicht
praktikabel. Die Diagnose des Fehlschlags mithilfe allgemeinen Pla-
nungswissens könnte dagegen dazu führen, daß wir erkennen, daß das
Bruderziel ?g2 nur erreicht werden kann, wenn in S1 außerdem eine Vor-
bedingung von ?g2 erfüllt ist. Welche Bedingungen dies sind, kann
durch gebietsspezifische Heuristiken beschrieben sein.

Ohne allgemeines Planungswissen zu bemühen, hätten wir bereits dies
konjunktive Ziel als "Cliche eines Turms" erkennen können und dafür
einen spezifischen Plan vorbereitet haben (eine andere gebietsspezifische Heuristik).

4.2.3   Der Regel-Interpreter von AMORD

Regeln werden pattern-gesteuert durch Veränderungen in der Datenbasis
aktiviert. Regeln und Fakten sind jeweils in einem Diskriminationsnetz
gespeichert. Die Datenbasis wird vom Truth Maintenance System (TMS
Doyle, 1978) überwacht. TMS bestimmt den Status (IN oder OUT) von
Fakten oder Regeln. Der AMORD-Interpreter wendet alle aktiven Regeln
auf alle gültigen Fakten unabhängig von der zeitlichen Reihenfolge
ihres Eintrags in die Datenbasis an (Zeilen 4-9):

```
 1 (defun AMORD ()
 2    (loop while (not *stopflag*)
 3         (cond ((not-empty *trigger-q*)
 4              (let (((rule . fact) (pop-queue *trigger-q*)))
 5                (if (is-in fact)
 6                    (if (is-in rule)
 7                        (try-rule rule fact)
 8                        (push fact (stimulate-list rule)))
 9                    (push rule (stimulate-list fact)))))
10              ((not-empty *lisp-q*)
11               (eval (pop-queue *lisp-q*)))
12              ((not-empty *runlast*)
13               (dolist (form *runlast*) (eval form)))
14              ((and (empty *trigger-q*) (empty *lisp-q*))
15               (enqueue (close (read-with-prompt "≫"))))))))
```

Regeln deren Muster möglicherweise mit Fakten unifizierbar sind, werden auf einer Queue, *trigger-q*, gehalten. Falls zum Zeitpunkt der
Anwendung ein Fakt oder eine Regel den Status OUT hat, wird die Regel
nicht angewandt, jedoch auf eine Stimulate-List gesetzt (Zeilen 8-9).
Das TMS setzt dann, wenn der Status des Fakts oder der Regel von OUT
nach IN übergeht, das entsprechende Regel-Fakt Paar wieder auf die

trigger-q. Eine interessante Eigenschaft des AMORD-Regelinterpreters ist, daß er sich zur Implementation auf multiplen Prozessoren, z.B. mit Lisp-Konstrukten zur Parallelverarbeitung eignet (Gabriel & McCarthy, 1984).

Außerdem werden zwei weitere Queues abgearbeitet:

(a) eine Agenda, *runlast* für Formen, die während der Regelauswertung erzeugt werden, deren Bewertung aber aufgeschoben werden soll (Zeile 11) und

(b) eine Queue zur Interaktion mit dem Benutzer, *lisp-q* (Zeile 13).

Die Invokation der Regel geschieht durch **try-rule**: Hier wird zunächst versucht, das eigentliche Muster der Regel mit dem Fakt zu unifizieren (Zeilen 17-19).

(**unify** term1 term2 subs) ergibt Nil, wenn term1 mit term2 unter der Substitution subs nicht unifizierbar ist, andernfalls die neue Substitution. Der Unterschied zur Unifikation in Prolog ist: (1) auch Prädikate und Funktionssymbole können mit Variablen unifiziert werden und (2) der "occur check" findet statt.

In Zeile 19 erhält **unify** als Substitution die lexikalisch äußere Umgebung der Regel. Falls Unifikation möglich war, wird eine Bindungsliste (genannt *substitution*) aus dem Ergebnis der Unifikation und der Bindung des Fakt-Namens an den Fakt erzeugt (21-22). In dieser Umgebung wird der Körper der Regel evaluiert.

```
16 (defun try-rule (rule fact)
17    (let ((subst (unify (rule-sub-pattern rule)
18                        (fact-statement fact)
19                        (rule-specialization rule)))))
20      (when subst
21        (let ((*substitution*
22               `((,(rule-pattern-name rule) . ,fact) . ,subst)))
23          (dolist (form (rule-body rule))
24              (eval form))))))
```

Obwohl Regeln grundsätzlich dadurch aktiviert werden, daß zunächst ihr Muster (d.h. ihre "Prämisse") betrachtet wird, läßt sich Rückwärts-Inferenz durch Regeln der Art von SHOW erreichen (vgl. die show-modus-ponens Regel oben unter 3.2).

4.2.4   Der Regel-Interpreter von EMYCIN

Der Aktions-Teil einer EMYCIN-Regel beschreibt (meist) ein zu erreichendes Ziel: Die Bestimmung eines "Parameters" für einen "Kontext" an einem Knoten. Solch ein Parameter ist der Wert eines Fakt-Tripels der Form:

Knoten: (**Attribut   Objekt   Wert**)
                | |
           Parameter   Kontext

Zunächst werden alle Regeln gefunden, deren Konklusion (Aktion) auf das Ziel paßt. Für alle diese Regeln wird dann die Funktion EMYCIN-monitor aufgerufen. In vereinfachter Form ist folgendes der Kern dieser Funktion (Van Melle, 1980). Der Code wurde aus einem experimentellen System extrahiert, das Peter Szolowitz am MIT mit seinen Studenten entwickelte (siehe NIL-Referenz Manual S. 296, Burke et al. 1984).

EMYCIN-monitor geht davon aus, daß die Regel, die ermöglicht den Wert
des Knotens zu finden, bereits ausgewählt wurde. Zunächst (Zeile 4)
werden jene Knoten in den Prämissen der Regel gefunden, deren Konfi-
denz-Wert nicht definitiv falsch ist. Dann werden diese Knoten untersucht (wobei vermieden wird, daß ein Knoten mehrmals untersucht wird
(Zeilen 5 und 7).

```
 1 (defun EMYCIN-monitor (rule node)
 2    (let ((premises (rule-premises rule))
 3          (concludes (rule-concludes rule)))
 4      (loop for node in (get-satisfiable-nodes node premises)
 5            unless (done? rule node)
 6            do
 7            (done! rule node)
 8            (loop for premise in premises
 9                  with tally = 1.0
10                  ;(<if there is an UNTRACED parameter
11                  ;      in premise
12                  ;    then FINDOUT its value>)
13                  ;(<evaluate the premise>)
14                  ;(<update the tally by taking the MIN
15                  ;  of all premises in the rule>)
16                  finally
17                  (loop for conclusion in concludes
18                        (conclude conclusion node tally))))))))
```

Die Prämissen der Regel werden ausgewertet (Zeile 13), nachdem die in
ihnen vorhandenen Parameter (durch **findout**) bestimmt wurden (Zeilen
10-12). Der Konfidenzwert einer Konjunktion von Prämissen ist das
Minimum der einzelnen Konfidenzwerte (Zeilen 14-15). Diese und andere
Formeln für die Berechnung von Evidenzwerten von logischen Kombina-
tionen (auf der Grundlage von Bayes Regel und der "Fuzzy Set" Theorie)
werden von Reboh (1981) beschrieben.

```
19 (defun FINDOUT (parameter node)
20    (cond ((askfirst? parameter)
21           (ask-user parameter node)
22           (unless (known? parameter node)
23             (dolist (rule (get-rules-for parameter))
24                (EMYCIN-monitor rule node))))
25          ((goals? parameter)
26           (dolist (rule (get-rules-for parameter))
27                (EMYCIN-monitor rule node)))
28          ((verified? parameter)
29           (dolist (rule (get-rules-for parameter))
30                (EMYCIN-monitor rule node))
31           (when (and (known? parameter node)
32                      (not (definite parameter node)))
33             (ask-user parameter node)))
34          (t (dolist (rule (get-rules-for parameter))
35                (EMYCIN-monitor rule node))
36             (unless (known? parameter node)
37                (ask-user parameter node)))))
```

Findout (Zeilen 19-37) bestimmt den Wert des Parameters, der zu einem
Knoten gehört. Falls der Typ des Parameter anzeigt, daß er erfragt
werden soll (Zeile 20), wird er zunächst erfragt und nur wenn der
Benutzer den Wert nicht kennt, wird versucht, ihn durch Anwendung der
Regeln herauszufinden (23-24). Falls der Typ des Parameters sagt, daß
der Parameter zu inferieren ist (Zeile 25), wird dies versucht. Falls
der Parameter zu verifizieren ist, wird zunächst versucht, ihn zu inferieren (Zeilen 28-33). Nur wenn er nicht definitiv erschlossen werden konnte, wird der Benutzer gefragt. Falls keine Information zum

Parameter vorliegt (Zeilen 34-35), wird zunächst versucht, den Parameter zu erschließen und nur wenn dies fehlschlägt, wird nach ihm gefragt.

Die Kontrollstruktur von EMYCIN ist (angenähert) Rückwärts-Schließen durch "Depth-first"-Suchen in einem UND/ODER-Baum:

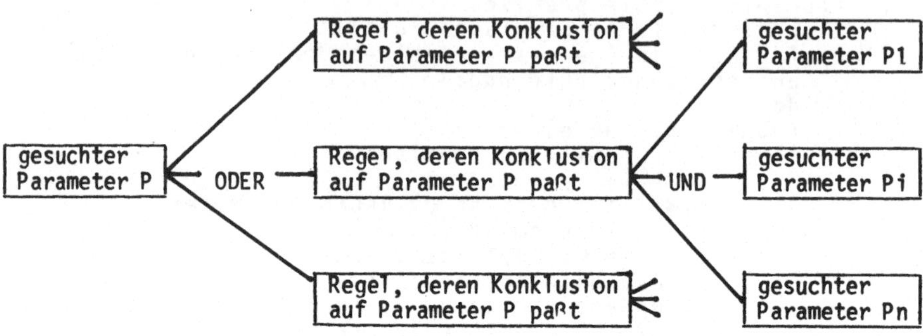

Manche sog. Experten-System-Shells (z.B. KEE) bieten eine grafische Schnittstelle dieser Art an, damit der Benutzer den Zustand des Regel-Interpreters und die Gründe für die Konklusionen überwachen kann. Auf diese Weise ist es einfacher, die Produktionsregeln inkrementell zu verbessern oder zu verfeinern.

Es wurden Programme entwickelt, die helfen, häufig auftretende Fehler in Regelsystemen automatisch zu identifizieren. Inkonsistenz kann dadurch entstehen, daß zwei Regeln in der gleichen Situation zu unterschiedlichen Ergebnissen kommen. Redundanz entsteht indem zwei Regeln zum gleichen Ergebnis führen, aber die Prämisse der einen Regel die Prämisse der anderen Regel subsumiert. Diese Redundanz kann eine unbeabsichtigte Erhöhung des Evidenzmaßes für den Parameter zur Folge haben. Auch kann das Regelsystem unvollständig sein, wenn Regeln zur Bestimmung von Parametern fehlen.

Suwa et al. (1982) haben ein Programm zum Debugging eines EMYCIN-artigen Regelsystems entwickelt. Ein "Programmier-Assistent" zur Unterstützung des Aufbaus einer Wissensbasis ist derzeit ein aktiv verfolgtes Forschungsziel.

4.3   Dependenz-gesteuertes Backtracking

In Regel-Interpretern für Produktionssysteme geschieht die Interaktion über eine globale Datenbasis ("Blackboard"). Einträge in dieser Blackboard gelten assertiv und enthalten keine Information über ihren Wissensstatus. Es ist möglich, daß sich diese Datenbasis nicht-monoton verändern soll. In OPS5 können z.B. Einträge explizit entfernt werden oder durch einen Gedächtnismechanismus in Vergessenheit geraten. In EMYCIN wird das Evidenzmaß von Parametern modifiziert.

Ein anderer Ansatz besteht darin, mit Assertionen einen "Stütz-Status" (support status) zu assoziieren. Dieser stellt die Rechtfertigung für Aussagen dar. Im TMS (Doyle, 1978; McAllester, 1980) sind das einerseits systemdefinierte Stützpunkte wie "Prämisse" oder "Annahme mit (skaliertem) Sicherheitsfaktor" und andererseits für erschlossene Assertionen sind das Abhängigkeiten vom Stützstatus anderer Assertionen (Dependenz-Information).

Auf diese Weise ist es möglich, etwa auftretende Widersprüche automatisch zu behandeln, indem man den Stützstatus zurückverfolgt, bis zu den Prämissen oder Annahmen. Diejenigen Annahmen, auf denen der Widerspruch beruht, können dann zurückgenommen und ihre Negation erschlossen werden.

Die Reasoning Utility Package (RUP; McAllester, 1982) bietet Grundmechanismen an, um solche nicht-monotone Inferenz zu implementieren.

Am Beispiel zur Blockwelt (s.o. 4.2.1) sahen wir, daß die Strategie zum Planen eines konjunktiven Ziels erfordert, daß hypothetisch Annahmen gemacht werden, die u.U. später revidiert werden müssen. Dies ist ein Fall nicht-monotoner Inferenz: Eine Annahme, die konsistent mit den gegenwärtig gültigen Fakten ist, wird als solche eingetragen. Spätere Kenntnis eines Fakts kann diese Annahme widerrufen. Damit werden alle daraus inferierten Aussagen ungültig, es sei denn, sie wären auch ohne diese Annahme ableitbar.

4.3.1 Behandlung von Default-Annahmen durch dependenzgesteuertes Backtracking in AMORD

Untersuchen wir, wie AMORD (mit Unterstützung durch TMS) Annahmen behandelt. Zunächst assertieren wir über Ampel1, daß sie eine Ampel ist:

 F0: (assert '(Typ Ampel1 Ampel) '(premise))

Wir definieren dann eine Regel für Ampeln:

```
1 (Rule ((?d (Typ ?a Ampel)))
2        (Assume '(Farbe ?a grün) '(Optimismus ?d))
3        (Rule ((?ngrün (NOT (Farbe ?a grün)))))
4            (Assume '(Farbe ?a gelb) '(Hoffe ?d ?ngrün))
5            (Rule ((?ngelb (NOT (Farbe ?a gelb)))))
6                (Assert '(Farbe ?a rot)
7                        '(Schade ?a ?ngrün ?ngelb)))))
```

Diese Regel nimmt für ein Objekt vom Typ Ampel per Default an, daß es grün ist (Zeile 2). Die Begründung ist Optimismus und F0. Erst dann, wenn sich herausstellt, daß dies zu optimistisch war, wird angenommen, daß die Ampel gelb ist (Zeile 4). Auch diese Annahme kann sich als falsch erweisen und schließlich wird eingesehen, daß die Ampel rot ist (Zeilen 6-7).

Verfolgen wir die Aktivität dieser Regel! Zunächst führt Fakt F0 zu folgenden 3 Einträgen in die Datenbasis:

 (Assume (Farbe ?a grün) (Optimismus ?d)) =

Name	Fakt	IN-Grund	OUT-Grund
F1:	(Assumed (Farbe Ampel1 grün))	(Optimismus F0)	()
F2:	(NOT (Farbe Ampel1 grün))	()	()
F3:	(Farbe Ampel1 grün)	F1	F2

Der Stützstatus eines Fakts (oder einer Regel) besteht aus IN- und OUT-Gründen. Der Fakt (oder die Regel) ist IN, wenn alle IN-Gründe IN sind und alle OUT-Gründe OUT sind. Diese Regel führt auch dazu, daß die Regel (Zeilen 3-7) mit der Bindungsliste

 ((?a Ampel1) (?d F0))

den IN-Status erhält. Sollte nun irgendwie inferiert werden, daß der

Fakt

 F2: (NOT (Farbe Ampel1 grün))

gilt (d.h. den IN-Status hat), verliert F3 den OUT-Grund F? und hat
dann keinen wohlfundierten Grund mehr. Außerdem wird die Regel in
Zeilen 3-7 aktiv und trägt die folgende Annahme (Zeile 4) ein:

 (Assume '(Farbe ?a gelb) '(Hoffe ?d ?ngrün)) =

Name Fakt	IN-Grund	OUT-Grund
F4: (Assumed (Farbe Ampell gelb))	(Hoffe F0 F?)	( )
F5: (NOT (Farbe Ampell gelb))	( )	( )
F6: (Farbe Ampell gelb)	F4	F5

Das gleiche kann sich nun wiederholen und schließlich würde assertiert, daß Ampell rot ist - mit dem Grund, daß sie weder grün noch
gelb ist.

Dependenz-Information ist also wichtig, um zunächst plausibel erschei-
nende Annahmen später revidieren zu können. Die Folge der alternativen
Annahmen ist in diesem Falle beim Entwurf der Regeln bekannt gewesen.
Es ist aber auch möglich, die Dependenzstruktur zu benutzen, um durch
ein besonderes Modul - ein "Kritiker-Team" - entscheiden zu lassen,
welche Annahmen revidiert werden sollen. McAllester hat in RUP einen
Mechanismus zur Belief-Revision angeboten, der darin besteht, daß Annahmen Sicherheitsfaktoren erhalten und versucht wird, diejenige Annahme mit minimaler Sicherheit, die Widersprüche vermeidet, zurückzu-
ziehen.

4.3.2   Erweiterung von AMORD um Default-Regeln

Default-Inferenz ist ein Beispiel für nicht-monotone Inferenz. Wie
soll eine Aussage die fast immer gilt, wie "Vögel können fliegen",
dargestellt werden?

 (ALL ?x (IF (Vogel ?x) (KannFliegen ?x)))

berücksichtigt nicht die uns bekannten **Ausnahmen**.

 (ALL ?x
      (IF (AND (Vogel ?x)
               (NOT (Pinguin ?x))
               (NOT (Strauß ?x))
               (NOT (Mit-Öl-verklebt (Flügel-von ?x)))))
          (KannFliegen ?x)))

ist besser, aber es lassen sich mühelos weitere Ausnahmen finden.
Außerdem läßt sich vielleicht über den Vogel ERNA nicht zeigen, daß
ihre Flügel nicht mit Öl verklebt sind usw.. Trotzdem möchten wir per
Default annehmen, daß ERNA fliegen kann.

Dazu wollen wir Default-Regeln mit folgender Semantik definieren können (Reiter, 1980):

 Wenn immer die Prämisse erfüllt ist
      und die Konklusion konsistent mit der
      Datenbasis ist,
 dann kann die Konklusion "default-inferiert" werden.

Die Konsistenz einer Aussage A mit einer Datenbasis D definieren wir wie folgt:

    A ist konsistent mit D, genau dann, wenn (NOT A)
    nicht (ohne Default Regeln) aus D ableitbar ist:

        $\sim$ (D -inferierbar-| (NOT A))

Default-Regeln sollen auf folgende Weise definiert werden können:

  (Default-Rule
    (IF (Vogel ?x) (KannFliegen ?x)))

Außerdem haben wir Regeln wie:

  (ALL ?x
      (IF (Möve ?x) (Vogel ?x)))

  (ALL ?x
      (IF (Tot ?x) (NOT (KannFliegen ?x))))

Nun könnte in DB1 gelten ((Möve ERNA)) und nach obigen Regeln kann
default-inferiert werden, daß Erna fliegen kann:

  (Möve ERNA) , (ALL ?x (IF (Möve ?x) (Vogel ?x)))
  -inferierbar-| (Vogel ERNA)
  (Vogel ERNA) , (IF (Vogel ?x) (KannFliegen ?x))
  -default-inferierbar-| (KannFliegen ERNA)

Alternativ könnte in DB2 gelten ((Möve ERNA) (Tot ERNA)) und dieser
Schluß wäre unzulässig:

  (Tot ERNA) , (ALL ?x (IF (Tot ?x) (NOT (KannFliegen ?x))))
  -inferierbar-| (NOT (KannFliegen ERNA))
  Die Default-Regel ist nicht anwendbar!

Es ist nicht schwer, AMORD so zu erweitern, daß Default-Regeln in diesem Sinne definiert werden können und wir skizzieren den Ansatz:

Gegeben sei ein Ziel ?z, das wir durch (SHOW ?z) zeigen wollen. Wir
versuchen nun, sowohl ?z als auch (NOT ?z) zu zeigen:

  F-Goal: (SHOW ?z)
  F-Fail: (SHOW (NOT ?z))

und setzen folgenden Prozeß auf die Agenda:

```
(enqueue
 '((cond ((is-in ?z) (retract-fact F-Fail))
         ((is-in '(NOT ?z)) (retract-fact F-Goal))
         (T (activate-default-rules)
            (retract-fact F-Fail)
            (enqueue
             '((deactivate-default-rules)
               (when (is-in ?z)
                 (retract-fact F-Goal)
                 (add-support ?z 'Default-Inferenz)))))))))
```

Zunächst wird mit den üblichen Regeln versucht, ?z zu zeigen. Erst
wenn alle diese Regeln nicht erlauben, (NOT ?z) zu zeigen (d.h. ?z ist
konsistent mit den bekannten Aussagen), werden die Default-Regeln
aktiviert. Diese versuchen, ?z zu zeigen. Danach werden die Default-
Regeln wieder deaktiviert und falls ?z gezeigt werden konnte, wird
noch angemerkt, daß dies durch Default-Inferenz geschah.

Diese Lösung hat noch einen Nachteil. Es wird versucht, sowohl ?z als auch (NOT ?z) zu zeigen. Dies kann durchaus parallel geschehen. Aber auch der Prozeß auf der Agenda könnte bereits beginnen, sobald eines der beiden Ziele erreicht ist.

4.3.3   Propagieren von Constraints

McAllester entwickelte ein Truth Maintenance System, das Propagieren von Constraints zur Inferenz im Bereich der Aussagenlogik anwendet. (Der Bericht von McAllester (1980) enthält den gesamten Lisp-Code.) Das TMS leitet neue Fakten durch "Unit Clause"-Resolution ab, zeichnet Begründungen für diese Ableitungen auf und revidiert bei Änderung der Prämissen die abhängigen Fakten. Dies System wurde zu einem flexiblen Paket von Inferenz-Hilfen weiterentwickelt (RUP; McAllester 1982) und erlaubt die Definition von Äquivalenzklassen von Termen durch eine Grammatik (Barton, 1983) sowie die Instantiierung quantifizierter Aussagen.

Was geschieht beim Propagieren von Constraints? Zunächst betrachten wir den Fall, bei dem nur **eine** Constraint vorliegt. Wenn ein Wert bekannt wird, kann es möglich sein, daß

    (a) ein weiterer bisher unbekannter Wert erschlossen werden kann
        (Dies führt rekursiv zur Inferenz anderer Werte.)
    (b) die Constraint erfüllbar ist, sobald weitere Werte bekannt
        werden
    (c) die Constraint unerfüllbar ist, da ein Widerspruch auftritt.

Falls es mehrere Constraints gibt, führt Fall (a) u.U. dazu, daß mehrere Werte bekannt werden. Alle diese müssen dann weiter propagiert werden. Falls ein Widerspruch festgestellt wird (c), müssen die Prämissen, aufgrund derer der Widerspruch auftrat, gefunden werden. Wenn eine dieser Prämissen zurückgenommen wird, kann der Widerspruch benutzt werden, um die Negation dieser Prämisse zu inferieren.

Betrachten wir, wie Aussagen als Constraint-Klausen formuliert werden können.

(a) Disjunktion hat folgende Constraint-Klausen

```
( ((OR p q) . F) (p . T) (q . T) )
( ((OR p q) . T) (p . F) )
( ((OR p q) . T) (q . F) )
```

Jede Klause enthält Paare der Form (Term . Wahrheitswert). Mindestens ein Paar einer Klause muß erfüllt sein. Ein Paar ist erfüllt, wenn sein Wahrheitswert gleich dem Wert seines Terms ist. Jeder Term hat einen Wert und einen "Support" (Stützpunkt).

Wird z.B. der Term (OR A B) durch

```
(assert '(OR A B))
```

eingetragen, so werden obige Constraint-Klausen erzeugt und der Term (OR A B) erhält den Wert T und den Support (). Wäre nun bekannt, daß A's Wert F ist, könnte aus der ersten Constraint-Klause inferiert werden, daß B's Wert T ist, denn eines der Paare dieser Klause muß erfüllt sein und die Paare ((OR A B) . F) und (A . T) sind nicht erfüllt.

(b) Implikation hat folgende Constraint-Klausen

```
( ((IF p q) . F) (p . F) (q . T) )
( ((IF p q) . T) (p . T) )
( ((IF p q) . T) (q . F) )
```

(c) Negation hat folgende Constraint-Klausen

```
( ((NOT p) . T) (p . T) )
( ((NOT p) . F) (p . F) )
```

Ein Beispiel soll die Struktur der Support-Relation zeigen:

```
(assert '(IF r s))
(assert '(IF s t))
(assert '(NOT t))

(why 'r)
 r is false from
  1: (IF r s) is true
  2: s is false
(why 2)
 s is false from
  1: (IF s t) is true
  2: t is false
(why 2)
 t is false from
  1: (NOT t) is true
(why 1)
 (NOT t) is true as premise
```

Ausgangs-Fakten

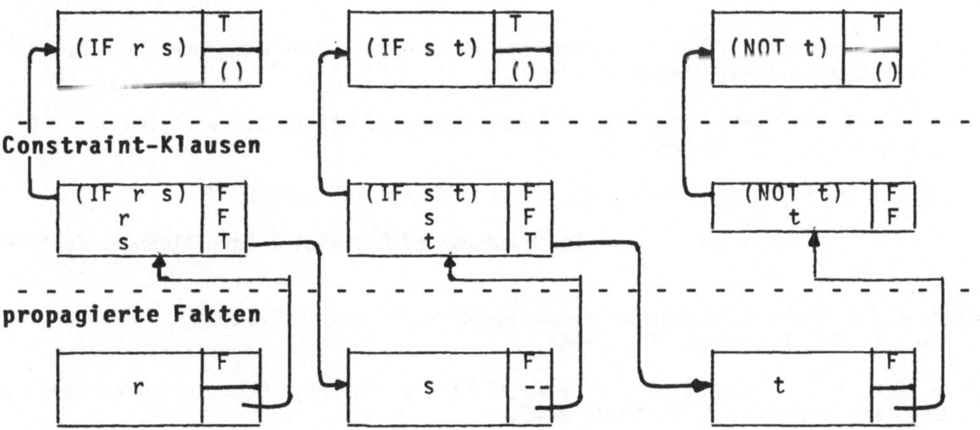

Constraint-Klausen

propagierte Fakten

Ein Beispiel für die Verletzung von Constraints und das benutzerge-
steuerte Zurücknehmen von Prämissen ist:

```
(assert '(IF a c))
(assert '(IF b c))
(assert '(OR a b))

(why 'c)
 I don't know whether or not c is true
 ; Constraint-Propagation hat nicht dazu geführt, c zu inferieren
```

```
(assert '(NOT c))
 There is a contradiction from
 1:  (IF a c) is true
 2:  a is true
 3:  c is true
 The underlying premises are:
 1:  (NOT c) is true
 2:  (IF a c) is true
 3:  (IF b c) is true
 4:  (OR a b) is true
 Which premise should be retracted? 1

(why 'c)
 c is true from
 1:  (IF a c) is true
 2:  (IF b c) is true
 3:  (OR a b) is true
```

Wir könnten natürlich c zeigen, wenn Interesse daran besteht, indem wir wie oben verfahren, jedoch mit (assume '(NOT c)) statt (assert '(NOT c)). Diese Annahme würde dann automatisch revidiert werden.

In RUP können Aussagen sog. "Sicherheitswerte" zugeordnet werden. Das System bestimmt für Schlüsse (ähnlich wie EMYCIN) die akkumulierten "Sicherheitswerte" und revidiert bei alternativen Prämissen diejenige mit der geringsten Sicherheit. Der Mechanismus zum Propagieren von Constraints ist so allgemein, daß er sich z.B. auch auf numerische Constraints anwenden ließe. Er ist generell beim Entwurf von Systemen bedeutsam, die einen Benutzer automatisch über die Verletzung von Constraints alarmieren sollen.

Literatur

Amarel, S. On Representation of Problems of Reasoning about Actions. In: D. Michie (Ed.) **Machine Intelligence 8**, Elsevier, NY, 1968, 131-171.

Attardi, G. & M. Simi Semantics of Inheritance and Attributions in the Description System Omega. MIT AI-Memo 642, 1981.

Ayer, A.J. **The Problem of Knowledge.** Penguin Books, Baltimore, 1956.

Barr, A. & E. Feigenbaum (Eds.) **The Handbook of Artificial Intelligence.** Kaufmann, Los Altos, CA, 1981.

Barton, G.E. A Multiple-Context Equality-based Reasoning System. MIT AI-Lab.,Tech. Rep. No 715, Cambridge, MA., 1983.

Bobrow, D.G. & T. Winograd An Overview of KRL, a Knowledge Representation Language. **Cognitive Science, 1**, 1, 1977, 3-46.

Bobrow, D.G. & M. Stefik The LOOPS Manual. Xerox PARC, Palo Alto, CA, 1983.

Brachman, R. J. A Structural Paradigm for Representing Knowledge. BBN, Tech. Rep. No. 3605, 1978. Erscheint bei: Ablex Publ. Co. Norwood, N.J., 1984.

Brachman, R. J. An Overview of the KL-ONE Knowledge Representation System. Erscheint in: **Cognitive Science**, 1984.

Brachman, R.J., R.E. Fikes & H.J. Levesque   Krypton: A Functional Approach to Knowledge Representation. Fairchild Techn. Rep. No. 639, Fairchild Lab. for AI Res., Palo Alto, 1983. (Gekürzt in: **IEEE Computer**, Special Issue on Knowledge Representation, Vol. 16, October 1983, 67-73).

Brachman, R.J. & H.J. Levesque   The Tractability of Subsumption in Frame-Based Description Languages. In: **Proc. AAAI-84**, 1984.

Burke, G.S., G.J. Carrette & C.R. Eliot   NIL Reference Manual, MIT/LCS/TR-311, Cambridge, MA, 1984.

Charniak, E., Riesbeck, C.K. & McDermott, D.V   **Artificial Intelligence Programming**. Lawrence Erlbaum, Hillsdale, N.J. 1980.

Clocksin, W.F. & C.F. Mellish   **Programming in Prolog**. Springer Verlag, Berlin, 1981.

Davis, R.   Interactive Transfer of Expertise: Acquisition of New Inference Rules. **Proc. IJCAI-77**.

Davis, R., B. Buchanan & T. Shortliffe   Production Rules as a Representation for a Knowledge-Based Consultation Program. **Artificial Intelligence**, No. 1, 1977.

de Kleer, J., J. Doyle, G. Steele, & G.J. Sussman   Explicit Control of Reasoning. MIT-Memo 427, MIT-AI-Lab, Cambridge, MA, 1977a.

de Kleer, J., J. Doyle, G. Steele, & G.J. Sussman   AMORD - A Deductive Procedure System. MIT-Memo 435, MIT-AI-Lab, Cambridge, MA, 1977b.

Doyle, J.   Truth Maintenance Systems for Problem Solving. MIT AI-Lab, TR-419, Cambridge, MA, 1978.

Forgy, C.L.   OPS5 User's Manual.   CMU, Dep. Comp. Sc., Tech. Rep. CMU-CS-81-135, 1981.

Forgy, C.L.   The OPS83 Report.   CMU, Dep. Comp. Sc., Tech. Rep. CMU-CS-84-133, 1984.

Gabriel, R.P. & J. McCarthy   Queue based Multi-Processing Lisp. **ACM Symposium on Lisp and Functional Programming**, Univ. Texas, Austin, 1984.

Genesreth, M., R. Greiner & D. Smith   MRS Manual. Stanford Univ., Heuristic Programming Project, Memo HPP-81-6, 1981.

Greiner, R.   RLL-1: A Representation Language Language. Stanford Univ., Heuristic Programming Project, Working Paper HPP-80-9, 1981.

Hayes, P.J.   The Logic of Frames. In: D. Metzing (Hrsg.) **Frame Conceptions and Text Understanding**. Walter de Gruyter, Berlin, 1979, 46-61.

Hendrix, G.   Expanding the Utility of Semantic Networks through Partitioning. **Artificial Intelligence**, 7, 1976, 21-49.

Hewitt, C., Attardi, G. & M. Simi   Knowledge Embedding with the Description System Omega. **Proc. of First AAAI Conf.**, Stanford University, 1980.

Höppner, W.   Repräsentationsstrukturen und Inferenzen für zusammengesetzte Objekte. In: C-R. Rollinger & H-J. Schneider (Hrsg.)   **Inferenzen in natürlichsprachlichen Systemen der Künstlichen Intelligenz**. Einhorn Verlag, Berlin, 1980, 151-172.

Kunz , J.C., T.P. Kehler & M.D. Williams   Applications Development Using a Hybrid AI Development System. **The AI Magazine**, 4, 4, 1984, 41-54.

Laubsch, J. Zur Inferenz in semantischen Netzen. In: C-R. Rollinger & H-J. Schneider (Hrsg.) **Inferenzen in natürlich-sprachlichen Systemen der Künstlichen Intelligenz.** Einhorn Verlag, Berlin, 1980, 37-80.

Laubsch, J. **Programmiermethoden in der Künstlichen Intelligenz Forschung.** Habilitationsschrift, Univ. Stuttgart, 1982.

Laubsch, J. & C. Rathke ObjTalk, eine Erweiterung von Lisp zum objekt-orientierten Programmieren. In: H. Stoyan & H. Wedekind (Hrsg.) **Objektorientierte Software- und Hardwarearchitekturen.** Berichte des German Chapters of the ACM, Teubner, Stuttgart, 1983, 60-75.

Levesque, H.J. A Formal Treatment of Incomplete Knowledge Bases. Univ. Toronto, Dep. Comp. Sc., Tech. Rep. CSRG-139, Toronto, Canada, 1982.

Lipkis, T. A KL-One Classifier. In: J. Schmolze & R. Brachman (Eds.) **Proc. of the 1981 KL-One Workshop.** Tech. Rep. No. 4842, BBN, Cambridge, 1982.

McAllester, D.A. An Outlook on Truth Maintenance. MIT-AI Memo 551, Cambr., MA, 1980.

McAllester, D.A. Reasoning Utility Package User's Manual. MIT-AI Memo 667, Cambridge, MA., 1982.

McCarthy, J. & P. Hayes Some Philosophical Problems from the Standpoint of Artificial Intelligence. In: B. Meltzer & D. Michie (Eds.) **Machine Intelligence 4.** Edinbourgh Univ. Press, 1969.

McCarthy, J. Programs with Common Sense. In: M. Minsky (Ed.) **Semantic Information Processing.** MIT Press, Cambridge, MA, 1968, 403-418.

McDermott, J. R1: A Rule-Based Configurer of Computer Systems. **Artificial Intelligence, 19,** 1982, 39-88.

McDermott, J. & G. Steele Extending a Knowledge-Based System to Deal with Ad Hoc Constraints. **Proc. IJCAI-81.**

Minsky, M. A Framework for Representing Knowledge. In: P.H. Winston (Ed.) **The Psychology of Computer Vision.** McGraw Hill, NY, 1975.

Moore, J. & A. Newell How can MERLIN understand? In: L. Gregg (Ed.) **Knowledge and Cognition.** Lawrence Erlbaum, Hillsdale, N.J., 1973, 201-252.

Moore, R.C. Reasoning about Knowledge and Action. Tech. Note 191, SRI, Menlo Park, CA, 1980.

Moore, R.C. A Formal Theory of Knowledge and Action. In: J.R. Hobbs & R. C. Moore (Eds.) **Formal Theories of the Commonsense World.** Ablex, Norwood, N.J., 1984.

Nilsson, N. **Principles of Artificial Intelligence.** Springer Verlag, Berlin, 1983.

Rathke, C. ObjTalk Primer. Inst. für Informatik, Univ. Stuttgart, 1984.

Reboh, R. Knowledge Engineering Techniques and Tools in the Prospector Environment. Techn. Note 243, SRI, Menlo Park, 1980.

Reiter, R. A Logic for Default Reasoning. **Artificial Intelligence, 13,** 81-132, 1980.

Roberts, R.B. & I. Goldstein The FRL Manual. MIT-AI Memo No. 409, Cambr., MA, 1977.

Rosenberg, S. HPRL: A Language for Building Expert Systems. **Proc. IJCAI-83,** 215-217.

Roussel, P.   Prolog: Manuel de Reference et Utilisation. Techn. Rep., Groupe
d'Intelligence Artificielle, U.E.R. de Limuny, Univ. d'Aix-Marseille II, 1975.

Stallmann, R.M. & Sussman, G.J.   Forward Reasoning and Dependency-Directed Backtracking in a System for Computer-aided Circuit Design. **Artificial Intelligence,
9**, 1977, 135-196.

Steele, G.L.   The Definition and Implementation of a Computer Programming Language
based on Constraints. MIT-TR 595, MIT-AI-Lab, Cambridge, MA, 1980.

Steele, G.L. et al. **Common Lisp.** Digital Press, 1984.

Steels, L.   ORBIT: An Applicative View of Object-Oriented Programming. In: P. Degano
& E. Sandewall (Eds.)   **Integrated Interactive Computing Systems.** North-Holland,
1983, 193-206.

Stefik, M.   Planning with Constraints (MOLGEN, Part 1 & 2) **Artificial Intelligence,
16**, 2, 1981, 111-170.

Stefik, M., D.G. Bobrow, S. Mittal & L. Conway Knowledge Programming in Loops. **The
AI Magazine, 4**, 3, 1983, 3-14.

Stefik, M., J. Aikins, R. Balzer, J. Benoit, L. Birnbaum, F. Hayes-Roth & E.
Sacerdoti The Architecture of Expert Systems: A Guide to the Organization of
Problem-Solving Programs. In: F. Hayes-Roth, D. Waterman & D. Lenat (Eds.)
Building Expert Systems. 1984.

Sussman, G.J. & G.L. Steele Constraints - A Language for Expressing Almost-
Hierarchical Descriptions. **Artificial Intelligence, 14**, 1980, 1-39.

Suwa, M., A.C. Scott & E.H. Shortliffe An Approach to Verifying Completeness and
Consistency in a Rule-Based Expert System. Stanford University, CSD, Rep. STAN-
CS-922, 1982.

Van Melle, W. A Domain-Independent Production-Rule System that Aids in Constructing
Knowledge-Based Consultation Programs. Stanford Univ., Heuristic Programming
Project, Memo HPP-80-22, 1980.

Winston, P.H. Learning Structural Descriptions from Examples. In: P.H. Winston (Ed.)
The Psychology of Computer Vision. McGraw Hill, NY, 1975.

SEMANTIKKONZEPTE IN DER KÜNSTLICHEN INTELLIGENZ

Camilla B. Schwind

Centre National de la Recherche Scientifique

Groupe Représentation et Traitement des Connaissance

31, chemin Joseph Aiguier - 13402 Marseille Cedex 9
FRANCE

1. EINFÜHRUNG

In diesem Aufsatz werden die wichtigsten in der künstlichen Intelligenz (KI) formulierten und benützten Konzepte zur Darstellung der Semantik natürlicher Sprache vorgestellt und diskutiert. Man ist sich heute für alle Typen von natürlichsprachlichen Systemen (NSS) einig, dass eine semantische Komponente ein unverzichtbarer Bestandteil eines solchen Systems ist.

Es ist schwierig, eine Definition des Begriffs Semantik zu finden. Man stösst eher auf Tautologien wie "... Semantik eines Textes ist die Bedeutung eines Textes..." [Wahlster 1982,S.205] oder aber auf Hinweise auf die Aufgabe oder die Rolle von Semantik innerhalb einer Theorie oder eines Systems "... Die semantische Komponente interpretiert... Phrase-markers unter dem Aspekt der Bedeutung" [Katz 1969, S.138]. Ich will hier nicht eine weitere Definition des Begriffs Semantik versuchen, sondern lediglich folgende Charakteristika angeben :

- Semantik ist eine formale Sprache (im weitesten Sinne eine aufzählbare Menge von Sätzen über einem endlichen Alphabet).

- Den syntaktischen Strukturen von Sätzen werden Eleemente dieser Sprache zugeordnet, wobei die Zuordungsabbildung berechenbar sein soll.

- Die semantischen Strukturen, die Sätzen zugeordnet werden, sollen äquivalent sein zu der konzeptuellen Struktur, die der Hörer oder Sprecher den Sätzen zuordnet.

Die ersten beiden Punkte dieser Charakterisierung bereiten keine Schwierigkeiten, weil sie nur Eigenschaften des Semantikformalisnus selbst betreffen. Der dritte Punkt führt uns mitten in die Problematik dieses Begriffs. Ein Semantikkonzept soll etwas simulieren bzw. darstellen, was wir nicht direkt kennen : Konzeptuelle Strukturen, die der Mensch zum Verstehen und Erzeugen von Sätzen aufbaut. Wir kennen nur einige ihrer Eigenschaften indirekt, indem wir beobachten können, was sie leisten. Daher können wir lediglich fordern, dass ein Semantikkonzept dasselbe leistet (Äquivalenz), was offenbar die von einem Menschen manipulierte konzeptuelle Struktur leistet. Man sieht an diesen Überlegungen auch, dass der Begriff Semantik nicht klar abgrenzbar ist gegen Logik, Philosophie, kognitive Psychologie und natürlich Linguistik, sondern weit in alle diese Gebiete hineinreicht.

Lassen wir nun unsere Bemühungen um eine Klärung des Begriffs Semantik und wenden uns den Fragestellungen zu, die in diesem Aufsatz erörtert werden sollen. Im zweiten Abschnitt werden die Rolle und die Aufgaben einer semantischen Komponente in einem NSS dargestellt. Im dritten Abschnitt führen wir einen logikorientierten Formalismus ein, der später benützt wird, um die Erzeugung von semantischen Strukturen aus Sätzen zu zeigen. Im vierten Abschnitt werden drei verschiedene Semantikkonzepte, die bisher vor allem in der KI benützt wurden, vorgestellt :

- Semantische Netze

- Frames

- Logik

Jedes dieser Semantikkonzepte wird definiert, an Beispielen illustriert und bzgl. seiner Fähigkeit zu Problemlösungen in NSS beizutragen diskutiert und bewertet.

Es geht in diesem Aufsatz vor allem darum, Techniken zur Darstellung und Manipulation von sematischen Konzepten zu beschreiben und erst in zweiter Linie darum, einen umfassenden Überblick über sämtliche vorhandenen Systeme unter diesem Aspekt zu liefern. Deshalb werden

lieber einzelne Ansätze etwas ausführlicher geschildert als möglichst
viele Ansätze kurz gestreift.

2. ROLLE UND AUFGABE EINER SEMANTISCHEN KOMPONENTE

2.1 SEMANTIKMODELLE IN EINEM NSS

Figur 1 zeigt einen groben schematischen Überblick über den Analyse-
(und Generierungs)prozess von sprachlichen Äusserungen in einem NSS.
Wir sprechen allgemein von sprachlichen Äusserungen und meinen damit
Sätze, Satzfragmente (z.B. Ellipsen, Ausrufe,etc.) oder Folgen von
Sätzen, d.h. Texte oder Dialoge.

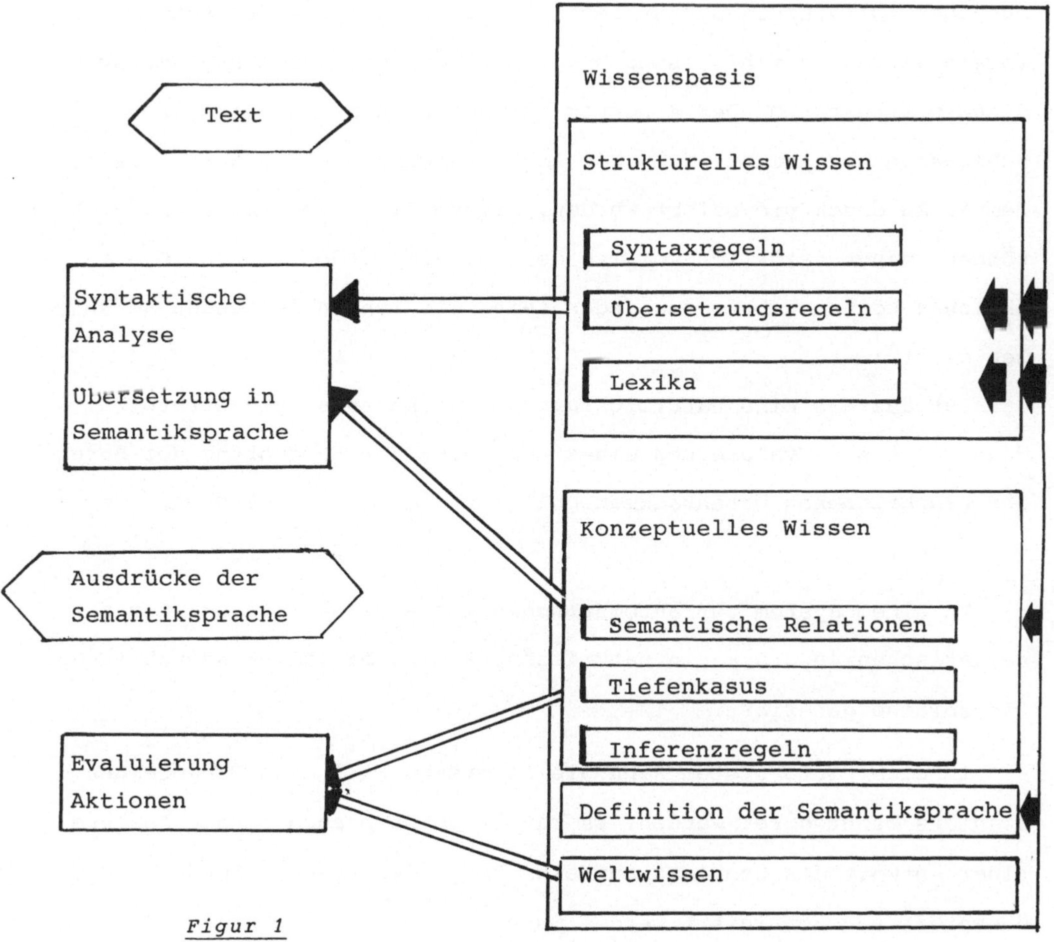

Figur 1

Eine sprachliche Äusserung wird syntaktisch analysiert und in Ausdrücke der Semantiksprache übersetzt. Die Übersetzungsregeln sind Abbildungen von syntaktischen auf semantische Strukturen. Sie können in die Syntaxregeln eingebaut sein. In diesem Fall wir der Satz schrittweise während der syntaktische Analyse und parallel zu dieser in die semantische Repräsentation übersetzt. Diese Technik bietet sich vor allem bei der Verwendung von logischen Parsern an, wir werden sie im vorliegenden Aufsatz bei allen illustrativen Beispielen verwenden. Die Übersetzungsregeln können jedoch auch unabhängig von den Syntaxregeln direkt als Abbildungen von syntaktischen auf semantische Strukturen formuliert sein. In diesem Fall wird der Satz zunächst vollständig syntaktisch analysiert und die übersetzungsregeln werden anschliessend angewendet und operieren nur auf syntaktischen Strukturen. Der Ausdruck der Semantiksprache wird anschliessend evaluiert, d.h. die Aktionen werden ausgeführt, die mit dem NS Ausdruck provoziert wurden. Welche Typen von Aktionen das sein können, hängt natürlich vom Typ des unterliegenden NSS ab. Diese Aktionen können sehr verschieden sein, wie man an folgenden Beispielen sieht :

- Ist das NSS eine natürlichsprachliche Datenbankschnittstelle, dann führt die Evaluierung eines Ausdrucks zur Ausführung der durch ihn beschriebenen Datenbankmanipulation (suchen , löschen, eintragen, etc.).

- In einem System zur automatischen Übersetzung wird aus dem semantischen Ausdruck ein natürlichsprachlicher (NS)-Ausdruck in der Zielsprache generiert.

- In einem Tutorsystem kann wie im ersten Fall eine Frage eines Schülers beantwortet werden. Es kann sich aber auch um die Analyse einer Antwort des Schülers auf eine Frage des Systems handeln, die überprüft und korrigiert werden muss.

Die Wissensbasis enthält sämtliche Komponenten zur Sprachanalyse,
und das aussersprachliche Wissen des unterliegenden Systems.Manche
Autoren trennen auch den Sprachanalysemodul und das aussersprachliche Wissen. Das oben angegebene Schema entspricht eher einem in
[Brown und Schwind 1980] bzw. [Kowalski 1979] propagierten Konzept.
Wir haben in Figur 1 die Moduln, die semantisches Wissen enthalten,
mit ▶ gekennzeichnet.Die Doppelpfeile von der Wissensbasis zur Darstellung des Textverstehensprozesses kennzeichnen, in welchen Phasen
welche Moduln benützt werden. Die Übersetzungsregeln benützen in
einigen Systemen [Schwind 1982, 1984] bereits semantisches Wissen,
z.B. zur Desambiguierung. Bei der Evaluierung der sprachlichen Ausse-
rung wird natürlich konzeptuelles und aussersprachliches Wissen
benützt, um aus dem Ausdruck der Semantiksprache die entsprechende
Systemaktion abzuleiten.

Im folgenden werden wir einzelne Aufgaben der semantischen Komponente in einem NSS besprechen.

2.2. AUFGABEN DER SEMANTISCHEN KOMPONENTE IN EINEM NSS

Über die Rolle der Semantik in einem NSS als Wissensdarstellungs-
konzept hinaus gibt es viele Einzelprobleme der Sprachanalyse und
-generierung, die nur unter Einbeziehung semantischen Wissens gelöst
werden Können.

2.2.1 DESAMBIGUIERUNG VON SYNTAKTISCHEN STRUKTUREN

Eine in indogermanischen Sprachen typische syntaktische Mehrdeutigkeit
ergibt sich, wenn eine Präpositionalphase einer dem Verb nachgestell-
ten Nominalphase folgt :

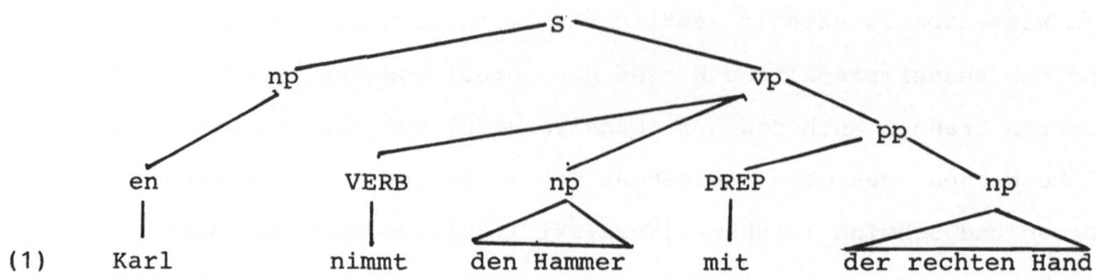

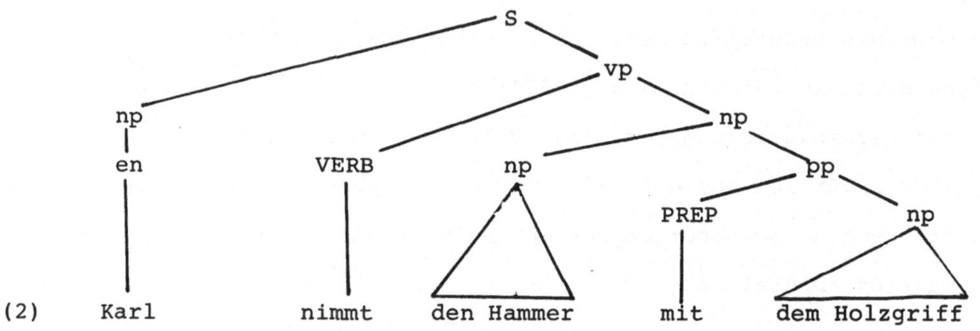

Die Präpositionalphase "mit der rechten Hand" bzw. "mit dem Holzgriff"
kann syntaktisch sowohl in die Nominalphase "den Hammer" eingebettet
sein als auch eine Präpositionalergänzung des Verbs "nimmt" sein.
Aus semantischen Gründen ist es klar, dass in (1) "mit der rechten
Hand" eine Präpositionalergänzung des Verbs "nimmt" ist. Denn der
Begriff "Hand" kann in Instrumentalbeziehung zu "nehmen" stehen,
während es wohl keine semantische Grundlage für "Hammer mit Hand"
gibt : Eine Hand ist weder Teil noch Anhängsel eines Hammers. Ebenfalls aus semantischen Gründen ist in (2) "mit dem Holzgriff" wahr-
scheinlicher eine Einbettung zu "Hammer". Denn ein Griff ist üblicher-
weise Teil eines Hammers und der Griff eines Hammers ist meistens
aus Holz. Andererseits ist "mit dem Holzgriff" weniger wahrscheinlich
als Ergänzung von "nimmt zu analysieren, denn ein Griff ist kein In-

strument für "nehmen". Dieser Typ von syntaktischer Mehrdeutigkeit kann nach oben ausgeführtem nur gelöst werden, wenn man Wissen
über semantische Relationen benützt, die durch die Präposition "mit"
ausgedrückt werden können und zwischen Verben und Nomina bzw. zwischen zwei Nomina bestehen können.

Ein anderer typischer Fall von syntaktischer Mehrdeutigkeit hängt
mit der Einbettung von Relativsätzen in Nominalphrasen zusammen :

(3)

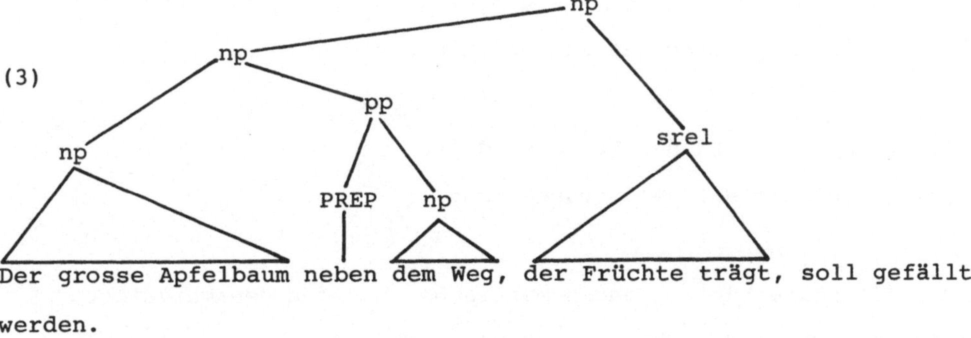

Der grosse Apfelbaum neben dem Weg, der Früchte trägt, soll gefällt
werden.

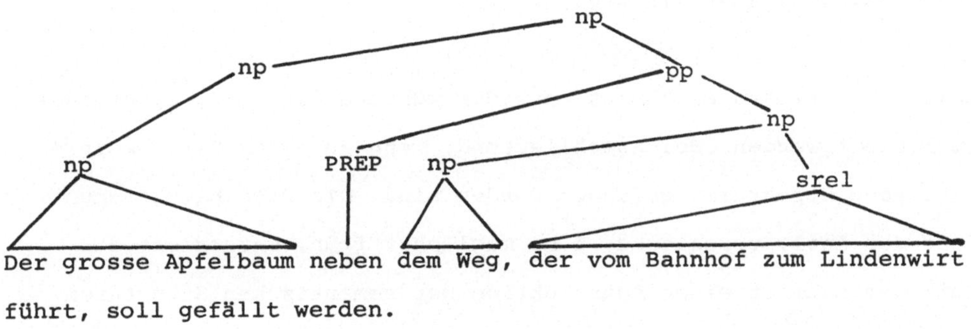

Der grosse Apfelbaum neben dem Weg, der vom Bahnhof zum Lindenwirt
führt, soll gefällt werden.

In (3) und (4) kann sich der Relativsatz "der Früchte trägt" bzw.
"der vom Bahnhof zum Lindenwirt führt" aus syntaktischen Gründen
sowohl auf "Apfelbaum" als auch auf den Weg beziehen. In der syntak-

tischen Struktur (3) hat die Nominalphrase "Der grosse Apfelbaum"
zwei Einbettungen : eine Präpositionalergänzung "neben dem Weg" und
den Relativsatz. In (4) hat die Nominalphrase "Der grosse Apfelbaum"
eine Präpositionalergänzung "neben dem Weg" und die darin enthaltene
Nominalphrase "dem Weg" hat eine Relativsatzeinbettung. Falls ein
Relativsatz auf eine als Präpositionalphrase in eine andere Nominalphrase eingebettete Nominalphrase folgt, wie in (3) und (4), kann
aus syntaktischen Gründen nicht immer eindeutig bestimmt werden, auf
welche der beiden np sich das Relativpronomen bezieht. Manchmal ist
so eine Struktur aus morphologischen Gründen eindeutig, wenn nämlich die beiden np verschiedenen Geschlechts sind, z.B.

(5) Das gelbe Auto auf der Strasse, die...
(6) Das gelbe Auto auf der Strasse, das...

(3) und (4) können jedoch aus semantischen Gründen desambiguiert
werden : In (3) wird benützt, dass Bäume Früchte tragen und Wege
nicht, in (4), dass ein Baum nicht von irgendwohin nach irgendwohin
führen kann, wohl aber ein Weg.

Syntaktische Strukturen können entweder während des Analyseprozesses
desambiguiert werden oder anschliessend, wenn zu einem Satz mehrere
syntaktische Strukturen gefunden worden sind. Die Desambiguierung
während des Analyseprozesses, d.h. möglichst früh, entspricht der
Technik der schrittweisen Konstruktion der semantischen Strukturen,
wenn die Übersetzungsregeln in die Syntaxanalyseregeln eingebaut
sind. Diese Technik bietet sich also für diesen Fall an. Mehrdeutig-
keitsverdächtige Syntaxregeln haben **in diesem Fall zusätzlich Seman-
tikregeln, die wie Filter wirken und semantisch** inkonsistente oder
auch nicht plausible syntaktische Strukturen zurückweisen. Bei der

Desambiguierung nach der syntaktischen Analyse werden die semantischen Strukturen für ganze Sätze, die den verschiedenen syntaktischen Strukturen entsprechen,miteinander verglichen und auf Konsistenz und Plausibilität untersucht. Dieses Verfahren entspricht der Technik der Übersetzung von Syntaxstrukturen nach der syntaktischen Analyse.

2.2.2. PRONOMINAANALYSE

Pronomina beziehen sich auf Nominalphrasen oder auch Sätze, die innerhalb eines Kontextes vor- oder evtl. nacherwähnt wurden. In einigen Fällen können Pronomina morphologisch auf Grund von Genus und Numerus analysiert werden : Wenn im Gesprächs- oder Textkontext genau eine männliche np vorkommt, dann wird ein Pronomen "er" auf diese verweisen. Es gibt jedoch auch Fälle, wo Pronomina nur mit Hilfe semantischen Wissens analysiert werden können :

(7) Karl hat einen grossen schwarzen Hund. Er frisst viel Fleisch.
(8) Karl hat einen grossen schwarzen Hund. Er führt ihn oft an der
    Leine spazieren.

Durch den ersten Satz von (7) und (8) werden zwei Objekte in die Diskurswelt eingeführt : Ein Mann, Karl, und ein Hund. Beide haben das grammatische Geschlecht maskulinum. "Er" im zweiten Satz von (7) und (8) sowie "ihn" in (8) kann sich also sowohl auf "Karl" als auch auf "Hund" beziehen. Aus semantischen Gründen bezieht sich jedoch in (7) "er" eher auf "Hund" als auf "Karl", denn "fressen" verlangt als Subjekt eher ein Tier als einen Menschen. Ebenso ist es plausibler, dass "er" in (8) sich auf Karl und "ihn" auf "Hund" bezieht, da Hunde oft an der Leine sind und Menschen sie spazieren führen.

2.2.3. DEFINITE NOMINALPHRASEN

Wie für Pronomina muss für definite Nominalphrasen das bezeichnete
Objekt in der Diskurswelt gesucht werden. Folgende Beispiele machen
deutlich, dass dieses nicht direkt vorkommen muss, sondern in einer
semantischen Relation zu einem anderen durch eine np eingeführten
Objekt stehen kann.

(9) Aba hat ein schönes Haus. Es steht in einem grossen Garten. Vor
    dem Haus ist eine grüne Wiese. Darauf blühen viele Blumen. <u>Die
    Margeriten</u> sind heuer besonders schön.

(10) Aba hat ein schönes Haus. Die Eingangstüre ist aus geschnitztem
     Eichenholz.

"Die Margeriten" in (9) wurden indirekt ducht den Oberbegriff "Blumen"
des Vorsatzes eingeführt. Ebenso bezeichnet "Die Eingangstüre" in (10)
ein Objekt, das in der semantischen Beziehung "TEIL-VON" zu dem explizit eingeführten Objekt "Haus" steht.

2.2.4. ELLIPSENANALYSE

Wie bei der Pronomenanalyse gibt es Situationen, wo eine ellipti-
sche Form nicht allein syntaktisch analysiert werden kann, d.h. nicht
ohne semantische Informationen zur vollen Satzform ergänzt werden
kann.

(11) Wieviele Opern hat Beethoven geschrieben?

     Und Klavierkonzerte?

     Und Mahler?

     Und Chopin Klaviersonaten?

Es ist syntaktisch nicht analysierbar, ob "Klavierkonzerte", "Mahler",
etc. Akkusativ oder Nominativ ist. Unter Benützung semantischer Re-

lationen ist jedoch herleibar, dass "Klavierkonzert" und "Oper""ähnliche"Begriffe sind, denn sie haben den gemeinsamen Oberbegriff
"Musikstück". Ebenso sind "Mahler" und "Beethoven" "ähnlich", denn
sie sind beide Objekte des Typs "Komponist".

3. EINFÜHRUNG EINIGER GRUNDFORMALISMEN

Wir werden im 4. Abschnitt die in der KI am meisten gebrauchten Semantikkonzepte einführen und auch beschreiben wie diese aus syntaktischen Strukturen erzeugt werden können und wie diese Semantikkonzepte zur Lösung einiger der im letzten Abschnitt beschriebenen Probleme benützt werden können. Wir werden die Syntaxstrukturen und die
Übersetzungsregeln in diesem Zusammenhang als logische Grammatiken
beschreiben. Diese wurden eingeführt von Colméramer 1978
als "Metamorphosegrammatiken", beschrieben und angewendet von [Pereira
und Warren 1980] als "Definite Clause Grammars", und von [Brown und
Schwind 1980] als "integrierte Theorien". Mit diesem Formalismus
können beliebige kontextfreie Grammatiken als PROLOG-programme
beschrieben werden. PROLOG funktionniert dann wie ein top-down-left-
deapth-first Kompiler für diese Grammatiken. Wir beschreiben im folgenden,wie eine kontextfreie Grammatik als logische Grammatik formuliert und von PROLOG exekutiert wird.

Sei G = (N , T , S , P) eine kontextfreie Grammatik, wobei N
die Menge der Nichterminalen, T die Menge der Terminalen, S   N
das Startsymbol und P c N x (N $\cup$ T) * eine Menge von Produk-
tionen ist. Wir schreiben A $\longrightarrow$ x , wenn x aus A herleitbar ist.
Zu jedem Element a $\in$ N   und b $\in$ T führen wir ein zweistelliges
PROLOG-Prädikat pa bzw. pb ein. Wir bezeichnen die pa
als syntaktische Prädikate und die pb als Terminalprädikate. Die

Argumente dieser Prädikate sind Listen von Elementen von T und pa (x, y) bedeutet : Die Liste x ist eine Konkatenation der Listen z und y, $x = z \char`\^ y$, und z kann von G aus a hergeleitet werden. Zu jeder Produktion $a \longrightarrow c_1\ c_2\ c_3\ \ldots\ c_k$ bilden wir eine PROLOG-Klausel

$$pa\ (x, y) \longrightarrow pc_1\ (x, x_1)\quad pc_2\ (x_1, x_2)\quad pc_3\ (x_2, x_3)\ldots$$
$$pc_k\ (x\ k\text{-}1, y)$$

Für jedes Terminalsymbol $b \in T$ bilden wir die positive Klausel
$$pb\ (b.y, y)$$

Beispiel : $G = (\{S\}, \{a, b, c\}, S, \{S \rightarrow a\ S\ b, S \rightarrow c\})$

Die zu G gehörige logische Grammatik ist

(1)　pS $(x, y) \longrightarrow pa$ (x, x_1)　pS (x_1, x_2)　pb (x_2, y) ;

(2)　pS $(x, y) \longrightarrow pc$ (x, y)

(3)　pa $(a.x, x) \longrightarrow$;

(4)　pb $(b.x, x) \longrightarrow$;

(5)　pc $(c.x, x) \longrightarrow$;

Nun gilt $S \Longrightarrow x \quad \not\Longleftrightarrow \quad > pS$ (x, nil) wobei nil die leere Liste bezeichnet

Es folgt eine Herleitung des Wortes $a\ c\ b$:

> pS $(a.c.b.\ nil, nil)$

> pa $(a.c.b.\ nil, x_1)$　pS (x_1, x_2)　pb (x_2, nil)

　　(1) : $x = a.c.b.\ nil$, $y = nil$

> pS $(c.b.\ nil, x_2)$　pb (x_2, nil)

　　(3) $a.x = a.c.b.\ nil$, $x = c.b.\ nil$

> pc $(c.b.\ nil, x_2)$　pb (x_2, nil)

　　(2) $x = c.b.\ nil$, $y = x_2$

> pb $(b.\ nil, nil)$

　　(5) $c.x = c.b.\ nil$, $x = b.\ nil$

>   leere Klausel

   (4)   b.x = b. nil , x = nil

Wir sind hier absichtlich nicht auf die nötigen Backtrackingmecha-
nismen eingegangen, da es uns hier nicht um eine Diskussion von syntaktischen Analysealgorithmen geht, sondern um die Einführung eines
Formalismus mit dem Ziel zu zeigen, wie semantische Strukturen aus
syntaktischen erzeugt werden können. Es folgt eine logische
Grammatik eines sehr einfachen Fragments des Deutschen, die wir im
folgenden Abschnitt 4 benützen werden.


```
ss(x,xØ,ss(b1,b2)) -> np(x,x1,n,b1) vp(x1,xØ,b2);

np(x,xØ,n,np(b1,b2)) -> npØ(x,x1,n,b1) pp(x1,xØ,p,n1,b2);
np(x,xØ,n,np(b)) -> npØ(x,xØ,n,b);
np(x,xØ,n,np(b)) -> en(x,xØ,n,b);

npØ(x,xØ,n,npØ(b1,b2)) -> ART(x,x1,b1) ng(x1,xØ,n,b2);

ng(x,xØ,n,ng(b1,b2)) -> ADJ(x,x1,a,b1) ng(x1,xØ,n,b2).
ng(x,xØ,n,ng(b)) -> NOMEN(x,xØ,n,b);

pp(x,xØ,p,n,pp(b1,b2)) -> PREP(x,x1,p,b1) np(x1,xØ,n,b2);

vp(x,xØ,vp(b1,b2)) -> VERB(x,x1,v,b1) np(x1,xØ,n,b2);
vp(x,xØ,vp(b1,b2,b3)) ->
    VERB(x,x1,v,b1)
    np(x1,x2,n1,b2)
    pp(x2,xØ,p,n2,b3);

en(mt-Karl.y,y,karl,karl) ->;

VERB(mt-nimmt.y,y,nehmen,nimmt) ->;

ART(mt-dem.y,y,dem) ->;
ART(mt-der.y,y,der) ->;
ART(mt-den.y,y,den) ->;

NOMEN(mt-Hammer.y,y,Hammer,Hammer) ->;
NOMEN(mt-Holzgriff.y,y,Holzgriff,Holzgriff) ->;
NOMEN(mt-Hand.y,y,Hand,Hand) ->;

ADJ(mt-rechten.y,y,recht,rechten) ->;

PREP(mt-mit.y,y,mit,mit) ->;
```

Wir haben hier nur den Formalismus für die Syntaxanalyse eingeführt.
Wenn man während der Syntaxanalyse semantische Informationen manipu-
lieren will, fügt man weitere Stellen für Terme in die syntaktischen
Prädikate ein. Dies ist äquivalent dem Formalismus der attributier-
ten Grammatiken [Knuth 1968] , die zur Beschreibung der Semantik von
Programmiersprachen eingeführt wurden und auch bereits zur Über-
setzung von NS in semantische Repräsentationen benützt wurden
[Schwind 1975, 1977, 1978] .

4. SEMANTIKKONZEPTE

Die in der KI am häufigsten benutzten Semantikkonzepte sind :

- Semantische Netze

- Frames

- Logik

Die ersten beiden Formalismen bezeichnet man auch als <u>prozedurale</u>
Methoden, während die logikorientierten Ansätze deskriptive Methoden
der Darstellung sind. Um 1975 herum gab es eine berühmte Kontro-
verse über den Wert dieser beiden Ansätze, die von Minsky in seinem
berühmten "Frames"-Aufsatz [Minsky 1975] eröffnet wurde. Winograd
versuchte in [Winograd 1975] Brücken der Verständigung zu schlagen,
wobei er auf die Werte beider Ansätze bzgl. verschiedener Aufgaben
verwies. Dieser Streit flammte immer wieder auf, ohne dass neue Argumente auf der Darstellungsebene vorgebrachte werden konnten. Mit der
zunehmenden Verfügbarkeit von guten PROLOG-systemen wird zumindest
das Argument der Unrealisierbarkeit der Logikansätze immer mehr ent-
kräftet.

Semantische Netze und Frames sind Darstellungsformalismen, zu denen
nicht bereits Inferenzmechanismen gehören, wie z.B. zu logischen

Formalismen. Wenn man mit semantischen Netzen oder mit Frames arbeiten will, muss man daher zusätzlich zu dem reinen Darstellungsformalismus angeben, welche Zugriffsarten erlaubt sind, und wie sie ausgeführt werden sollen. Deshalb sind diese Darstellungskonzepte nicht zu trennen von ihrer prozeduralen Repräsentation. Man kann daher auch direkt von prozeduralen Darstellungskonzepten sprechen und die semantischen Netze bzw. die Frames als zugehörige Datenstrukturen charakterisieren.

4.1. SEMANTISCHE NETZE

Semantische Netze sind Formalismen, mit denen man zweistellige Relationen darstellen kann. Ein semantisches Netz besteht aus einer Menge von Knoten, die mit Konzepten oder mit Konstantennamen markiert sind, und aus Verbindungspfeilen zwischen diesen Knoten, die mit Relationennamen markiert sind. Semantische Netze wurden seit ca. 1966 [Quilliam 1966] von vielen Autoren zur Darstellung der Semantik von NS benützt [Simmons, Slocum 1972; Simmons 1973; Schank 1973; Schwind 1975; Findler 1979]. Die zugrundeliegende Idee ist natürlich wesentlich älter : Es handelt sich darum, Begriffe und die semantischen Beziehungen zwischen Begriffen darzustellen [Leibniz 1840]. In [Woods 1975] untersuchte Woods als einer der ersten die logische Grundlage für Netzwerke. Er erkannte (und forderte) den _intensionalen_ Charakter dieser Repräsentationsstrukturen, obwohl es bereits damals Netzwerke gab, die auch _extensionale_ Objekte darstellten. Wir werden weiter unten extensionale semantische Netzwerke einführen und noch näher auf diese beiden Darstellungsebenen eingehen.

Figur 2 zeigt einen Ausschnitt aus einem Netzwerk, das grammatische Begriffe repräsentiert. Dies ist ein typisches Netzwerk, das dem Anwendungsbereich eines NSS (z.B. einer Datenbank über grammatisches

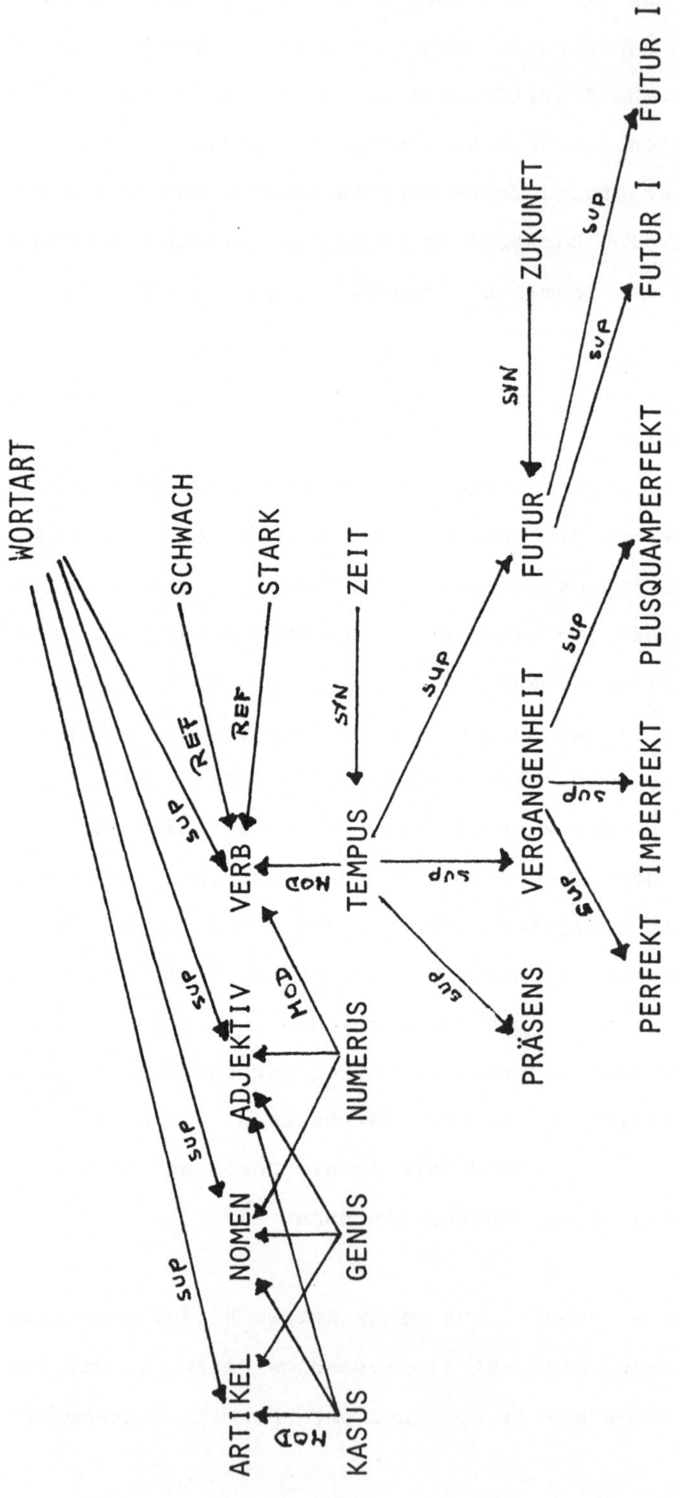

WORTART
SCHWACH
STARK
REF
REF
SUP
VERB
KON
ADJEKTIV
MOD
NOMEN
MOD
ARTIKEL
SUP
SUP
SUP
SUP
NUMERUS
GENUS
KASUS
ZEIT
SYN
TEMPUS
SUP
SUP
SUP
ZUKUNFT
SYN
FUTUR
SUP
SUP
FUTUR I
FUTUR II
VERGANGENHEIT
SUP
SUP
SUP
PLUSQUAMPERFEKT
IMPERFEKT
PERFEKT
PRÄSENS

Figur 2

Wissen) zugrundeliegen kann. Ein Netzwerk dieser Art charakterisiert
einen gesamten semantischen Bereich. Netzwerke können jedoch auch
lediglich die semantischen Beziehungen von Begriffen in einem Text
oder in einem einzigen Satz darstellen (siehe Figur 3 und 4).

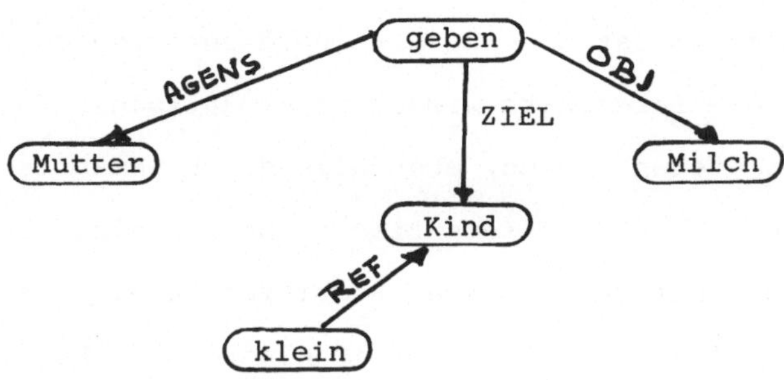

Figur 3

Das Netzwerk in Figur 3 repräsentiert den Satz "Die Mutter gibt dem
kleinen Kind die Milch". Nun kann aber z.B. der Begriff "Kind" wieder
in einer Verbbeziehung zu einem anderen Verb stehen. Das kann syntaktisch durch einen Relativsatz dargestellt werden. "Die Mutter
gibt dem kleinen Kind, das einen rosa Schnuller im Mund hat, Milch."

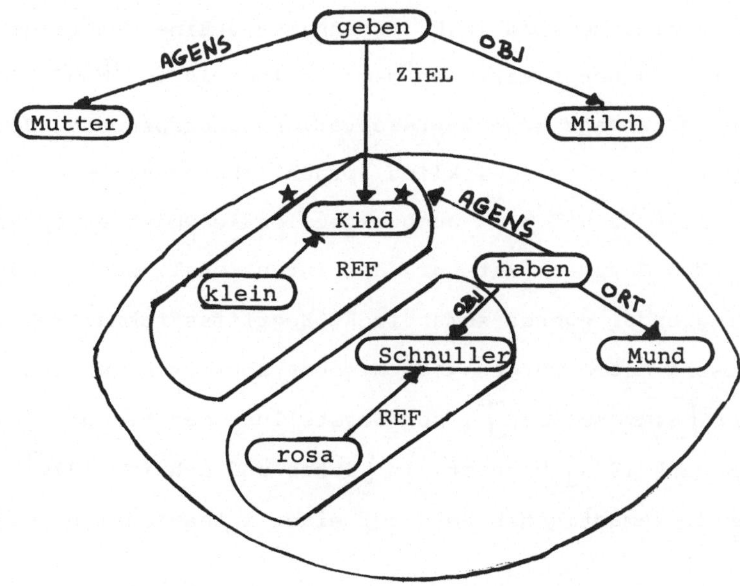

Figur 4

Die semantische Struktur dieses Satzes kann durch hierarchische semantische Netze dargestellt werden. Hierarchische semantische Netze
wurden in [Schwind 1975] eingeführt. Sie gehen von der Grundüberle-
gung aus, dass semantische Netze semantische Beziehungen zwischen
Begriffen repräsentieren. Nun können jedoch Begriffe wieder aus anderen Begriffen zusammengesetzt sein. Wir repräsentieren solche
komplexen Begriffe, die ihrerseits wieder in semantischen Beziehungen
zu anderen Begriffen stehen können, ebenfalls durch semantische Netze,
die dann Knotenwerte von anderen semantischen Netzen sind. In Figur 4
ist "kleines Kind" ein aus den atomaren Begriffen "klein" und "Kind"
zusammengesetzter komplexer Begriff, der in einer AGENS-Beziehung
zu dem Begriff "haben" steht. Man kann aus einem hierarchischen semantischen Netz wieder Begriffsbeziehungen zwischen atomaren Begriffen
berechnen. Dazu muss in einem komplexen Knoten der Begriff gekennzeichnet werden, der soz. der Hauptbegriff eines Knotens ist. Wir
kennzeichnen Hauptbegriffe eines Knotens mit * . Wir sind bisher
immer davon ausgegangen, dass Knotenwerte Begriffe sind. In vielen
Anwendungen wurde jedoch nicht darauf geachtet, welche Arten von
Objekten als Knotenwerte auftreten können. Man findet oft Beispiele,
wo Knotenwerte Konstante sind (z.B. Eigennamen). Eine derartige Anwendung von semantischen Netzwerken mag der Theorie in [Woods 1975]
über intensionale semantische Repräsentation widersprechen. Jedoch
wird ein Netzwerk, sobald es wirklich sprachliche Äusserungen repräsentiert (z.B. Figur 3 und 4) auch extensionale Objekte repräsentieren müssen. Ein Netzwerk ist nur dann intensional, wenn es die
einem Gebiet zugrundeliegende semantische Begriffsstruktur repräsentiert. Semantische Netze wurden jedoch schon sehr früh zur Generierung von Sätzen [Simmons 1972] , zur Darstellung der Bedeutung von
Sätzen z.B.[Schank 1973] benützt. In [Janas und Schwind 1979]
wurde der Begriff semantisches Netz auf einer intensionalen und auf

einer extensionalen Ebene eingeführt. Um zu illustrieren, was mit Intension bzw. Extension gemeint ist, mögen folgende Beispiele dienen: "Morgenstern" und "Abendstern" sind zwei verschiedene Begriffe, die jedoch dasselbe Objekt beschreiben. Dieses Beispiel wurde in [Frege 1892] diskutiert. Diese beiden Begriffe sind somit verschieden auf der intensionalen Ebene und bezeichnen dasselbe Objekt auf der extensionalen Ebene. In [Janas u. Schwind] definierten wir extensionale semantische Netzwerke, die explizit diese beiden Ebenen der Repräsentation einführen.

4.1.1. EIN FORMALISMUS FÜR SEMANTISCHE NETZE

Sei C eine Menge von atomaren Begriffen. Sei R eine Menge von binären Relationen über C . Dann ist die Menge der hierarchischen semantischen Netze H über C , R folgendermassen definiert :

- Ein semantisches Netz über C , R ist ein Tripel (N , V , E) wobei N eine Menge von Knoten ist, V : N $\longrightarrow$ C eine Abbildung, und E $\subseteq$ N $\times$ R $\times$ N eine dreistellige Relation mit (n1 , r , n2) $\in$ E folgt (V (n1) , V (n2)) $\in$ r .

- H_0 ist die Menge der semantischen Netze über C , R .

- H_{i+1} = H_i $\cup$ {G : G ist semantisches Netz über H_i $\cup$ C , R}

- H $= \bigcup_{i \in \mathbb{N}} H_i$

4.1.2. EXTENSION SEMANTISCHER NETZE

Sei H die Menge der semantischen Netze über C , R , wobei C eine Menge von Begriffen und R eine Menge von binären semantischen Relationen ist. Sei O eine Menge von Objekten, die nicht Begriffe sind, die Konstante sind. Die Abbildung ext : $C \longrightarrow 2^{\sigma}$ ordnet jedem Begriff eine Menge von Objekten zu. Z.B. ext (Tisch) = $\{$Tisch 0 , ... $\}$ = "Menge aller Tische".

Die Menge der extensionalen semantischen Netzwerke   erhält man aus H , indem man in jedem Netzwerk jeden atomaren Begriff B $\in$ C durch ein Element e $\in$ ext (B) seiner Extension ersetzt.

4.1.3. ANWENDUNGEN SEMANTISCHER NETZE

4.1.3.1. ERZEUGUNG SEMANTISCHER NETZE AUS SÄTZEN

Die folgende Grammatik erzeugt das semantische Netz in Figur 3 :

(1)   s   (x , xo , < V , AGENS (n1) , ZIEL (n2) , OBJ (n3) >)

$\longrightarrow$ np   (x , x1 , nom , n1)

verb   (x1 , x2 , v)

np   (x2 , x3 , dat , n2)

np   (x3 , xO , akk , n3)

(2)   np   (x , xO , nom , n) $\longrightarrow$ art   (x , x1 , nom)

ng   (x1 , xO , nom , n)

(3) ng   (x , xO , c , REF (a, n) $\longrightarrow$ adj   (x , x1 , c , a)

nomen (x1 , xO , c , n)

(4) ng   (x , xO , c , n) $\longrightarrow$ nomen   (x , xO , c , n)

(5) art   (die. y , y , nom) $\longrightarrow$

(6) art   (dem. y , y , dat) $\longrightarrow$

(7) art   (die. y , y , akk) $\longrightarrow$

(8) adj   (kleinen. y , y , dat , klein) $\longrightarrow$

(9) nomen   (Mutter. y , y , nom , Mutter) $\longrightarrow$

(10) nomen   (Kind. y , y , dat , Kind) $\longrightarrow$

(11)   nomen (Milch. y , y , akk , Milch)⟶

(12)   verb (gibt. y , y , geben)⟶

Die syntaktischen Kategorien haben folgende Bedeutung :

s   Satz

np   Nominalphrase   z.B.   die Mutter

ng   Nominalgruppe   z.B.   kleinen Kind

art   Artikel   z.B.   der, die, ...

nomen   Nomen   z.B.   Mutter, Kind, ...

adj   Adjektiv   z.B.   klein, rosa, ...

verb   Verb   z.B.   gibt, gab

Wir haben die Grammatik extrem grob und einfach formuliert. Sie ist
lediglich dazu da, Mechanismen zur Netzerzeugung aufzuzeigen. Wir
haben fast jegliche morphologische oder auch genaue syntaktische Analyse vernachlässigt. Das Netzwerk in Figur 3 soll funktional in
PROLOG II durch < geben , AGENS (Mutter) , ZIEL (REF (klein ,
Kind) , OBJ (Milch) > dargestellt werden. Wir führen im folgenden
im Detail die Analyse von "kleinen Kind" durch.

> ng (kleinen. Kind. y , y , dat , n) wird unifiziert mit

(3) : n = REF (a , n1) und ersetzt durch

> adj (kleinen. Kind. y , x1 , c , a)

   nomen (x1, y , c , n1)

mit (8) ergibt sich

x1 = Kind. y   c = dat   a = klein

> nomen (Kind. y , y , dat , n1)

mit (10) ergibt sich

n1 = Kind

Somit ergibt sich als Ergebnis des ersten Aufrufs :

ng (kleinen Kind. y , y , dat , REF (klein, Kind)

4.1.3.2. THESAURUSERZEUGUNG UND AUTOMATISCHE INDEXATION

Die semantische Begriffsstruktur in einem Dokumentationssystem wird
i.a. durch einen Thesaurus dargestellt. Ein Thesaurus ist ein semantisches Netz, wobei vor allem die Oberbegriff-Unterbegriffrelation
ausgeführt ist. In [Schwind 1975] wurde beschrieben, wie man The-
sauri automatisch aus Definitionstexten erzeugen kann. Dabei wurden
im wesentlichen die Methoden benutzt, die in 4.1.3.1. beispielhaft
angegeben wurden. Wenn ein Thesaurus genügend detailliert ist, d.h.
genügend spezielle Begriffe und ihre Relationen enthält, kann er als
Grundlage zum semantisch orientierten Indexieren verwendet werden.
In [Braun u. Schwind 1976] wurde solch ein Ansatz beschrieben. Wir
gingen dabei von folgender einfacher Beobachtung aus : Wenn zwei
verschiedene Begriffe b1, b2 in einem Satz, z.B. einer Suchanfrage
zusammen vorkommen, und bezgl. einer semantischen Beziehung r im
Thesaurus verknüpft sind, dann sind sie auch in der Suchanfrage bzgl.
derselben Beziehung verknüpft. Daher kann man den Satz mit

$$\left(\,b1\,\right) \xrightarrow{\ r\ } \left(\,b2\,\right)$$ indexieren. Mit diesem Verfahren ist es möglich, Such-
anfragen mit sematischen Netzen zu indexieren, ohne sie sytaktisch
zu analysieren.

4.1.4. C D - GRAPHEN

Eine besondere Art von Netzwerken wurde in den Arbeiten von Schank
und seinen Schülern entwickelt.   In dieser Theorie der konzeptuellen Abhängigkeit (Conceptueal dependency C D) wurden möglichst
sprachunabhängige semantische Primitive herausgearbeitet. In
Schank'schen Netzwerken gibt es folgende Knoten- und Kantentypen :

    - Primitive Aktionen (ca. 11 bis 14)

Das sind Aktionsbegriffe, die als Verbknoten auftreten können, u.a.

ATRANS   Übertragung einer abstrakten Relation, z.B. Besitz,
           Kontrolle

PTRANS   Übertragung des physikalischen Ortes eines Objekts

PROPEL   Anwendung physikalischer Kraft auf ein Objekt

MTRANS   Übertragung mentaler Information zwischen Lebewesen

MOVE   Bewegung eines Körperteils eines Lebewesens

INGEST   Verschlingen eines Objektes durch ein Lebewesen

- Konzeptuelle Kategorien (etwa 6) u.a.

PP   Objekte der realen Welt

ACT   Aktionen der realen Welt

PA   Attribute von Objekten

T   Zeiten

- Konzeptuelle Kasus   (4)

Das sind obligatorische Verbrelationen z.B.

OBJECTIVE Objekt einer Handlung

INSTRUMENTAL   Instrument einer Handlung

z.B. "Er öffnet die Tür mit dem Schlüssel" hat "Tür" als OBJECTIVE

und"Schlüssel" als INSTRUMENTAL von öffnen.

- Pfeilmodifizierer

p   Perfekt

/   Negation

ts = x   Eine Relation beginnt zum Zeitpunkt x .

tf = x   Eine Relation endet zum Zeitpunkt x.

CD - Graphen werden aus Aktionsknoten, Kategorienknoten und verschie-

denen Pfeiltypen gebildet.

z.B.

pp <=> ACT   bedeutet, dass ein Aktor agiert
    x
   ⇑   bedeutet, dass X von Y kausal bedingt wird
    y

pp <⇐ |-→ PA2   bedeutet eine Zustandsveränderung eines Objekts
       |←- PA1

Die Pfeile können zusätzlich mit einem der Pfeilmodifizierer
markiert sein.

Verben können auch unspezifische Aktionen beschreiben und Relationen
zwischen diesen. Liegt so eine Situation vor, so wird DO zur Darstellung der Aktion benutzt. Mit diesen Elementen ergibt sich die
CD - Struktur in Figur 5 zu dem Satz

(14) Camilla verletzte Roger.

```
                           p
          Camilla  < = = = >     DO
                         /||\
                          ||
                          |||
                          |||
                          |||
          Roger < ≡ ≡ ≡ ≡ ≡ ≡  | — - → * Gesundheit *  =  ( x - 89 )
                                | ← - -   * Gesundheit *  =  x
```

Figur 5

"verletzen" wird hier durch DO dargestellt, weil nicht spezifiziert
wurde, wie sie ihn verletzt hat (schlagen, beissen, mit dem Auto
überfahren, etc.), d.h. die ausgeführte Aktion selbst wird nicht erwähnt. Zusammen mit Aktionen werden Inferenztypen eingeführt. Ganz
allgemein betrachtet Schank als Inferenz eine neue Information, die
aus anderen Informationen generiert wurde und wahr oder auch nicht
wahr sein kann. In Schank 1973 werden insgesamt 12 Inferenztypen
angegeben u.a.

LINGUISTISCHE INFERENZ : Wenn ein Tiefenkasus für eine Aktion
spezifiziert ist, dann kann die Existenz eines Objekts hergeleitet
werden, die in der entsprechenden Kasusrelation zu der Aktion steht,
wenn diese Aktion, ohne jenes Objekt zu spezifizieren, formuliert
wird z.B. kann aus "Camilla schlug Roger" die Existenz eines Instru-
ments zu dieser Aktion hergeleitet werden.

OBJEKT - AFFECT - INFERENZ : Manche Aktionen verändern ihre Objeke (z.B. INGEST).

Schank breitet sich nicht weiter über die eventuellen logischen Eigenschaften seiner Inferenzen aus.

CD-Graphen wurden bisher in anwendungsorientierten Systemen wie z.B.
einer Datenbankschnittstelle nicht eingesetzt. Trotz des grossen
Aufwandes dieser Repräsentationsstrukturen gibt es keine vernünftigen Ansätze zum Lösen von Problemen wie Pronominalisierung, definite Nominalphrasen, Quantoren. Diese Schwäche teilen CD-Graphen
mit allen anderen prozeduralen Ansätzen.

4.1.5. BEWERTUNG UND DISKUSSION

(1) Es gibt keine Theorie über Netzwerke, so dass diese sehr
beliebig benutzt worden sind. Der Satz von Brachmann : "Das richtige
Semantische Netz soll sich bitte melden" [Brachmann 1979] charakterisiert diese Situation sehr gut. Es gibt auch keine allgemein akzep-
tierten Kriterien, welche Mengen von Primitiven, d. h. atomaren
Knoten und Relationen gewählt werden sollen.

(2) Eine Reihe zentraler Darstellungsprobleme kann mit Netzwerken
nicht befriedigend gelöst werden :
(2.1.) Da semantische Netzwerke Graphen sind, können mehrstellige
Relationen nicht adequat dargestellt werden. Verbbeziehungen sind
jedoch im allgemeinen mehrstellig. In unseren Beispielen haben wir
sie zwar durch zweistellige Relationen zwischen dem Verb selbst und
den einzelnen Ergänzungen ausgedrückt. Jedoch kann man dadurch nicht
Relationen zwischen den Ergänzungen selbst erfassen. Man kann z.B.
keine Regel darstellen, die den Satz "Das Auto steht auf der Strasse
in der Stadt" als semantisch sinnvoll akzeptiert, jedoch in dem Satz
"Das Auto steht auf der Strasse auf dem Weg" eine semantische Inkonsistenz erkennt. Um solche Beziehungen zu erfassen, braucht man

mehrstellige Relationen und prädikatenlogische Ausdrücke.

(2.2.) Logische Verknüpfungen wie ∧ und ∨ , sowie Quantifikation
und Negation , können nicht adequat durch Netzwerke dargestellt werden. Versuche dazu wurden zwar unternommen , jedoch müssen die De-
duktionseigenschaften der Verknüpfungen dennoch zusätzlich durch Prozeduren dargestellt werden. Wenn man einen Quantorknoten an einen
Begriffsknoten hängt, oder einen Pfeil mit ∧ markiert, hat man damit
keinerlei Regel über die logischen Eigenschaften dieser Verknüpfung
bzw. Operation dargestellt.

(2.3.) Auch deduktive Eigenschaften der Relationen selbst sind nicht
durch einen Netzwerkformalismus selbst darstellbar, sondern müssen
als Prozeduren auf Netzwerkstrukturen dargestellt werden [Simmons
and Chester 1977] .

(2.4.) Es gibt keine befriedigenden Ansätze zur Darstellung von Zeitstrukturen oder Zustandsveränderungen.

(2.5.) Anaphora können mit Netzen nicht adequat behandelt werden.
Keine der"Theorien" über Netzwerke konnte befriedigende Lösungen
für Pronomina, Ellipsen bzw. definite Nominalphrasen liefern.

(2.6.) Präsuppositionen für Kasus- oder Handlungsrahmen können mit
Netzwerken nicht adequat dargestellt werden.

(3) Semantische Netze beschreiben jedoch ziemlich gut eine bestimmte
Ebene der Semantik, nämlich begriffliche Beziehungen. Daher finden
sie Anwendung in Bereichen, wo man auf eine Analyse der in (2) auf-
gezählten Phänomene verzichten kann, z.B. automatische Indexierung,

Thesaurusdarstellung. Darüber hinaus werden natürlich in jedem NSS
auch begriffliche Beziehungen verwendet, so dass ein semantisches
Netz sicher immer Bestandteil eines NSS ist, wenn auch eventuell als
Menge von logischen Formeln formuliert.

(4) Semantische Netze können durch logische Formeln beschrieben werden [Simmons and Chester 1977 ; Schwind 1977] .

4.2. FRAMES

Leider habe ich keine gute Übersetzung dieses Begriffs, der in
[Minsky 1975] eingeführt wurde, gefunden. Frames sind relationen-
artige Schemata zur Wissensrepräsentation. Der Grundbegriff ist hierbei der Begriff des Ereignisses. Zu einem Ereignis gehört eine Menge
von Aspekten. Deren Auswahl ist nicht fest definiert, es gibt obligatorische und optionale Aspekte. Zur prozeduralen Darstellung von
Frames wurden Repräsentationssprachen wie FRL, KRL, AIMDS entwickelt
[Roberts and Goldstein 1977; Bobrow and Winograd 1977; Sridharan 1978] .
Wie bei semantischen Netzen gibt es keine gute theoretische Fundierung für Frames. Im folgenden versuchen wir dennoch eine Definition
für den Begriff Frame zu geben.

4.2.1. DEFINITION

Eine Framestruktur ist gegeben durch ein Tupel (O , A, $\{W_a : a \in A\}, F$),
wobei

O Menge von Objekten   (= frames)

A Menge von Aspekten   (= slots)

Für jedes $a \in A$ ist W_a eine Menge von Aspektwerten

F Menge von partiellen Abbildungen (A - viele) von O nach $U\,W_a$,
　　　wobei für $a \in A$ gilt $f_a : O \longrightarrow \bigcup_{a \in A} W_a$ ist eine Abbildung,
　　　sodass $f_a (o) \in W_a$

Man sagt, $a \in O$ hat Aspekt a , falls f_a für o definiert

ist.

Objekte können wiederum als Aspektwerte auftreten (d.h; in "slots"),

daher wird nicht gefordert, dass $O \cap \bigcup_{a \in A} W_a \neq O$

4.2.2. ANWENDUNGEN VON FRAMEFORMALISMEN IN NSS

Zur Repräsentation der Semantik in NSS wurden frames als Kasusrahmen zur Darstellung von Verbbeziehungen in Sätzen und als Handlungsrahmen zur Darstelung der Strukturen von Texten bzw. Dialogen
verwendet.

4.2.2.1. KASUSRAHMEN

In einem Satz bestehen im allgemeinen gewisse semantische Relationen
zwischen der durch das Verb beschriebenen Aktion und den durch Nomi-
nal - bzw. Präpositionalphrasen beschriebenen Ergänzungen. Diese Relationen werden <u>Tiefenkasus</u> genannt [Fillmore 1968] , im Gegensatz
zu den syntaktischen Oberflächenkasus wie Nominativ, Dativ, etc.
mit denen sie natürlich nicht identisch sind. Eines der grossen Probleme bei der Verwendung von Kasusrahmen ist, dass es weder möglich
ist, eine verbindlicheMenge von Kasus überhaupt anzugeben, noch für
ein gegebenes Verb eine solche Menge anzugeben. In NSS wurden sehr
unterschiedliche Kasusmengen benutzt. Das folgende Beispiel soll
zeigen, dass es wohl immer möglich ist, zu einer Aktion beliebig neue
Kasusbeziehungen anzugeben

(15)

AGENS :   Bettina   küsste

OBJEKT :   ihren Mann

INSTRUMENT :   mit hungrigen Lippen

ZEIT :   um Mitternacht

ZEIT :   nach einem opulenten Mahl

ORT :   im Salon

ORT :   vor dem prasselnden Kaminfeuer

ORT :   auf dem grossblumigen Teppich

Die möglichen Verbergänzungen werden semantisch charakterisiert durch semantische Merkmale. Daher ist es möglich, etwa topikalisierte Nominalphrasen korrekt zu analysieren :

(16)   Die Zauberflöte komponierte Mozart.

(17)   Diese Oper komponierte der in Prag geborene Komponist.

(18)   Der in Paris verstorbene Komponist komponierte dieses Klavierkonzert.

Syntaktisch kann hier nicht unterschieden werden, welche Nominalphrase das Subjekt und welche das Akkusativobjekt der Sätze (16) bis (18) ist. Wenn man diese Sätze jedoch mit dem Kasusrahmen

Aktion :   komponieren

AGENS :   HUMAN

OBJEKT :   MUSIKSTÜCK

analysiert und dazu Regeln benützt, die gestatten, Kasusergänzungen durch Unterbegriffe oder durch Konstante, die zum Bereich dieser Begriffe gehören, zu ersetzen, kann man (16) bis (18) korrekt analysieren. Nach Definition 4.2.1. wird das oben angegebene Frame folgendermassen beschrieben :

$$o \in O \wedge \text{AKTION} (o) = \text{komponieren} \wedge \text{AGENS} (o) = \text{HUMAN} \wedge$$
$$\text{OBJEKT} (o) = \text{Musikstück}$$

Die Frameherleitungsregel lautet dann

$$\text{AKTION} (x) = a \wedge \text{AGENS} (x) = b \wedge \text{OBJEKT} (x) = c \wedge$$
$$(\text{SUP} (b, b1) \vee \text{ISA} (b, b1) \vee \text{SUP} (c, c1) \vee$$
$$\text{ISA} (c, c1)) \longrightarrow \exists x' (\text{AKTION} (x') = a \wedge \text{AGENS} (x') = b1$$
$$\wedge \text{OBJEKT} (x') = c1)$$

Die benötigten SUP- und ISA-Regeln sind :

```
SUP   ( HUMAN, KOMPONIST )

SUP   ( MUSIKSTÜCK, KLAVIERKONZERT )

ISA   ( KOMPONIST, MOZART )

ISA   ( MUSIKSTÜCK, ZAUBERFLÖTE )
```

4.2.2.2. HANDLUNGSRAHMEN

Handlungsrahmen wurden von Schank und Abelson unter dem Namen "scripts" eingeführt [Schank and Abelson 1977] , um komplexere Ereignisse und Handlungsabläufe darzustellen. Ein komplexeres Ereignis (z.B. Restaurantbesuch, Einkauf im Supermarkt) wird durch eine Folge von Aktionen beschrieben, wobei eine der Aktionen eine Art Kernereignis ist. So ein Handlungsablauf wird mit seinen Voraussetzungen, der Kausalfolge seines Ablaufs und seinen Konsequenzen dargestellt. Ein praktischer Grund für die Einführung von Handlungsrahmen war, dass im Rahmen der CD-Theorie Inferenzen nicht steuerbar waren und nicht limitiert werden konnten. Handlungsrahmen wurden eingeführt, um durch Kontextbeschränkungen, die durch Handlungsrahmen ja gegeben sind, Inferenzen nur bezüglich Geschichtsschemata zuzulassen. Das folgende Beispiel illustriert die Arbeitsweise von SAM (Script applier mechanism), einem Programm, das zur Manipulation von Handlungsrahmen entwickelt wurde [Schank und Riesbeck 1981] :

Der Handlungsrahmen für "Einkaufen" hat folgende Gestalt

1.   Jemand geht zu einem Geschäft.

2.   Er nimmt ein Objekt.

3.   Das Geschäft übergibt ihm das Objekt.

4.   Er übergibt dem Geschäft Geld.

5.   Er verlässt das Geschäft.

Angenommen, SAM soll folgende Geschichte analysieren :

(19)   Roger ging in ein Geschäft.

(20)   Er bekam eine Wurst.

(21)   Er ging nach Hause.

Der Begriff "Geschäft" in (19) aktiviert den Handlungsrahmen "Einkaufen". (19) passt auf 1. (20) passt auf 3. SAM folgert, dass Zeile 2. sich bereits ereignet hat. (21) passt auf 5. SAM folgert, dass 4. schon stattgefunden hat. SAM analysiert den Text schliesslich wie folgt :

> Roger ging in ein Geschäft.
>
> Roger nahm eine Wurst.
>
> Das Geschäft übergab Roger die Wurst.
>
> Roger übergab dem Geschäft Geld.
>
> Roger verliess das Geschäft.

Eine der Unzulänglichkeiten von SAM war, dass Texte sich nur in den vorgesehenen Handlungsrahmen bewegen konnten. Interessante Geschichten brechen jedoch gerade aus vorgegebenen Handlungsrahmen aus. Um solche Phänomene zu erfassen, wurde das System PAM entwickelt [Wilensky 1978]. PAM benützt ausser Handlungsrahmen Intentionsbeziehungen zwischen Aktionen. Um beim obigen Beispiel zu bleiben,wird zu dem Handlungsrahmen Einkaufen angegeben, dass der Aktor hungrig ist, sofern er etwas Essbares kauft. Die Beispiele aus der Literatur über diese Systeme sind oft beeindruckend. Allerdings gibt es leider keinerlei Evaluierungen und Tests, so dass Aussagen über die generelle Kapazität, etwa Geschichten zu verstehen, nicht gemacht werden können.

4.2.3. BEWERTUNG UND DISKUSSION

(1) Wie schon in 4.2.2.1. erwähnt, wurden in NSS sehr unterschiedliche Kasusmengen benützt. Handlungsrahmen wurden eher noch viel willkürlicher benützt. Es gibt keinerlei fundierte Überlegungen über die Existenz eines Inventars von primitiven Handlungsrahmen. Die Arbeiten über und mit Handlungsrahmen, die bisher gemacht wurden, lassen eher befürchten, dass es ebensoviele Handlungsrahmen wie Geschichten gibt.

(2) Man kann in Frames nicht direkt Zusammenhangsregeln zwischen den

slot-Einträgen angeben. Beispielsweise sind die Ortsangaben "im Salon vor dem Kaminfeuer" korrekt, jedoch ist "im Salon vor dem Kaminfeuer auf der Landstrasse" inkonsistent.

(3) Wie mit Netzwerken können auch mit Kasusrahmen alle logischen Operationen auf Sätzen wie Konnektion, Negation, Quantifikation, sowie deduktive Eigenschaften nicht ausgedrückt werden.

4.3. LOGIK ALS SEMANTIKSPRACHE

Logik bezeichnet die Wissenschaft vom Denken und kommt von dem griechischen Wort logos. Der erste Satz des Johannesevangeliums
Ἐν ἀρχῇ ἦν ὁ Λόγος ("Am Anfang war das Wort") benützt in der griechischen Formulierung den Begrif logos. Logos heisst in seiner ersten ursprünglichen Bedeutung <u>Wort</u>, dann <u>Rede</u> und erst in späteren Bedeutungen <u>Gedanke</u>, <u>Wissen</u>, <u>Wissenschaft</u>. In der Bedeutungsgeschichte des Begriffs Logik manifestiert sich bereits die enge Verbindung von Logik und Sprache. Gedanken werden immer in Sprache ausgedrückt, sei es einer natürlichen oder einer formalen Sprache. Und umgekehrt repräsentieren sprachliche Äusserungen Denkprozesse, deren Erforschung das Anliegen der Logiker ist. Die Logik bietet ein wohldefiniertes und erforschtes formales System, mit dessen Hilfe man Aussagen über Wahrheitswerte von Sätzen und über Ableitbarkeitsbeziehungen zwischen Sätzen machen kann.

Die Bedeutung der Logik für NSS wurde schon sehr früh erkannt. Einige der allerersten Frage- Antwortsysteme basierten auf logikorientierten Sprachen oder benützten deduktives Wissen und Inferenzmechanismen [Cooper 1964, Raphael 1968, Kellog 1968, Schwarz et al. 1970]. Gleichzeitig gab es sehr bedeutende Versuche von linguistischer Seite, Sprache durch Logik auszudrücken[Montague 1971]. Es ist interessant, zu beobachten, dass logikorientierte Ansätze bereits sehr früh zu

Anfang der KI-orientierten Sprachforschung eine wichtige Rolle spielten, in der Mitte der siebziger Jahre etwas in den Hintergrund gedrängt wurden, und erst in den letzten sechs Jahren wieder grössere Bedeutung gewannen durch die Verfügbarkeit besserer logikorientierter Programmiersprachen. Nicht zuletzt die rapide Entwicklung und der grosse Erfolg von PROLOG bewirken, dass logikorientierte Ansätze sich zunehmend durchsetzen [Peirera 1981, Dahl 1977, Colmérauer 1978, Schwind 1982, 1984] .

Wir werden zunächst beschreiben, wie NS in klassischer Prädikatenlogik (KPL) dargestellt werden kann und wie Sätze in Formeln von KPL überführt werden können. Anschliessend präsentieren wir eine Anwendung dieser Semantiksprache als Schnittstelle zu einer Datenbank, die in PROLOG simuliert wird. Einige Darstellungsprobleme, wie z.B. Zeit und Präsuppositionen können in KPL nicht befriedigend gelöst werden und führten zu Erweiterungen. Wir besprechen eingehend ein System der dreiwertigen Logik, das bedeutet eine Erweiterung von KPL bezüglich des Wahrheitsbegriffs und der Semantik, und ein System mit Modal- und Zeitoperatoren, das bedeutet eine Erweiterung von KPL auf der Sprachebene.

4.3.1. KLASSISCHE PRÄDIKATENLOGIK KPL

Wenn natürlichsprachliche Äusserungen durch Formeln der KPL repräsentiert werden, ordnet man den Begriffen der NS Elemente der Sprache von KPL und weiter den Sätzen Formeln zu. In Figur 5 ist übersichtsartig dargestellt, wie die Elemente eines Logikformalismus zur Darstellung von Semantik in einem NSS benützt werden können.

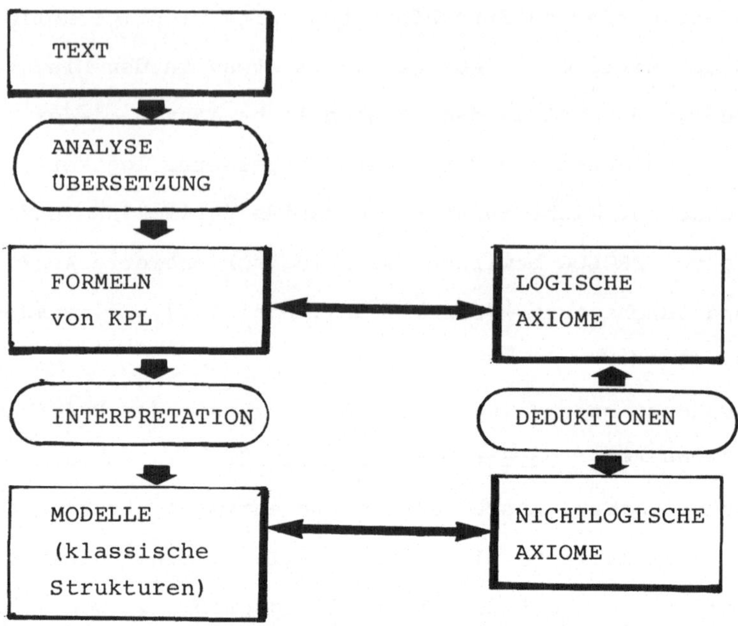

Figur 5.

Nullstellige Funktionssymbole werden als Konstante bezeichnet. Terme
und Formeln werden in der üblichen Weise aufgebaut. Formeln werden
wie üblich bezüglich eines Bereichs und einer klassischen Struktur
interpretiert. Die formalen Eigenschaften von Formeln, d.h. die Eigenschaften, die für alle Modelle gelten, werden durch logische Axiome
und Herleitungsregeln charkterisiert. Nichtlogische Axiome gelten
nicht in allen Modellen, sondern charakterisieren bestimmte Modelle
(oder Welten). Aus Formeln von KPL werden durch Deduktionen, die
sowohl logische als auch nichtlogische Axiome und Herleitungsregeln
benützen, andere Formeln hergeleitet. Die nichtlogischen Symbole einer Sprache von KPL werden Elementen der NS zugeordnet.Man sollte
sich klarmachen, dass durch die Wahl von KPL als Semantiksprache
noch nicht feststeht, wie die Wörter und Sätze von NS durch nichtlogische Symbole von KPL dargestellt werden. Der Satz (22) kann

(22)   Hat Mozart Opern komponiert?

beispielsweise auf folgende Weisen in KPL dargestellt werden :

1. $\exists x$ (OPER (x) $\land$ KOMP (Mozart, x))

2. $\exists x$ (OPER (x) $\land$ $\exists y$ (KOMP (y) $\land$ AGENS (y , Mozart)

$\land$ OBJ (y , x)))

Folgende beiden Darstellungen der primitiven Sprachelemente liegen

zugrunde :

	TEXT	DARSTELLUNG
1.	n-stelliges Verb	n-stelliges Prädikatsymbol
2.	Verb	einstelliges Prädikat
	Verbaktion	Term
	Verbergänzung	zweistelliges Prädikat

Figur 6.

In 1. wird ein n-stelliges Verb durch ein n-stelliges Prädikatsymbol

dargestellt, während die Verbergänzungen Terme des so gebildeten

Prädikats sind. In 2. wird eine Ontologie für Aktionen eingeführt.

Jedes Verb wird als Begriff aufgefasst und durch ein einstelliges

Prädikatsymbol dargestellt. Eine durch ein Verb beschriebene Aktion

wird durch einen Term dargestellt. Die Verbergänzungen werden durch

zweistellige Prädikate dargestellt. Die Darstellung 2. bedeutet also:

Es gibt ein x , das eine Oper ist und es gibt ein y , das ein Kompo-

nierakt ist, und das Agens von y ist Mozart und das Objekt von y

ist x . Im folgenden werden einige Grundbegriffe von KPL eingeführt

4.3.1.1. SPRACHE VON KPL , S (KPL)

(1) S (KPL) hat folgende Aphabetelemente :

- Menge von Funktionssymbolen (F_i) $_{i \in I}$, wobei F_i s_i-stellig ist, s $_i \in N$; I ist eine Indexmenge und diese Schreibweise bedeutet, dass es I-viele Funktionssymbole gibt. In NSS- Anwendungen ist I meist endlich.

- Menge von Prädikatsymbolen $(P_j)_{j \in J}$, wobei P_j p_j-stellig ist, $pj \in N$;J ist eine Indexmenge und es gibt J-viele Prädikatsymbole, wobei in einer Semantiksprache für ein NSS J meist endlich ist.

- Zweistellige Konnektoren $\wedge$, $\vee$, $\rightarrow$.

- Einstelliger Konnektor $\neg$.

- Quantoren $\forall$, $\exists$.

- Klammern (,) ; Komma , .

- Variablensymbole x , x1 ,... y , y1, ...

Nullstellige Funktionssymbole werden als Konstante bezeichnet und oft c , c1 , ... , d , d1, ... geschrieben. Es gibt zwei nullstellige Prädikatsymbole, die wir mit W (wahr) und F (fansch) bezeichnen. Die Funktions- und Prädikatsymbole sind nichtlogische Symbole, die Konnektoren und Quantoren sind logische Symbole. Die oben angegebene Menge von Konnektoren ist selbstverständlich nicht minimal und es gelten die üblichen Beziehungen.

(2) Terme

- Jede Variable und jede Konstante ist ein Term.

- Ist F ein n-stelliges Funktionssymbol und sind t1,... tn Terme, so ist F (t1,... tn) ein Term.

(3) Formeln

- Ist P ein n-stelliges Prädikatsymbol und t1 , ... tn Terme, so ist P (t1 , ... tn) eine Formel.

- W und F sind Formeln.

- Sind A und B Formeln, so sind auch (A $\wedge$ B) , (A $\vee$ B) , (A $\rightarrow$ B) , $\neg$ (A) Formeln.

- Ist A eine Formel und x eine Variable, so sind $\forall$ x (A) und $\exists$ x (A) Formeln.

Wir schreiben Formeln mit möglichst wenigen Klammern, wobei die folgenden Bindungsregeln gelten :

$\wedge$, $\vee$ ist stärker als $\rightarrow$. Eine Folge von $\rightarrow$ ist rechtsbündig geklammert, z.B. :

A $\rightarrow$ B $\rightarrow$ C bedeutet (A $\rightarrow$ (B $\rightarrow$ C)).

A $\wedge$ B $\rightarrow$ C $\vee$ D bedeutet ((A $\wedge$ B) $\rightarrow$ (C $\vee$ D)).

4.3.1.2. SEMANTIK VON S (KPL)

Eine klassische Struktur T ist ein Tupel

$$T \ = \ (\ O \ , \ (\ f_i\ )\ _{i \in I}\ , \ (\ r_j\ )\ _{j \in J}\ ) \ , \ \text{wobei}$$

O eine Menge von Objekten ist, die alle Konstanten von S (KPL) enthält.

Für jedes $i \in I$ ist f_i eine s_i-stellige Funktion auf O :

$$f_i : \quad O^{\,s_i} \rightarrow O \ .$$

Für jedes $j \in J$ ist r_j eine pj-stellige Relation auf O :

$$r_j \ \subset \ O^{pj} \ .$$

T ordnet jedem Term von S (KPL) ein Element von O und jeder Formel von S (KPL) einen Wahrheitswert t oder f zu .

T (c) = c falls c eine Konstante ist.

T (F_i (t1 , ... tn)) = f_i (T (t1) , ... T (tn)).

T (W) = t

T (F) = f

T (P_j (t1 ,... t_m)) = t g.d.w. (T (t1), ... T (t_m)) $\in r_j$.

T (A $\wedge$ B) = t g.d.w. T (A) = T (B) = t

T (A $\vee$ B) = t g.d.w. T (A) = t oder T (B) = t

T ($\neg$ A) = t g.d.w. T (A) = f

T (A $\rightarrow$ B) = t g.d.w. T (A) = f oder T (B) = t

T ($\exists$ x(A)) = t g.d.w. es ein c in O gibt, so dass

T (A_c^x) = t , wobei A_c^x die Formel ist, die aus A entsteht, wenn man jedes x in A durch c ersetzt.

$T(_x \forall (A)) = t$ g.d.w. für alle $c \in O$ $T(A_c^x) = t$.

Eine Formel A heisst <u>gültig</u> in T , falls $T(A) = t$.

Eine Formel A heisst <u>allgemeingültig</u>, falls $T(A) = t$ für jede klassische Struktur T .

Falls eine Menge von Formeln M in einer klassischen Struktur T gültig ist (d.h. jede Formel in M in T gültig ist), heisst T <u>Modell</u> für M.

4.3.1.3. ÜBERSETZUNG VON NS IN KPL

Wir beschreiben im folgenden an einem sehr kurzen Beispiel, wie aus natürlichsprachlichen Sätzen logische Formeln erzeugt werden können. Die Regeln dafür werden mit dem in Abschnitt 3 eingeführten Formalismus formuliert. Auf der lexikalischen Ebene wählen wir folgende Darstellung :

TEXT in NS	REPRÄSENTATION in KPL
Eigennamen	Konstante
Pronomina definite Nominalphrasen	ι - Operator (Russel)
Nomina (;) z.B. die Tasche (;;) z.B. Länge	einstellige Prädikate Funktionen (einstellige)
Adjektive (;) z.B. rot, rund (;;) funktional z.B. gross, klein	einstellige Prädikate Funktionen (einstellig)
Verben mit n Ergänzungen	n-stellige Prädikate

Figur 7

Figur 8 zeigt einen kurzen Ausschnitt aus einer   D C G , deren Regeln Sätze in Tupeln < v , n , n1, ... > übersetzen, wobei v die Übersetzung des Verbs und n , n1 , ... die Übersetzungen der Verbergänzungen sind.

(1)   sf - ab (x , xo , < v , n , n1 >) —

                 aux (x , x1 , a)

                 np (x1 , x2 , n)

                 np (x2 , x3 , n1)

                 verb-part (x3 , xo , v) ;

(2)   np (x , xo , n) — en (x , xo , r) ;

(3)   np (x , xo , < q , y , < n , y > >) —

                 art (x , x1 , a)

                 ng (x1 , xo , n)

                 quant (a , q) ;

(4)   ng (x , xo , n) — nomen (x , xo , n) ;

(5)   aux (hat. y , y , haben) — ;

(6)   en (Mozart. y , y , Mozart) — ;

(7)   art(ein. y , y , indef) — ;

(8)   nomen (Klavierkonzert. y , y , Klavierkonzert) — ;

(9)   verb-part (komponiert. y , y , KOMP) — ;

(10)   quant (indef , exist) — ;

                                        Figur 8

< v , n1 , n2, ... > ist ein Funktionsausdruck und bedeutet dasselbe wie v (n1 , n2, ...) . Die Grammatik in Figur 8 erzeugt für den Satz

(23) Hat Mozart ein Klavierkonzert komponiert?

den Funktionsausdruck

    < KOMP , Mozart , < exist,, y , < Klavierkonzert , y > > >

In Figur 9 sind Regeln angegeben, die zu solchen Funktionsausdrücken Formeln konstruieren.

(11)   formel (< v , n , n1 > , < v , n , n1 >) — ident (n)

ident (n1);

(12)   formel (< v , n,< q, x , < n1 , x >>>,

< q, x , < c , < n1 , x > , < v , n , x >>>)

—ident (n)

konn (q , c) ;

(13) Formel (< v , < q , x , < n , x > > , < q1 , x1 , < n1 , x1 >>>,

< q , x , < c , < n , x > , < q1 , x1 , < c1 , < n1 , x1 > ,

< v , x , x1 > > > > >)

— konn (q , c)

konn (q1 , c1) ;

(14)   konn (exist , and) — ;

(15)   konn (all , imp) — ;

Figur 9

(11) erzeugt beispielsweise < KOMP , Mozart , Zauberflöte > ,

falls beide Nominalphrasenergänzungen Konstante   sind (wie "Mozart"

und "Zauberflöte"). (12) deckt den Fall ab, wo die Subjektergänzung

eine Konstante ist (idet (n)) und die Objektergänzung eine ein-

fache Nominalphrase "art nomen". (z.B. "ein Klavierkonzert"), die

durch den Funktionsausdruck < quantor, variable, < prädikat, vari-

able >> dargestellt wird, in unserem Beispiel aus Figur 8 < exist ,

x , < Klavierkonzert , x > > . Regel (12) erzeugt aus < KOMP, Mozart,

< exist , x , < Klavierkonzert , x > > > die Formel in Präfixform

< exist , x , < and , < Klavierkonzert , x > , < KOMP, Mozart,x >>>,

was der Formel

$\exists x$ (Klavierkonzert (x) $\wedge$ KOMP (Mozart , x))

entspricht.

(13) deckt den Fall ab, wo ein Verb zwei Ergänzungen hat, die beide

nicht Konstante sind, z.B.

(24) Hat jeder Komponist eine Oper geschrieben?

Für diesen Satz erzeugt unsere Grammatik den Funktionsausdruck

    < KOMP , < all , x , <Komponist , x > > , < exist , y , < Oper,y >>>,

dessen Struktur der erste Term von (13) hat.

(13) erzeugt für diesen Ausdruck die Formel in Präfixform

    < all , x , < imp , < Komponist , x > ,

                         < exist, x1, < and, < Oper, x1 > , < KOMP, x , x1 > > > > >

die der Formel

    $\forall x$ (Komponist (x)$\rightarrow$ $\exists x1$ (Oper (x1) $\wedge$ KOMP (x , x1)))

entspricht.

Die hier benützte Technik, eine semantische Vorform zur eigentlichen Formel zu erzeugen, ist nur eine Möglichkeit unter vielen, Sätze in Formeln zu übersetzen. Sie hat sich insbesondere bewährt, um das Problem der Topikalisierung im Deutschen zu lösen. Im Deutschen kann man in vielen Fällen Subjekt und Objekte syntaktisch nicht unterscheiden (siehe Sätze (16 bis (18)). Daher kann man auf die Funktionsausdrücke < v , n1 , ... > , die von der Grammatik erzeugt werden, semantische Satzschemata anwenden und eventuell permutieren. In [Schwind 1982, 1984] wird diese Technik genau beschrieben und angewendet. Ein typisches Schema dieser Art ist < SCHAFF, HUMAN, WERK > das die Permutation von < KOMP, Zauberflöte, Mozart > provoziert.

4.3.1.4. KPL ALS DATENBANKSCHNITTSTELLE

In Figur 10 wird dargestellt, wie ein Logikformalismus zur Darstellung von Semantik als Datenbankschnittstelle benützt werden kann. Die Regeln zur syntaktischen und semantischen Analyse und zur Übersetzung des NS-Ausdrucks und die Regeln, die die Datenbankinformationen beschreiben, sind alle nichtlogische Axiome. Zusätzlich gibt es Inferenzregeln zwischen Datenbankstrukturen und Formeln, die NS- Ausdrücke repräsentieren. Im allgemeinen haben logische Formeln, die die Semantik von NS-Ausdrücken darstellen, nicht dieselbe Struktur wie die Daten-

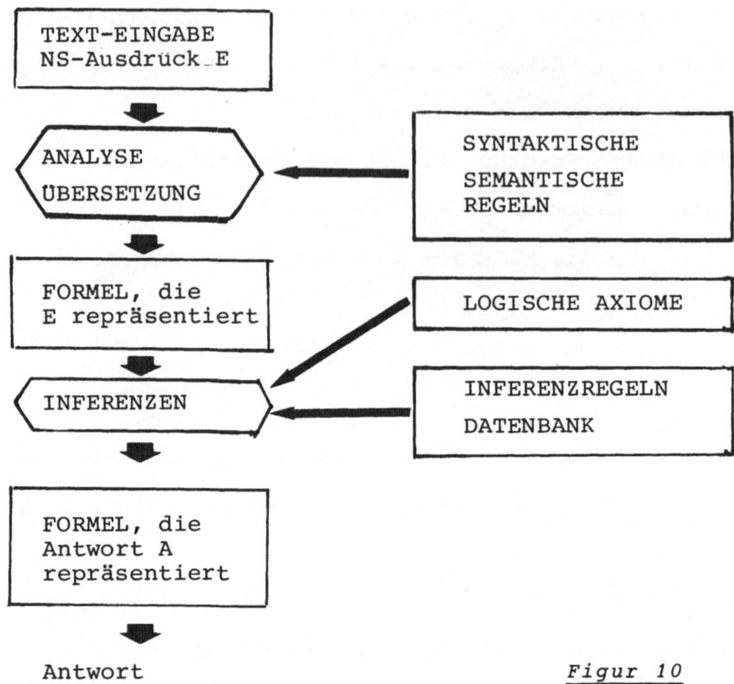

Figur 10

bank, zu der die NS-Ausdrücke Anfragen sind. Daher benötigt man
spezielle Inferenzregeln, die diese Verbindung herstellen. Wir
listen in Figur 11 einige solcher Inferenzregeln auf, die für eine
Beispieldatenbank, die Informationen über Komponisten und Musikstücke
enthält, gelten. Die Regeln sind in PROLOG II formuliert.

(1) musikstück (Figaro, Oper, Mozart) ;

(2) musikstück (Fidelio, Oper, Mozart) ;

(4) musikstück (c-moll-Konzert, Klavierkonzert, Mozart) ;

(4) musikstück (Appassionata, Klaviersonate, Beethoven) ;

(5) Oper (x) — musikstück (x , Oper , z) ;

(6) KOMP (x , y) — musikstück (y , z , x) ;

Figur 11

(1) bis (4) in Figur 11 sind Datenbankeinträge, die dem Schema

Musikstück	Name	Kategorie	Komponist

entsprechen.

Zusätzlich brauchen wir zur Herleitung von Antworten allgemeine logische Regeln wie

exist (x , p) — p ;

and   (p , q) — p q ;

(5) und (6) in Figur 11 sind Inferenzregeln, die die Verbindung zwischen Datenbankschemata und Ausdrücken einer Semantiksprache beschreiben. Diese Trennung der Erzeugung semantischer Ausdrücke zu NS-Äusserungen und der Formulierung der Datenbankinferenzen ist selbstverständlich nicht der einzige mögliche Ansatz. Ein typischer anderer (prozedural orientierter) Ansatz findet sich im System LUNAR Woods 1972 , wo Sätze unmittelbar in Datenbankanfragen (DB-Anfragen) übersetzt werden (Figur 12).

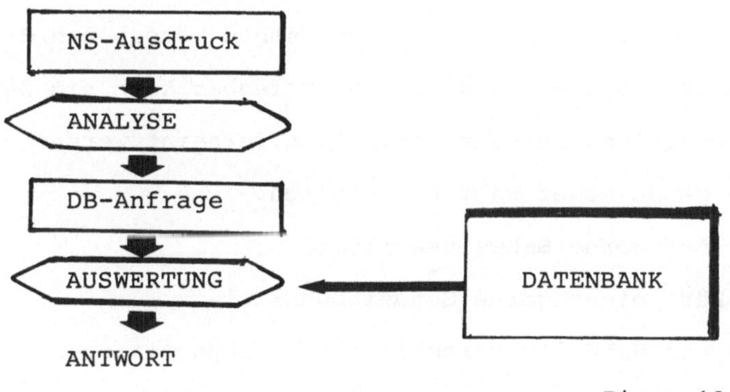

Figur 12

Das bedeutet, einen Satz wie "Hat Mozart Opern komponiert?" unmittelbar in   ∃ x musikstück (x , Oper , Mozart) zu übersetzen.
Für eine Trennung von semantischer Repräsentation und DB-Anfrage spricht jedoch, dass dieselbe Grammatik mit ihren Übersetzungsregeln für verschiedene DB eingesetzt werden kann und lediglich das Inferenzmodul zwischen der DB-Formulierung und der semantischen Repräsentation der Eingabesätze geändert werden muss. Als Nachteil ergibt

sich, dass die Herleitungen von Antworten länger werden.

4.3.2. DREIWERTIGE LOGIK

Formeln der KPL können nur zwei Wahrheitswerte, w oder f annehmen.
Es gibt in der NS jedoch offensichtlich Typen von Sätzen, die weder
wahr noch falsch sind. Betrachten wir zum Beispiel die beiden Sätze

(25)   Toto sah Maria.

(26)   Toto sah Maria nicht.

Diese Sätze enthalten (mindestens) zwei Präsuppositionen :

1. Toto ist ein Wesen, das grundsätzlich des Sehens mächtig ist.

2. Maria ist ein Wesen oder ein Gegenstand, den man sehen kann.

Im Satz (27) ist die erste Präsupposition verletzt,

(27) Der Stein sah den Stuhl.

(28) Mein Vater sah den elektischen Strom.

in (28) die zweite, da Steine offenbar nicht sehen können und der
elektische Strom nicht gesehen werden kann. Offenbar kann ein Satz,
in dem eine Präsupposition verletzt ist, nicht verneint werden. (29)
und (30) sind also beide weder wahr noch falsch.

(29)   Mein Vater hört gerne Schweinswürstel.

(30)   Mein Vater hört nicht gerne Schweinswürstel.

Die genaue Analyse von natürlichsprachlichen Präsuppositionen ist
über das rein theoretische Interesse hinaus in Datenbankanwendungen
von höchst praktischem Interesse. So ist es ein Zeichen von koopera-
tivem Verhalten einem Benutzer gegenüber, wenn die Antwort auf die
Frage

(31) Welche Deutschstudenten wohnen in Nizza?

nicht einfach "keine" lautet, sondern genauer, "Es gibt keine Deutschstudenten" , falls diese Präsupposition verletzt ist. In [Kaplan
1979] wird eine natürlichsprachliche Schnittstelle beschrieben, die
solche kooperativen Antworten gibt. Der Ansatz von [Colmérauer and
Pique 1981] versucht, eine Theorie der Präsuppositionen auf der Grund-

lage einer dreiwertigen Logik. Dazu wird ein Präsuppositionsopera-
tor "if" mit folgenden Eigenschaften eingeführt :

$T (if (p , q)) = a$ wenn $T (p) \neq w$

$T (if (p , q)) = T (q)$ sonst

Damit können wir z.B; folgende Präsuppositionen für das Verb "kompo-
niern" formulieren :

$KOMP (x , y) \Leftrightarrow if (person (x) \wedge musikalisches\ werk (y) ,$

$$musikstück (y , z , x))$$

a ist der dritte Wahrheitswert (absurd) .

Mit dieser Definition erhält Satz (29) sowie seine Negation (30)
den Wahrheitswert a . Betrachten wir nun weitere Konnektionen. (32)
und (33) sind offensichtlich beide absurd, da eine Komponente der
Konjunktion bzw. Disjunktion absurd ist.

(32) Bettina isst und hört gerne Streichquartette.

(33) Bettina hört gerne Opern oder Kartoffelsalat.

Daher können wir weiter festlegen

$T (p \wedge q) = T (p \vee q) = a$ falls $T (p) = a$ oder $T (q) = a$

Wie schon oben beobachtet ist auch die Verneinung eines absurden
Satzes absurd.

$T (not (p)) = w$ falls $T (p) = f$

$T (not (p)) = a$ falls $T (p) = a$

$T (not (p)) = f$ falls $T (p) = w$

Betrachten wir für die Qunatifikation den Satz

(34) Jeder Nrmpflm hat eine Oper geschrieben.

Nehmen wir an, es gibt keine Nrmpflm, ist (34) dann w , f oder a ?
Nehmen wir an, (34) ist wahr. Dann ist eine richtige Antwort auf die
Frage "Was hat jeder Nrmpflm geschrieben?" "eine Oper!" . Dies ist
jedoch offensichtlich nicht die korrekte Antwort, daher kann (34)
nicht wahr sein. Nehmen wir nun an, (34) ist falsch. Dann ist seine
Verneinung (35) wahr.

(35) Nicht jeder Nrmpflm hat eine Oper geschrieben.

Damit ist die Antwort auf die Frage "Gibt es Nrmpflm, die keine Opern geschrieben haben?" "ja!" Dies ist wieder keine korrekte Antwort, (34) kann daher auch nicht falsch sein. (34) ist offensichtlich weder wahr noch falsch, kann daher nur absurd sein. Der natürlichsprachliche Quantor "jeder" in (34) definiert offenbar die Präsupposition, dass es Konstante gibt, die Nrmpflm sind. Man kann daher "all" und "exist" in der dreiwertigenLogik wie folgt definieren :

T (all (x , p)) = a g.d.w. für alle x ist T (p) = a

T (all (x , p)) = f g.d.w. es ein x gibt, so dass T (p) = f

T (all (x , p)) = w g.d.w. für jedes x gilt (T (p) = w

             oder T (p) = a) und es gibt x , so dass T (p) = w .

T (exist (x , p)) = a g.d.w. für alle x ist T (p) = a

T (exist (x , p)) = w g.d.w. es ein x gibt, so dass T (p) = w

T (exist (x , p)) = f g.d.w. für beliebige x ist (T (p) = f

             oder T (p) = a) und es gibt x , so dass T (p) = f

In natürlichsprachlichen Äusserungen sind die Quantoren meist dreistellig, d.h. der All-Quantor und der Existenzquantor werden immer relativ zu einer Voraussetzung definiert. In [Colmérauer, Pique 1981] werden daher die dreistelligen Quantoren "jeder" und "ein" eingeführt, mit denen dann "all" und "exist" definiert werden und die in folgenden Beziehungen miteinander stehen :

  jeder (x , p1 , p2) g.d.w. all (x , if (p1 , p2))

  ein (x , p1 , p2) g.d.w. exist (x , if (p1 , p2))

Man kann leicht nachprüfen, dass auch die klassischen Beziehungen zwischen "all" und "exist" gelten :

  not (exist (x , p)) g.d.w. all (x , not (p))

  not (all (x , p)) g.d.w. exist(x , not (p))

Die wichtigsten praktischen Anwendungen der dreiwertigen Logik bezogen sich auf natürlichsprachliche Schnittstellen von Datenbanken. In Figur 13 ist so eine Datenbank formuliert (in PROLOG II).

(1) Stud (Jan , Informatik , Nizza , 1960) — ;

(2) Stud (Thomas , Englisch , Antibes , 1962) — ;

... usw.

(3) wohn (x , y) — Stud (x , f , y , d) ;

(4) Student (x) — Stud (x , f , w , j) ;

(5) wahr (wohn (x , y)) — Student (x)

wohn (x , y);

(6) falsch (wohn (x , y)) — Student (x)

wohn (x , y)

dif (z , y) ;

(7) absurd (wohn (x , y)) — Student (z)

dif (z , x);

(8) Antwort (p , "ja") — wahr (p) ;

(9) Antwort (p , "nein") — falsch (p) ;

(10) Antwort (p , "absurd") — absurd (p) ;

Figur 13

Die Bedeutungen von "wohnen" und "Student" sind in Bezug auf die
Datenbankinformationen, die in der Relation Stud formuliert sind,
definiert.

Stud :	Name	Fach	Wohnort	Geburtsjahr

Da die einzigen Personen, über die diese Datenbank Informationen
enthält , Studenten sind, ist die Präsupposition für "wohnen", dass
das Subjekt ein Student ist ((5) , (6) , (7)) . Die DB in Figur 13
wird auf die Anfrage "Wohnt Karl in Antibes?" nicht die Antwort "nein"
geben, sondern die Antwort "absurd", da es keinen Studenten namens
Karl gibt.
Dieser Formalismus kann auch benützt werden, um Selektionsbeschrän-

kungen für semantische Relationen auszudrücken, die sonst mit Hilfe
von semantischen Netzen (4.1.) oder Tiefenkasus (4.2.1.) ausgedrückt
werden. Die folgenden Regeln beschreiben solche Selektionsbeschrän-
kungen für die Verben "hören" und "essen". x isst/hört y werden
folgendermassen dargestellt.

if (and (or (human (x) , tier (x)) , geräusch (y) , hör (x , y))

if (and (or (human (x) , tier (x)) , essbar (y) , essen (x , y))

Der Ansatz der dreiwertigen Logik zur Beschreibung natürlichsprachlicher Präsuppositionen ist auf der theoretiscehn Ebene sicher anderen Ansätzen z.B. [Kaplan 1979, 1981, 1982] überlegen. Jedoch
sind die Antworten auf Anfragen immer noch zu undifferenziert. So
erhält man im Beispiel von Figur 12 die Antwort "absurd" ebenso auf
die Frage "Wohnt Karl in Antibes ? ", wie auf die Frage "Wohnt der
Tisch auf dem Mond ?" Es genügt nicht, lediglich festzustellen, dass
irgendwo eine Präsupposition verletzt ist, sondern ein kooperatives
System muss auch feststellen und <u>erklären</u> können, wo und warum.

4.3.3. NICHTKLASSISCHE LOGIKEN MIT ZUSÄTZLICHEN OPERATOREN

Wie wir in 4.3.1. beschrieben haben, wird ein Diskursbereich, eine
"Welt" durch eine klassische Struktur dargestellt. Eine Welt ist eine
Menge von Gegenständen, die gewisse Eigenschaften haben wie "Farbe",
"Grösse", usw. Die Gegenstände werden durch Begriffe wie "Mann",
"Baum", "Tisch", usw. klassifiziert. Zwischen Paaren oder auch n-Tupeln
von Objekten können Relationen definiert sein, wie etwa Lagebezeich-
nungen (z.B. AUF , NEBEN) , oder auch unsichtbare Relationen, wie
die Eigentumsrelation. Alle diese Elemente einer Welt werden durch
die nichtlogischen Sprachelemente von KPL dargestellt wie das aus
den Beispielen in 4.3.1. hervorgeht. Verben werden ebenfalls als
Relationen zwischen Objekten betrachtet und können durch Prädikat-

symbole entsprechender Stellenzahl dargestellt werden. Nun kann man
die Menge der Verben zerlegen in zwei Teilmengen,statische und dynamische Verben. Ein n-stelliges Verb ist statisch, wenn es nicht eine
Aktion beschreibt, die Objekte der Welt und Relationen zwischen den
Objekten verändert; d.h. in der Struktur (Welt) , in der die durch
das Verb beschriebene "Handlung" ausgeführt wird, ändert sich durch
das "Ausführen" jener Handlung nicht die Extension anderer Prädikatsymbole. Beispiele sind Verben wie "sitzen", "liegen" . Diese
beschreiben lediglich Zustände, nicht Aktionen. Ein n-stelliges
Verb ist dynamisch, wenn sich durch die Ausführung der beschriebenen Handlung Veränderungen in der Welt ergeben; d.h. die Extension
von Prädikatsymbolen ändert sich in der Struktur, in der die Handlung "ausgeführt" wird. Beispiele sind Verben wie "nehmen", "geben",
"legen". Wenn eine Hand einen Gegenstand nimmt, verändert sich sowohl
die Lage dieses Gegenstandes, d.h. etwa die Extension des Prädikats
AUF , als auch die Extension des Prädikats HALTEN , da ja die Hand
anschliessend den Gegenstand hält. Affizierende Verben (das sind Verben, die Handlungen beschreiben, bei deren Ausführung ein Gegenstand,
dessen Name Objektergänzung des Verbs ist, erst entsteht) sind
immer dynamisch. "Malen", "bauen" sind Beispiele für affizierende
Verben. "Er malt ein Bild". "Sie baut ein Haus." . Durch Ausführung
der beschriebenen Handlung entsteht der entsprechende Gegenstand.
Weiterhin gibt es Voraussetzungen dafür, dass eine Handlung ausgeführt werden kann; " a nimmt b " ist etwa nur dann möglich, wenn a
nicht schon etwas hält und wenn b eine Lage hat, in der es er-
griffen werden kann, d.h. wenn nichts anderes auf b liegt.
Veränderungen in einer klassischen Struktur kann man nicht im Rahmen von KPL beschreiben, weder auf der Sprachebene, da es keine Zu-
stands- oder Zeitoperatoren (A ist heute wahr und war gestern
falsch) gibt, noch auf der Ebene der Semantik, da eine klassische

Struktur fest vorgegeben ist und keine Extensionsveränderungen zulässt. (Man bezeichnet die Relation, die zu einem Prädikat gehört,
als dessen Extension, ebenso die Funktion, die zu einem Funktionssymbol gehört.)

Nun gibt es in der Logik einen Strukturbegriff, der, zunächst auf
Modallogiken und intuitionistische Logik angewandt, genau diese Modellisierung von Zustandsveränderungen zulässt. Eine <u>Kripke-Struktur</u>
ist eine Menge von klassischen Strukturen zusammen mit einer Zustandsübergangsrelation. Kripke-Strukturen wurden eingeführt,um die Semantik der Modallogik zu beschreiben [Kripke 1959, 1963] und sie
wurden weiter benutzt, um allgemein die Semantik von Logiken mit
Zustandsoperatoren darzustellen. Wir beschreiben im folgenden zunächst
den Formalismus der Kripke-Strukturen und gehen dann auf einen Typ
von Zustandslogik ein, mit dem man Aktionsverben und durch sie be-
wirkte Zustandsveränderungen beschreiben kann.

4.3.3.1 KRIPKESTRUKTUREN

Eine Kripkestruktur K besteht aus einer Menge von klassischen
Strukturen, zusammen mit einer zweistelligen Relation

$$K = (\ \{ Ts \ : \ s \in M \} \ , \ R \ )$$

M ist eine Menge von Zuständen.

$R \subset M \ x \ M$ ist eine Zustandsübergangsrelation. Für jedes $s \in M$ ist

$$Ts \ = \ (\ O \ , \ (f_i^s) \ {}_{i \in I} \ , \ (P_j^s) \ {}_{j \in J} \ )$$

eine klassische Struktur

f_i^s ist die Extension des Funktionssymbols F_i und

f_i^s kann verschieden von $f_i^{s'}$ sein, falls $s \neq s'$. $s \ R \ s'$
bedeutet, dass s' auf s folgt. Man kann sich eine Kripkestruktur
als eine Art Baum oder Graph von Strukturen vorstellen (Figur 14)

145

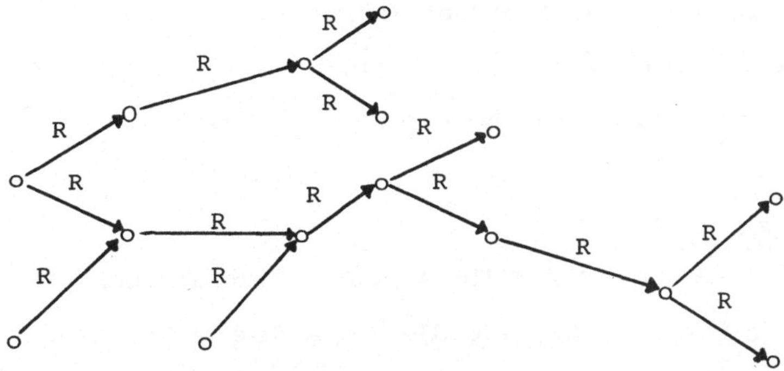

Figur 14.

Jeder Knoten repräsentiert eine klassische Struktur. Die Pfeile, die
die Relation R darstellen, repräsentieren Zustandsübergänge.
Die Zustandsübergansrelation kann gewisse Eigenschaften haben, z.B.
kann sie transitiv sein oder reflexiv oder symmetrisch. Diese Eigenschaften können auf der Sprachebene durch gewisse Formeln ausgedrückt
werden. Wenn man nun fordern will, dass eine Struktur eine gewisse
Eigenschaft hat, kann man das auf der Sprachebene durch das entsprechende Axiom ausdrücken. Wir beschreiben im nächsten Abschnitt eine
Zustandslogik,die Axiome einer Modallogik und einer sehr einfachen
Zeitlogik enthält.

4.3.3.2. DIE ZUSTANDSLOGIK ZSL

(1) Die Sprache von ZSL , S (ZSL) hat folgende Alphabetelemente :

   - Alle Aphabethelemente, die auch S (KPL) hat (siehe 4.3.1.1.)

   - Einstellige Operatoren + , - , □

(2) Terme werden definiert wie für S (KPL) (siehe 4.3.1.1.)

(3) Jede Formel von S (KPL) (siehe 4.3.1.1. (3)) ist auch Formel
   von S (ZSL)

(4) Ist A eine Formel von S (ZSL) , so auch + A , - A , □ A

Eine Kripkestruktur K ordnet jedem Term t von S (ZSL) und jedem

Zustand s eine Konstante und jeder Formel A von S (ZSL) und

jedem Zustand einen Wahrheitswert w oder f zu.

Sei K = ({ Ts : s ∈ M } , R) . Dann gilt

K (t , s) = Ts (t)

K (A , s) = Ts (A) falls A nach (3) gebildet wurde

K (+A , s) = w g.d.w. für alle s' so dass s R s'   K (A , s') = w

K (-A , s) = w g.d.w. für alle s' so dass s' R s   K (A , s') = w

K (☐A , s) = w g.d.w. für alle s' so dass s $\hat{R}$ s' und für alle s"

$\qquad\qquad\qquad\qquad\qquad\qquad$ so dass s" $\hat{R}$ s'

$\qquad\qquad\qquad\qquad\qquad\qquad\qquad$ K (A , s') = w und K (A , s") = w

$\hat{R}$ ist die transitive, reflexive Hülle von R.

+ ist ein Operator, der etwas über unmittelbar folgende Zustände

aussagt. +A ist wahr in einem Zustand s , wenn A in allen un-

mittelbaren Folgezuständen wahr ist. Genauso ist -A wahr in s ,

wenn A in allen s unmittelbar vorangehenden Zuständen wahr ist

(Figur 15)

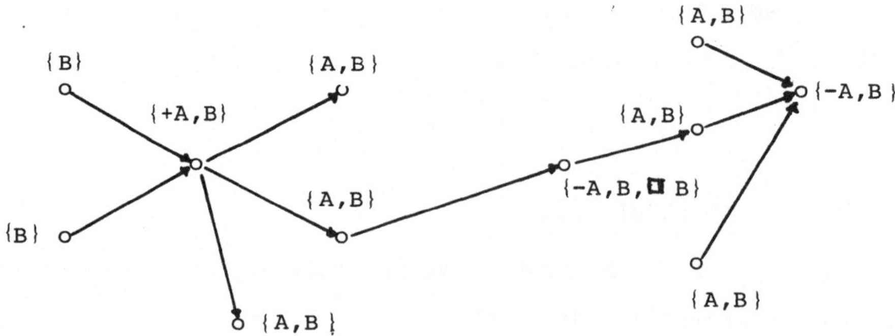

Figur 15.

Die durch + und - definierte Zeitstruktur ist nicht linear. Ein

Zustand kann also mehrere unmittelbar folgende und unmittelbar

vorangehende Zustände haben. ZSL erlaubt also auch, Aussagen über

<u>mögliche</u> , voneinander verschiedene vorangegangene und zukünftige

Zustände zu machen. Wenn z.B. ein Block a auf einem Tisch b liegt, ausgedrückt durch AUF (a , b) , dann ist ein möglicher vorangehender Zustand, dass jemand den Block gehalten hat, HALT (x , a) und der Zustandsübergang dadurch zustande kam, dass er a auf b gelegt hat, LEG (x , a , b) . Ein anderer möglicher vorangehender Zustand ist, dass a bereits auf b lag, dass also der Zustandsübergang durch irgendeine andere Handlung zustande gekommen ist. □ ist der Modaloperator "notwendig". Modallogische Systeme wurden im Rahmen der KI zur Repräsentation von Verben wie "glauben", "wissen", etc. benützt [McCarthy 1981, Xiwen 1983] , sowie im Zusammenhang mit nichtmonotoner Logik, um Konsistenz auf der Objektebene auszudrücken [McDermott 1982] . Konsistenz ist in KPL ein Metabegriff, d.h. eine Menge von Formeln M ist konsistent, wenn nicht die Negation ihrer Konjunktion herleitbar ist. Das kann man mit Hilfe des Modaloperators auf der Objektebene ausdrücken durch   ¬□¬A , wobei A die Konjunktion der Elemente von M ist.¬□¬wird auch geschrieben als ◊ , "möglich".

ZSL wird durch die folgenden Axiome und Deduktionsregeln charakterisiert

A0   Jede allgemeingültige Formel von KPL

A1   A ⟶ A

A2   (A ⟶ B) ⟶   A ⟶   B

A3   A ⟶   A

A4 a. + (A⟶B)⟶ + A ⟶ + B   b. - (A⟶B)⟶ - A⟶ - B

A5 a.   A ⟶ + A   b.   A ⟶ - A

A6 a. + A ⟶ ¬ + ¬ A   b. - A ⟶ ¬ - ¬A

A7 a.   A ⟶ + ¬ - ¬A   b.   A ⟶ - ¬ + ¬A

R1   Schnittregel   A ∨ B , C ∨ ¬ B   :   A ∨ C

R2   ☐ -Einführung   A   : ☐ A

AO - A3 und R1 , R2 charakterisieren das modallogische System S5.
In einer durch S5 charakterisierten Kripkestruktur ist R eine
Äquivalenzrelation. A1 drückt die Reflexivität von R aus,
A3 die Symmetrie. Transitivität wird durch ☐A → ☐☐ A ausgedrückt, jedoch ist diese Formel aus AO - A3 herleitbar und taucht
deshalb nicht als Axiom auf. Die Axiome A4 , A6 und A7 charakterisieren eine Zeitlogik und zwar die schwächste Zeitlogik K_t
[Rescher and Urquhart 1971, Prior 1967] . A5 stellt die Verbindung dieser beiden Systeme her.

4.3.3.3. DARSTELLUNG VON NS-ELEMENTEN DURCH ZSL

Wir beschreiben nun, wie Aktionsverben und durch sie provozierte
Zustandsübergänge in ZSL repräsentiert werden können [Schwind
1977, 1978, 1984] . Ein Aktionsverb wird durch ein Paar von Formeln (V ,R) repräsentiert, wobei V die Voraussetzung und
A das Resultat der zugrundeliegenden Aktion beschreibt. Eine Aktion (V , R) kann in einem Zustand s einer Struktur K ausgeführt werden, wenn ihre Voraussetzungen in s wahr sind, d.h.
wenn K (V , s) = w . Wenn eine Aktion in einem Zustand ausführbar ist, so gibt es einen Folgezustand s' , in dem die Resultate der Ausführung wahr sind, d.h. K (R , s') = w bzw.
K (¬+¬ R , s) = w . (¬+¬ bedeutet : Es gibt einen unmittelbar folgenden Zustand. Man macht sich das am besten klar,
indem man es mit der Definition von ∃ durch ∀ vergleicht:
∃ x A ⟺ ¬∀x ¬A). Nun genügt es leider nicht, den neuen
Folgezustand dadurch zu definieren, dass die Resultate der Ausführung einer Handlung in ihm gelten. Man muss zusätzlich auch
Aussagen über alle anderen Formeln, die in dem ursprünglichen

lichen Zustand wahr waren, etablieren können. Dabei gibt es Dinge,
die sich durch die Ausführung einer Handlung indirekt (durch Kausalbeziehungen) mitverändern und solche, die davon unberührt bleiben und weiter gelten sollen. Beispielsweise wird sich die Farbe
eines Objekts nicht dadurch verändern, dass man es von einem Ort
wegnimmt. Befindet sich jedoch auf dem Objekt (z.B. einem Kubus)
ein anders Objekt, so kann sich dessen Ort mitverändern, wenn sich
der Ort des Kubus verändert. Dieses Problem ist unter dem Namen
"Frame" - Problem bekannt geworden [McCarthy and Hayes 1969,
Hayes 1971] und theoretisch noch immer nicht befiedigend gelöst.
In [Schwind 1978, 1983] wird folgendes frame-Axiom für jedes
Aktionsverb (V , R) vorgeschlagen.

$$V \wedge p \wedge \Diamond (p \wedge R \wedge w) \longrightarrow \neg + \neg (p \wedge R \wedge w)$$

w ist eine Konjunktion von Formeln, die alle allgemeinen Gesetze
der zugrundeliegenden Welt enthält. p ist irgendeine Formel,
die in einem gegebenen Zustand, in dem die durch (V , R)
repräsentierte Aktion ausgeführt werden soll, gilt. Für p soll
nun festgestellt werden, ob sie nach der Ausführung der Aktion
weiterhin gelten soll, oder ob sie in irgendeiner Weise dem Resultat der Aktion widerspricht und daher nicht weiterhin gelten
kann. Dies wird durch $\Diamond$ (p $\wedge$ R $\wedge$ w) ausgedrückt. Dies bedeutet
p ist konsistent mit R und w . $\Diamond$ (p $\wedge$ R $\wedge$ w) gilt, wenn
nicht $\neg$(p $\wedge$ R $\wedge$ w) herleitbar ist. Falls p nun konsistent
mit R bezüglich w ist, soll es auch im Folgezustand gelten,
was durch $\neg + \neg$(p $\wedge$ R $\wedge$ w) ausgedrückt wird. In w werden
nun auch die Kausalbeziehungen formuliert, die über die Forde-
rung $\Diamond$ (p $\wedge$ R $\wedge$ w) verhindern, dass manche Formeln mit in
einen Folgezustand übertragen werden. Betrachten wir die Darstellung des Verbs "nehmen" :

(AUF (y , z) $\wedge \neg \exists$u HALT (x , u) , HALT (x , y))

x kann y nehmen, falls sich y auf irgend etwas befindet und
x nicht schon etwas in der Hand hält. Das Resultat dieser
Handlung ist, dass x y hält. Die Handlung "Karl nimmt den
Hammer vom Tisch" ist in dem durch folgende Formeln charakterisierten Zustand ausführbar

(s1)   AUF (Hammer , Tisch)

(s2)   AUF (Tisch, Boden)

(s3) $\neg \exists u$ HALT (Karl , u)

Nun sieht man sofort, dass (s3) $\neg \exists u$ HALT (Karl , u) nicht
mit dem Resultat der Handlung, HALT (Karl , Hammer) konsistent
ist wegen

(a1)   HALT (Karl , Hammer)

(a2) $\exists u$ HALT (Karl , u)   (aus (a1) , $\exists$- Einführung)

(a3) $\neg$((s3) $\wedge$ (a2))   AO

(a4) $\square \neg$((s3) $\wedge$ (a2))   wegen R2

(a5) $\neg \Diamond$((s3) $\wedge$ (a2))   Definition von $\Diamond$, (a4)

Daher kann $\neg \exists u$ HALT (Karl , u) nicht in den Folgezustand
übertragen werden.

Die hauptsächlichen Probleme, die sich mit dieser Formalisierung
stellen, sind :

1. Es ist sehr aufwendig, für jeden Zustandsübergang alle For-
melkombinationen auf diese Weise zu untersuchen.

2. Die Konsistenz von Formelmengen ist nicht entscheidbar. Man
kann zwar konsistente Formelmengen aufzählen (diese Methode wurde
in [Schwind 1978] vorgeschlagen) und so nichtlogische Axiome der
Form $\Diamond$ A erzeugen,aber man kann für eine gegebene Formel nicht
entscheiden, ob ihre Negation herleitbar ist.
Über die Anwendung auf Aktionsverben hinaus wurde ZSL zur Modellisierung von Dialogen benützt [Schwind 1983] . Zeitlogiken wur-

den auch zur Modellisierung von Zustandsübergängen in Datenbanken und in Programmabläufen angewendet [Manna, Pnueli 1983] .

4.3.4. ANDERE LOGIKORIENTIERTE ANSÄTZE

Wichtige nichtklassische Logikansätze sind die Typenlogik zur Darstellung von Anaphora [Webber 1978, 1981] , Fuzzy-Logik zur Darstellung linguistischer Hecken, nichtmonotone Logiken [McDermott D. 1982, Reiter 1980] .

4.3.5. WERTUNG LOGIKORIENTIERTER ANSÄTZE

(1) Logik ist bereits eine Theorie der Bedeutung.

(2) Die Logik bietet ein wohldefiniertes und -erforschtes formales System, dessen Eigenschaften gut bekannt und benützbar sind.

(3) Es ist sehr einfach, Aussagen über logikorientierte Ansätze zu machen und daher sind verschiedene logikorientierte Ansätze gut auf einer formalen, theoretischen Ebene vergleichbar.

(4) Logikorientierte Ansätze sind sehr flexibel. Axiome sind leichter zu ändern als beispielsweise Prozeduren.

(5) Ideen, die in eine Systemdefinition eingehen, sind sehr viel klarer darstellbar als in den anderen Semantikformalismen. Sie können direkt als logische Formeln, also nahe an ihrer sprachlichen Formulierung dargestellt werden.

(6) Es gibt im Rahmen logikorientierter Ansätze sehr viele hervorragende Arbeiten zu speziellen Problemen, die in einer bestimmten Richtung sehr weit vorstossen. Es gibt dagegen noch keine sehr grossen (vergleichbar mit der Grösse prozedural angelegter Systeme) Realisierungen, die möglichst viele Phänomene

zu bearbeiten versuchen, wenn auch vielleicht nicht immer in theoretisch sehr fundierter Weise (siehe z.B. [Hahn et al. 1980]) .

(7) Viele fundamentale Repräsentationsprobleme sind insbesondere theoretisch noch nicht befriedigend gelöst, wenn es eventuell auch sehr gute logikorientierte Ansätze zur Lösung von Teilaspekten gibt, u.a. :

- Anaphora

- Koherenz, Fokus, Kontext

- Adjektive

- viele Aspekte von Zeitstrukturen

(8) Das Problem der Primitiven stellt sich auch in logikorientierten Ansätzen. Wenn frau einen Logikformalismus benützt, muss sie nichtlogische Symbole und ihre Bedeutung formulieren, d.h. eine Menge solcher Symbole auswählen.

LITERATURANGABEN

Abkürzungen :
    IJCAI   : International joint conference on Artificial
              Intelligence

     AJCL   : American Journal of Computational Linguistics

   COLING   : Computational Linguistics

     JACM   : Journal of the Association of the Computing Machinery

     CACM   : Communications of the Association of the Computing
              Machinery

  Blau, D.   : Die dreiwertige Logik der Sprache. De Gruyter, Berlin,
               New York (1978)

Bobrow D., Collins A.M. (eds) (1975) : Representation and
              Understanding : Studies in Cognitive science.
              Academic Press, New York.

Bobrow D., Winograd T. (1977) : An overview of KRL, a knowledge
              representation language. In : Cognitive Science 1,
              pp. 3-46.

Boley H. (1977) : Directed recursive labelnode hypergraphs :
              A new representation language. In : Artificial
              Intelligence 9, pp. 49-85.

Brachman R.J. (1979) : On the Epistemological Status of Semantic
              Networks. In : Findler N.V. (ed.): Associative
              Networks-Representation and Use of knowledge by
              Computers. Academic Press, New York San Francisco
              London.

Braun S., Schwind C.B. (1976) : Automatic Semantics based Indexing
              of Natural Language Texts for Information Retrieval
              Systems. In : Information Processing and Management
              12, pp. 147-153.

Brown F.M., Schwind C.B. : Towards an Integrated Theory of Natural
              Language Understanding. In : AISB/GI -- Conference on
              Artificial Intelligence, Hamburg (1978)

Brown F.M., Schwind C.B. : Outline of an Integrated Theory of
              Natural Language Understanding. In : Bolc L. (ed.)
              Representation and processing of natural Language.
              Hanser/Macmillan, München/London (1980)

Bruce B.C. (1971) : A Model for Temporal References and its
              Application in a Question Answering Program. In :
              Artificial Intelligence 2.

Colmerauer A. (1978): Metamorphosis Grammars. In : Bolc L. (ed.) :
              Natural Language Communication with Computers.
              Lecture Notes in Computer Science 63. Springer-Verlag
              Berlin Heidelberg New york.

Colmerauer A., Pique J.F. (1981) : About Natural Logic. In :
          Gallaire H., Minker J., Nicolas J.M. (eds.) :
          Advances in Data Base Theory Vol. 1. Plenum Press
          New York, London.

Cooper W.S. (1964) : Fact Retrieval and Deductive Question-
          Answering Information Retrieval Systems. In :
          JACM 11, n° 2.

Dahl V. (1979) : Quantification in a three valued logic for
          natural language question-answering systems.
          In : IJCAI-6, Tokyo.

Dahl V. (1979) : Logical design of deductive natural language
          consultable data bases. Proc. 5 th Internat.
          Conference on very large data bases, Rio de Janeiro.

Dahl V. (1981) : Translating Spanish into Logic through Logic.
          In : AJCL 13 pp. 149-164.

Dahl V., McCord M. (1983) : Treating Coordination in Logic Grammars
          In : AJCL, Vol 9, n°2. pp. 69-91.

Fillmore C. (1968) : The case for case. In : Bach E., Harms R.
          (eds.) : Universals in linguistic theory. Holt,
          Rinehart and Winston, New York.

Findler N. (ed.) (1979) : Associative Networks, Representation and
          Use of knowledge by Computers. Academic Press,
          New York, San Francisco London.

Frege G. (1982) : Uber Sinn und Bedeutung. Zeitschrift für
          Philosophische Kritik, pp. 25-50.

v. Hahn W., Hoeppner W., Jameson A., Wahlster W. (1980) :
          The anatomy of the natural language dialogue system
          HAM-RPM. In : Bolc L. (ed.) : Natural language based
          computer systems. Hanser/Macmillan, München, London.

Hayes P.J. (1971) : A logic of actions. In : Meltzer B., Michie D.
          (eds.) Machine Intelligence. Edinburgh.

Janas J.M., Schwind C.B. (1979) : Extensional Semantic Networks :
          Their Representation, Application and Generation.
          In : (Findler N. (ed.) 1979).

Joshi A., Webber B., Sag I. (1981) : Elements of discourse
          understanding. Cambridge University Press.
          Cambridge, London, New York.

Kamlah W., Lorenzen P. (1967) : Logische Propädeutik oder Vorschule
          des vernünftigen Redens. BI Mannheim.

Kaplan S.J. (1981) : Appropriate responses to inappropriate
          questions. In : (Joshi et al. 1981).

Kaplan S.J. (1982) : Cooperative responses from a portable natural
          language query system. In : Artificial Intelligence
          19, pp. 165-187.

Katz J. (1969) : Philosophie der Sprache. Theorie Suhrkamp Verlag,
          Frankfurt a Main (Ubersetzt aus dem Amerikanischen,
          Originalausgabe (1966)).

Kellog C. (1968) : A natural language compiler for on-line data
          management. Proc. Fall Joint Computer Conf.

Knuth D.E. (1969) : Semantics of context-free languages.
          In : Math. Syst. Theory 2.

Kowalski R.A. (1979) : Logic for Problem Solving. North Holland
          New York.

Kripke S.A. (1959) A Completness Theorem in Modal Logic. In :
          The Journal of Symbolic Logic 24, pp. 1-14.

Kripke S.A. (1963) : Semantical Analysis of Modal Logic I, normal
          propositional calculi. In : Zeitschr. f. math. Logik
          u. Grundl.d. Math. 9, pp. 67-96.

Kripke S.A. (1963 b) : Semantical considerations on Modal Logic.
          In : Acta Philosophica Fennica, pp. 83-94.

v. Leibnitz G.W. (1840) : Opera Philosophica, Erdmann.

Manna Z., Pnueli A. (1983) : Verification of Concurrent Programs :
          A Temporal Proof System. Department of Computer
          Science, Stanford University, Report No. STAN-CS-83-
          967,

Mc Carthy J., Hayes P.Y. (1969) : Some Philosophical problems from
          the standpoint of Artificial Intelligence. In :
          Meltzer B., Michie D. (eds.) : Machine Intelligence
          4. Edinburgh University Press.

Mc Carthy J. (1981) : A problem in Formalisation, Personal commu-
          nication.

Mc Cord M.C. (1981) : Focalizers, the Scoping Problem, and
          Semantic Interpretation Rules in Logic Grammars.
          In : Warren D., Van Caneghem M. (eds.) : Logic
          Programming and its Application. To appear

Mc Cord M.C. (1982) : Using Slots and Modifiers in Logic Grammars
          for Natural Language. In : Artificial Intelligence
          18, pp. 327-367.

Mc Dermott D. (1982) : Nonmonotonic logic II : Nonmonotonic
          Modal Theories. In : JACM 29,1.

Minsky M. (1975) : A framework for representing knowledge. In :
          Winston P. (ed.) : The psychology of Computer vision
          Mc Graw-Hill, New York.

Minsky M. (ed.) (1968) : Semantic Information Processing MIT Press,
          Cambridge Mass.

Pereira F. Warren D. (1980) : Definite Clause Grammars for
        Language Analysis-a survey of the Formalism and a
        Comparison with Transition Networks. In : Artificial
        Intelligence 13, pp. 231-278.

Pereira F., Warren D. (1982) : An Efficient Easily Adaptable
        System for Interpreting Natural Language Queries.
        In : AJCL 8, pp. 110-122.

Prior A.N. (1967) : Past, Present, Future. Oxford University Press.

Quillian M.R. (1968) : Semantic memory. In : (Minsky M. 1968).

Quillian M.R. (1969) : The teachable language comprehender :
        A simulation program and thery of language. In:
        CACM 12, n° 8, pp. 459-476.

Raphael B. (1968) : SIR : A Computer program for semantic infor-
        mation retrieval. In : (Minsky M. 1968).

Reiter R. (1980) : A logic for Default Reasoning. In : Artificial
        Intelligence. vol. 13 pp. 81-132.

Rescher N., Urquhart A. (1971) : Temporal Logic. Berlin, Heidelberg
        New York, Wien : Springer.

Roberts R.B., Goldstein I.P. (1977) : The FRL manual MIT, AI
        Laboratory, Memo Nr. 409.

Schank R.C.(1973) : Inference and Conceptual Memory. In : Coling
        73 Conference Proceedings.

Schank R.C.(ed.) (1975) : Conceptual Information Processing.
        North-Holland, Amsterdam.

Schank R.C., Abelson R.P. (1977) : Goals, plans, scripts and
        understanding : an inquiry into human knowledge
        structures. Lawrence Erlbaum, Hillsdale.

Schank R.C., Goldman N., Rieger C., Riesbeck C. (1973) : MARGIE :
        Memory, analysis, response generation and inference
        in English.Proceeding of IJCAI-3, pp. 225-261.

Schank R.C., Goldman N. Rieger C., Riesbeck C. (1975) :
        Inference and paraphrase by computer.JACM, vol. 22,
        N° 3, pp. 309-328.

Schank R.C., Riesbeck C.K. (1981) : Inside computer understanding.
        Hillsdale New Jersey : Lawrence Erlbaum Associates.

Schank R.C. (1982) : Dynamic Memory.Cambridge University Press,
        New York.

Schubert L. (1976) : Extending the expressive power of semantic
        networks. In : Artificial Intelligence 7, pp. 163-202

Schubert L.K., Goebel R.G., Cercone N.J. (1979) : The structure
        and Organization of a Semantic net for comprehension
        and inference. In : (Findler N. 1979).

Schwarcz R.M., Burger J.F., Simmons R.F. (1970) : A deductive
               question Answerer for Natural language Inference .
               In : CACM Vol. 13, N° 3.

Schwind C.B. (1975) : Generating hierarchical semantic networks
               from natural language discourse. In : IJCAI 4
               Tbilisi, pp. 429-434.

Schwind C.B. (1977) : Ein Formalismus zur Beschreibung der Syntax
               und Bedeutung von Frage-Antwort-Systemen. Ph. D.
               Thesis. TUM-INFO-7710 . Institut für Informatik
               der TUM, 1977, München.

Schwind, C.B. (1978) : Representing Actions by State Logic. In
               Proceedings of the AISB/GI Conference on Artificial
               Intelligence. Hambourg, 1978, pp. 304-308.

Schwind C.B. (1979) : Entwicklung einer integrierten Theorie zur
               Sprachanalyse. In : Christaller T., Metzing D.
               (eds.) : Augmented Transition Network Grammatiken.
               Einhorn-Verlag, Berlin.

Schwind C.B. (1982) : Natural language Access to PROLOG Database
               Systems. In : Wahlster W. (ed.) : GWAI-82, 6 th
               German Workshop on Artificial Intelligence Springer
               Verlag, Berlin Heidelberg New York.

Schwind C.B. (1983) : A completeness Proof for a Logic of Actions.
               Report LISH 172 bis.

Schwind C.B. (1984) : Logic Based Natural Language Processing.
               International workshop on Natural Language
               Understanding and Logic Programming. Rennes 1984.

Shapiro S.C.(1979) : The SNe PS Semantic Network Processing
               System. In : (Findler N. 1979),

Simmons R.F. (1973) : Semantic Networks : Their computation and
               use for understanding English sentences. In :
               Schank R.C., Colby K.M. (eds.) : Computer Models
               of Thought and Language. Freeman, San Francisco,
               California, pp. 63-113.

Simmons R.F., Bruce B.C. (1971) : Some relations between predicate
               calculus and semantic net representations of
               discourse. IJCAI 2, pp. 524-529.

Simmons R.F., Chester D. (1977) : Inferences in quantified semantic
               Networks. IJCAI 5, pp. 267-273.

Simmons R.F., Slocum J. (1972) : Generating English discourse from
               semantic networks. In : CACM 15, n° 10, pp. 891-905.

Sridharan N.S.(1978) : AIMDS user manual version 2, Rutgers
               University, New Brunswick, Dept. of Computer Science,
               Report Nr. CBM-TR-89.

Wahlster W. (1982) : Natürlichsprachliche Systeme, eine
        Einführung in die sprachorientiente KI - Forschung.
        In : Bibel W., Siekmann J.H. (eds) : Künstliche
        Intelligenz, Frühjahrsschule Teisendorf, März 1982.
        Informatik-Fachberichte 59, Springer-Verlag,
        Berlin Heidelberg New York, pp. 203-283.

Webber B.L. (1978) : A Formal Approach to Discourse Anaphora.
        Bolt Beranek and Newman Inc. Report n° 3761.
        Cambridge Mass.

Webber B.L. (1981) : Discourse model synthesis. In : (Joshi A. et
        al. 1981).

Wilensky R. (1978) : Understanding goal-based stories.
        Ph. D. Dissertation, Yale University, Computer
        Science Department, Report Nr. 140.

Winograd T. (1972) : Understanding natural language. Academic
        Press New York.

Winograd T. (1975) : Frame Representations and the Declarative /
        Procedural Controversy. In : (Bobrow D., Collins
        A.M. 1975).

Woods W. (1975) : What's in a link ? Foundations for semantic
        networks. In : (Bobrow D. Collins A.M. 1975).

Woods W. (1981) : Procedural semantics as a theory of meaning.
        In : (Joshi A. et al. 1981).

Xiwen Ma, Weide G. (1983) : W-JS : A Modal Logic of knowledge.
        In : IJCAI-83 pp. 398-401.

Parser als integraler Bestandteil von Sprachverarbeitungssystemen.
Eine Materialiensammlung.[1]

Th. Christaller
Forschungsstelle für Informationswissenschaft
und Künstliche Intelligenz
Universität Hamburg
Mittelweg 179
2000 Hamburg 13

1 <u>Einleitung</u>

In diesem Beitrag werden einige meiner Ansichten zur Sprachverarbeitung innerhalb der
Künstlichen Intelligenz (KI) Forschung dargestellt. Dabei beschränke ich mich in
erster Linie auf die Analysekomponente von SV-Systemen. Sie werden vor dem
Hintergrund des Konzepts des 'integrierten Parsers' diskutiert, das den Ausgangspunkt
einer gesamtheitlichen Sicht von Sprachverarbeitungssystemen (SV-Systemen) liefert.
Danach sollten Parser nur im Zusammenhang mit den anderen Modulen eines SV-Systems
entworfen und entwickelt werden unter Berücksichtigung 'realer Dialoge' und
psychologischer Adäquatheit.

Im zweiten Abschnitt wird eine kritische Bestandsaufnahme der sprachverarbeitenden KI
gegeben. Andere, z.B. die der Generierung, bleiben unberücksichtigt. Im nächsten
Abschnitt erfolgt eine allgemeine Charakterisierung von Parsern in SV-Systemen. Diese
wird im folgenden Abschnitt verwendet, um das Konzept des integrierten Parsers zu
entwickeln. Danach werden vier SV-Systeme betrachtet, in denen auf unterschiedliche
Art und Weise ein 'integrierter Parser' realisiert wurde. Die Auswahl des
sprachlichen Materials spielt eine entscheidende Rolle bei der Theoriebildung und
Systementwicklung. Einige damit zusammenhängende Probleme werden im sechsten
Abschnitt diskutiert. Im letzten Abschnitt wird eine Anleitung gegeben, wie man
durch Rollenspiel ein SV-System mit einem integrierten Parser entworfen und
simulieren kann.

Der Leser sei gewarnt: in den folgenden Abschnitten werden mehr ungelöste Probleme
angesprochen als gelöste. Meine Ausführungen dazu sind teilweise spekulativ. Es
geht mir auch mehr darum, mögliche Richtungen aufzuzeigen, in denen weitere
Forschungen unternommen werden sollten. Viele der hier vorgestellten Erkenntnisse
verdanke ich anderen, insbesondere D.Metzing, M.Gehrke, B.Terwey, W.Hoeppner,
K.Morik, H.Marburger, S.Busemann, B.Nebel, W.Wahlster und C.Möbus. An dieser Stelle
möchte ich mich ebenfalls ausdrücklich für die enthusiastische Mitarbeit der
Teilnehmer meines Kurses während der KIFS '84 bedanken, ohne die dieser Artikel nicht
zustande gekommen wäre. Verantwortlich für den Inhalt dieses Beitrages bleibt
natürlich der Autor.

----

1. Der Aufsatz entstand im Rahmen des Projektes HAM-ANS, das aus Mitteln des BMFT
gefördert wird.

2 Stand und Probleme der Sprachverarbeitung in der Künstlichen Intelligenz

In den folgenden Absätzen stelle ich meine Ansichten zum Stand der Sprachverarbeitung,in der KI und die in meinen Augen wichtigsten Probleme im Zusammenhang mit der Analysekomponente von SV-Systemen dar. Das Hauptziel der Anstrengungen in den letzten zehn Jahren war, zu einem größeren Verständnis menschlicher Sprachverarbeitung zu gelangen. Diesem ambitionierten Ziel kann man sich natürlich nur schrittweise nähern. Auf dem Weg dorthin sind bisher nur die allerersten Schritte getan worden. Diese Schritte bestanden darin, immer leistungsfähigere Dialogsysteme zu entwickeln, d.h. Systeme, die in der Lage sind, über einen eingeschränkten Gegenstandsbereich in geschriebener oder gesprochener Sprache zu kommunizieren. Die Leistungsfähigkeit von Dialogsystemen sollte dabei danach bewertet werden, inwieweit sie empirischen Befunden der (kognitiven) Psychologie gerecht werden (siehe aber /WAHLSTER 82/ für eine andere Auffassung).

Der augenblickliche Stand der Sprachverarbeitung innerhalb der KI läßt sich wie folgt kennzeichnen.

- <u>Systeme werden für realistische Dialoge geplant.</u>   Die Komplexität natürlicher Sprache in 'realen Dialogen' versucht man auf die der sogenannten 'realistischen Dialoge' zu reduzieren, in denen nicht die 'Alltagssprache' verwendet wird /BOBROW et al. 77/. Realistische Dialoge sollen ausreichen, um in einem eingeschränkten Diskursbereich eine natürlichsprachliche Mensch-Maschine-Kommunikation führen zu können. Dies ist ein synthetischer Ansatz, der selten genug empirisch überprüft wird. Diese Kritik trifft gleichermaßen auf die 'Speech'-Systeme zu, die gesprochene Sprache verarbeiten /LEA 80/.

- <u>Entwicklung und Implementierung von SV-Systemen sind eine Kunst.</u> Es gibt zu zahllosen Einzelphänomenen exemplarische Lösungen, die jedoch meist fragmentarisch sind (z.B. Sprechakterkennung, Ellipsenerkennung). Nur für den Aspekt der Syntax gibt es ein Lehrbuch, in dem Methoden, Formalismen und Algorithmen aus KI-Sicht ausführlich dargestellt werden /WINOGRAD 83/. Der 'Erfolg' eines SV-Systems ist deshalb in hohem Maße von der Intuition seiner Konstr kteure abhängig.

- <u>Der Kontrollfluß zwischen Modulen eines Systems ist sequentiell.</u>   In einem SV-System existieren neben dem Parser viele verschiedene andere Module. Ihre Funktion, ihre Wissensquellen und ihr Ein-/Ausgabeverhalten bestimmen sich aus einer zugrundegelegten Arbeitshypothese. In den meisten Systemen ist der Kontrollfluß zwischen den Komponenten entweder strikt sequentiell (d.h. eine Komponente nach der anderen erhält die Kontrolle) oder schwach sequentiell (d.h. eine Komponente kann eine andere wie eine Subroutine aufrufen). Derartige Kontrollstrukturen reduzieren zwar anfänglich die Komplexität des Systems, verhindern aber meines Erachtens die adäquate Behandlung vieler Phänomene der menschlichen Sprachverarbeitung.

Neben diesen drei inhaltlichen Punkten gibt es zwei weitere, die sich auf die Forschungssituation bzw. -organisation beziehen.

- <u>Die Entwicklung eines Systems erfordert langjährige Teamarbeit.</u> SV-Systeme sind nicht mehr im Alleingang einer Dissertation realisierbar. Fortschritte sind nur dann möglich, wenn ein Wissenschaftlerteam über Jahre kontinuierlich zusammenarbeiten kann. Weitere Voraussetzungen sind gleichbleibende, tragfähige Arbeitshypothesen, gleichwertige Kompetenz bei den Mitarbeitern in Linguistik und Informatik und angemessene Rechnerressourcen /WAHLSTER 82/.

- <u>Fortschritte werden durch Modifikationen existierender Systeme erreicht.</u>
  Leistungsfähige SV-Systeme entstehen inkrementell durch ständige Modifikationen
  aus früheren Systemen. So basiert HAM-ANS /HOEPPNER, MORIK 84/ auf Arbeiten, die
  etwa 1975 begannen /HAHN et al. 76/, oder das RUS-System /BOBROW, WEBBER 80/ auf
  dem LUNAR-System /WOODS et al. 72/. Diese Vorgehensweise erlaubt es, neue Ideen
  möglichst im Kontext eines lauffähigen Gesamtsystems auszuprobieren. Nur
  dadurch lassen sich ihre Tragfähigkeit und ihre Auswirkungen auf alle Teile des
  Systems überprüfen /WAHLSTER 82/. Daraus folgt aber auch, daß ein solches System
  einer evolutionären Entwicklung unterliegt, bei der man i.a. nicht weiß, ob der
  eingeschlagene Weg in eine Sackgasse führt. Weder der Zeitpunkt noch das
  auslösende Problem lassen sich im voraus bestimmen und können somit auch nicht
  in einem der üblichen Forschungsprojektanträge berücksichtigt werden. Deshalb
  ist es selten möglich, in einer derartigen Situation die notwendige Neuplanung
  und -entwicklung eines Systems durchzuführen. Vielleicht liegt es daran, daß
  man sich viel eher mit (technischen) Einzelphänomenen beschäftigt, so daß das
  Risiko in eine Sackgasse zu geraten wesentlich kleiner ist.

Die wichtigsten Eigenschaften der menschlichen Sprachanalyse und mögliche Erklärungen
sind für mich die folgenden:

- <u>Realzeitverarbeitung.</u> Kurze Zeit nachdem eine Äußerung beendet wurde, ist sie
  von einem menschlichen Hörer auch verarbeitet worden. Eine mögliche Hypothese
  ist, daß die an der Analyse beteiligten Module parallel zueinander arbeiten.
  Ein SV-System muß zumindest diese Eigenschaft erfüllen können, um als Kandidat
  in Anwendungen oder Performanztheorien in Frage zu kommen.

- <u>Robustheit.</u> Viele Phänomene, die zu ungrammatischen Äußerungen führen,
  verhindern weder ihre Verarbeitung noch beeinträchtigen sie die
  Verarbeitungsgeschwindigkeit. Das legt nahe, daß Wohlgeformtheitsbedingungen bis
  zu einem bestimmten Grad abgeschwächt werden können.

- <u>Konventionalität.</u> In vielen Fällen sind menschliche Hörer in der Lage,
  angefangene Äußerungen eines Sprechers spontan richtig zu vervollständigen. Das
  könnte dadurch erklärt werden, daß die Analyse mit sehr verläßlichen Erwartungen
  arbeitet.

Die Analysekomponente eines SV-Systems besteht aus verschiedenen Modulen. In vielen
SV-Systemen ist einer von ihnen für die syntaktische Analyse einer Äußerung
zuständig, der Parser. In der Informatik gibt es zu Parsern eine Vielzahl von
Algorithmen, Formalismen und Implementationstechniken. In der Linguistik zählt das
Gebiet der Syntax zu einem der am besten beherrschten Gebiete. Es ist deshalb nur
verständlich, daß in der sprachverarbeitenden KI gerade Parser sehr gründlich
untersucht werden.

Eines der Standardwerkzeuge für die Entwicklung und Repräsentation von Parsern in
SV-Systemen ist der ATN-Formalismus /WOODS 70/ /CHRISTALLER, METZING 79/. Die
Verwendung dieses und ähnlicher Formalismen führte im Laufe der Zeit zu zwei großen
Problemen: erstens zu mangelnder Effizienz, d.h. es wurden zuviel Zeit und
Arbeitsspeicher benötigt, und zweitens zur Interaktionsisolation des Parsers von
anderen Modulen des SV-Systems. Das erste Problem ist verschiedentlich angegangen
worden, z.B. durch die Entwicklung spezieller ATN-Compiler /BOLC 83/. Dadurch konnten
aber nicht einmal beim Parsing Realzeiten erreicht werden.

Das Problem der Isolation äußert sich darin, daß der Parser wie eine Subroutine
behandelt wird. Er wird mit der gesamten zu analysierenden Äußerung aufgerufen und
gibt die Kontrolle erst dann wieder ab, wenn das vollständige Ergebnis erzeugt werden
konnte. Andere Module, z.B. die semantische Interpretation, können ihre Arbeit erst
aufnehmen, wenn eine Äußerung vollständig syntaktisch analysiert wurde. Derartige
Kontrollstrukturen verhindern grundsätzlich die Realzeitverarbeitung einer Äußerung,
da große Teile der Analyse erst geleistet werden, wenn die gesamte Äußerung verfügbar
ist.

Beide Probleme, Effizienz und Isolation, haben, wie mir im Laufe der Zeit klar wurde,
eine gemeinsame Wurzel: trotz der zahlreichen Literatur über Parsing in der
Informatik und über Syntax natürlicher Sprachen in der Linguistik existiert sehr
wenig Wissen darüber, welche Eigenschaften ein Parser für natürliche Sprache als
integraler Bestandteil eines SV-Systems haben muß. Eine der wichtigsten
Eigenschaften könnte die Kooperativität sein, mit der ein Parser gemeinsam mit den
anderen Modulen des SV-Systems eine Äußerung unter syntaktischen Gesichtspunkten
analysiert.

3 Der Parser in SV-Systemen

Der Parser stellt in einem SV-System denjenigen Modul dar, der eingegebene
Äusserungen mit Hilfe syntaktischer Mittel, z.B. einer Grammatik, analysiert. In
einigen Beschreibungen von SV-Systemen erfährt der Begriff des Parsers eine
unzulässige Bedeutungserweiterung, die dazu führt, daß die gesamte Sprachverarbeitung
darunter gefaßt wird (siehe z.B. /SCHANK et al. 80/. Angemessener erscheinen dagegen
Differenzierungen, wie sie in /WAHLSTER 79/ getroffen werden. Sie beziehen sich im
wesentlichen auf den Typ der Parser-Ausgabe und der verwendeten Wissensquellen. So
wird der Parser, wie er im Compilerbau der Informatik verstanden wird, als
'syntaktisch orientierter Parser' bezeichnet. Seine Ausgabe ist eine syntaktische
Strukturbeschreibung und es werden ausschließlich syntaktische Kategorien verwendet.
Werden dagegen auch semantische Kategorien verwendet, so ist er zusätzlich
'semantisch gesteuert'.

Bei der Realisierung eines Parsers muß man drei verschiedene Beschreibungsebenen
unterscheiden.

  1. Die zugrundegelegten grammatischen Relationen (<u>Grammatiktheorie</u>).

  2. Den verwendeten Grammatikformalismus (<u>Wissensrepräsentation</u>).

  3. Den Interpreter für den Formalismus (<u>Wissensverarbeitung</u>).

Auf der grammatiktheoretischen Ebene wird u.a. festgelegt, welche syntaktischen
Phänomene bevorzugt erklärbar sein sollen und welches Kategoriensystem verwendet
wird. Der Formalismus wird in der Regel so gewählt, daß sich die als zentral
angesehenen syntaktischen Phänomene möglichst 'natürlich' darstellen lassen.

Im Interpreter wird die Parsingstrategie festgelegt, nach der das formalisierte
syntaktische Wissen (die Grammatik) bei der Analyse einer Äußerung eingesetzt werden
soll. Die Verarbeitungsstrategie des Interpreters gehört dann auch auf die
theoretische Ebene, wenn eine psychologische Adäquatheit der Theorie behauptet wird.
So versuchte man zu beweisen, daß eine bestimmte Form der Repräsentation der Syntax
von Relativsätzen im ATN-Formalismus und die dabei verwendete Verarbeitungsstrategie
des ATN-Interpreters psychologisch adäquat ist /WANNER, MARATSOS 75/. Die dabei
aufgestellten Hypothesen wurden kritisiert /FRAZIER, FODOR 78/, verteidigt /WANNER
80/ und erneut kritisiert /FODOR, FRAZIER 80/. Eine objektive Beurteilung, wann ein
Aspekt der Verarbeitungsstrategie als psychologisch adäquat (zu einer Theorie) gelten
kann, ist wohl zur Zeit nicht möglich /THOMPSON 83/.

Unabhängig von der Wahl des Formalismus, in der eine Grammatik dargestellt werden
kann, gibt es drei wichtige Kriterien zur Bestimmung einer Parsingstrategie bzgl.
einer formalen Grammatik (siehe /WINOGRAD 83/ S.90ff).

  1. <u>Parallel- vs. sequentielle Verarbeitung.</u> Hier wird festgelegt, wie
      Alternativen in der Regelmenge einer Grammatik verfolgt werden. Geschieht dies

parallel, so muß die Menge der gleichzeitig möglichen Zustände der Analyse
verwaltet werden. Im anderen Falle wird eine Alternative solange verfolgt, wie
sie erfolgreich ist. Das setzt aber voraus, daß bei Mißerfolg zu der letzten
offen gebliebenen Alternative zurückgegangen werden kann (engl. Backtracking).

2. **Erwartungsgesteuert vs. datengesteuert.** Bei einer erwartungsgesteuerten
   Parsingstrategie wird vom ausgezeichneten Startsymbol der Grammatik S
   ausgegangen. Dieses Symbol stellt bzgl. der Grammatik die allgemeinste
   Erwartung dar. Danach werden für die Konstituenten von S, d.h. die
   Nonterminale auf der rechten Seite der Regeln, die von S abhängen, Erwartungen
   aufgebaut. So werden immer speziellere Erwartungen gebildet, die dann
   schließlich mit Elementen der Eingabe überprüft werden können (engl. top-down
   parsing). Eine Strategie wird als datengesteuert bezeichnet, wenn sie
   ausgehend von den Elementen in der Eingabekette die Regeln der Grammatik zuerst
   benutzt, die diese Elemente in ihrer rechten Seite enthalten. Sie werden gemäß
   der linken Seite der Regel zu immer größeren Konstituenten zusammengesetzt, bis
   die gesamte Eingabe mit dem Startsymbol identifiziert werden kann (engl.
   bottom-up parsing).

3. **Expansion der Knoten im Ableitungsbaum.** Unabhängig von dem vorigen Kriterium
   ist die Entscheidung, in welcher Reihenfolge die rechte Seite einer Regel
   abgearbeitet werden soll. Entweder geht man systematisch in einer Richtung
   durch die Regel (meistens von links nach rechts) oder man wählt systematisch
   immer größere Teile aus. Das kann dadurch geschehen, daß man aus der Mitte
   einer Regel heraus nach links und rechts gehend die nonterminalen Symbole
   expandiert (sogenanntes Insel-Parsing).

Wendet man diese Kriterien auf den klassischen ATN-Interpreter an, so ergibt sich,
daß die Parsingstrategie sequentiell die Alternativen verarbeitet,
erwartungsgesteuert ist bzgl. der Wahl der Regeln und die Eingabe von links nach
rechts verarbeitet (engl. depth-first, top-down, left-to-right). Daran hat sich im
Prinzip auch bei den neueren ATN-Interpretern nichts geändert. Der ATN-Interpreter
beginnt die Analyse im Startzustand der jeweiligen Grammatik mit dem ersten Element
in der Eingabekette. Die von einem Zustand wegführenden Kanten werden in einer
festgelegten Reihenfolge evaluiert. Sind alle Kanten eines Zustandes erfolglos, geht
der Interpreter zum Vorgängerzustand zurück und versucht dort die Analyse
fortzusetzen (Backtracking).

Die Verteilung des syntaktischen Wissens und des Wissens über die Parsingstrategie
(Verarbeitungsregeln) auf die Grammatik und den Interpreter kann in unterschiedlicher
Form geschehen. Einige der dabei denkbaren Entwicklungsrichtungen sollen im
folgenden kurz beschrieben werden. Das in einer Grammatik enthaltene Wissen kann man
grundsätzlich in deklaratives und prozedurales Wissen aufteilen. Das deklarative
Wissen ist dadurch gekennzeichnet, daß es im Prinzip sowohl für die Erkennung als
auch die Generierung verwendet werden kann. Deshalb wird im Rest dieses Abschnitts
die Generierungskomponente vorübergehend mitbetrachtet.

Es sind zwei Extremformen für das syntaktische Wissen denkbar. In der einen gibt es
nur deklaratives Wissen und für Erkennung und Generierung jeweils verschiedene
Interpreter. Dies würde auf solche Systeme zutreffen, die eine generative
Transformationsgrammatik verwenden (siehe Fig. 1). In der anderen gibt es nur
prozedurales Wissen, das für Generierung und Erkennung getrennt formuliert werden
muß. Das trifft z.B. für SHRDLU zu, wo die Grammatik mit Hilfe einer
Programmiersprache repräsentiert wird. Die Generierungskomponente bedient sich
dagegen speziell vorgefertigter Äußerungsmuster und Prozeduren /WINOGRAD 71/.

In allen anderen hier dargestellten Formen gibt es einen generellen Interpreter und
deklaratives Regelwissen, die beide in der Analyse- und Generierungskomponente
verwendet werden können. Eine erste Möglichkeit besteht darin, daß das jeder
Komponente eigene prozedurale Wissen während der Evaluierung durch den generellen
Interpreter auf das gemeinsame deklarative Wissen zugreift (siehe Fig. 2).

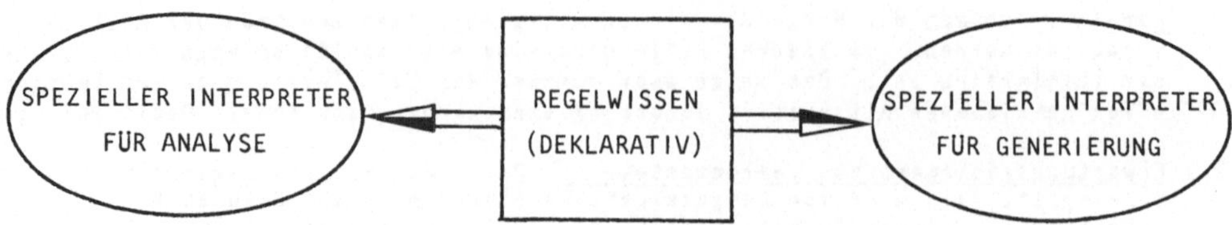

Fig. 1: Abstraktion von Verarbeitungsbedingungen im Regelwissen.

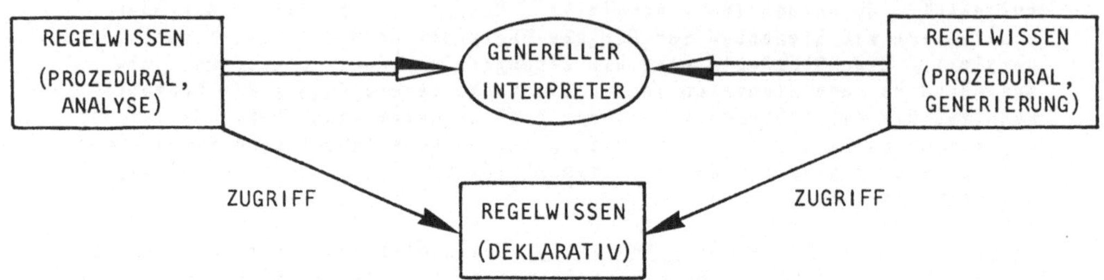

Fig. 2: Verarbeitung des Regelwissens in einem generellen Interpreter.

Das deklarative Wissen kann aber auch von speziellen Compilern in prozedurales Wissen
übersetzt werden (siehe Fig. 3). Das hat den Vorteil, daß Modifikationen nicht mehr
an der Analyse- oder Generierungskomponente durchgeführt werden, sondern nur am
deklarativen Wissen, das anschließend recompiliert werden muß /KAY 80/. Es ist aber
auch möglich, daß das deklarative Wissen nicht autonom ist. Es muß dann unter
Berücksichtigung von Verarbeitungsbedingungen formuliert werden und wird durch sie
auch erklärbar /MARCUS 80/ (siehe Fig. 4).

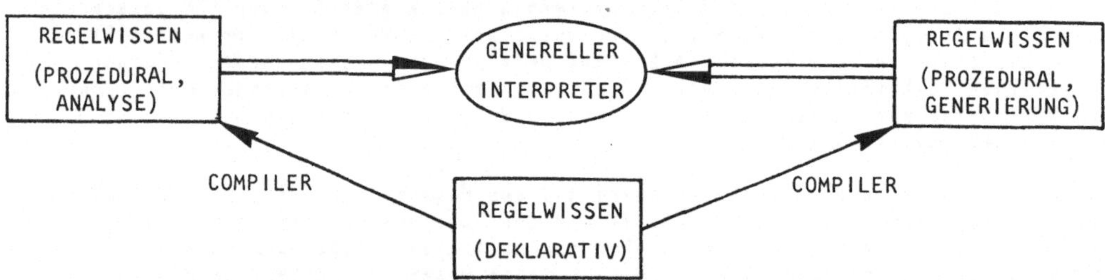

Fig. 3: Reversibles Regelwissen mit generellem Interpreter.

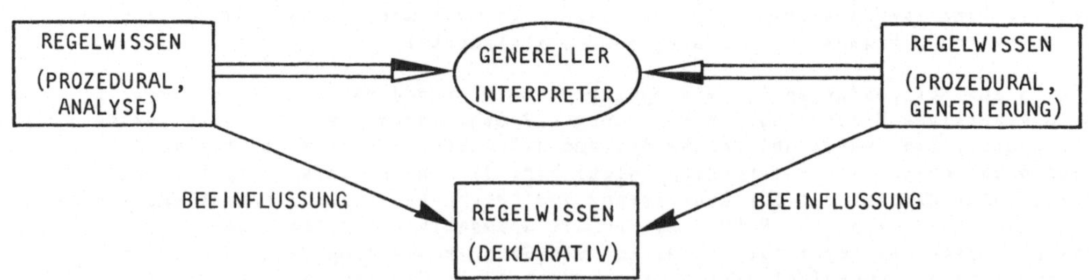

Fig. 4: Nicht autonomes Regelwissen mit generellem Interpreter.

Bislang gibt es keine eindeutigen Hinweise darauf, welche dieser Vorgehensweise die
richtige ist. Mir selber erscheinen die in Fig. 3 und Fig. 4 dargestellten am
aussichtsreichsten. Aber auch die Entwicklung von Grammatiktheorien in Abhängigkeit
von geeigneten Repräsentationsformen und Interpretern ist mit den Arbeiten zu den

verschiedenen sogenannten 'Unifikationsgrammatiken' wieder vollkommen offen /PEREIRA,
WARREN 83/.

4 Integriertes Parsing

In diesem Abschnitt werden die wichtigsten Architekturen von SV-System diskutiert,
mit deren Hilfe die Integration des Parsers möglich ist. Eine integrierte
Systemarchitektur wird heute als notwendige Voraussetzung erfolgreicher Forschung in
der sprachverarbeitenden KI gesehen /ROSENSCHEIN 83/. Das ist von T.Winograd schon
sehr früh erkannt worden:

> "Syntax, semantics, and inference must be integrated in a close way, so
> that they can share in the responsibility for interpretation. Our program
> must incorporate the flexibility needed for this kind of "vertical" system
> in which each part is constantly talking to others." (siehe /WINOGRAD 71/
> S. 20)

> "We can divide the process of language understanding into three main areas
> -- syntax, semantics, and inference. As mentioned above, these areas
> cannot be viewed separately but must be understood as part of an integrated
> system. Nevertheless, we have organized our programs along these basic
> lines, since each area has its own tools and concepts which make it useful
> to write special programs for it.

> Listing these aspects of language understanding separately is somewhat
> misleading, as it is the interconnection and interplay between them which
> makes the system possible. Our parser does not parse a sentence, then hand
> it off to an interpreter. As it finds each piece of the syntactic
> structure, it checks its semantic interpretation, first to see if it is
> plausible, then (if possible) to see if it is in accord with the system's
> knowledge of the world, both specific and general. This has been done in a
> limited way by other systems, but in our program it is an integral part of
> understanding at every level." (siehe a.a.O. S.22)

Versteht man den Parser als einen in einem System integrierten Modul, muß man auch
festlegen, was man unter 'Integration' oder besser 'integriertem Parsing' verstehen
will. Meine Vorstellungen dazu lassen sich in drei Punkten zusammenfassen. Erstens
muß der Parser in der Lage sein, eine Äußerung inkrementell von links nach rechts zu
analysieren. Dazu müssen der Kontrollfluß im Gesamtsystem, die Parsingstrategie und
der Grammatikformalismus so gewählt werden, daß ein quasi-stetiger Fluß von
Teilergebnissen für andere Module erzeugt wird.

Neben den Teilergebnissen produziert ein Parser auch ständig Erwartungen über den
Fortgang der Analyse. Diese Erwartungen müssen, das ist der zweite Punkt, ebenfalls
anderen Modulen zugänglich sein. Die Schwierigkeiten bestehen darin, daß derartige
Erwartungen nur implizit in Grammatikformalismen dargestellt werden. Meistens ist
eine Vorverarbeitung der Grammatik notwendig, um z.B. die Menge der Lexeme zu
berechnen, mit denen bestimmte Phrasenkategorien anfangen (sogenannte First-Mengen im
Compilerbau /AHO, ULLMAN 77/). Diese Mengen werden aber nur innerhalb des Parsers
eingesetzt, um einige der Sackgassen während der Analyse zu vermeiden. Sie können
normalerweise nicht aus Regeln der Grammatik referenziert werden.

Der sich daraus ableitende dritte Punkt besagt, daß der Parser in der Lage sein muß,
die Erwartungen anderer Module zu interpretieren. Zwar sind die Teilergebnisse der
Module, die die Eingabe für den Parser produzieren, per definitionem in der Sprache
ausgedrückt, die der Parser verstehen sollte. Das muß aber für die in Modulen
gebildeten Erwartungen, ähnlich wie bei den First-Mengen des Parsers, nicht
notwendigerweise zutreffen. Wenn überhaupt, werden derartige Erwartungen in einer
Sprache dargestellt, die der Parser nicht 'versteht'.

Nehmen wir z.B. an, der Semantikmodul stellt während eines Wegauskunftsdialog die
Erwartung auf, daß als nächstes in der Eingabe eine Ortsangabe kommen kann. Wird
diese Erwartung dem Parser mitgeteilt, so wird er seine Erwartungen eventuell
verschärfen können. So könnte er in dem angenommenen Beispiel die Erwartung
bestimmter Präpositionen oder Ortsadverbien bevorzugen. Mir ist kein SV-System
bekannt, in dem dies möglich ist. Erwartungen späterer Verarbeitungsmodule werden
lediglich zum nachträglichen Filtern der Ergebnisse von früheren Modulen eingesetzt.

Ein integrierter Parser, der diesen drei Punkten gerecht wird, läßt sich nur sehr
schwer realisieren. Man könnte argumentieren, daß der entsprechende Aufwand sich nur
zu Simulationszwecken lohnt aber nicht, um anwendungsorientierte SV-Systeme zu
entwickeln. In den folgenden drei Punkten versuche ich die Vorteile herauszustellen,
die man sowohl in Simulationssystemen als auch in Anwendungssystemen durch die
Beschäftigung mit integrierten Parsern erhalten kann.

Der kognitive Aspekt. In einer Reihe von psycholinguistischen Arbeiten werden
Sprachverarbeitungsmodelle entwickelt, die basierend auf empirischen Untersuchungen,
die weiter oben genannten Eigenschaften der Realzeitverarbeitung, Robustheit und
Konventionalität besitzen. Derartige Modelle werden z.B. in /McCLELLAND 79/
entwickelt, um Befunde aus Versuchen, die als Beleg für eine mehr sequentielle
Verarbeitung dienten, neu zu interpretieren. Sie sind nicht unumstritten in der
Literatur (siehe z.B. /ASHBY 82/).

Man muß sowohl das Design der Experimente, deren Auswertung als auch die
Modellbildung hinterfragen. Mir selbst erscheinen z.Z. die Arbeiten von
Marslen-Wilson und seinen Mitarbeitern sehr vielversprechend /MARSLEN-WILSON, TYLER
80/. Sie versuchen nachzuweisen, daß 'höhere' Verarbeitungsebenen wie Semantik und
Pragmatik schon sehr früh bei der Analyse einer Äußerung beteiligt werden. Aber auch
in /STEEDMAN 83/ werden Experimente und Interpretationen dargestellt, die die
Hypothese eines autonomen Parsers in der menschlichen Sprachverarbeitung widerlegen.
Falls diese Modelle die Daten der 'richtigen' Experimente genauer interpretieren
lassen, sollten SV-Systeme mit integriertem Parser die menschlichen
Sprachverarbeitungsfähigkeiten adäquater simulieren als andere und leistungsfähiger
sein.

Der linguistische Aspekt. Der größte Nachteil aller bisherigen Grammatiktheorien ist,
daß sie normativ sind. Damit werden sehr viele sprachliche Phänomene nicht erfaßt,
z.B. Abweichungen von dieser Norm durch Dialekte, Versprecher oder Abbrüche in einer
Äußerung. Es gibt eine Reihe von theoretischen und soziolinguistischen Arbeiten, in
denen alternative Grammatikformalismen entwickelt werden (siehe z.B. /HABEL 79/ und
/KLEIN 74/). Sie erlauben einerseits die syntaktischen Regularitäten natürlicher
Sprache zu fassen als auch graduelle Abweichungen, wie sie in Soziolekten oder
Dialekten vorkommen. Aber bislang sind noch keine Parser entwickelt worden, die
einen dieser Formalismen verwenden. Integrierte Parser bieten eine sehr große
Flexibilität in der Verwendung des syntaktischen Wissens und können die Erwartungen
anderer Module berücksichtigen. Deshalb könnten mit Hilfe von Experimenten mit
integrierten Parsern Wege aufgezeigt werden, die eine solche Umsetzung ermöglichen.

Der Verarbeitungsaspekt. In den letzten Jahren sind verschiedene Parsertypen
entwickelt worden, die ihre Aufgabe möglichst effizient erledigen sollen. Unter
Effizienz wird dabei verstanden, daß mit einem Minimum an Speicher- und
Zeitressourcen Äußerungen analysiert werden können. Ein wichtiges Mittel, um dieses
Ziel zu erreichen, bestand in der Wahl einer möglichst deterministischen
Parsingstrategie /MARCUS 80/. Dabei besteht auch immer ein Zusammenspiel mit dem
Grammatikformalismus und der Grammatik. So kann man einen solchen Formalismus wählen,
für den deterministische Parsingstrategien bekannt sind /GAZDAR 83/. Es ist aber auch
denkbar, daß ein Formalismus um Konstrukte angereichert wird, die Determinismus in
einer sonst non-deterministischen Strategie ermöglichen wie bei einem ATN-Interpreter
/BURTON, BROWN 77/. Integrierte Parser bieten dagegen die Möglichkeit, die Effizienz
zusätzlich durch geeignete Interaktionen mit anderen Modulen zu steigern.

Alle drei Aspekte sind abhängig voneinander. Zum Beispiel steht die Forderung der
Realzeitverarbeitung in psychologischen Modellen in engem Zusammenhang mit
Effizienzüberlegungen bei den verfügbaren Ressourcen; die (linguistische) Grammatik
muß die Module berücksichtigen, die parallel zum Parser eine Äußerung verarbeiten;
der Parser muß geeignete Schnittstellen zu den anderen Modulen haben, um sich mit
ihnen zu synchronisieren; die im hohen Maße zutreffenden Erwartungen legen eine
links-rechts verlaufende Parsingstrategie nahe.

Als Arbeitshypothese könnte man folgendes "kognitive Ökonomieprinzip" formulieren:
das Ergebnis, das durch Interaktion aller Module eines SV-Systems zustande kommt, ist
entscheidend, nicht das Ergebnis eines einzelnen Moduls. Deshalb ist es ausreichend,
in jedem Modul nur die Probleme anzugehen, die mit Hilfe der einfachen Mittel des
gewählten Formalismus und Interpreters gelöst werden können. Auf der anderen Seite
wird jeder einzelne Modul durch die Interaktionen mit den anderen Modulen zusätzliche
Komplexität erhalten. Sie erfordern die Synchronisation der Kontroll- und
Datenflüsse innerhalb eines Moduls mit denen der benachbarten Module.

Soll in einem SV-System ein integrierter Parser verwendet werden, muß man sich
Gedanken darum machen, wie diese Integration geschehen soll. Es gibt dazu vier
verschiedene Basistypen entsprechender Systemarchitekturen /GöRZ 79/ (siehe auch Fig.
5).

   1.   **Das Kaskadenmodell.** Je zwei Module sind miteinander verknüpft. Die
        Verarbeitung kann gleichermaßen erwartungs- und datengesteuert durchgeführt
        werden. Alle Module müssen in einer festgelegten Reihenfolge durchlaufen
        werden, d.h. man kann keinen Modul überspringen.

   2.   **Das heterarchische Modell.** Jeder Modul kann mit jedem anderen kommunizieren.
        Die Verarbeitung besitzt keine Richtung mehr. Mit wachsender Anzahl von
        Interaktionspunkten bzw. Modulen wächst auch die Komplexität der
        Synchronisation bzw. der Kommunikation. Letzteres, weil jedes Modul die
        Sprachen aller anderen Module 'verstehen' und 'sprechen' muß. Hinzu- oder
        Wegnahme eines Moduls ist wegen der expliziten Kommunikationswege schwierig.

   3.   **Das Blackboard-Modell.** Alle Module kommunizieren über eine gemeinsame
        Datenbasis, die Blackboard. Sie wird damit zum Flaschenhals während der
        Verarbeitung. Auf der anderen Seite wird die Unabhängigkeit der Module
        untereinander gewahrt, d.h. sie können leicht durch andere ausgetauscht oder
        weggelassen werden.

   4.   **Das Integrationsmodell.** In diesem Modell kann man einzelne Verarbeitungsebenen
        nicht mehr in jeweils einem Modul lokalisieren. Eine Modularisierung des
        SV-Systems kann nach anderen als den linguistischen Gesichtspunkten
        durchgeführt werden. Das syntaktische Wissen und die dazugehörigen
        Verarbeitungsregeln können z.B. über das gesamte System verstreut sein. Beide
        lassen sich dann nur schwer modifizieren oder faktorisieren.

In allen vier Modellen gibt es einige gemeinsame Probleme. Das Wichtigste betrifft
die Auswahl der Module. Dabei geht es darum, Verarbeitungsebenen und das in ihnen
benötigte Wissen festzulegen. So ist es denkbar, wie bei der 'Lexical Function
Grammar' (LFG) zwei Verarbeitungsschritte im Parser anzunehmen, die unterschiedliches
Wissen verwenden /BRESNAN 82/. Oder wie in 'Speech'-Systemen neben Parser und
semantischer Interpretation eine Vielzahl von Modulen für die Signal- und phonetische
Verarbeitung vorzusehen. Unter dem Gesichtspunkt der psychologischen Adäquatheit
gibt es eine Reihe von konkurrierenden Modellen, die man bei der Modularisierung
eines SV-Systems zugrunde legen kann /CARROLL 81/.

Ist die Modularisierung gegeben, so muß man klären, welche Repräsentationsformalismen
und Interpreter in einem Modul verwendet werden sollen. Weiter oben sind einige
Punkte aufgeführt worden, die beim Parser-Modul zu berücksichtigen sind. In jedem
Fall muß man festlegen, ob die Interaktion zwischen den Modulen explizit oder

implizit gesteuert werden kann. Werden in einem der Repräsentationsformalismen
entsprechende Konstrukte vorgesehen, so läßt sich die Interaktion explizit steuern.
Beim Schreiben einer Grammatik kann dann sowohl der Zeitpunkt der Interaktion als
auch ihr Inhalt frei bestimmt werden. Andernfalls muß beides durch den Interpreter
geleistet werden, sodaß die Interaktion nur implizit gesteuert werden kann.

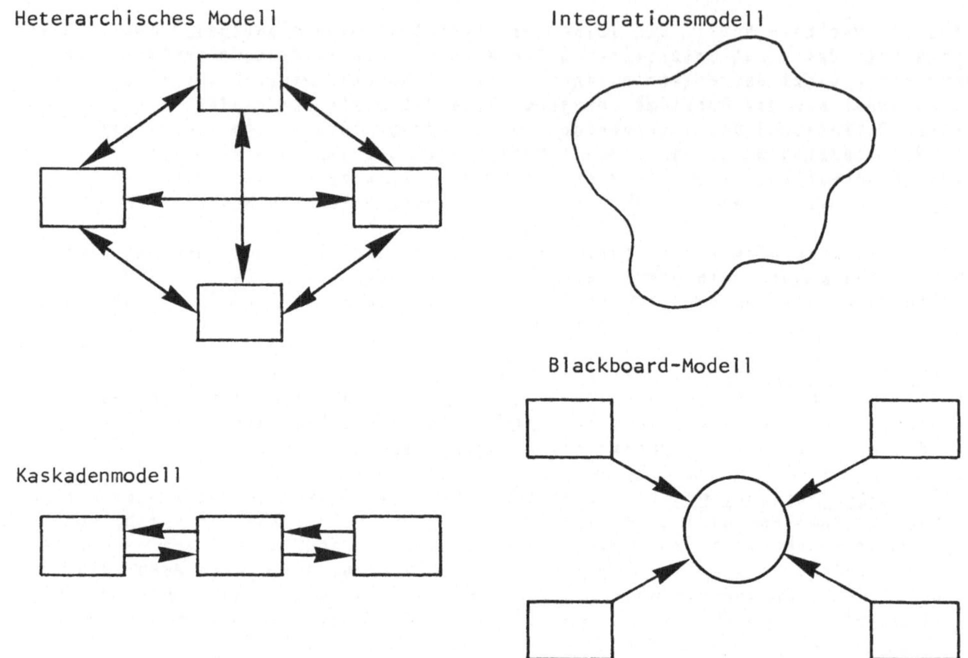

Fig. 5: Architekturen von SV-Systemen.

Die explizite Angabe der Wissensquellen und die Festlegung der Kontrollstruktur des
SV-Systems und seiner Module sind charakteristisch für die Vorgehensweise in der
sprachverarbeitenden KI. Werden Module ausgelassen, so muß doch ihre funktionale
Rolle im Gesamtsystem festgelegt werden. Ein SV-System dient als Labor, um
Experimente durchzuführen. So ist es möglich, Hinweise darauf zu bekommen, ob das
SV-System potentiell eine Äußerung in Realzeit verarbeiten kann. Weiterhin kann das
beobachtbare Systemverhalten während der Verarbeitung mit Befunden aus empirischen
psychologischen Untersuchungen verglichen werden bzw. Ausgangspunkt zu ihrer Planung
und Durchführung sein.

Es gibt weiterhin einige offene Probleme. Wird z.B. der ATN-Formalismus verwendet,
wird an jedem Entscheidungspunkt eine Prozeßinstanz erzeugt, die bei einem
eventuellen Backtracking reaktiviert werden kann. In der Regel werden sie bis zum
Ende einer erfolgreichen Analyse einer Äußerung aufbewahrt, was sehr viel Speicher
benötigen kann. Es ist denkbar, daß nur eine bestimmte Anzahl, sagen wir sieben,
derartiger Prozeßinstanzen aufbewahrt werden muß. Damit wäre eventuell erklärbar,
daß die syntaktische Struktur einer Äußerung nicht so ohne weiteres rekonstruierbar
ist, um nach Alternativen Ausschau zu halten.

Weiterhin müssen Interaktionen des SV-Systems mit anderen Komponenten eines
umfassenderen kognitiven Systems, z.B. der visuellen Wahrnehmung oder einem
Problemlöser, festgelegt werden. So ist denkbar, daß die
Sprachverarbeitungskomponente als Ganzes mit anderen Komponenten kommuniziert, oder
die einzelnen Module verschiedener Komponenten direkt miteinander kommunizieren. Und

schließlich ist die Erlernbarkeit sowohl von linguistischem Wissen als auch von
Verarbeitungsregeln in SV-Systemen bisher fast völlig unbeachtet geblieben. Die
einzige Ausnahme ist auch hier wieder die Syntax /ANDERSON 77/ /BERWICK 81/.

5 Vergleichende Darstellung integrierter Systeme

In den folgenden Teilabschnitten werden einige SV-Systeme kurz dargestellt und ihre
Analysekomponenten charakterisiert und miteinander verglichen. Ihre Auswahl erfolgte
danach, inwieweit sie charakteristisch für eine der weiter oben genannten
Architekturtypen sind. Zuerst wird SHRDLU als Beispiel eines teilweisen
Kaskadenmodells vorgestellt. Danach folgt Hearsay-II, das ein Vertreter des
Blackboard-Modells ist. Mit dem 'Word Expert Parser' wird eine der ernst zu
nehmenden Systeme, die auf dem Integrationsmodell beruhen, diskutiert. Als letztes
wird ein sogenanntes prozedurales Dialogmodell behandelt, das mit Hilfe des
Kaskadenmodells entwickelt wurde.

5.1 SHRDLU

In dem System SHRDLU von T.Winograd wird zum ersten Mal der Schwerpunkt auf den
Prozeßcharakter von Sprachverarbeitung gelegt /WINOGRAD 71/. SHRDLU ist ein
integriertes System, daß einen einfachen Roboter simuliert, dem ein Mensch Befehle,
Behauptungen und Fragen bzgl. vorausgegangener Aktionen eingeben kann. Dieses System
ist auch heute noch sehr interessant, da es eines der wenigen Systeme ist, in denen
zu allen Aspekten der Sprachverarbeitung Lösungen angeboten werden. An dieser Stelle
kommt es mir aber ausschließlich auf die Kommunikation zwischen Parser und
semantischer Interpretation an. Die Architektur von SHRDLU ist so, daß lediglich
Parser und Interpretation wechselseitig miteinander kommunizieren (siehe Fig. 6).

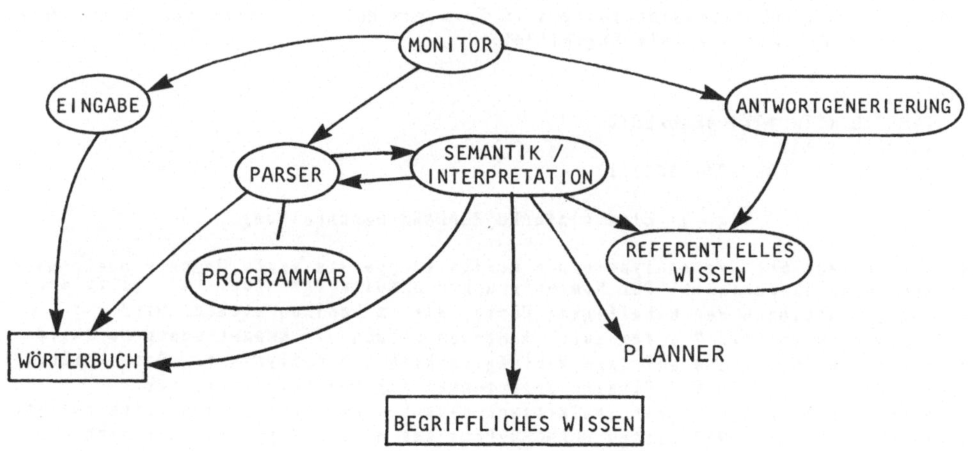

Fig. 6: Architektur von SHRDLU.

Für jede der folgenden syntaktischen Konstituenten gibt es Syntaxspezialisten, mit
denen ein oder mehrere sogenannte Semantikspezialisten assoziiert sind:

- Nominalgruppe

- Präpositionalgruppe

- Adjektivgruppe

- Klause (Satz bzw. Nebensatzkonstruktionen)

Die Grammatik ist prozedural in der Sprache PROGRAMMAR repräsentiert. Trotz des
oberflächlichen Unterschieds zu ATNs ist eine PROGRAMMAR-Grammatik sehr ähnlich zu
einem ATN. Im Gegensatz zum ATN-Interpreter gibt es allerdings keine implizite
Verwaltung von Alternativen durch Backtracking. PROGRAMMAR ist in LISP eingebettet
und erlaubt deshalb die Verwendung beliebigen LISP-Codes innerhalb von
PROGRAMMAR-Programmen. Dies wurde ausgenutzt, um die Semantikspezialisten als
Subroutine aufzurufen. Sie überprüfen die syntaktischen Teilergebnisse, blockieren
syntaktische Alternativen oder wählen sie aus.

Der Parser und die semantische Interpretation bilden eine hierarchische Architektur,
die man als vereinfachte Form der Kaskadenarchitektur ansehen kann. Jeder der
Syntaxspezialisten kann zu jedem Zeitpunkt einen seiner Semantikspezialisten aufrufen
und diese wieder einen der Syntax. Z.B. läßt der Nominalgruppenspezialist nach
Erkennen des ersten Nomens festzustellen, ob die bisher analysierte Kombination von
Adjektiven und Nomen semantisch sinnvoll ist. Erst danach werden eventuell folgende
restriktive Relativsätze syntaktisch als zu dieser Nominalgruppe gehörig analysiert.

Dieses Zusammenspiel wollen wir an einem Beispiel erläutern. Dazu müssen wir aber
vorher wissen, wie die Semantik einer Äußerung in SHRDLU repräsentiert wird. Sie
wird in Form von PLANNER-Programmen dargestellt, die dann evaluiert werden (zu
PLANNER siehe /HEWITT 72/ und /BARR, FEIGENBAUM 81/ S. 175ff). Z.B. wird als
Bedeutung der Nominalgruppe "Ein roter Würfel" das PLANNER-Programm in Fig. 7
erzeugt.

Die semantische Auswertung besteht darin, derartige Programme zu evaluieren. Wird
das PLANNER-Programm in Fig. 7 evaluiert, so wird versucht, ein Objekt in der
Wissensbasis des Systems zu finden, daß ein Bauklotz ist, gleiche Kantenlänge besitzt
und rot ist. D.h. Objektbeschreibungen in Form von Nominalgruppen werden in SHRDLU
auf Objekte in der Wissensbasis abgebildet.

```
(THPROG (X1)
    (THGOAL (#IS #?X1 #BAUKLOTZ))
    (#EQDIM #?X1)
    (THGOAL (#COLOR #?X1 #ROT)))
```

Fig. 7: Eine einfache PLANNER-Beschreibung.

Sobald der Parser bei der Analyse einer Nominalgruppe das erste Nomen findet, wird
der erste Semantikspezialist für Nominalgruppen SMNG1 aufgerufen. Mit Hilfe der
Bedeutungsdefinitionen der beteiligten Worte, die im Lexikon stehen, wird das
PLANNER-Programm in Fig. 7 aufgebaut. Außerdem werden die semantischen Merkmale
miteinander kombiniert und auf ihre Verträglichkeit hin analysiert. Danach fährt der
Parser in der Analyse fort. Etwaige Ergänzungen zur Nominalgruppe, z.B.
Relativsätze, werden nach ihrer syntaktisch-semantischen Analyse von einem zweiten
Semantikspezialisten SMNG2 diesem PLANNER-Programm hinzugefügt, nachdem auch hier die
Verträglichkeit der semantischen Merkmale überprüft wurde.

Mit Hilfe der Semantikspezialisten kann verhindert werden, daß in

"Der Junge rannte mit der Zeitung über die Straße."

die Präpositionalgruppe "über die Straße" als Ergänzung zur vorangehenden
Nominalgruppe genommen wird. Die wesentlichen Hilfsmittel dazu sind die semantischen
Merkmale und das begriffliche Wissen über den Diskursbereich. Leider werden in
Winograd's Arbeit keine anderen Techniken dargestellt, mit denen die Semantik dem
Parser bei der Auswahl der richtigen Alternative hilft.

5.2 Hearsay-II

Mitte der 70er Jahre sind im Rahmen einer gezielten Projektförderung eine Reihe von
sogenannten 'Speech Understanding' Systemen in den USA entwickelt worden. Eines der
erfolgreichsten Systeme war Hearsay-II /HAYES-ROTH et al. 78/. Das weiter oben
genannte Blackboard-Modell ist in Hearsay-II zum ersten Mal in einem SV-System
verwendet worden. Im Gegensatz zu SV-Systemen, die geschriebene Sprache als Eingabe
nehmen, sind in Spracherkennungssystemen die Ausgangsdaten sehr fehlerbehaftet.

Die Idealform einer Blackboard ist die, daß von unterschiedlichen, im wesentlichen
unabhängigen Modulen Ergebnisse auf die Blackboard geschrieben und von ihr abgelesen
werden. In Hearsay-II hat man aber der Blackboard eine zusätzliche interne Struktur
gegeben, die den Zugriff auf die Blackboard reglementiert. Diese Struktur kann man
sich als einen dreidimensionalen Raum vorstellen, deren x-Achse die Zeit ist, auf
deren y-Achse die Verarbeitungsebenen und auf deren z-Achse die jeweiligen
Analysealternativen abgetragen werden (siehe Fig. 8).

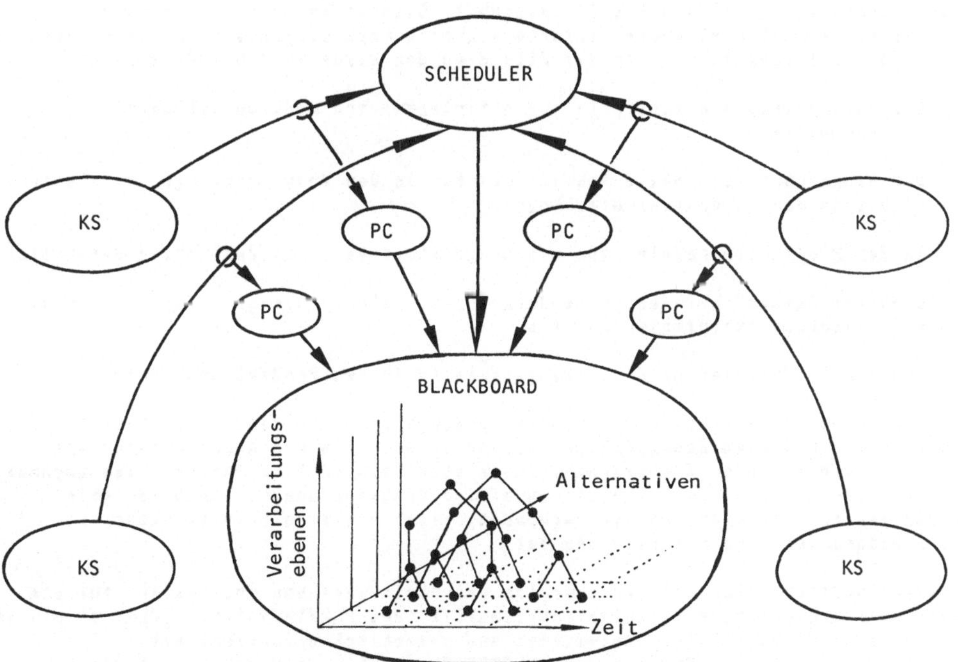

Fig. 8: Die Blackboard-Architektur von Hearsay-II.

Die Analysealternativen auf jeder Verarbeitungsebene zu Teilen der Äußerung sind mit
solchen auf benachbarten Ebenen verknüpft, die sie entweder stützen oder von denen
sie gestützt werden. Elemente auf der obersten Ebene überspannen die gesamte
Äußerung während die unterste Ebene Elemente enthält, die kurzen Segmenten in der
Äußerung entsprechen. Der Zugriff auf die Blackboard erfolgt über einen
Verwaltungsprozeß (engl. Scheduler), der u.a. auch die Integrität der Blackboard
sicherstellt.

Die als Wissensquellen (engl. Knowledge Sources) bezeichneten Module gehen bei
Zugriffen auf die Blackboard zweistufig vor. Zuerst werden möglichst einfache
Vortests (engl. Preconditions) durchgeführt, um festzustellen, ob ein Zugriff auf die
Blackboard überhaupt sinnvoll ist. Nur wenn die Voraustests erfolgreich waren, wird
ein Auftrag an den Verwaltungsprozeß geschickt. Der Auftrag kann in einer Abfrage
von Eintragungen auf der Blackboard bestehen oder in einer Eintragung. Der
Verwaltungsprozeß entscheidet dann, wann und mit welchen Ressourcen der Auftrag
ausgeführt wird.

Aus Effizienzgründen wurden in Hearsay-II die Zugriffe auf die Blackboard auf ein
Minimum reduziert. Jeder Modul verwendete deshalb sehr viele spezialisierte lokale
Datenstrukturen, die zusätzlich den Mehraufwand vermeiden halfen, der bei einer
datengesteuerten Programmierung notwendig wird. Außerdem scheint es so zu sein, daß
nur die Module miteinander über die Blackboard kommunizieren können, die direkt
benachbarten Verarbeitungsebenen zugeordnet sind. Im Prinzip ist das
Blackboard-Modell geeignet für Parallelverarbeitung, im Falle von Hearsay-II längs
der drei verschiedenen Dimensionen. Eine der daran geknüpften Hoffnungen ist, daß
damit die Verarbeitungsgeschwindigkeit gesteigert werden könnte. Deshalb wurden in
einer besonderen Studie größere Teile von Hearsay-II in Form von Produktionsregeln
auf einer parallelen Rechnerarchitektur implementiert /McCRACKEN 81/.

Die Ergebnisse dieser Studie sind die, daß die in der Reimplementierung verwendete
Architektur aus inhärenten Gründen zwischen 6 und 36 Mal langsamer ist als die
ursprüngliche (nach Berücksichtigung verschiedener Faktoren wie unterschiedliche
Prozessorgeschwindigkeit und Betriebssysteme). Eine grobe Abschätzung einer
vollständigen Reimplementierung lieferte ein noch ungünstigeres Verhältnis (zwischen
100 und 3000 Mal langsamer). In der Studie werden dafür fünf Gründe genannt:

   1. Die datengesteuerte Kontrolle zur Aktivierung von Modulen ist sehr
       zeitaufwendig.

   2. Der eingeschränkte lokale Arbeitsspeicher in den Modulen zwingt zur stärkeren
       Benutzung der (globalen) Blackboard.

   3. In den Produktionsregeln kann man Langzeitwissen nicht deklarativ darstellen.

   4. Erhöhter Aufwand bei der Verwendung der Blackboard als globalem Arbeitsspeicher
       bei asynchron evaluierten Modulen.

   5. Redundante Evaluierung des Bedingungsteils in den Produktionsregeln.

Die Folgerungen aus dieser Studie sind allerdings nicht so einfach zu ziehen. Auf
verschiedenen in diesem Zusammenhang relevanten Gebieten wie Architekturen von
parallelen Rechnern oder Wissenskompilation steht man erst am Anfang. Eine nochmalige
Reimplementierung könnte schon heute um einige Größenordnungen schneller sein.
Trotzdem ist zu überlegen, ob die Verwendung einer globalen Datenstruktur, wie sie
die Blackboard ist, der richtige Weg ist.

Der Parser befindet sich auf der obersten Verarbeitungsebene und basiert auf dem
Konzept der 'semantischen Versatzstückgrammatik' des PARRY-Systems /COLBY et al. 74/.
Die verwendete Grammatik ist kontextfrei und semantisch orientiert mit
semantisch-pragmatischer Steuerung /WAHLSTER 79/, d.h. das Ergebnis ist die
semantische Repräsentation der Äußerung und während der Analyse werden
semantisch-pragmatische Tests verwendet. Nur so schien es möglich zu sein, die
kombinatorische Explosion der datengesteuerten Hypothesenbildung Herr zu werden, die
typisch in Systemen ist, die gesprochene Sprache verarbeiten. Auf der anderen Seite
wird es sehr schwer sein, das System in anderen als dem ursprünglichen Diskursbereich
einzusetzen.

5.3 Der 'Word Expert Parser'

In den meisten SV-Systemen gibt es eine Hierarchie von Verarbeitungsebenen, auf denen
immer größere Teile einer Äußerung als Einheit betrachtet werden. In dem sogenannten
Wortexperten-Parser (Word Expert Parser) sind die Lexeme die einzigen Einheiten
/RIEGER, SMALL 79/. Ausgangspunkt der Überlegungen dazu waren Probleme der
Wortsemantik, wie sie bei der Textanalyse auftreten /HAHN, REIMER 83/, z.B.
Mehrdeutigkeiten oder idiomatische Verwendungen von Worten. Diese sollen dadurch
gelöst werden können, daß Lexem-basierte Einheiten, die Wortexperten, miteinander
kommunizieren und dabei die durch den aktuellen Kontext determinierte richtige
Bedeutung einer Äußerung finden.

Die Wortexperten erlauben eine zu den üblichen linguistischen Beschreibungsebenen
orthogonale Verteilung des Wissens. Ein Wortexperte enthält sowohl lexikalisches als
auch syntaktisches und semantisches Wissen. Das Wissen wird in Form von
Diskriminationsnetzen organisiert. An Entscheidungspunkten besteht die Möglichkeit,
Nachrichten an die (direkt) benachbarten Wortexperten zu senden. Die so
ausgetauschten Informationen sind entweder sogenannte Konzeptstrukturen oder
Kontrollsignale. Zur Verarbeitung einer Äußerung werden die relevanten Wortexperten
dynamisch zu einem distribuierten System organisiert und das Ergebnis ist eine
Kasusrahmen-ähnliche Struktur.

Die hochgradige Integration von Einheiten der verschiedenen Formen linguistischen
Wissens und von Verarbeitungsregeln in prozedural repräsentierten
Diskriminationsnetzen erschwert jede Form von Modifikation. So müssen bei Hinzunahme
eines neuen Wortexperten alle denkbaren und wünschbaren Interaktionen mit den
vorhandenen Wortexperten ausprobiert werden. Eine Faktorisierung gemeinsamer
Wissensbestandteile in verschiedenen Wortexperten ist nicht möglich. Das führt zu
einer erhöhten Redundanz des linguistischen Wissens im Gesamtsystem.

An einigen Stellen benötigt der Parser Ergebnisse von anderen Modulen des SV-Systems.
Da aber bislang Wortexperten-Parser nicht als Bestandteil eines SV-Systems eingesetzt
worden sind, werden die dazu angenommenen Interaktionen mit diesen Modulen durch den
Benutzer simuliert (siehe /SMALL 81/ S. 17). Diese Simulation sieht z.B. so aus, daß
der Parser die Frage stellt, ob ein bestimmtes Konzept im Dialogfokus ist. Der
Benutzer antwortet darauf mit 'Ja' oder 'Nein'. Es bleibt dabei völlig offen, ob der
entsprechende Modul für diese Antwort nicht zusätzlicher Interaktionen mit dem Parser
bedarf, wann diese Interaktionen stattfinden und was für Informationen dabei
ausgetauscht werden.

5.4 Prozedurale Dialogmodelle

Allen drei bisher beschriebenen Systemen sind einige Eigenschaften gemeinsam, die sie
als Modelle für die Verarbeitung realer Dialoge ungeeignet machen. Bei allen beginnt
die Verarbeitung einer Äußerung erst, nachdem diese vollständig eingegeben wurde.
Davon wird vielfältig Gebrauch gemacht und ist deshalb kein vernachlässigbarer
technischer Aspekt. So basiert die Verarbeitung von Idiomen und Verbpräfixen darauf
genauso wie die quasi-parallele datengesteuerte Entwicklung von Alternativen. Der
gesamte Kontrollfluß in diesen Systemen müßte verändert werden, um eine Eingabe
inkrementell von links nach rechts zu analysieren. Weiterhin gibt es entweder keine
Dialogkomponenten oder nur schwach ausgeprägte wie in SHRDLU. Alle sind am
syntaktischen Satzbegriff orientiert, d.h. Phänomene wie z.B. Interjektionen,
Selbstabbrüche, Ellipsen werden nicht systematisch behandelt.

    Im Rahmen des DFG-Schwerpunktes 'Verbale Interaktion' sind im Projekt
'Prozedurale Dialogmodelle' Interaktionen als Prozesse mit bestimmten
Prozeßbedingungen und -strukturen untersucht worden /CHRISTALLER et al. 84/. Dazu
wurde das Wissen über typische Interaktionsverläufe und über sprachliche
Realisierungsformen in Wegauskunftsdialogen in ATN-Grammatiken repräsentiert. Die

dabei verwendeten Dialogdaten wurden einem schon existierenden Korpus entnommen
/KLEIN 79/.

Die Ziele des Projektes waren

- die Abhängigkeiten zwischen verschiedenen Verarbeitungsebenen herauszuarbeiten,

- die notwendigen beteiligten Wissensquellen festzulegen und

- Zeitpunkte und Inhalte der Interaktionen zwischen den Verarbeitungsebenen zu
  untersuchen.

Das Ergebnis war ein modulares Ebenenmodell mit vier (pragmatischen) Ebenen, einer
semantischen und einer syntaktischen Ebene. Ein solches Modell erfordert jedoch
zweierlei. Zum einen muß ein und dasselbe Dialogsegment auf mehreren Ebenen
kategorisiert werden. Zum anderen entstehen zwischen den Ebenen
Progressionsdifferenzen, d.h. der Verarbeitungsprozeß schreitet auf den verschiedenen
Verarbeitungsebenen in unterschiedlichen Einheiten voran. Deshalb war es nicht wie
zu Anfang des Projektes geplant möglich, das gesamte Interaktionswissen in einer
ATN-Grammatik darzustellen.

Einen Ausweg schienen die sogenannten 'kaskadierten ATNs' zu bieten, die eine
spezielle Form des Kaskadenmodells ermöglichen /WOODS 80/. Es zeigte sich jedoch
bald, daß sie für die Verarbeitung natürlichsprachlicher Dialoge in einem
Dialogsystem zu speziell sind, da sie verlangen, daß auf jeder Verarbeitungsebene der
ATN-Formalismus verwendet wird. In einem nächsten Schritt wurde deshalb eine
Generalisierung der kaskadierten ATNs entwickelt /CHRISTALLER, METZING 83/. Sie
basiert auf dem Konzept des objekt-orientierten Programmierens und erfüllt auch die
Forderung nach der 'koordinierten Unabhängigkeit' der Ebenen, d.h. wenn zwei
benachbarte Ebenen eine nondeterministische Verarbeitungsstrategie mit Backtracking
verwenden, springt bei der Suche nach Alternativen das Backtracking gegebenenfalls
von einer Ebene zur anderen. Erreicht wurde schließlich ein Kaskadenmodell mit einem
inkrementellen, auf mehreren Verarbeitungsebenen arbeitenden Erkennungsformalismus,
der in Richtung auf Parallelverarbeitung weiterentwickelbar ist /GEHRKE 83/.

Bei der linguistischen Analyse basierend auf diesem Kaskadenmodell stellte sich
jedoch eine weitere Schwierigkeit heraus: die feste Anordnung der Ebenen und die
ausschließlich datengesteuerte Verarbeitungsrichtung zwischen den Modulen von der
Syntaxebene zur Pragmatik ist zu starr. In den seltensten Fällen kann man
Dialogkategorien auf Grund von eindeutigen Oberflächeninformationen den
Dialogsegmenten zuordnen. Dazu scheint eine Kombination von erwartungsgesteuerter
Verarbeitungsstrategie mit einer datengesteuerten notwendig zu sein.

Der Parser in dem Simulationsmodell ist ein ATN. Es ist phrasenorientiert und nicht
satzorientiert. Ähnlich wie bei SHRDLU interagiert der Parser mit der semantischen
Verarbeitungsebene, einem Kasusrahmeninterpreter, an kritischen Stellen in Nominal-
und Präpositionalphrasen. Damit werden frühzeitig syntaktische Ambiguitäten erkannt
und aufgelöst. Aber auch wenn semantisch besonders interessante Elemente in einer
Äußerung erkannt werden, interagiert der Parser mit dem Kasusrahmeninterpreter, z.B.
bei Verben, deiktischen oder direktionalen Adverbien. Der Parser erhält als
Rückmeldung von der Semantik entweder das Signal zur Weiterverarbeitung oder zum
Backtracking. Die Vermittlung von Erwartungen in der einen oder der anderen Richtung
ist auch hier nicht realisiert.

Der Parser ist aber in der Lage fast alle in den Dialogen vorkommenden Äußerungen
deterministisch zu analysieren. Ellipsen, bestimmte Formen von Selbstabbrüchen und
redundante Wiederholungen, wie sie in realen Dialogen häufig vorkommen, bereiten dem
Parser keine Schwierigkeiten. Die Ellipsenrekonstruktion findet zwar auf der
semantischen Ebene statt allerdings unter Zuhilfenahme aller anderen
Verarbeitungsebenen /GEHRKE 84/.

Wie bei allen anderen hier diskutierten Systemen bleibt bei den prozeduralen
Dialogmodellen noch zu zeigen, inwieweit sie auf andere Aufgabenbereiche ausgedehnt
werden können. Außerdem ist das Problem der dynamischen Planung von Dialogen in dem
Modell vollkommen ungelöst. Doch es scheint mir, als ob die Vorgehensweise im Ansatz
richtig ist. Deshalb möchte ich die wichtigsten Punkte kurz darstellen.

- Maximale Faktorisierung des linguistischen Wissens.

- Explizite Steuerung der Interaktionen zwischen den Modulen.

- Auf den Verarbeitungsebenen können beliebige Prozesse verwendet werden.

- Aufbau der linguistischen Wissensquellen erfolgt nach den Erfordernissen der
  pragmatischen Verarbeitungsebenen.

- Eine Äußerung wird inkrementell von links nach rechts analysiert.

Wichtig erscheint mir, daß die Ergebnisse aus allen vier SV-Systemen vereinigt
werden. Dazu zählen insbesondere, daß ein vollständiges System vorliegt (SHRDLU),
daß idiomatische und metaphorische Verwendung von Worten verarbeitet werden kann
(Word Expert Parser), und daß der Kontrollfluß zwischen den Modulen sowohl daten- als
auch erwartungsgesteuert ist (Hearsay-II).

6 Das sprachliche Material

Um mit 'realen Dialogen' arbeiten zu können, benötigt man einen Korpus
transkribierter Dialoge. Bei der Erstellung bzw. Verwendung eines existierenden
Korpus sollte man besonders auf die Aufgabenstellung bzgl. der ein Dialog geführt
wird achten. Die gestellte Aufgabe darf nicht zu einfach - Frage nach der Uhrzeit -
und nicht zu schwer sein - führen eines Streitgespräches. Am besten sind alltägliche,
routinierte Aufgaben geeignet, da dort die Dialoge stark konventionalisiert
verlaufen. Dieser Vorgehensweise liegt die Vermutung zugrunde, daß bei derartigen
Dialogen nicht die gesamte kognitive 'Maschinerie' eingesetzt wird. Ausgeklammert
wird dabei natürlich der Erwerb entsprechender Konventionen.

Weiterhin ist es günstig, wenn der gewählte Aufgabentyp auch in anderen Disziplinen
als der KI untersucht wird. Die eigenen Überlegungen und Modelle erhalten Anregungen
und werden eher überprüfbar. Begleitend zur Entwicklung eines Modells oder SV-Systems
sollten eigene empirische Untersuchungen stattfinden. Deshalb sollte es relativ
einfach sein, (zusätzliches) sprachliches Material zu erheben.

Alles dies trifft im hohen Maße auf die Aufgabe 'Wegfinden' und den Dialogtyp
'Wegauskunft' zu. Es gibt sowohl psychologische Arbeiten dazu /KUIPERS 78/,
linguistische /KLEIN 79/ als auch Arbeiten in der KI /RIESBECK 80/ /MEEHAN 82/. Damit
liegen eine Reihe von Konzepten zu verschiedenen Problemen vor, die mit dem Aufgaben-
bzw. Dialogtyp zusammenhängen. So gibt es verschiedene Modelle für 'kognitive
Karten', d.h. Repräsentationsformen von Landkarten, die von kognitiven Systemen
verwendet werden können, z.B. um Wege zu finden /KUIPERS 83/.

Will man einen schon erstellten Korpus verwenden, muß unbedingt nachvollziehbar sein,
wie die Aufgabenstellung der Interviewer gelautet hat. So waren die Interviewer des
Klein-Korpus /KLEIN 79/ angehalten, die Auskunftgebenden möglichst nicht zu
unterbrechen, da mit Hilfe der aufgenommenen Dialoge die Redeplanung menschlicher
Sprecher untersucht werden sollte. Außerdem wurde in einigen der Dialoge sehr
deutlich, daß die Interviewer nicht daran interessiert waren, auf Grund der
Wegbeschreibung auch wirklich das gefragte Ziel zu erreichen.

Trotz dieser Vorbehalte scheint mir der Klein-Korpus als Einstieg in die
Beschäftigung mit realen Dialogen sehr gut geeignet zu sein. Die durch den
ursprünglichen Verwendungszweck der Dialoge bedingte Zurückhaltung der Interviewer
während der Wegbeschreibung ist offensichtlich von den Auskunftgebenden als
natürliches Verhalten aufgenommen worden. Insofern sind die im Korpus enthaltenen
Dialoge noch immer reale Dialoge. Im Zusammenhang mit SV-Systemen haben sie den
Vorteil, daß Partnermodellierung, partnerbezogene Dialogstrategien und
Problemlösungsprozesse erst einmal ausgeklammert werden können. Stattdessen kann man
sich auf die Formulierung erkennbarer Muster, die in den Verarbeitungsebenen
verwendet werden sollen, und die Interaktionen zwischen den Ebenen konzentrieren.
Die in realen Dialogen typischerweise auftretenden Ellipsen und Selbstabbrüche
dagegen müssen verarbeitbar sein.

Einige Dialoge im Klein-Korpus weisen aber eine derartige Komplexität auf, daß nach
dem heutigen Wissensstand ein SV-System mit einer angemessenen Leistungsfähigkeit
nicht realisierbar ist. Es handelt sich in erster Linie um die Dialoge, in denen
mehr als eine Person an der Wegauskunft beteiligt ist. Hier spätestens wird
deutlich, daß zwischen 'realistischen' und 'realen' Dialogen große qualitative
Unterschiede bestehen und nicht nur graduelle. So liefern die beteiligten
Auskunftgebenden zwar kooperativ aber streckenweise konkurrierend zueinander Teile der
Wegbeschreibung.

Soll ein SV-System in der Lage sein, in einer solchen Situation als einer der
Auskunftgebenden aufzutreten, müssen folgende Probleme angegangen werden:

- Modellierung der Intentionen des Fragenden

- Modellierung der anderen Auskunftgebenden, insbesondere

    * welchen Weg haben die anderen im Sinn?

    * was weiß das System über die Kompetenz der anderen bzgl. des gestellten
      Problems und der sprachlichen Fähigkeiten?

- Antizipation des Verstehensprozesses beim Fragenden: Inwieweit kann er auf Grund
  der Äußerungen eine adäquate kognitive Karte aufbauen?

- Berücksichtigung eigener Interessen, z.B.

    * Spaß am sozialen Kontakt

    * Stolz auf die Wohngemeinde

- Synchronisation der Auskunftgebenden bzgl. der Redebeiträge

    * wann kann man die Initiative ergreifen

    * wie werden am besten markante Punkte beschrieben

    * wo befindet man sich auf dem gedachten Weg zum gefragten Ziel.

Um einen Eindruck der im Klein-Korpus enthaltenen Dialoge zu geben ist ein typischer
Dialog in Fig. 9 abgedruckt (siehe /KLEIN 79/ S. 55).

Dialog G18:

```
        1         2     3    4    5    6  7  8   9    10        11        12 13 14
F: Entschuldigung, können Sie mir sagen, wie ich zum Goethehaus komme?  3 sec

A:
```

```
                                                    25
F :                                                 aha
    15 16 17    18    19  20  21  22  23.    24         26    27    28 29  30 31
A: ja ,   da müssen Se hier um die Kirche rumgehen    und  3 sec  ,  ja  ,  um


F :
     32   33    34  35  36  37  38     39        40     41 42   43     44
A: die Kirche rum rum und die erste Straße reingehen , da müssen Sie


                                                  54 55 56    57    58
F :                                               mhm , also hier rum
       45      46  47  48 49  50     51   52   53
A: nochmal fragen , von da isses nich mehr weit


F :
     59      60      61     62 63 64 65 66 67   68
A: sind vielleicht zehn Minuten ; so rum um die Kirche


F :
     69  70  71   72      73      74      75 76 77 78  79  80     81      82 83
A: und auf der anderen Seite weitergehen , und da is die erste Straße links ,

F :
    84     85     86   87 88   89    90  91 92   93      94       95
A: die heißt Salzhaus , heißt die Straße , da isses Goethehaus in


             98
F :        danke
     96  97
A: der Nähe
```

Fig. 9: Ein typischer Wegauskunftsdialog.

7 Simulation als Rollenspiel

Eine Veranstaltung, der diese Materialiensammlung zugrundegelegt wird, sollte aus
drei Teilen bestehen. Im ersten Teil können die ersten fünf Abschnitte behandelt
werden, um die Teilnehmer auf denselben Wissenstand zu bringen und die Konzepte des
'integrierten Parsers' zu vermitteln. Die Behandlung des sprachlichen Materials
erfolgt dann im zweiten Teil. Es ist sinnvoll, Arbeitsgruppen bilden zu lassen, die
jeweils einen Modul im fiktiven SV-System übernehmen. Der dritte Teil besteht in
einer Simulation dieses Systems durch die Arbeitsgruppen.

Am Ende des ersten Teils sollte die Architektur des SV-Systems festgelgt werden. In
der folgenden Aufzählung wird in Klammern die Auswahl genannt, die während der KIFS
'84 getroffen wurde.

  - Die Wahl einer Kontrollstruktur (z.B. das Kaskadenmodell)

  - Die Festlegung der Module (z.B. Syntax, Semantik, Pragmatik, Planungskomponente
    und Wissensbasisverwaltung)

  - Die Wahl geeigneter Formalismen für die Module, u.a.

    * einen Grammatikformalismus (z.B. 'Lexical Functional Grammar'),

* eine Wissensrepräsentationssprache (z.B. partitionierte assoziative
  Netzwerke)

* eine Repräsentationssprache für Äußerungsinhalte (z.B. Kasusrahmen).

Danach können im zweiten Teil in alternierenden Arbeitsgruppen- und Plenumssitzungen
die Module für sich und in Bezug aufeinander entwickelt werden. Dabei muß man darauf
achten, daß Ergebnisse und Diskussionen sich eng an den erkannten Problemen im Umgang
mit dem sprachlichen Material entwickeln. Anderenfalls besteht die Gefahr, daß die
Diskussionen uferlos werden und keine konkreten Ergebnisse entstehen. In den
Plenumssitzungen sollten vorrangig die folgenden Fragen diskutiert werden:

- Wo gibt es Schwierigkeiten mit dem für den Modul gewählten Formalismus?

- Wann benötigt ein Modul Ergebnisse oder Hypothesen anderer Module?

- Zu welchen Zeitpunkten kann ein Modul Zwischenergebnisse liefern?

Liegt in allen Arbeitsgruppen der jeweilige Modul fest, kann man mit dem dritten Teil
beginnen. Hierzu sind einige organisatorischen Vorbereitungen unbedingt notwendig.
Man benötigt einen Raum, in dem alle Arbeitsgruppen für sich zusammensitzen können.
In jeder Gruppe sollte ein Sprecher genannt werden, der die Gruppe 'nach außen'
vertritt. Alle Teilnehmer sind gehalten, den Verlauf der Simulation zu
protokollieren. Bei einer ersten Simulation sollte ein bzgl. der möglichen Probleme
einfacher Dialog aus dem Korpus ausgewählt werden.

In den beiden folgenden Teilabschnitten werden zur Wissensrepräsentation und zum
Grammatikformalismus einige Vorschläge gemacht. Während der hier vorgestellte
Wissensrepräsentationsformalismus der partitionierten Netzwerke sich schon bewährt
hat und es sowohl umfangreiche Literatur als auch Implementierungen gibt, trifft das
für den Grammatikformalismus der 'Lexical-Functional Grammar' noch nicht zu.

7.1 Partitionierte assoziative Netzwerke

Assoziative Netzwerke haben als Wissensrepräsentationsformalismen in der KI eine
lange Tradition. Einer der fortschrittlichsten ist meiner Meinung nach der von
G.Hendrix entwickelte Formalismus der partitionierten Netzwerke /HENDRIX 79/. Es gibt
gute Gründe, in einem SV-System von heterarchischen Wissensrepräsentationsformalismen
auszugehen und nicht von (einem) uniformen Formalismus /HOEPPNER et al. 83/.
Trotzdem zeichnen sich partitionierte Netzwerke dadurch aus, daß sie für sehr viele
Zwecke eingesetzt werden können.

Der Ausgangspunkt der Entwicklung war das Problem, prädikatenlogische Formeln
möglichst 'natürlich' in einem assoziativen Netzwerk darzustellen. Die Lösung
besteht bei den partitionierten Netzwerken darin, daß Teile des Netzwerkes, die
sogenannten Partitionen, wie einfache Netzknoten referenziert werden können. Ganz
grob gesprochen erlauben es die Partitionen den 'Wirkungsbereich' der Junktoren und
Quantoren in der Struktur des Netzwerkes festzumachen ohne Einführung spezieller
Relationen, d.h. Kanten. In verschiedenen Sprachverarbeitungsprojekten, insbesondere
am Stanford Research Institute, wurden Partitionen aber auch zur Lösung anderer
Probleme verwendet. Eine davon ist in Fig. 10 angedeutet.

Es geht um das grundlegende Problem, wie man vermutetes Wissen oder Wissen über das
Wissen von anderen in einem assoziativen Netzwerkformalismus darstellen kann. Es
gibt eine sehr anschauliche Vorstellung der Interpretation dieser Netzwerke. Befindet
man sich in einer Partition, die in der Fig. 10 als 'Context x' bezeichnet wird, so
kann man alles 'sehen', was in dem Kontext steht, und alles, was in den umfassenden
Kontexten steht. Gibt es eine Kante auf einen Kontext, so kann man zwar den Kontext
als Ganzes betrachten, aber nicht die darin enthaltenen Elemente. Mit Hilfe
partitionierter Netzwerke ist auch die Repräsentation von 'Weltzuständen' oder

'Situationen' möglich. Weiterhin kann man Pläne und Operatoren darstellen, mit denen
man von einer Situation zur anderen kommen kann.

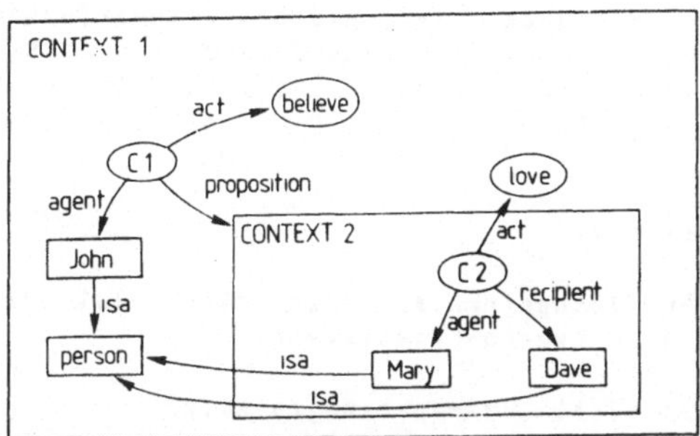

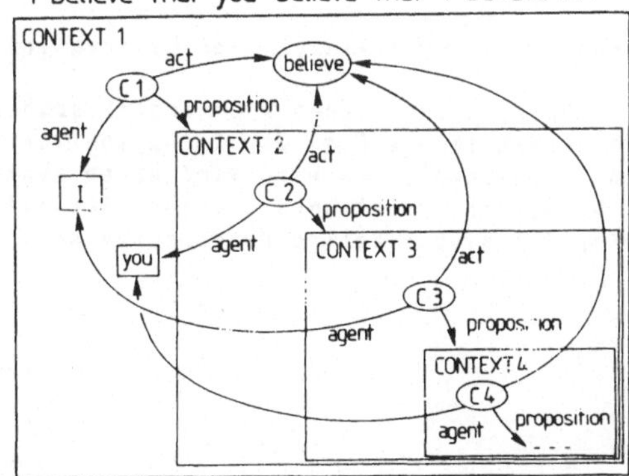

Fig. 10: Partitionierte Netzwerke zur Partnermodellierung.

7.2 Lexical-Functional Grammar

Ausgehend von einer gewissen Frustration gegenüber Theorien der 'Generativen
Transformationsgrammatik' (GTG) und den frühen Grammatikformalismen in der KI, z.B.
ATN, haben im wesentlichen R.Kaplan und J.Bresnan eine neue Grammatiktheorie
entwickelt. Dieser Theorie wurde auch ein neuer Grammatikformalismus zugrunde
gelegt, der 'Lexical-Functional Grammar' (LFG) genannt wurde /BRESNAN 82/. Mit 'LFG'
wird in der Literatur sowohl die Grammatiktheorie als auch der Formalismus
bezeichnet. Die Begründer der LFG haben aber mit ihrer Theorie meines Erachtens
einen über die Syntax hinausgehenden Ansatz. Sie haben ihm keinen speziellen Namen
gegeben. Deshalb halte ich mein Vorgehen für berechtigt, den Begriff LFG auf die
Grammatikformalismusebene zu beschränken.

In der Theorie wird versucht, ein Kompetenzmodell eines idealisierten Hörer-Sprechers
zu entwickeln. Dieses Modell wird (im Gegensatz zur GTG) dazu benutzt, um
Vorhersagen für die Performanz von individuellen Hörern-Sprechern zu machen. Die
Idee dabei ist, daß ein (abstrahiertes) Performanzmodell eine gute Näherung an
tatsächliches sprachliches Verhalten darstellen soll.

Der LFG-Formalismus teilt das grammatische Wissen einer Sprache in zwei Teile. Der
erste Teil beschreibt in Form von kontextfreien Regeln die Konstituentenstruktur von
Sätzen. Der zweite Teil besteht aus einem Lexikon, in dem jeder Eintrag eine
Beschreibung der Funktion des Lexems enthält. Kann das Lexem mehrere Funktionen

übernehmen, so gibt es entsprechend viele alternative Einträge. Das Wissen wird vollständig deklarativ dargestellt.

Die Verbindung zwischen den grammatischen Funktionen, die mit lexikalischen Prädikat-Argumentstrukturen verbunden sind, und den grammatischen Funktionen, die mit den Konstituentenstrukturen verbunden sind, wird durch sogenannte F-Strukturen hergestellt. Dies sind Gleichungen, in denen die Identität von Konstituenten und Argumenten in Prädikaten dargestellt werden. Die F-Strukturen werden semantisch interpretiert.

Dies hat die folgenden Vorteile:

1. Die Abbildung von Oberflächenform auf Prädikatform ist unabhängig von möglichen Phrasenstrukturformen im Lexikon festgelegt.

2. Die Abbildung braucht nicht eins-zu-eins zu sein.

3. Es gibt keine 'normalisierte' Phrasenstruktur.

4. Das Lösen der Gleichungen zu F-Strukturen kann bidirektional geschehen.

Der letzte Punkt läßt es im Prinzip zu, dieselbe Grammatik sowohl für die Analyse als auch die Generierung zu verwenden (siehe Fig. 2). Im Augenblick fehlen noch Arbeiten an einer 'passenden' Semantikkomponente. Es wird viel davon abhängen, inwieweit es möglich ist, die Interaktion mit ihr zu steuern. Leider ist die Entwicklung der LFG auch wieder ein Beispiel für die syntaxlastige Vorgehensweise in weiten Teilen der Linguistik und KI.

8 Zusammenfassung

In diesem Beitrag habe ich versucht, einige grundsätzliche Bemerkungen zur Entwicklung von SV-Systemen unter dem Gesichtspunkt der syntaktischen Analyse (Parser) zu machen. Es kam mir darauf an, zu zeigen, daß der Parser immer als integraler Bestandteil eines SV-Systems gesehen werden sollte. Das trifft sowohl für simulationsorientierte als auch anwendungsorientierte SV-Systeme zu. Der zweite wichtige Punkt ist, daß man ausgehend von der Untersuchung realer Dialoge Formalismen und Verarbeitungsstrategien suchen sollte, die möglichst in Einklang mit den Befunden geeigneter psychologischer Experimente stehen.

Als Architektur gebe ich dem Kaskadenmodell zur Zeit den Vorzug, da hier das richtige Verhältnis zwischen Einschränkungen, nur die benachbarten Module können miteinander kommunizieren, und Freiheiten gegeben scheint. Bei den Grammatikformalismen scheint der Trend zu den sogenannten Unifikationsgrammatiken zu gehen, von denen LFG eine ist. Es bleibt allerdings offen, inwieweit sie in einem SV-System, das nach den hier dargelegten Prinzipien entwickelt wird, sinnvoll verwendet werden können.

9 Literatur

/AHO, ULLMAN 77/   Aho, A.V.; Ullman, J.D. Principles of compiler design. Addison-Wesley, Reading (Mass.), 1977

/ANDERSON 77/   Anderson, J.R. "Induction of augmented transition networks." Cognitive Science, 1, 1977, S. 125-157

/ASHBY 82/   Ashby, F.G. "Deriving exact predictions from the cascade model." Psychological Review, 89:5, 1982, S. 599-607

/BARR, FEIGENBAUM 81/ Barr, A.; Feigenbaum, E.A. The handbook of artificial intelligence. Vol. 1, William Kaufmann, Los Altos (Ca.), 1981

/BERWICK 81/ Berwick, R.C. Locality principles and the acquisition of syntactic knowledge. AI-Lab., MIT, Report MIT-TR-578, Cambridge (Mass.), 1981

/BOBROW et al. 77/ Bobrow, D.G.; Kaplan, R.M.; Kay, M.; Norman, D.A.; Thompson, H.; Winograd, T. "GUS, a frame-driven dialog system." Journal on Artificial Intelligence, 8, 1977, 155-173

/BOBROW, WEBBER 80/ Bobrow, R.J.; Webber, B.L. "Knowledge representation for syntactic/semantic processing." Proc. 1st Annual Conference on AI, AAAI, Stanford, 1980, S. 316-323

/BOLC 83/ Bolc, L. (Hrsg.) The design of interpreters, compilers, and editors for augmented transition networks. Springer, Heidelberg, 1983

/BRESNAN 82/ Bresnan, J. (Hrsg.) The mental representation of grammatical relations. The MIT Press, Cambridge (Mass.), 1982

/BURTON, BROWN 77/ Burton, R.; Brown, J.-S. Semantic grammar: a technique for constructing natural language interfaces to instructional systems. Report 3587, Bolt Beranek and Newman, Cambridge (Mass.), 1977

/CARROLL 81/ Carroll, J.M. Modularity and naturalness in cognitive science. IBM Watson Research Center, Report RC9015, Yorktown (NY), 1981

/CHRISTALLER, METZING 79/ Christaller, Th.; Metzing, D. (Hrsg.) ATN-Grammatiken. Teil I. Einhorn-Verlag, Berlin, 1979

/CHRISTALLER, METZING 83/ Christaller, Th.; Metzing, D. "Parsing interactions and a multi-level formalism based on cascaded ATNs." In: Sparck Jones, K.; Wilks, Y. (Hrsg.) Automatic natural language parsing. Horwood, Chichester, 1983, S. 46-60

/CHRISTALLER et al. 84/ Christaller, Th.; Gehrke, M.; Metzing, D.; Terwey, B. Prozedurale Dialogmodelle. Projektabschlußbericht. Univ. Bielefeld, Fak. LiLi, 1984

/COLBY et al. 74/ Colby, K.M.; Parkison, R.C.; Faught, W.S. "Pattern-matching rules for the recognition of NL dialogue expressions." Journal of ACL, 1, microfiche 5, 1974

/FODOR, FRAZIER 80/ Fodor, J.D.; Frazier, L. "Is the human sentence parsing mechanism an ATN?" Cognition, 8, 1980, S. 417-459

/FRAZIER, FODOR 78/ Frazier, L.; Fodor, J.D. "The sausage-machine: a new two-stage parsing model." Cognition, 6, 1978, S. 291-325

/GAZDAR 83/ Gazdar, G. "NLs, CFLs and CF-PSGs." In: Sparck Jones, K.; Wilks, Y. (Hrsg.) Automatic natural language parsing. Ellis Horwood, Chichester, 1983, S. 81-93

/GEHRKE 83/ Gehrke, M. "Syntax, semantics and pragmatics in concert: an incremental, multilevel approach in reconstructing task-oriented dialogues." Proc. 8. IJCAI, 1983, S. 721-723

/GEHRKE 84/ Gehrke, M. "Ellipsenrekonstruktion in aufgabenorientierten Dialogen." In: Laubsch, H.J. (Hrsg.) German Workshop on Artificial Intelligence. Springer, Heidelberg, erscheint demnächst

/GÖRZ 79/ Görz, G. "Kontrollstrukturen und ATN." In: Christaller, Th; Metzing, D. (Hrsg.) ATN-Grammatiken. Teil I, Einhorn, Berlin, 1979, S. 1-33

/HABEL 79/ Habel, Ch. Aspekte bewertender Grammatiken. Einhorn-Verlag, Berlin, 1979

/HAHN et al. 76/ Hahn, W.v.; Henskes, D.; Hoeppner, W.; Wahlster, W. "HAM-RPM: ein Redepartnermodell als Simulationsprogramm." In: Weber, H.; Weydt, H. (Hrsg.) Akten des 10. linguistischen Kolloquiums. Niemeyer, Tübingen, 1976, S. 337-357

/HAHN, REIMER 83/   Hahn, U.; Reimer, U. "Wortexperten-Parsing: Text-Parsing mit
                        einer verteilten lexikalischen Grammatik im Rahmen des
                        automatischen Textkondensierungssystems 'TOPIC'." Linguistische
                        Berichte, 88, 1983, S. 56-78

/HAYES-ROTH et al.   78/
                        Hayes-Roth, F.; Mostow, D.J.; Fox, M.S. "Understanding speech in
                        the Hearsay-II system." In: Bolc, L. (Hrsg.) Speech
                        communication with computers. Hanser, Wien, 1978, S. 9-42

/HENDRIX 79/   Hendrix, G.G. "Encoding knowledge in partitioned networks." In:
                        Findler, N.V. (Hrsg.) Associative Networks. Academic Press, New
                        York, 1979, S. 51-92

/HEWITT 72/   Hewitt, C. Description and theoretical analysis (using schemata)
                        of PLANNER, a language for proving theorems and manipulating
                        models in a robot. AI-Lab., MIT, Report TR-258, Cambridge
                        (Mass.), 1972

/HOEPPNER et al.   83/Hoeppner, W.; Christaller, Th.; Marburger, H.; Morik, K.; Nebel,
                        B.; O'Leary, M.; Wahlster, W. "Beyond domain-dependence:
                        experience with the development of a german language access
                        system to highly diverse background systems." Proc. 8. IJCAI,
                        1983, S. 588-594

/HOEPPNER, MORIK 84/   Hoeppner, W.; Morik, K. "Was haben Hotels, Straßenkreuzungen und
                        Fische gemeinsam? - Mit HAM-ANS spricht man darüber."
                        Linguistische Berichte, 88, 1984, S. 3-36

/KAY 80/   Kay, M. Algorithm schemata and data structures in syntactic
                        processing. Report CSL-80-12, Xerox PARC, Palo Alto (CA), 1980

/KLEIN 79/   Klein, W. "Wegauskünfte." Zeitschrift für Linguistik, 9, 1979,
                        S. 9-57

/KLEIN 74/   Klein, W. Variation in der Sprache. Scriptor, Kronberg, 1974

/KUIPERS 78/   Kuipers, B.J. "Modelling spatial knowledge." Cognitive Science,
                        2, S. 129-153

/KUIPERS 83/   Kuipers, B.J. "Modeling human knowledge of routes: partial
                        knowledge and individual variation." Proc. AAAI, 1983, S.
                        216-219

/LEA 80/   Lea, W.A. (Hrsg.) Trends in speech recognition. Prentice Hall,
                        Englewood Cliffs, 1980

/MARCUS 80/   Marcus, M.P. A theory of syntactic recognition for natural
                        language. The MIT Press, Cambridge (Mass.), 1980

/MARSLEN-WILSON, TYLER 80/
                        Marslen-Wilson, W.D.; Tyler, L.K. "The temporal structure of
                        spoken language understanding." Cognition, 8, 1980, S. 1-71

/McCLELLAND 79/   McClelland, J.L. "On the time relations of mental processes: an
                        examination of systems of processes in cascade." Psychological
                        Review, 86:4, 1979, S. 287-330

/McCRACKEN 81/   McCracken, D.L. A production system version of the Hearsay-II
                        speech understanding system. UMI Research Press, Ann Arbor,
                        1981

/MEEHAN 82/   Meehan, J.R. The metanovel: writing stories by computer.
                        Garland, New York, 1982

/PEREIRA, WARREN 83/   Pereira, F.C.N.; Warren, D.H.D. "Parsing as deduction." In:
                        Proc. 21. Annual Meeting of the ACL, 1983, S. 137-144

/RIESBECK 80/   Riesbeck, C. "'You can't miss it!': judging the clarity of
                        directions." Cognitive Science, 4, S. 285-303

/ROSENSCHEIN 83/   Rosenschein, S. "Natural-language processing: crucible for
                        computational theories of cognition." Proc. 8. IJCAI, 1983, S.
                        1180-1186

/SCHANK et al.   80/   Schank, R.C.; Lebowitz, M.; Birnbaum, L.A. "Integrated partial
                        parsing." Journal of ACL, 6:1, 1980, S. 13-30

/SMALL 81/   Small, S. Parsing as cooperative distributed inference:
                        understanding through memory interactions. Dep. Computer
                        Science, Univ. Rochester, TR 93, 1981

/SMALL, RIEGER 82/   Small, S.; Rieger, C. "Parsing and comprehending with word
                      experts (A theory and its realization)." In: Lehnert, W.G.;
                      Ringle, M.H. (Hrsg.) Strategies for natural language
                      processing. Lawrence Erlbaum, Hillsdale, 1982, S.

/STEEDMAN 83/   Steedman, M. "Natural and unnatural language processing." In:
                      Sparck Jones, K.; Wilks, Y. (Hrsg.) Automatic natural language
                      parsing. Ellis Horwood, Chichester, 1983, S. 132-140

/THOMPSON 83/   Thompson, H. "Natural language processing: a critical analysis
                      of the structure of the field, with some implications for
                      parsing." In: Sparck Jones, K.; Wilks, Y. (Hrsg.) Automatic
                      natural language parsing. Ellis Horwood, Chichester, 1983, S.
                      22-31

/WAHLSTER 79/   Wahlster, W. "ATN und semantisch-pragmatische
                      Analyse-Steuerung." In: Christaller, Th; Metzing, D. (Hrsg.)
                      ATN-Grammatiken. Teil I, Einhorn, Berlin, 1979, S. 167-185

/WAHLSTER 83/   Wahlster, W. "Aufgaben, Standards und Perspektiven
                      sprachorientierter KI-Forschung. Einige Überlegungen aus
                      informatorischer Sicht." In: Batori, I.; Krause, J.; Lutz, H.D.
                      (Hrsg.) Linguistische Datenverarbeitung. Versuch einer
                      Standortbestimmung im Umfeld von Informationslinguistik und
                      Künstliche Intelligenz, Niemeyer, Tübingen, 1982, S. 13-24

/WANNER 80/   Wanner, E. "The ATN and the sausage machine: which one is
                      baloney?" Cognition, 8, 1980, S. 209-226

/WANNER, MARATSOS 75/Wanner, E.; Maratsos, M. An augmented transition network model
                      of relative clause comprehension. Harvard Univ., Cambridge
                      (Mass.), 1975

/WINOGRAD 83/   Winograd, T. Language as a cognitive process. Vol. I Syntax,
                      Addison-Wesley, Reading (Mass.), 1983

/WINOGRAD 71/   Winograd, T. Procedures as a representation for data in a
                      computer program for understanding natural language. AI Lab.,
                      MIT, Cambridge (Mass.), AI-TR-17, 1971

/WOODS 70/   Woods, W. "Transition network grammars for natural language
                      analysis." Communications of the ACM, 13:10, 1970, S. 591-606

/WOODS 80/   Woods, W. "Cascaded ATN grammars." Jornal of ACL, 6:1, 1980, S.
                      1-13

/WOODS et al. 72/   Woods, W.; Kaplan, R.; Nash-Webber, B. The LUNAR sciences
                      natural language information system. Final Report No. 2370,
                      Bolt Beranek and Newman, Cambridge (Mass.), 1972

Textverstehen und Textproduktion

Uta M. Quasthoff
Universität Bielefeld, Fakultät für Linguistik und
Literaturwissenschaft

0. Vorbemerkung

Der Artikel ist folgendermaßen aufgebaut: In einem ersten Schritt werden relativ breit und ausführlich Grundlagen gelegt, in denen Entwicklungen in den verschiedenen Disziplinen vereinfacht nachgezeichnet werden. Es handelt sich um solche Disziplinen, die für Textforschung einschlägig sind und die in der einen oder anderen Weise als Teile oder als Vorläufer von entsprechenden Ansätzen in der Cognitive Science betrachtet werden können. Die Fachwissenschaften, die dabei berücksichtigt werden, sind: Linguistik, Psychologie, Soziologie und Künstliche Intelligenz (KI).

Die Darstellung der einschlägigen Entwicklungen in diesen Disziplinen erfolgt aus linguistischer Perspektive, d.h., unvermeidliche Subjektivität in Auswahl, Bewertung und Schwerpunktsetzung ist zurückzuführen auf eine linguistische Grundorientierung. Neben der Orientierung an der disziplinären Ausrichtung der Verfasserin bemüht sich die Darstellung der verschiedenen Disziplinen aber auch um Adressatenspezifik, d.h., Auswahl und Schwerpunktsetzung folgt den unterstellten Interessen von KI-Interessierten. Mit anderen Worten, ich versuche, gerade die Disziplinen der Cognitive Science, die dem an der Informatik orientierten KI-Forscher eher verschlossen sind, für ihn aufzubereiten. Gerade weil ich mich an Leser richte, die in den entsprechenden Disziplinen Linguistik, Psychologie und Soziologie nicht "großgeworden" sind, verwende ich relativ viel Zeit darauf, methodische Fragen, Schulendifferenzierungen, terminologische Ambiguitäten und andere Gesichtspunkte zu thematisieren, die die interdisziplinäre Zusammenarbeit so oft behindern.

In einem zweiten Schritt werden exemplarisch zwei Modelle zur Beschreibung von Texten vorgestellt, die unterschiedliche Ansprüche hinsichtlich ihrer Erklärungskraft haben. Diese beiden Modelle werden auf ihre deskriptive Adäquatheit überprüft, indem sie vergleichend als Beschreibungsformat für dieselben drei Texte angewendet werden. Bei diesen drei Texten handelt es sich um authentische Texte, d.h. um solche, die nicht für die Zwecke der Analyse hergestellt oder umgeformt wurden. Alle drei Texte sind erzählende Texte von unterschiedlichem Typ: eine literarische Erzählung, eine Fabel und eine dialogische Alltagserzählung. Mit dieser Verschiedenheit der narrativen Texttypen sollten systematische Unterschiede im Ausmaß der Beschreibungskraft der jeweiligen Modelle ermittelt werden.

In einem dritten Schritt werden Ansätze zur Generierung von Texten vorgestellt, nachdem die bisher diskutierten Textmodelle und auch die referierten empirischen Arbeiten zur Textverarbeitung schwerpunktmäßig dem Verstehen gewidmet waren. Auch die Diskussion von Textproduktionsmodellen erfolgt vergleichend, indem ein Ansatz aus der KI (TALE-SPIN) und ein linguistisches Modell ("Konstitutionsschema") einander gegenübergestellt werden.

1. Grundlagen

Die Cognitive Science als einer der jüngsten Triebe am Baum der sich verzweigenden Disziplinen, als deren Teil sich auch die KI in einem gewissen Sinne versteht, ist zusammengesetzt aus sehr unterschiedlichen Ansätzen, Methoden, Erkenntnisinteressen und Anwendungsbereichen. Trotzdem ist die Cognitive Science dabei, sich in ein neues Paradigma zu entwicklen, so daß der Sog der interdisziplinären Annäherung im Vergleich zur Unterschiedlichkeit der beteiligten Einzelwissenschaften im Augenblick dominant erscheint. Trotz dieser interdisziplinären Annäherung behalten jedoch die Forschungsansätze so gut wie immer eine gewisse Grundorientierung an den methodischen Standards und den Interessen der jeweiligen Herkunftsdisziplin, deren Nichtbeachtung interdisziplinäre Zusammenarbeit behindert, wenn nicht gar unmöglich macht.

Ich werde deshalb im folgenden versuchen, ein wenig Ordnung in das kaum übersehbare Gewirr von Disziplinen zu bringen, die sich annähern, überschneiden, verschmelzen, aber dennoch ihre Eigenständigkeit bewahren. Ich werde bei diesem Versuch, die Systematik der beteiligten Disziplinen zu rekonstruieren, "genetisch" verfahren, d.h., ich werde die <u>Entwicklung</u> in den einschlägigen Bereichen der jeweiligen Disziplinen wissenschaftsgeschichtlich nachzeichnen. Indem ich die augenblickliche Vielfalt, die oft so verwirrend erscheint, herleite aus früheren Fragestellungen und Interessen, werde ich - so hoffe ich - in der Lage sein, die "Logik" der Entwicklung deutlich zu machen und damit die Verwirrung zu beseitigen, die die Vielfalt nur als eine zufällige ansieht.

1.1. Der Zusammenhang von Linguistik, Psychologie, Soziologie und KI unter
textwissenschaftlichen Aspekten

Wenn das einigende Band der hier zu diskutierenden Disziplinen die (an Texten
arbeitende) Kognitionswissenschaft sein soll, so muß zunächst einmal festgehalten
werden, daß ich eine Auffasssung von KI vertrete, die sich als Teil dieser
Kognitionswissenschaft begreift. Daß eine solche Auffassung nicht unbedingt
selbstverständlich ist, soll aus der Gegenüberstellung zweier definitorischer Zitate
hervorgehen, die relativ zufällig ausgewählt sind:

> Artificial Intelligence (AI) is the study of how to make computers do things at
> which, at the moment, people are better. (Rich 1983:1)

Dagegen Winograd:

> In the fourty years since digital computers were first developed, people have
> programmed them to perform many activities that we think of as requiring some
> form of intelligence. In doing this, they have developed new ways of talking
> about knowledge - what it is and how it can be stored, modified and used. They
> have also developed tools for describing complex processes in the form of
> programs and for building devices that run these programs to carry out
> information processing operations.
>   Much of the work in computer science has been pragmatic, based on the desire
> to produce computer programs that can perform useful tasks. But the design of
> computational systems also has a theoretical side, which is often called
> cognitive science. (Winograd 1983:1)

Während also aus dem Zitat von Rich die von Winograd so genannte pragmatische
Auffassung der KI hervorgeht, wird in dem zweiten Zitat die KI ganz explizit in den
Rahmen der Kognitionswissenschaft gestellt. Das bedeutet einen Anspruch der KI, mit
Hilfe der Maschine im wesentlichen Erkenntnisse über menschliche kognitive Prozesse
zu gewinnen. Die wichtigsten Stichworte dabei, die ebenfalls in dem Zitat von
Winograd explizit genannt sind, sind Wissen und Informationsverarbeitung.

Der Erwerb, die Speicherung, die kognitive Organisation und nicht zuletzt die
Weitergabe von Wissen sind ohne Sprache nicht denkbar. Informationen, die
aufgenommen werden, sind zum großen Teil sprachlich codiert, der kognitive Prozeß
ihrer Wiederauffindung im Gedächtnis folgt z.T. sprachstrukturellen Gegebenheiten
und der kommunikative Prozeß der Weitergabe von Informationen ist so gut wie immer
sprachlich organisiert.

Der Titel von Winograd (1983), aus dem das Zitat entnommen ist, ist entsprechend
- zumindest für einen Teil des skizzierten Zusammenhangs - programmatisch: Language
as a Cognitive Process.

Ich fühle mich also einem Konzept von sprachorientierter KI als Teil der
Cognitive Science verpflichtet. In Ergänzung zu der kognitiven Schwerpunktsetzung

des "Informationsverarbeitungsparadigmas" allerdings, die aus dem Titel von Winograds Buch hervorgeht, halte ich eine kommunikative Akzentsetzung innerhalb der Cognitive Science für notwendig, besonders da sie im Augenblick noch etwas unterrepräsentiert ist. Informationen werden eben zu einem sehr hohen Grade über Kommunikationen erworben, sie werden in Kommunikationen weitergegeben und ihre Verarbeitung wird gesteuert durch kommunikative Interessen. Der Zusammenhang zwischen Kognitionen und Kommunikationen ist also derart, daß nicht zuerst der eine Aspekt bearbeitet werden kann, um den anderen dann additiv hinzuzufügen. Im übrigen ist ein Großteil der intelligenten Prozesse, die unmittelbar den Gegenstand der KI darstellen - spätestens im Bereich der Textgenerierung - zumindestens auch kommunikativer Natur, so daß auch von daher die Integration von Kommunikation und Kognition im Paradigma der Cognitive Science ansteht: Sprache als kognitiver und kommunikativer Prozeß.

Abb. 1 ist der Versuch einer metaphorischen Veranschaulichung der verschiedenen mit Texten befaßten Disziplinen in ihrem Verhältnis zueinander: Das Prinzip, die einschlägigen Bereiche der entsprechenden Disziplinen und ihrer gegenseitigen Beeinflussungen als den Prozeß ihrer Entwicklung darzustellen, legt die Metapher eines sich stetig fortbewegenden Flusses nahe, der von verschiedenen Nebenflüssen gespeist wird, der verschiedenartige Landschaften durchfließt und der nicht zuletzt von mancherlei Wasserfällen und anderen Turbulenzen geprägt ist. Im Unterschied zur üblichen Metapher des Baumes, der oft ein eher statisches strukturelles Gefüge repräsentiert, versuche ich also, das Gefüge verschiedener Disziplinen als eine Flußlandschaft zu veranschaulichen, wobei die verschiedenen Disziplinen als Flüsse schließlich alle in der großen Landschaft der Cognitive Science zusammenfließen! Diese Darstellung versteht sich tatsächlich als Metapher, als Veranschaulichung für die Zwecke der Darstellung. Die Analogie sollte also nicht zu weit getrieben werden!

Disziplinäre Flußlandschaft
PSYCHOLOGIE
KOGN.
Gedächtnis, Wortlisten
Textverarbeitung
Prototypensemantik
maschinelle Übersetzung
KI
TG
Verstehen
Satzsyntax
Semantik
Textschwelle
Textschwelle
Text-schwelle
Textgrammatik
LINGUISTIK
SPA-Theorie
Pragma-wende
Kohärenz-stiftendes Wissen
Diskursschwelle
Alltagswissen
Dialogstrukturen
etc.
Bartletts Schema
Weltwissen, Inferenzen
Soziolinguistik
Kompetenz-grammatik
Übersatzmäße Einheiten
Sprecher/Hörer Situation
SOZIOLOGIE
Ethnomethodologie
Textschwelle
Mikro-Soziologie
Alltagswissen
Konversations-analyse
Daten-, Interaktions-orientiert

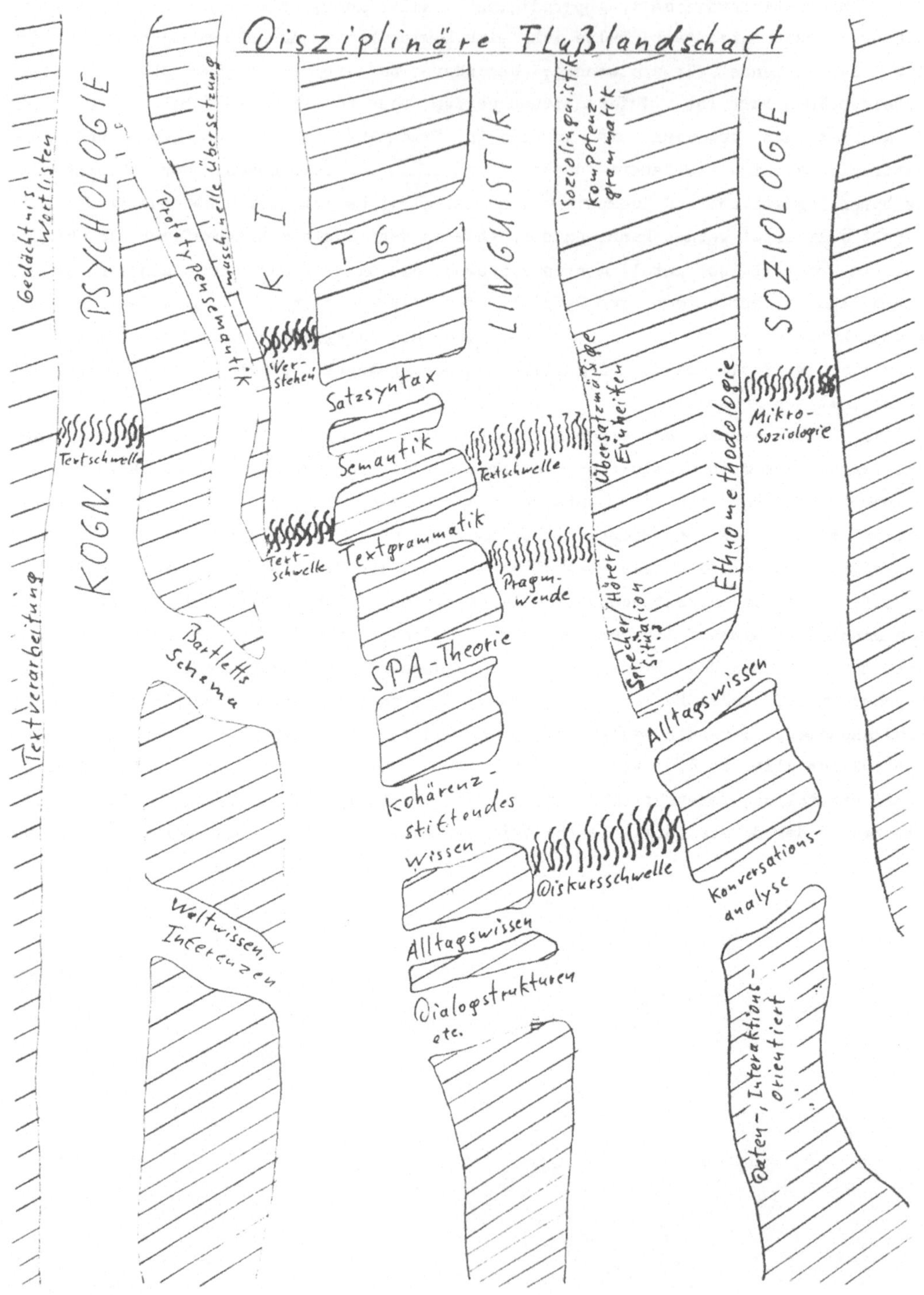

Abb. 1

1.1.1. Die einschlägige Entwicklung der Linguistik

Bei der Nachzeichnung der Entwicklung der Linguistik in ihren einschlägigen Strömungen konzentriere ich mich auf die Geschichte der Linguistik in der Bundesrepublik der letzten fünfzehn Jahre. Natürlich ist diese Entwicklung grob vergleichbar mit der anderer Länder, besonders der USA, dennoch weist die westdeutsche Entwicklung einige Besonderheiten auf, die hier mit berücksichtigt werden sollen.

Am Beginn dessen, was man "moderne Linguistik" in der Bundesrepublik Ende der sechziger Jahre nennen könnte, (in Unterschied zu eher historisch orientierten sprachwissenschaftlichen Forschungen im Rahmen der Philologien) standen im Grunde nur zwei Richtungen linguistischen Interesses: die "formale Linguistik" und die Soziolinguistik.

Die damals so genannte "formale Linguistik" war natürlich ausschließlich geprägt durch das Standardmodell der generativen Transformationsgrammatik, durch den Versuch also, die Kompetenz eines "idealen Sprecher/Hörers" durch die Explizierung von Generierungsregeln für Sätze zu modellieren.

So wie Chomsky dominierend innerhalb der gesamten "formalen Linguistik" war, wurde die Soziolinguistik der damaligen Zeit ausschließlich geprägt von den Ansätzen Basil Bernsteins. Soziolinguistisches Interesse richtete sich ausschließlich auf die Frage nach unterschiedlichen sprachlichen Varietäten, deren Merkmale gemessen und mit der Schichtenzugehörigkeit der Sprecher korreliert wurden.

Man kann diese beiden frühen Richtungen in der bundesrepublikanischen Linguistik auch mit den Ausdrücken ´Kompetenz´- und ´Performanzlinguistik´ bezeichnen - und man hat das zuweilen seinerseit auch getan. Diese Unterscheidung trägt der Tatsache Rechnung, daß im Rahmen der Grammatikforschung die empirische Basis der Untersuchungen ausschließlich Sprecherurteile zur Grammatizität von Sätzen waren, während in der Soziolinguistik tatsächliche Äußerungen - möglichst umfangreiche Korpora - zugrundegelegt wurden.

Innerhalb der Grammatikforschung begann sich in den frühen siebziger Jahren mehr und mehr die Erkenntnis durchzusetzen, daß eine angemessene sprachstrukturelle Beschreibung nicht beim Satz als Analyseeinheit stehenbleiben dürfe. Prominente Vertreter einer solchen textgrammatischen Position in der frühen deutschsprachigen Linguistik waren u.a. Dressler, Hartmann, Harweg, Ihwe, Isenberg.

Zu den Argumenten, mit denen eine Ausweitung über den Satz hinaus auf den Text als grammatische Analyseeinheit gefordert, die "Textschwelle" (vgl. Abb. 1) überschritten wurde, gehören die folgenden:

<u>K o r e f e r e n z</u>.

Hier geht es um die Tatsache, daß dieselben außersprachlichen Referenten im Zusammenhang eines Textes nacheinander durch unterschiedliche sprachliche Ausdrücke bezeichnet werden. Die Wahl dieser Bezeichnungen unterliegt Beschränkungen, die Ausdruck von Regeln sind, die nicht mehr im Rahmen <u>eines</u> Satzes expliziert werden können. Die Tatsache beispielsweise, daß ein noch nicht genannter Referent bei der ersten Nennung normalerweise nicht mit einem Pronomen bezeichnet werden darf, ist eine solche über den Satz hinausweisende Regelmäßigkeit.

<u>Anaphorische</u> und <u>kataphorische Ausdrücke</u> , also solche sprachlichen Konstituenten, die sich rück- oder vorverweisend auf andere Ausdrücke beziehen, sind aber auch noch aus anderen Gründen ein Argument für eine textlinguistische Betrachtungsweise. Betrachten wir die folgende Satzfolge:

(1a) <u>Die Kuh Lisa</u> steht auf der Weide.

(1b) <u>Sie</u> frißt und blinzelt vergnügt in die Sonne.

(1c) <u>Das verwöhnte Tier</u> frißt nur <u>die Grashalme, die</u> ganz besonders grün und frisch sind.

An dieser Satzfolge läßt sich nicht nur ablesen, daß es Regelmäßigkeiten in der Ersetzung einer definiten Deskription (<u>die Kuh Lisa</u>) durch anaphorische Ausdrücke (<u>sie, das verwöhnte Tier</u>) gibt. Über diese textsyntaktischen Gegebenheiten hinaus ist die semantische Tatsache hier wichtig, daß die anaphorischen Ausdrücke nicht interpretierbar sind, ohne daß die gesamte koreferentielle Kette rekonstruiert wird, d.h., ohne daß die Grenze des Satzes überschritten wird.

<u>E l l i p s e n</u>.

Elliptisch sind sprachliche Ausdrücke, die unter grammatischen Gesichtspunkten unvollständig sind. Wenn man aber nicht bei der Konstatierung der syntaktischen Unvollständigkeit von elliptischen Ausdrücken stehenbleiben will, sondern die Regelmäßigkeit des strukturellen Zusammenhangs mit dem sprachlichen Kontext (bzw. der außersprachlichen Situation) in den Blick nimmt, dann sind Ellipsen ein ähnlich starkes Argument für die Überschreitung der Satzgrenze bei grammatischen Beschreibungen wie Anaphern:

(2) Ich Brot.

(Beispiel von Wolfgang Klein).

Der Ausdruck (2) wird nach allen denkbaren satzgrammatischen Regeln als ungrammatisch klassifiziert werden müssen. Wird er allerdings in Zusammenhang mit dem folgenden Kontext geäußert:

(2a) A: Was wollt ihr zum Frühstück?

   Es gibt Brot, Brötchen, Hörnchen und Müsli.

(2b) B: Ich Brot.

(2c) C: Ich Hörnchen.

.

.

.

dann wird der Ausdruck nicht nur verständlich, sondern auch strukturell vollständig. Es ist deutlich, daß zur Beschreibung derartiger Regelmäßigkeiten der Text als Analyseeinheit zugrundegelegt werden muß.

T h e m a / R h e m a ,   T o p i k a l i s i e r u n g .
Die meisten der - z.T. nicht sehr konsistenten - Verwendungsweisen der Ausdrücke 'Thema' und 'Rhema' verweisen auf Bestandteile des Kontextes: "Bekannt vs. neu" bzw. "Given/New", "das, worüber gesprochen wird vs. das, was darüber ausgesagt wird" - alle diese Verwendungsweisen haben mit der internen Informationsstruktur von Sätzen zu tun, die nicht ohne den Zusammenhang des größeren Informationsprofils eines Textes festgelegt werden kann:

(3a) Die Tür befand sich an der Längsseite.

(3b) An der Längsseite befand sich eine Tür.

(Beispiel von Heidolph et al. 1981)

Die alternativen satzsyntaktischen Realisierungen machen den Verweis auf den Textzusammenhang deutlich. Der thematische Kontext von (3a) könnte z.B. in einem Vorgängersatz wie

(3a') Durch ein hohes Fenster wurde der Blick in den Garten gelenkt.

zum Ausdruck kommen. Ein möglicher Vorgängersatz für (3b) könnte demgegenüber sein:

(3b') Eine Querseite des Raums wurde von einem großen Schrank eingenommen.

M e t a s p r a c h e .
Die Behandlung metasprachlicher Ausdrücke, die sich auf andere sprachliche Ausdrücke als Referenten beziehen, verlangt so gut wie immer eine Überschreitung der Satzgrenze, weil der metasprachliche Ausdruck und sein Bezugsobjekt in den seltensten Fällen im syntaktischen Rahmen eines Satzes vorkommen:

(4a) Geh doch mal auf deine Freundin zu.

(4b) Ich meine das durchaus auch im wörtlichen Sinne.

K o n t e x t u e l l   z u   d e s a m b i g u i e r e n d e   M e h r d e u t i g-
k e i t e n.

Zwar haben Ambiguitäten und die Repräsentation verschiedener Lesarten traditionell in der Satzgrammatik eine große Rolle gespielt; es wurde auch zugestanden, daß die Entscheidung zwischen verschiedenen Lesarten im allgemeinen durch den Kontext determiniert ist. Was allerdings über die auf <u>Satzebene</u> zu formulierenden Verträglichkeitsbedingungen hinausging, wurde im allgemeinen grammatisch nicht repräsentiert:

(5a) Behandelt wurden drei Knochenbrüche und eine Fleischwunde.

Die Fleischwunde mußte mehrfach genäht werden.

(5b) Behandelt wurden drei Knochenbrüche und eine Fleischwunde.

Die Literatur hierzu ist sehr umfangreich. Die nächste Vorlesung befaßt

sich mit inneren Verletzungen.

(Beispiel von Weber 1982, zitiert nach Hauenschild/Pause 1983)

Mit solchen und anderen Argumenten wurde also in den frühen siebziger Jahren versucht, grammatische Beschreibung systematisch vom Satz auf den Text auszuweiten. Daß diese Neuerung - wie im Rahmen der Flußmetaphorik (Abb. 1) angedeutet - ziemliche Turbulenzen verursachte, mag u.a. an der massiven Kritik des Ansatzes aus der transformationsgrammatischen Perspektive abzulesen sein, wie er z.B. von Dascal/Margalit (1974) formuliert wurde.

Etwa zur gleichen Zeit, in der die linguistische Grammatikforschung mit den "Stromschnellen" der "<u>Textschwelle</u>" fertigwerden mußte, störten auch andere Turbulenzen die ruhig im Rahmen des Standardmodells der Generativen Transformationsgrammatik fließenden Gewässer. Die sogenannte <u>pragmatische</u> Wende strebte nicht nur ebenfalls eine Ausweitung linguistischer Beschreibungen auf größere Analyseeinheiten an, indem sie die Sprechsituation als notwendigen Teil des Äußerungskontextes thematisierte. Darüberhinaus forderte sie nichts weniger als eine Neubestimmung des Gegenstands sprachlicher Forschungsaktivitäten generell: <u>Sprache</u> sollte nicht mehr verstanden werden als ein autonomes System von Zeichen bzw. Regeln, sprachliche Zeichen ihrerseits nicht mehr im de Saussure´schen Sinne aufgefaßt werden als der Zusammenhang eines wie auch immer definierten Bezeichnenden mit einem Bezeichneten. ´Sprache´ in diesem Sinne sollte ersetzt werden durch ´Sprechen´. Sprechen wurde verstanden als eine <u>Handlung</u>. Sprachliche Zeichen waren nicht mehr eine abstrakte Laut-Bedeutungs-Assoziation, sondern wurden von <u>Sprechern</u> in <u>Situationen</u> verwendet.

Nach der Morris´schen Unterteilung semiotischer Subdisziplinen wurde also nach der Syntaktik und der Semantik nun die Pragmatik als diejenige Disziplin in den Blick gerückt, die den Bezug auf den Zeichenbenutzer herstellt. Die Grundkonzeption war dabei, daß man etwas <u>tut,</u> indem man spricht, so der Titel eines der grundlegenden Werke, Austins "How to do things with words". Der vorherrschende Theorieentwurf war der der Sprechakttheorie in der Weise, wie sie von Austin (1962) und Searle (1969) begründet und populär gemacht worden war.

Es ist hier nicht der Ort, eine Einführung in die Sprechakttheorie zu geben (dazu vgl. etwa Schlieben-Lange 1979, 2. Aufl.). Wichtiger als die Sprechakttheorie selber sind im Zusammenhang mit der Rekonstruktion für uns einschlägiger Entwicklungen der Linguistik vielmehr ihre wissenschaftsgeschichtlichen Konsequenzen.

Ein historisch-biographischer Aspekt ist dabei nicht zu vernachlässigen: Viele der Linguisten, die in der Frühzeit der Etablierung linguistischer Forschungen in der Bundesrepublik Soziolinguistik im beschriebenen Sinn betrieben haben, nahmen im Zusammenhang mit der pragmatischen Wende sehr schnell das neue Paradigma auf. Die Verlagerung sprachwissenschaftlicher Gegenstandskonzeption von ´Sprache´ auf ´Sprechen´, die Berücksichtigung von Sprecher und Sprechsituation bei der sprachwissenschaftlichen Beschreibung und nicht zuletzt die handlungstheoretische Fundierung sprachwissenschaftlicher Theorienbildung versprachen zunächst die Verwendbarkeit dieses Theorieentwurfs in Zusammenhang mit der Beschreibung und Analyse sprachlicher Korpora.

Trotz einer gewissen Nähe zwischen theoretischen Ansätzen zum sprachlichen Handeln einerseits und Beschreibungen der vorgefundenen Regularitäten in den sprachlichen Äußerungen bestimmter Gruppen von Sprechern andererseits ist doch darauf hinzuweisen, daß die Sprechhandlungstheorie ihrer Herkunft nach einen sprachphilosophischen Entwurf darstellt, der nie als Instrumentarium empirischer Sprachforschung gedacht war. Das gilt auch für die frühen sprechhandlungstheoretischen Essays von Habermas (z.B. 1971), die in den frühen siebziger Jahren auch besonders von empirisch arbeitenden Linguisten sehr stark rezipiert wurden.

So ist es denn - zumindest aus der heutigen Rückschau - vielleicht nicht sehr überraschend, wenn die Versuche, die Sprechakttheorie für die empirische Analyse sprachlicher Korpora zu nutzen, an systematische Schwierigkeiten stiessen. Diese Schwierigkeiten sind in der folgenden Weise zusammenzufassen:

- Die Rolle des <u>Zuhörers</u> als eigenständiger Partner in der Kommunikation ist in der Sprechakttheorie nicht hinreichend berücksichtigt. Auf diesen Gesichtspunkt hat in Form der Betonung der Obligationen für den Hörer, die i.a. konventionell aus der Realisierung eines Sprechaktes resultieren, besonders Wunderlich (z.B. 1981, 2. Aufl.: 344f) hingewiesen. Der Zuhörer taucht in der klassischen

Sprechakttheorie nur in Form von Annahmen des Sprechers über den Zuhörer auf, aber nicht als eigenständige kommmunikative Größe, die über die konventionellen Bedingungen des Glückens von Sprechakten hinaus konstitutiv ist.

- <u>Über die einzelne Äußerung hinausgehende strukturelle Einheiten</u> konnten mithilfe der Sprechakttheorie nicht erfaßt werden. Die Bedingungen für die Verwendung von Sprechakten (Versprechen, Warnen, Gratulieren ...) wurden immer über elementaren Äußerungen definiert. Bei der Analyse von Korpora zeigte sich aber sehr bald, daß es darüberhinaus komplexe sprachliche Handlungen gibt (Argumente, Erzählungen, Witze ...). Auch diese Einheiten sind in sich regelhaft strukturiert, und zwar in einer Weise, die nicht einfach mit einer Abfolge von elementaren Sprechakten zu beschreiben ist. Rehbein (1972) und Frankenberg (1976) haben Vorwurfs-Rechtfertigungs-Sequenzen noch als über den einzelnen Sprechakt hinausgehende strukturelle Muster im sprechakttheoretischen Format beschrieben. Komplexer strukturierte Einheiten verlangten aber eindeutig nach einem anderen Beschreibungsmodell.

- Mit der mangelnden Eignung der Sprechakttheorie, komplexere sprachliche Einheiten zu beschreiben, hängt auch eine weitere empirische Inadäquatheit zusammen: Die <u>Zuweisung einer bestimmten illokutiven Funktion</u> zu einer im Korpus vorfindlichen Äußerung ist sehr oft von dem Stellenwert dieser Äußerung gerade innnerhalb einer solchen komplexeren Einheit abhängig.

(6) Mich hat auch mal ein Polizist erwischt und dann laufen lassen.

ist im Rahmen der komplexeren Einheit einer konversationellen Erzählung z.B. eben keine Feststellung, sondern eine Ankündigung (für das Erzählen einer Geschichte). Wiederum zusammenhängend mit den beiden zuvorgenannten Gesichtspunkten ist die handlungstheoretisch bekannte Schwierigkeit, aus den Handlungen selbst eine eindeutige Benennung der Handlungen abzuleiten. Mit dem Vollzug eines und desselben physischen Aktes können - je nach der Ebene, die für den Betrachter interessant ist - eine Vielzahl von ineinander eingebetteten Handlungen vollzogen werden: Ein Polizist breitet plötzlich die Arme aus. Damit bringt er den Verkehr zum Stillstand. Damit verursacht er die Karambolage mehrerer Wagen, die nicht mehr rechtzeitig bremsen konnten. Damit tötet er einen Menschen ... Oder, um das Beispiel einer sprachlichen Handlung zu nehmen, die Äußerung

(7) Komm doch mal vorbei!

ist eine Aufforderung, ist eine Einladung, ist die Vergebung einer früheren Handlung, die der Sprecher dem Angesprochenen vorgeworfen hat, ist die Intensivierung einer freundschaftlichen Beziehung, ist ... Heringer (1974) hat den

Zusammenhang derartiger Handlungen verschiedener hierarchischer Höhe als durch eine "indem-Relation" geordnet beschrieben. Indem ich sage "Komm doch mal rüber" fordere ich jemanden auf, spreche eine Einladung aus, ... (vgl. dazu auch Gülich/ Meyer-Hermann 1983).

Diese systematischen Schwierigkeiten, in die Versuche der empirischen Verwendung des sprechakttheoretischen Formats gerieten, führten mindestens innerhalb des empirisch orientierten - also wenn man so will, des "Performanz"-Paradigmas der Linguistik - zur Notwendigkeit einer Neuorientierung. Diese Neuorientierung - im Rahmen der Flußmetaphorik (Abb. 1) als "Diskursschwelle" symbolisiert - formierte sich aus recht heterogenen Einflüssen unter dem Namen 'Diskursanalyse'. Wie in der "Flußlandschaft" angedeutet, sind die Gewässer der Diskursanalyse nicht nur von den skizzierten linguistisch-pragmatischen Traditionen gespeist, sondern erhalten auch ganz entscheidende Zuflüsse aus der (Sprach-)Soziologie, besonders in Form der Konversationsanalyse. Obwohl die disziplinäre Herkunft einzelner Forscher nicht immer eine Aussage über die jeweilige Variante der Diskurs-/ Konversationsanalyse erlaubt, die er/sie benutzt, sind doch die Ablagerungen der verschiedenen wissenschaftsgeschichtlichen Orientierungen für den Eingeweihten noch sichtbar. Sie führen zu unterschiedlichen Methoden bei der Rekonstruktion von Gesprächsdaten und zu unterschiedlichen Grundauffassungen der zu rekonstruierenden Strukturen, die nur auf der Oberfläche als marginal erscheinen.

Abb. 2 unten stellt einige solcher Unterschiede und Gemeinsamkeiten stichwortartig gegenüber.

```
DISKURSANALYSE                          KONVERSATIONSANALYSE
(ling. Tradition)                       (soziolog. Tradtion)
-----------------------------------------------------------------
äußerungsorientiert                     äußerungsorientiert
übersatzmäßige Einheiten:               übersatzmäßige Einheiten:

   'Diskurseinheit'                        sequentielle Strukturen,
   'Handlungsmuster'                       z.B. Paarsequenzen

dialogisch                              verbale Interaktion
handlungsorientiert                     interaktionsorientiert

   WAS tun die Sprecher?                   WIE tun die Sprecher das,
                                           was sie tun?
   orientiert an mentalen Kategorien,      phänomenologisch orientiert,
   z.B. 'Intention'                        ethnomethodologisch fundiert
```

Abb. 2: Gemeinsamkeiten   und   Unterschiede   zwischen   "Diskurs-"   und
        "Konversationsanalyse"

Die beiden ersten Gesichtspunkte bezeichnen Gemeinsamkeiten und damit gleichzeitig
grundlegende Konstituentien   dieses   neuen   Ansatzes. Diskursanalyse   wie
Konversationsanalyse sind "äußerungsorientiert", d.h., sie beschäftigen sich mit
tatsächlich geäußerten sprachlichen Daten und nicht etwa mit ausgedachten Beispielen
(wie das z.B. die Sprechakttheorie noch tut) bzw. mit Sprecherurteilen. Das macht
diesen Ansatz zu einer Art "Performanz-" Linguistik.

   Ein weiterer ganz wichtiger und für beide Ansätze gemeinsamer Gesichtspunkt ist
die Tatsache, daß es sich in beiden Fällen um die Analyse komplexerer Einheiten
handelt. M.a.W., sprachliche Äußerungen werden in ihrer kontextualisierten Form
betrachtet. Die Herleitung aus den empirischen Aporien der Sprechakttheorie
fundierte für die linguistische Tradition der Diskursanalyse ein besonderes
Interesse an der internen Struktur komplexerer Handlungen in Gesprächen. Die
Kategorie 'Diskurseinheit' (vgl. Wald 1978) bezeichnet z.B. solche komplexen, vom
Gesprächskontext ein- und ausleitend deutlich abgegrenzten strukturellen "Blöcke".
Beispiele dafür wären: Argument, Erzählung, Witz, Wegauskunft, Erklärung ... Die
elementaren Einheiten in der soziologisch orientierten Konversationsanalyse sind die
Turns, also die Redebeiträge einzelner Sprecher. Die Analyse komplexerer Einheiten
im Rahmen der Konversationsanalyse hat sich schwerpunktmässig der regelhaften
Abfolge verschiedener Züge im Gespräch beschäftigt. Der prototypische Fall einer

solchen sequentiell geordneten, auf zwei Sprecher verteilten größeren Einheit ist die Paarsequenz (adjacency pair) (vgl. z.B. Schegloff/Sades 1973). Beispiele dafür wären: Frage-Antwort, Vorwurf-Rechtfertigung, Gruß-Gegengruß.

Diskurs- wie Konversationsanalyse benutzen als Daten im allgemeinen die Aufzeichnung und Verschriftlichung von Gesprächen mit zwei oder mehreren Teilnehmern. Die Tatsache, daß in Abb. 2 für diesen Tatbestand jeweils verschiedene Benennungen gewählt wurden ("dialogisch" vs. "verbale Interaktion"), verweist auf einen tieferliegenden Unterschied zwischen beiden Ansätzen: Während die Diskursanalyse gemäß ihrer linguistischen Herkunft im allgemeinen an den Äußerungen primär als sprachlichen Äußerungen interessiert ist, geht es dem soziologisch orientierten Konversationsanalytiker um die Analyse von Interaktion, die im Fall konversationsanalytischer Daten sprachlich konstituiert ist.

Ein weiterer, zunächst subtil erscheinender, dennoch manchmal folgenreicher Unterschied in den Grundorientierungen zwischen beiden Ansätzen ist die oft implizite handlungstheoretische Fundierung diskursanalytischen Vorgehens. Mit anderen Worten, der "typische Diskursanalytiker" modelliert das Handeln eines Interaktanten - durchaus unter Berücksichtigung des Gesprächszusammenhangs - während der "typische Konversationsanalytiker" die Interaktion zwischen den jeweils Beteiligten als strukturelle Kategorie sui generis rekonstruiert.

Dieser grundlegende Unterschied zieht weitere Verschiedenheiten nach sich. So ist z.B. diskursanalytischem Vorgehen oft die Annahme implizit, daß das, was die Diskursanalyse eines Gesprächs zu Tage fördert, prinzipiell den Beteiligten zugänglich ist. Manche Diskursanalytiker fragen sogar die Beteiligten nach deren Absichten, intendierten Bedeutungen usw. Der Rekonstruktion interaktiver Mechanismen seitens der Konversationsanalyse liegt dagegen die Annahme zugrunde, daß das Funktionieren dieser Mechanismen (etwa die Sprecherwechselmaschinerie) prinzipiell der Aufmerksamkeit und dem Zugriff der Beteiligten entzogen ist. Befragungen von Sprechern wären also in diesem Zusammenhang ein methodisch sinnloses Mittel.

Auch die beiden weiteren Unterschiede zwischen Diskurs- und Konversationsanalyse hängen eng mit dem letztgenannten zusammen: Während viele Diskursanalytiker an der Rekonstruktion dessen, WAS die Beteiligten (eigentlich!) sagen, interessiert sind, geht es dem Konversationsanalytiker grundsätzlich um das WIE. Mit anderen Worten, die ethnomethodologische Fundierung konversationsanalytischen Vorgehens (s. u.) führt dazu, daß das Interesse der Konversationsanalyse an der Entdeckung und Beschreibung der Mittel orientiert ist, mit Hilfe derer Sprecher das, was sie sagen, eindeutig machen, also einen bestimmten Sinn konstituieren.

Der zweite aus der Handlungs- vs. Interaktionsorientierung ableitbare Unterschied ist das Arbeiten mit mentalen Kategorien in der Diskursanalyse, besonders solchen, die aus der Handlungstheorie abgeleitet sind, z.B. 'Intention'. Die Konversationsanalyse läßt solche mentalen Kategorien prinzipiell nicht gelten. Sie ist in ihrer Analyse strikt an den beobachtbaren Formen orientiert. Vor allem hat sie nicht zum Ziel, das Verständnis des Analysators hinsichtlich unterstellter kommunikativer Intentionen der Interaktanten zu modellieren, sondern sie will ausschließlich das Verständnis der Teilnehmer selbst im Zusammenhang des jeweiligen Gesprächs rekonstruieren.

Eine detailliertere Darstellung der beiden Ansätze und ihrer Unterschiede muß aus Raumgründen unterbleiben (vgl. aber Bergmann 1981, Quasthoff 1981, Streeck 1983).

Zurück zum "Fluß" der Linguistik: Die Diskursanalyse wurde hergeleitet aus Ansätzen der linguistischen Pragmatik und deren empirischen Unzulänglichkeiten. Es wurde betont, daß mit dem Paradigma der Diskursanalyse eine betont empirisch, d.h. an Performanzdaten orientierte Form sprachwissenschaftlicher Forschung etabliert ist. Die Weiterentwicklung des grammatischen Paradigmas über die Ansätze zur Textgrammatik hinaus muß hier nicht weiter beleuchtet werden, weil sie für unseren Gegenstand der Textverarbeitung nicht unmittelbar einschlägig ist. Dennoch sei betont, daß unter dem Stichwort "prozedurale Linguistik" auch in der Grammatikforschung Modelle mehr und mehr in die Diskussion kommen, die verarbeitungs-, d.h. auch in gewisser Weise, performanzorientiert sind.

Zum Abschluß der sehr vereinfachten und äußerst skizzenhaften Nachzeichnung einschlägiger Entwicklungen in der Linguistik sei einerseits eine Warnung und andererseits ein Fazit formuliert. Zu warnen ist vor verschiedenen Mißverständnissen, z.B. den folgenden: Es wäre ein Mißverständnis zu glauben, daß

- die einzelnen "Stromschnellen", also das Auftauchen neuer Ansätze bzw. Paradigmata die jeweils vorhergehenden vorherrschenden Forschungsansätze abgelöst hätten. Es handelt sich vielmehr immer um zusätzliche Schulen, die von einigen der Forscher, die zuvor anderes gemacht haben, getragen werden, aber natürlich durchaus nicht von allen,
- daß die einzelnen Ansätze in sich so homogen wären, wie es diese vereinfachte Darstellung erscheinen läßt,
- die einzelnen Ansätze, Schulen und Richtungen so klar voneinander abgrenzbar wären, wie es die Beschreibung vermuten läßt.

In einer vielleicht kaum zu rechtfertigenden Vereinfachung lassen sich die neueren Strömungen in der Linguistik insgesamt zweiteilen und mit den Stichwörtern "Kognitives" und "Interaktives Paradigma" etikettieren. Im ersten Fall wird Sprache als eine Manifestation kognitiver Strukturen und Prozesse betrachtet, im zweiten Fall als ein kommunikatives Mittel. (Beides sind übrigens schon recht alte Bestimmungen grundlegender sprachlicher Funktionen, die im allgemeinen auch immer als nebeneinander her bestehend betrachtet wurden).

In dieser Zuspitzung linguistischer Gegenstandskonstitution wird deutlich, daß das Verhältnis zwischen Kognition und Kommunikation im Zusammenhang mit sprachlichen Prozessen nicht als ein Entweder-Oder charakterisiert werden kann. Es ist also allenfalls als Ausdruck forschungspragmatischer Arbeitsteilung akzeptabel, wenn entweder nur die eine oder nur die andere Grundfunktion von Sprache in den Blick gerückt wird. Was aber im Zusammenhang mit der Weiterführung linguistischer Theorienbildung ansteht, ist entsprechend eine Integration beider Aspekte.

Ähnlich wie die KI sich auch in anderer Hinsicht bereits als Zuchtmeister linguistischer Theorie und Methodologie erwiesen hat (vgl. z.B. Morik 1982), kann und sollte die KI auch bei diesem sprachtheoretischen Desiderat eine wichtige Rolle spielen: Bei dem Versuch der vollständigen - wenn auch durchaus möglicherweise vereinfachten - Simulation sprachlicher Prozesse nämlich erweist sich spätestens, daß eine Abstraktion entweder von den kognitiven oder den kommunikativen Bestandteilen dieses Prozesses nicht möglich ist.

1.1.2. Linguistischer Einfluß auf die KI

Wenn im folgenden die "linguistischen Nebenflüsse" behandelt werden, die zur KI fliessen, so geschieht dies wieder mit verschiedenen Einschränkungen:
- Es werden prinzipiell nur diejenigen Ansätze betrachtet, die für Textverarbeitung relevant sind.
- Die Auswahl ist unvollständig und sicher auch bis zu einem gewissen Grade subjektiv.
- Aus Raumgründen werden noch nicht einmal all die "Flüsse" behandelt, die in die Flußlandschaft (Abb. 1) eingetragen sind. Die Nebenflüsse der Textgrammatik und der Sprechakttheorie z. B. können über die in 1.1.1. oben gemachten Bemerkungen hinaus nicht weiter beschrieben werden.

1.1.2.1. Kohärenzstiftendes Wissen

Die Wissensbasiertheit modernerer Ansätze der sprachorientierten KI gehört zu ihren grundlegenden Charakteristika. Bekanntlich hat sich diese theoretische Konstante der KI unter anderem aus den Erfahrungen des Scheiterns früher Versuche zur maschinellen Übersetzung entwickelt. In der Linguistik bzw. in der Sprachphilosophie gehörte die Behandlung von sprachlich nicht offen ausgedrückten - nicht assertierten - Wissensbeständen schon lange zu den etablierten Gegenstandsbereichen der Semantik. Bei der Behandlung implizit übermittelter Aussagen hat man insbesondere zwischen Präsuppositionen und Entailments unterschieden:

(8a) Paul hat aufgehört, seine Frau zu schlagen.

(8b) Paul hat zu irgendeinem Zeitpunkt seine Frau geschlagen.

(8b) ist ein gern benutztes Beispiel für eine Präsupposition, die mit (8a) gegeben ist. Eine Präsupposition ist wahr unabhängig vom Wahrheitswert der Assertion p. (8b) gilt also auch, wenn (8a) negiert wird.

(9a) Paul ist Junggeselle.

(9b) Paul ist unverheiratet.

(9b) ist ein Beispiel für ein Entailment, das aus (9a) hervorgeht. Ein Entailment q ist genau dann wahr, wenn die Assertion p wahr ist.

Nach dem Überschreiten der "Textschwelle" in der Entwicklung linguistischer Theorienbildung und mit dem zunehmenden Interesse an der Analyse kontextuell gebundener sprachlicher Äußerungen wurde auch in der Linguistik mehr und mehr deutlich, daß die Kategorien 'Präsupposition' und 'Entailment' nicht ausreichten. Beides sind semantische Kategorien, die entsprechend nur Inferenzen bezeichnen, die aufgrund sprachlichen Wissens zustandekommen. Texte können aber nur dann als inhaltlich zusammenhängend, als kohärent verstanden werden, wenn neben sprachlichem Wissen auch sogenanntes Wissen von der Welt inferiert wird.

Ein früher und sehr bahnbrechender Aufsatz in diesem Zusammenhang ist Bellert (1970) mit ihrem berühmten Beispielsatz:

(10) Anns ältester Sohn verließ Warschau, um an der Sorbonne zu studieren.

Bellert klassifizierte die Informationen, die man aus diesem Satz entnehmen konnte, nach "Wissen von der Sprache" und "Wissen von der Welt". Zum ersteren gehört z.B. die Information, daß Ann mehr als einen Sohn hat. Zum zweiten gehört das Wissen, daß Anns Sohn sich nach Paris begab.

Der Ausdruck 'Pragmatische Präsupposition', der in jener Zeit häufiger zu lesen war, bezeichnete die Notwendigkeit einer Kategorisierung nicht-sprachlichen Wissens in der Linguistik. Anders als in der KI, die sich u.a. aufgrund des Formalisierungs- und Explizierungszwangs darauf konzentrieren mußte, ist in der Linguistik eine weitere Klassifizierung und die Entwicklung von formalen Repräsentationsformen für nicht-sprachliches Wissen weitgehend unterblieben.

1.1.2.2. Gesprächsstrukturen

Nach Überwindung der "Diskursschwelle" in der Linguistik hat das entsprechende
Paradigma (d.h. die <u>Vereinigung</u> der oben unterschiedenen Diskurs- und
Konversationsanalyse) eine Reihe von Beschreibungsansätzen, Beobachtungen und
Regelformulierungen geliefert, deren Nutzung für die sprachorientierte KI von hohem
Wert sein könnte. Da es sich bei diskursanalytischen Arbeiten um relativ neue
Ansätze handelt, ist angesichts der üblichen Zeitverschiebung bei der Übernahme von
Forschungen aus anderen Disziplinen die Diskursanalyse erst teilweise in der KI
benutzt worden (wie z.B. in Morik 1982). Im Rahmen der oben aufgestellten Forderung
nach Vereinigung des kognitiven Informationsverarbeitungs-Paradigmas mit dem
interaktiven Paradigma ist die Berücksichtigung von Regelmässigkeiten struktureller
und funktioneller Art bei der Konstitution von Dialogen auch für die KI
entscheidend. Das gilt natürlich trivialerweise dann, wenn es z.B. um
natürlichsprachliche Dialogsysteme geht. Ich werde im folgenden einige
Gegenstandsbereiche nennen, die mir aus der Sicht der KI besonders brauchbar
erscheinen und die z.T. auch bereits benutzt wurden. Ich kann die einzelnen
Gesichtspunkte dabei nur sehr grob charakterisieren. Der interessierte Leser sei an
die weiterführende Literatur verwiesen.

G l o b a l e O r g a n i s a t i o n v o n D i a l o g e n.
Hier geht es z.B. um die z.T. ziemlich stark ritualisierten Formen der Eröffnung
oder Schliessung von Gesprächen (vgl. Shegloff/Sacks 1973), aber auch um Formen der
Themenprogression (Kallmeyer 1978) bzw. die Organisation von Wechseln im sozialen
Rahmen (Goffman 1977). Konversationsanalytische Beschreibungen von Eröffnungs- und
Schliessungssequenzen sind z.B. im Projekt HAM-ANS bei der Modellierung von
Hotelbuchungsdialogen benutzt worden.

L o k a l e O r g a n i s a t i o n v o n D i a l o g e n.
Hierher gehören z.B. die erwähnten Paarsequenzen (Frage-Antwort, Vorwurf-
Rechtfertigung, Gruß-Gegengruß ...). Kenntnisse über die Wirksamkeit solcher
Strukturen müssen nicht nur in dem Sinne eingesetzt werden, daß automatische Systeme
in den Stand gesetzt werden, im Rahmen solcher Paarsequenzen angemessen zu
reagieren. Es muß auch beachtet werden, daß derartige Strukturgesetzmäßigkeiten
unbemerkt dazu führen oder dazu eingesetzt werden können, um globalere
Gesprächsinteressen durchzusetzen, z.B. um einen Gesprächspartner daran zu hindern,
Fragen zu stellen. (Vgl. Quasthoff 1982)

D i s k u r s e i n h e i t e n .

Die mehrfach erwähnten Diskurseinheiten (Erzählungen, Witze, Argumente, Erklärungen, ...) stellen strukturelle Blöcke innerhalb des normalen Gesprächsflusses (Turn-by-Turn Talk) dar. Sie sind intern regelhaft strukturiert, wobei natürlich für jeden Typ von Diskurseinheit spezielle strukturelle Regelmässigkeiten bzw. Erwartungen gelten. Im Interesse der geforderten Fusion von Kognition und Kommunikation: Die Explikation eines <u>Schemas</u> (s. u. 1.1.3.1) für Geschichten, wie sie etwa von Rumelhart 1977 unter kognitiven Aspekten vorgenommen wird (s.u. 2.2.), kann <u>prinzipiell</u> gleichzeitig als eine Explikation eines Teils der internen Strukturierung der interaktiven Diskurseinheit Erzählung in einem Gespräch gelten.

Die strukturelle Einheitlichkeit von Diskurseinheiten (vgl. Wald 1978) geht u.a. daraus hervor, daß der normale Sprecherwechsel-Mechanismus für den Vollzug einer Diskurseinheit außer Kraft gesetzt ist. Für die Dauer des Vollzugs einer Diskurseinheit gilt eben nicht, daß das Rederecht prinzipiell an jedem "possible transition point" zur Disposition steht. Vielmehr ist der Initiator einer Diskurseinheit "primärer Sprecher" (Wald 1978), d.h., er besitzt prinzipiell das Rederecht bis zum Ende seiner Diskurseinheit. Der Zuhörer kann einige wohldefinierte Redeaktivitäten vollziehen (z.B. Nachfragen, Back-Channel-Signale u.ä.); der Floor geht aber nach solchen Zuhöreraktivitäten automatisch wieder an den Initiator der Diskurseinheit zurück.

Diese Besonderheiten des Sprecherwechsel-Mechanismus haben auch strukturelle Besonderheiten der Diskurseinheit zur Folge: Damit die Aktivität des Vollzugs einer Diskurseinheit interaktiv eindeutig etabliert ist, müssen z.B. ihr Beginn und ihr Ende deutlich markiert werden. Auch zwischenzeitliches Außerkraftsetzen der dominierenden Diskurseinheit, etwa in Form von Fragen, die z.B. ein Erzähler an seinen Zuhörer haben kann, sind deutlich markiert und regelhaft organisiert. Ein Beispiel für eine solche Nebensequenz (vgl. Jefferson 1972) wäre der folgende Gesprächsausschnitt:

(11) K: ja - und da hat dann der Junge mit de:m /überlegt kurz/
     wie heißt der der
  Z: Paul heißt der
  K: nja der Paul mein ich
     der hat der hat n Kassett_ den Kasséttenrecorder runtergeschmissen.

(10-121-48: 113-118. Der Transkriptionsausschnitt stammt aus den Daten meines Projekts "Kognitive und sprachliche Entwicklung am Beispiel des Erzählens in natürlichen Interaktionssituationen".)

S t r u k t u r e l l e   M a r k i e r u n g e n.

Wie im Zusammenhang mit den strukturellen Blöcken der Diskurseinheiten bereits beschrieben, müssen Interaktanten immer bestrebt sein, die Art der ablaufenden Aktivität und ihre Zäsuren deutlich zu markieren, weil der Mechanismus des Ineinandergreifens interaktiver Strukturen nur dann funktionieren kann, wenn die Art der ablaufenden Interaktion für die Beteiligten eindeutig ist. Diese Eindeutigkeit wird übrigens von allen Interaktionspartnern gemeinsam hergestellt und ist nicht nur eine Aufgabe des jeweiligen Sprechers.

Die Formen der Interaktion, d.h. auch die sprachlichen Formen sind also zu verstehen als Signale für die Art und die Struktur der sich vollziehenden Aktivitäten. Als Gliederungs- (Gülich 1970) und Verknüpfungssignale (Quasthoff 1979a) hat die linguistische Diskursanalyse die strukturindizierende Funktion bestimmter sprachlicher Formen untersucht und den hohen Grad von Regelmässigkeit dabei entdeckt. Gumperz (1978) hat unter dem Namen 'Kontextualisierungshinweise' in einem weiteren Sinne all die Signale analysiert, die die Art der ablaufenden sozialen Aktivität, den "kontextualisierten Sinn", markieren können. Zu Kontextualisierungshinweisen im Gumperz'schen Verständnis können intonatorische Markierungen gehören, aber auch solche Mittel wie das Wechseln von Sprachen bei mehrsprachigen Sprechern oder das Wechseln von sprachlichen Registern, z.B. Black English zu Standardenglisch oder umgekehrt.

D i s k u r s m u s t e r.

Dem eben formulierten Gedanken der formalen Markierung der Art ablaufender sozialer Aktivitäten liegt auch die Beobachtung zugrunde, daß es alternative sprachliche Muster zur Repräsentation derselben Inhalte gibt. Ein Ereignis, das man erlebt hat, kann z.B. entweder als szenische konversationelle Erzählung, als Bericht oder als knappe Mitteilung sprachlich realisiert werden (Quasthoff 1980, Nikolaus/Quasthoff/Repp 1984a). Die Art dieser sprachlichen Repräsentation, die Wahl des Diskursmusters also, hängt einerseits von dem situativen Kontext der sprachlichen Produktion ab; sie kann andererseits aber auch eine bestimmte Art der Interaktionssituation konstituieren (vgl. Quasthoff 1979b).

Zum Abschluß der exemplarischen Behandlung einiger bestehender und wünschenswerter Einflüsse der Linguistik auf die textorientierte KI-Forschung sei noch einmal betont, daß die KI gerade an der Nutzung der formorientierten Forschungen in der Konversationsanalyse zu einem höheren Grade interessiert sein müßte, als das gegenwärtig der Fall zu sein scheint.

1.1.3. Die einschlägige Entwicklung in der Kognitiven Psychologie

Eine ältere, aber bis heute grundlegende und vielbenutzte Unterteilung in der Gedächtnispsychologie ist Tulvings (1972) Einteilung in <u>episodisches</u> und <u>semantisches Gedächtnis</u>. Zum sogenannten semantischen Gedächtnis (vgl. Tulving 1983 zu der etwas unglücklichen Bezeichnung) gehören all jene sprachlichen und nicht-sprachlichen kollektiven Wissensbestände, die in einer bestimmten Kultur geteilt werden und entsprechend vorauszusetzen sind. Inhalte des episodischen Gedächtnisses sind hingegen personen- bzw. situationsspezifische Wissensbestände, die folglich in der Kommunikation auch jeweils speziell etabliert werden müssen. Daß Autos im allgemeinen mit Benzin betrieben werden, gehört in diesem Sinne zum semantischen Gedächtnis; daß mein Auto im Augenblick einen leeren Tank hat, ist Teil meines episodischen Gedächtnisses.

Ein Großteil früherer Forschungen in der Gedächtnispsychologie bezog sich auf das episodische Gedächtnis. Gesucht wurde nach den Strategien, die Versuchspersonen beim Erkennen, Speichern und Abrufen dargebotener Informationen benutzten, wobei es sich bei diesen Informationen oft um "sinnlose" handelte, z. B. Wort- oder Silbenlisten, Zahlenreihen o.ä. Man hat dabei festgestellt, daß das Material zum Behalten bearbeitet, "kodiert" wird, um bessere Erinnerungsleistungen zu erzielen. Dargebotene Wortlisten werden z.T. in ihrer Reihenfolge nach dem Kriterium semantischer Nähe umgeordnet und geben damit Hinweise auf die Organisationsform des semantischen Gedächtnisses.

Abb. 3 zeigt ein sehr vereinfachtes psychologisches Modell zum Aufbau des Gedächtnisses.

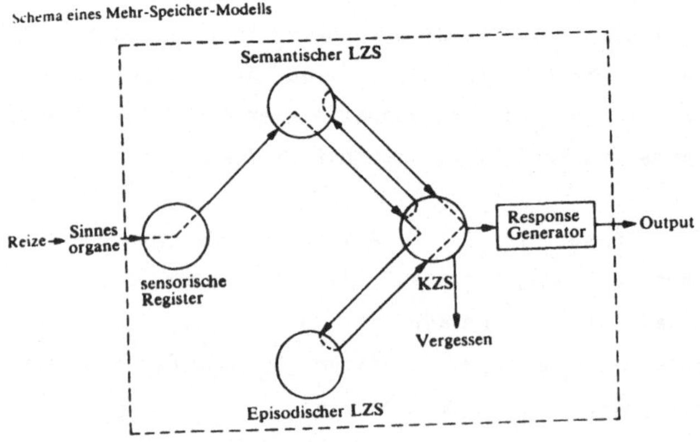

Abb. 3 (nach Bredenkamp 1977:149)

Dieser "Mehrspeicheransatz" enthält verschiedene Probleme, so zum Beispiel die Frage des Verhältnisses der Speicher zueinander und die Frage der Kapazität in den verschiedenen Speichern. Eine jüngere Annahme ist der "Levels-of-Processing-Ansatz", in dem die Konstrukte Langzeit- und Kurzzeitspeicher noch enthalten sind, aber die starre Aufteilung und die Annahme prinzipiell verschiedener Eigenschaften beider Gedächtnisspeicher aufgegeben ist.

An dieser "Prozessualisierung" eines früher eher statisch gedachten Strukturzusammenhangs läßt sich auch der Übergang von der traditionelleren Gedächtnispsychologie in den Bereich der Kognitiven Psychologie demonstrieren, die sich als Teil der Psychologie der Informationsverarbeitung versteht. Mit diesem Selbstverständnis ist sie dann auch wichtiger Teil der Cognitive Science.

Jetzt beginnt man verstärkt, sich für die Verarbeitung "sinnvoller" Information zu interessieren und untersucht die Prozessierung sprachlich kodierter Informationen von der Aufnahme über die Speicherung bis zum Abruf. Wie in der linguistischen Grammatikforschung und der linguistischen Pragmatik (s.o. 1.1.1), so bleibt aber auch die Psychologie der Sprachverarbeitung lange Zeit an der Analyseeinheit des Satzes orientiert (vgl. etwa noch Engelkamp 1974, 1. Aufl.).

In den frühen siebziger Jahren wurden dann allerdings einige entscheidende Experimente berichtet, die Hinweise darauf gaben, daß sprachlich ausgedrückte Informationen nicht satzweise verarbeitet werden. Eines der berühmtesten und einflußreichsten Experimente in Zusammenhang mit der "Textschwelle" in der Psychologie ist das von Bransford & Franks 1971.

In diesem Experiment wurden zusammenhängende Sätze konstruiert, die eine, zwei, drei oder vier "Ideeneinheiten" (Propositionen in einem bestimmten Sinne) enthielten. Beispiele für Sätze mit einer Ideeneinheit wären etwa:

(12) Die Ameisen fraßen die Marmelade.
(13) Die Marmelade war süß.

Ein Beispiel für einen Satz mit zwei Ideeneinheiten ist der folgende:

(14) Die süße Marmelade stand auf dem Tisch.

Versuchspersonen wurden jeweils Sätze mit einer, zwei oder drei - nie aber mit vier - Ideeneinheiten dargeboten. Bei Wiedererkennungstests hatte allerdings gerade der folgende als einziger nicht dargebotene Satz mit allen vier Ideeneinheiten den höchsten Wiedererkennungswert:

(15) (Die Ameisen in der Küche fraßen die süße Marmelade, die auf dem Tisch stand.)

Nachdem die Kognitive Psychologie als Psychologie der Informationsverarbeitung die "Textschwelle" überwunden hatte, wurden die Verbindungen zur Cognitive Science tatsächlich so eng, daß ich weitere Ergebnisse und Konkretisierungen der Psychologie der Textverarbeitung im Rahmen des entsprechenden "Nebenflusses" von der Psychologie zur KI besprechen werde.

1.1.3.1. Bartletts Schemabegriff und die Folgen

Das grundlegende theoretische Konzept, das heute auch den Entwürfen zur Textverarbeitung in KI und Linguistik - soweit sie "Kognitive Realität" beanspruchen - zugrundeliegt, kommt aus der Psychologie und findet sich bereits in Bartletts 1932 erschienenen Buch Remembering. Schon Bartlett hat erkannt, daß die Verarbeitung von sprachlichen Informationen durch das Gedächtnis kein "passives Einregistrieren" ist, sondern vielmehr die aktive Organisation hereinkommender Informationen durch den aufnehmenden Organismus. Mit anderen Worten, das Aufnehmen und Verarbeiten von Informationen geschieht mit Hilfe bestimmter Strukturerwartungen, die mit dem kulturellen Wissen eines Menschen gegeben sind. Diese Strukturerwartungen weisen den einzelnen Teilinformationen bei der Verarbeitung jeweils antizipierend ihren Stellenwert zu. Sie wurden auch nach Bartlett - besonders im Zusammenhang mit Erzählungen - erforscht, gelten aber auch für alle anderen Typen von Texten bzw. Informationen. Derartiges strukturelles Wissen, das die Verarbeitung von Informationen steuert bzw. möglich macht, nennt man nach Bartlett Schema. In diesem Sinne sind die Strukturen der Geschichtengrammatik von Rumelhart und Nachfolgern, die Superstrukturen von Kintsch und van Dijk und auch die Relationsstruktur (s. u.) als Schemata zu bezeichnen. (Für eine begriffliche Differenzierung zwischen Strukturmodell, Grammatik und Schema von Geschichten s. Hoppe-Graff/ Schöler 1981).

1.1.3.2. Weltwissen in der Textverarbeitung

Der Nachweis der Rolle von außersprachlichem Weltwissen beim Verstehen von Sprache wird immer wieder im Zusammenhang mit einem berühmten Experiment von Bransford/Barclay/Franks 1972 gesehen. Ich werde mich mit diesem Experiment hier nicht weiter beschäftigen, weil es sich im Grunde genommen noch auf die Verarbeitung von Sätzen bezieht. Außerdem kann m. E. die Rolle des Weltwissens mit diesem Experiment gerade nicht nachgewiesen werden, weil die entsprechende Information durchaus mit Hilfe von sprachlichem Wissen inferierbar ist.

Ein anderes Experiment allerdings zeigt die Rolle des Weltwissens bei der Textverarbeitung sehr suggestiv: Sulin und Dooling (1974) präsentierten einem Teil ihrer Versuchspersonen die folgende Geschichte:

(16) Carol Harris braucht fachmännische Beratung

Carol Harris war von Geburt an ein Problemkind. Sie war wild, eigensinnig und gewalttätig. Als sie acht wurde, war sie noch immer nicht zu bändigen. Ihre Eltern waren über ihren Zustand sehr besorgt. In ihrem Staat gab es jedoch keine gute Einrichtung für ihr Problem. Ihre Eltern entschieden schließlich, etwas zu unternehmen. Sie stellten einen Privatlehrer für Carol ein. (Übersetzung aus Engelkamp/Bock 1980)

Einer zweiten Gruppe von Versuchspersonen wurde derselbe Text gegeben; allerdings tauchte statt des Namens Carol Harris der Name Helen Keller auf. Noch mehr als bei uns gehört es in den Vereinigten Staaten, wo das Experiment durchgeführt wurde, zum kulturellen Wissen eines jeden, daß Helen Keller taubstumm und blind war und daß sie erst durch ihren Privatlehrer an Sprache herangeführt wurde. Den Versuchspersonen beider Gruppen wurde nun nach 2 verschieden langen Intervallen der folgende Satz gegeben:

(16′) Sie war taubstumm und blind.

Erwartungsgemäß glaubte kaum einer der Versuchspersonen der ersten Gruppe, daß dieser Satz in dem präsentierten Text vorkam; spätestens nach Ablauf einer Woche waren allerdings viele Versuchspersonen der zweiten Gruppe der festen Überzeugung, daß ein Satz des Inhalts von (16′) Teil des präsentierten Textes war.

1.1.4. Die einschlägige Entwicklung in der Soziologie

Soziologische Entwicklungen können gegenüber denen in der Linguistik und der Psychologie für den vorliegenden Zusammenhang etwas zurücktreten, weil sie erstens - als Interaktionstheorien - bisher weniger Eingang in das kognitive Paradigma der Cognitive Science gefunden haben, und weil sie zweitens in 1.1.1. oben in Zusammenhang mit der Beschreibung der Konversationsanalyse in ihren wesentlichen Punkten bereits genannt wurden. Einschlägig im Rahmen der Soziologie sind ohnehin nur Entwicklungen innerhalb der sogenannten Mikrosoziologie. Dabei handelt es sich um Ansätze, die in unterschiedlicher Weise historisch mit Namen wie Schütz oder Mead verbunden sind. Sie sehen gesellschaftliche Realität nicht in meßbaren Merkmalen äußerlich beschreibbarer gesellschaftlicher Formationen (Schichten, Berufsgruppen etc.). In der mikrosoziologischen Sichtweise konstituiert sich gesellschaftliche Realität vielmehr ausschließlich in der Art der Interaktion zwischen Gesellschaftsmitgliedern (vgl. z.B. Berger/Luckmann 1970).

Ein jüngerer mikrosoziologischer Ansatz ist die von Harold Garfinkel in Kalifornien begründete und von Cicourel in anderer Weise weiterentwickelte Ethnomethodologie (zur Einführung vgl. z.B. Quasthoff demn.).

Eines der Hauptinteressen der Ethnomethodologie liegt in der Erforschung der Rolle von implizit selbstverständlichem Alltagswissen bei der Konstituierung von Verständigung. Garfinkels berühmte Krisenexperimente (vgl. Garfinkel 1972), in denen Interaktanten u.a. selbstverständliches Wissen explizierten und damit z.T. massivste Krisen in den entsprechenden Beziehungen auslösten, beweisen nicht nur das Ausmaß derartigen Wissens in den trivialsten alltäglichen Interaktionen, sondern vor allem auch, wie zentral für die Funktionsweise von alltäglicher Verständigung der implizite Charakter dieses Wissens ist.

Die KI könnte aus ethnomethodologischen Forschungen und denen ihrer konversationsanalytischen Nachfolger entscheidende Hinweise über den Einsatz von alltäglichem Wissen bei Interpretationsprozessen entnehmen (vgl. etwa die "Hearers' and Viewers'"-Maximen bei Sacks (1972)). Insbesondere auch die prinzipiell implizite Qualität von Alltagswissen und damit der Signalcharakter der Explizierung solcher Wissensbestände wäre für die KI in Zusammenhang mit der Simulation von Verstehen und Generierung natürlichsprachlicher Äußerungen von hohem Interesse (vgl. etwa auch Quasthoff 1978).

1.2. Unterschiede zwischen den beteiligten Disziplinen

Die bisherige Darstellung der einschlägigen Entwicklung von Linguistik, Psychologie und Soziologie sowie ihrer Einflüsse auf die KI kann den Eindruck erwecken, als seien die Grenzen zwischen den einzelnen Disziplinen ab jeweils einem bestimmten Punkt der Entwicklung und mit ihrer Integration in der neuen Disziplin der Cognitive Science aufgehoben. Tatsächlich sollte aber eine der Hauptfunktionen der Herleitung verschiedener Beschreibungsansätze aus ihren wissenschaftsgeschichtlichen Kontexten darin liegen, zu zeigen, daß die Grenzen zwischen den einzelnen Disziplinen in der jüngsten Zusammenarbeit zwar z.T. verwischt, aber dennoch vorhanden und wirksam sind. Die unterschiedlichen Grundorientierungen, die fast zwangsläufiger Ausdruck der Herkunft aus verschiedenen Fachwissenschaften sind, behindern im Gegenteil sehr oft die interdisziplinäre Verständigung, und zwar besonders dann, wenn die Unterschiede nicht mehr offen auf der Hand liegen.

Ich werde deswegen im folgenden stichwortartig versuchen, einige der mehr oder weniger latenten, aber in jedem Fall virulenten Unterschiede zwischen den

"Mutterdisziplinen" der Cognitive Science zu nennen. Dabei ordne ich die Unterschiede nach den folgenden Gesichtspunkten:

- Konstitution des Gegenstands
- Grundfragestellung
- Methoden
- wissenschaftstheoretische Grundorientierung (wissenschaftsgeschichtliche Tradition)
- Anwendungsorientierung.

Alle die in den einzelnen Bereichen zu nennenden Gesichtspunkte begründen für die jeweils im Rahmen einer bestimmten Disziplin orientierten Ansätze einen "Fundus von Selbstverständlichkeiten", der gerade wegen dieser Selbstverständlichkeit selten zum Thema des interdisziplinären Diskurses wird und deshalb den fruchtbaren Austausch und die gegenseitige Übernahme von Beschreibungsansätzen und Ergebnissen zum gegenseitigen Nutzen so oft behindert.

Abb. 4 unten faßt die Unterschiede unter den genannten Gesichtspunkten aus meiner Perspektive stichwortartig zusammen. Bei dieser Zusammenstellung ist das folgende zu beachten:

- Für die einzelnen Disziplinen sind wiederum jeweils nur die Elemente benannt, die für die einschlägigen Entwicklungen dieser Disziplin als Vorläufer oder Teile einer textwissenschaftlich orientierten Cognitive Science relevant sind.
- Noch mehr als die verkürzte wissenschaftsgeschichtliche Nachzeichnung im letzten Abschnitt muß der stichwortartige Vergleich hier vereinfachend und unvollständig sein, u.a. in dem Sinne, daß jeweils nur vorherrschende oder typische Vorgehensweisen berücksichtigt werden.

Wenn man die Matrix in Abb. 4 spaltenweise liest, dann werden Gründe für die Integration der verschiedenen Disziplinen, aber auch verbleibende Unterschiede auf einen Blick verständlich. Aus den Spalten Gegenstand und Fragestellung geht z.B. hervor, in welcher Weise die KI Ergebnisse der anderen drei Disziplinen braucht, um ihren Gegenstand zu bearbeiten bzw. ihre grundsätzliche Fragestellung zu beantworten. Die automatische Modellierung intelligenter Prozesse ist eben nicht möglich ohne Kenntnisse über die Art dieser Prozesse. Die maschinelle Simulation von Sprachverhalten ist nicht möglich ohne die Kenntnis der Regularitäten menschlichen Sprachverhaltens.

Dieser Zusammenhang ist aber noch vergleichsweise trivial, und die entsprechenden Beiträge anderer Wissenschaften könnten auch ersetzt werden - werden sehr oft ersetzt! - durch entsprechende naive Vorstellungen des KI-Forschers. (Ein Beispiel dafür wird in 3. unten vorgestellt.) Weniger trivial sind die Zusammenhänge auf methodischem Gebiet, wozu ich die Art der empirischen Überprüfung von theoretischen Aussagen der jeweiligen Disziplinen rechne. Soweit sich die KI z.B. als

	GEGENSTAND	METHODEN
LINGUISTIK	sprl. Strukturen, ("Kompetenz" und "Performanz")	Explizierung intuitiver sprl. Regeln mithilfe von Grammatikalitätsurteilen
	sprl. Funktionen	
		Beobachtung von Regelmäßigkeiten in Korpora
PSYCHOLOGIE	Kognitive Prozesse, Organisationsformen u. Entwicklungen	experimentelle Datenerhebung, quantitat. Auswertung
SOZIOLOGIE	Interaktive Strukturen	Kontextuelle Analyse v. Regelmäßigkeiten in Interaktionsdaten
KI	maschinelle Denk- u. Sprachprozesse	formale Repräsentationen v. Wissensbeständen
		Computer-Simulation

Abb. 4: Stichwortartige Gegenüberstellung wesentlicher Charakteristika von Linguistik, Psychologie, Soziologie und KI

FRAGESTELLUNGEN	ANWENDUNGS-ORIENTIERUNG	WISS.THEOR. GRUND-ORIENTIERUNG
zugrundeliegende Regeln einer abstrakten Sprachkompetenz	schulische Sprach-vermittlung. Optimie-rung von Komm.ver-halten in versch. gesellschaftl. Bereichen	primär geisteswiss. Tradition (Herkunft aus Philologien)
gruppenspezifische Besonderheiten des Sprachverhaltens		institutionelle Nähe zur Literatur-wissenschaft
Mechanismen d. komm. Austauschs		
Art der kogn. Reprä-sentationen	Erziehung (z. B. Lesenlernen)	sozialwiss. Ein-bettung
Funktionsweise des Verarbeitungsapparats	Therapie	
Mechanismen und Funktionsweise inter-aktiver Strukturen	i. wes.Grundlagen-forschung, z.T. Ver-besserung interakt. Prozesse unter gesell-schaftl.-emazipato-rischen Prämissen	sozialwiss. Tradition
Menschl. Intelligenz unter d. Gesichts-punkt ihrer maschi-nellen Modellierung	Computertechnik	Tradition techn. Fächer
		institutionelle Nähe zu Mathematik etc.

experimentelle Disziplin begreift, die das Mittel der maschinellen Simulation von theoretischen Entwürfen zu deren Überprüfung nutzt (vgl. Schank/Abelson 1977: Kap. 1), ist die Methodologie des Experiments einschlägig, wie sie in den Naturwissenschaften, in der philosophischen Wissenschaftstheorie, aber auch etwa in der Psychologie betrieben wird.

Entsprechend den methodischen Kontroversen in der Linguistik etwa ist auch für die sprachorientierte KI die Frage zentral, was eigentlich simuliert werden soll: das (normative) sprachliche Wissen oder sprachliches Verhalten in seiner beobachtbaren Regelmässigkeit?

Aus den Spalten der Matrix sollten aber besonders auch die Unterschiede zwischen den einzelnen Disziplinen verständlich werden: Der Vergleich der einzelnen Positionen in den Spalten Gegenstand und Anwendungsorientierung z. B. dürfte auf einen Blick deutlich machen, warum das berüchtigte Kriterium zur Beurteilung von Theorien in der KI: "läufts?" hier so zentral ist und in den anderen Disziplinen vollkommen untergeordnet.

Zu dem Fundus von Selbstverständlichkeiten, die den interdisziplinären Dialog so erschweren, gehören aber z.B. nicht zuletzt auch unterschiedliche Stile der Präsentation von Ergebnissen in den einzelnen Disziplinen, die herzuleiten sind aus der unterschiedlichen wissenschaftstheoretischen Herkunft. Die institutionell und historisch z.T. den Philologien und damit den Geisteswissenschaften nahestehende Linguistik hat z.B. i.a. einen anderen "Stil" als die den Ingenieurwissenschaften verhaftete KI.

Aus Raumgründen muß hier eine detaillierte Darstellung des standardmässigen empirischen Vorgehens in den verschiedenen Disziplinen unterbleiben. Eine solche Darstellung würde ebenfalls entscheidende interdisziplinäre Unterschiede zutage fördern. Sie würde aber sehr umfangreich, wenn sie dem "disziplinären Außenseiter" wirklich helfen sollte. Stattdessen seien alle diejenigen, die sich tastend in eine neue Disziplin hineinwagen, oder auch diejenigen, die nur gelegentlich Ergebnisse von Nachbardisziplinen zur Kenntnis nehmen, daran erinnert, die entsprechenden Publikationen so zu lesen, daß sie hinterher in der Lage sind, den zugrundeliegenden methodischen Plan des entsprechenden Vorgehens zu explizieren. Man sollte auch versuchen, sich über die Grundkonzeption des jeweiligen Ansatzes Klarheit zu verschaffen, indem man sich an den fünf Spalten der obenstehenden Matrix (Abb. 4) orientiert. Erst wenn man diese Grundorientierungen explizit gemacht hat, kann man sie mit seinen eigenen Ausrichtungen (die dann natürlich auch explizit sein müssen!) vergleichen und dabei Nutzen und Schwierigkeiten des interdisziplinären Grenzübertritts in den Griff bekommen.

Zum Abschluß unserer Wanderung durch die interdisziplinäre Landschaft der Cognitive Science wollen wir den Zusammenhang zwischen Linguistik und KI noch von einer übergreifenden - wissenschaftstheoretischen - Ebene her beleuchten: Jede

Wissenschaft benutzt in ihrem methodologischen Kanon Kriterien zur Entscheidbarkeit zwischen alternativen Theorien. Das wichtigste und selbstverständlichste Kriterium dieser Art ist natürlich die Übereinstimmung der Theorie mit der beschriebenen Realität, die in empirischen Wissenschaften durch unterschiedliche Formen der Überprüfung festgestellt wird. In der Praxis wird als empirische Bestätigung einer theoretischen Aussage z.B. akzeptiert:

Für die Linguistik: Die Übereinstimmung mit Sprecherurteilen hinsichtlich der Grammatizität oder Akzeptabilität von sprachlichen Ausdrücken.

Das Vorkommen in sprachlichen Korpora (keine Gegenbeispiele, die der Hypothese widersprechen).

Für die Psychologie: Keine Falsifikation der Hypothesen durch Experimente.

Für die Soziologie: Keine Beobachtung von Verhalten, das mit der formulierten Regelmäßigkeit unverträglich ist.

Darüberhinaus gibt es aber wissenschaftstheoretische Ansprüche an die Theoriebildung, die über die empirische Adäquatheit hinausgehen. Für die Entscheidbarkeit zwischen Beschreibungsalternativen, die in gleicher Weise einen durch die gesetzte Fragestellung konstituierten Wirklichkeitsausschnitt abbilden, gibt es in allen Disziplinen u.a. die folgenden Kriterien:
- Einfachheit der Beschreibung/Erklärung
- "Eleganz" (Explizitheit, Formalisiertheit) der Theorie
- Ausmaß der Erklärungskraft.
Das letzte Kriterium der Erklärungskraft kann in der Linguistik z.B. spezifiziert sein durch
- Kognitive ("Psychologische") Realität der beschriebenen sprachlichen Strukturen (dies Kriterium gilt auch für die KI)
- "Ontogenetische Realität" (Verträglichkeit der theoretischen Implikationen mit Erwerbsabfolgen)
- "Interaktive Realität" (d.h. der Nachweis entsprechenden Alltagsbewußtseins über die unterstellten Regularitäten in Form etwa von metakommunikativen Äußerungen, Zurückweisung entsprechend abweichender Äußerungen in Diskursen etc.)

Der Sinn einer interdisziplinären Integration von Linguistik und KI anhand der formulierten wissenschaftstheoretischen Kriterien kann nun in der folgenden Weise spezifiziert werden:

Die KI ist für die Linguistik interessant durch

- die Eröffnung eines neuen Empiriebereichs: die maschinelle Simulation.
- die beschreibungstheoretische Erweiterung: die Notwendigkeit formaler Explizitheit etc.
- die Erweiterung der Erklärungskraft: die maschinelle Simulation kognitiver Prozesse ermöglicht nicht nur den Nachweis, _daß_ etwas repräsentiert ist, sondern i.a. auch _wie_ und warum etwas so repräsentiert ist.

Die Linguistik ist für die KI interessant durch

- die Eröffnung eines zusätzlichen Empiriebereichs: linguistische Ergebnisse zu Struktur und Funktionsweisen natürlicher Sprache und Kommunikation außerhalb der technologischen Anwendung;
- die beschreibungstheoretische Erweiterung: Bereitstellung von Kategorien und Inventaren und Beschreibungsansätzen für sprachliche Regelmässigkeiten;
- die Erweiterung der Erklärungskraft: das Kriterium der linguistischen Adäquatheit von KI-Modellen, die zugrundeliegende grammatische und kommunikative Funktionen abbildet.

2. Textmodelle

Im folgenden werden zwei Textmodelle exemplarisch auf ihre empirische Adäquatheit und ihre Beschreibungskraft überprüft. Auch hier mußte wieder eine Auswahl vorgenommen werden, die bis zum gewissen Grade willkürlich ist. Mit der Geschichtengrammatik (Rumelhart 1977) und der Relationsstruktur (Quasthoff 1980) wurden jeweils Beschreibungsansätze gewählt, die in einem Fall eher der Kognitionspsychologie bzw. der KI, im anderen Fall eher der Linguistik zuzuordnen sind. Beide Modelle beschreiben die Struktur von Erzählungen, wenn sie auch an unterschiedlichen Typen von Erzähltexten entwickelt wurden. Beide Ansätze erheben Ansprüche auf kognitive Adäquatheit, wenn auch die empirische Einlösung dieser Ansprüche sich im ersten Fall auf das Textverstehen, im zweiten Fall auf die Textproduktion bezieht.

Es wurden mit diesen beiden Beschreibungsentwürfen absichtlich Strukturierungsmodelle ausgewählt, die in der augenblicklichen Diskussion der KI aus unterschiedlichen Gründen nicht sehr zentral sind. Im Fall der Geschichtengrammatik mögen die Gründe in einer weit rezipierten massiven Kritik (vgl. Black/Wilensky 1979) liegen, die eine bestimmte Variante der Geschichtengrammatik im wesentlichen mit grammatiktheoretischen Argumenten angegriffen hatte. Z.T. können diese Einwände allerdings widerlegt (Johnson/Mandler 1980, Rumelhart 1980) bzw. als für bestimmte Verwendungsweisen nicht einschlägig erachtet werden (vgl. die zusammenfassende Würdigung der Kritik von Hoppe-Graff/Schöler 1981). So wird die Geschichtengrammatik denn auch in der Kognitiven Psychologie häufiger verwendet als in der gegenwärtigen KI. Für den Fall der Relationsstruktur liegt ein Hinderungsgrund für die umstandslose Nutzung des Beschreibungsansatzes durch die KI sicherlich u.a. in dem nicht hinreichend formalisierten Charakter des Ansatzes. Der ist aber seinerseits Konsequenz des vergleichsweise hohen Grads an Differenziertheit und Komplexität in der Beschreibung.

Um ein Fazit des Vergleichs zwischen verschiedenen kognitiv orientierten Beschreibungsmodellen für Erzähltexte an dieser Stelle bereits vorwegzunehmen: Bei der Entwicklung eines bestimmten Beschreibungsmodells bzw. bei der Entscheidung für ein solches aus mehreren Möglichkeiten ist immer ein "trade-off" zwischen zwei sich bis zu einem gewissen Grade ausschließenden Beschreibungszielen und deren Konsequenzen vorzunehmenm. Ein höherer Grad der formalen Explizitheit der Theorie und damit eine leichtere Umsetzbarkeit in maschinell bearbeitbare Programme scheint zwangsläufig einen höheren Grad von Einfachheit in der Konstitution des Gegenstandes und einen höheren Grad von Naivität in der zugrundegelegten Erzähltheorie auszulösen. Umgekehrt, sobald die zugrundeliegende Erzähltheorie differenzierter ist, sobald der Gegenstand Erzählung nicht über Gebühr vereinfacht ist und sobald verschiedene Formen von Erzähltexten bearbeitet werden, liegt das Problem zwangsläufig in der Formalisierung dieses komplexeren Theorieansatzes.

Es wäre sicherlich interessant gewesen, das Makrostrukturmodell bzw. die Beschreibung von sogenannten Superstrukturen (vgl. z.B. van Dijk/Kintsch 1983) und die Schank'sche script- und planbasierte Theorie zum Verstehen von Geschichten in die vergleichende Analyse mit einzubeziehen. Aus Raumgründen muß dies allerdings unterbleiben.

Die Beschreibungskraft der jeweiligen Modelle wird überprüft, indem die einzelnen Strukturbeschreibungen versuchsweise auf dieselben drei Texte angewendet werden. Diese Texte sind zwar - wie in den jeweiligen Beschreibungsentwürfen vorgesehen - Erzähltexte, aber sie repräsentieren jeweils sehr unterschiedliche Arten von Erzählungen. Diese Verschiedenheit der Erzähltexttypen impliziert, daß auch solche Formen von Erzähltexten versuchsweise mit den jeweiligen Modellen beschrieben werden, für die die Strukturbeschreibung nicht unbedingt entworfen wurde. Die Texte, an denen z.B. das Funktionieren der Geschichtengrammatik in Rumelhart (1977) exemplifiziert wurde, sind i.a. fabelähnliche Erzählungen. Die Relationsstruktur auf der anderen Seite wurde anhand von dialogischen konversationellen Erzählungen entwickelt und soll auch ausdrücklich nur für diese Erzählformen Gültigkeit haben. Mit der Anwendung der Modelle auf Erzähltexttypen, für die sie nicht primär entwickelt wurden, soll die Erweiterbarkeit der Ansätze überprüft werden.

Die drei exemplarisch zugrundegelegten Primärtexte (s. Anhang) sind:

1. Der Bauer und der Wassermann (ein aus dem Armenischen übersetztes Märchen)

2. Eine größere Anschaffung (eine literarische Erzählung von Wolfgang Hildesheimer)

3. Ich werde Putzmacherin (die Transskription einer authentischen spontan in einem Gespräch geäußerten konversationellen Erzählung).

2.1. Geschichtengrammatik

Unter den verschiedenen Varianten von Geschichtengrammatiken (vgl. Rumelhart 1975, Mandler und Johnson 1977 und 1978, Thorndyke 1977, Stein und Glenn 1979) wurde die Variante von Rumelhart 1977 der Diskussion zugrundegelegt, weil Rumelhart als der "Urvater" der Geschichtengrammatiken gelten kann und die Grundprinzipien dieses Typs von Textstrukturbeschreibung in diesem Modell in relativ einfacher und klarer Form sichtbar sind.

Rumelhart geht explizit von einer Variante des Schemabegriffs (s.o. 1.1.3.1.) aus:

> A schema is an abstract representation of a generic concept for an object, event, or situation. Internally, a schema consists of a network of interrelationships among the major constituents of the situation represented by the schema. Moreover, a schema is said to account for any situation that can be considered an instance of the general concept it represents. (Rumelhart 1977:266)

Der Verstehensprozess wird operationalisiert als der Prozeß der Auswahl und Verifizierung von konzeptuellen Schemata, die der zu verstehenden Situation (oder dem zu verstehenden Text) entsprechen. Anliegen der Geschichtengrammatik ist die Explikation des "Erzählschemas", das sich allerdings nur auf einen bestimmten Typ von Geschichten bzw. Episoden in Geschichten bezieht: die "Problemlöseepisoden". Diese Geschichten haben die folgende gemeinsame Struktur:

1. Etwas passiert dem Protagonisten, so daß er sich gegenüber seinen ursprünglichen Handlungszielen ein neues Ziel setzen muß (In der Relationsstruktur von Quasthoff ist dieses Strukturelement als "Planbruch" konkretisiert und differenziert).

2. Das anschließende Problemlöseverhalten des Protagonisten oder Verfolgung seines neuen Ziels (Dies ist vergleichbar zu GPS (Newell und Simon 1972) konzeptualisiert).

Die beiden folgenden grundlegenden Teilstrukturen des Erzählschemas entsprechen den beiden Strukturteilen 1 und 2:

Das EPISODE-Schema drückt die Relation zwischen auslösendem Ereignis, Ziel, und dem Versuch, das Ziel zu erreichen, aus.
Das TRY-Schema expliziert die interne Struktur des Versuchs, das Ziel zu erreichen.

Formuliert als "einfaches Computer-Programm" (Rumelhart 1977:269):

"EPISODE ABOUT PROTAGONIST P.

(1) EVENT $\underline{E}$ CAUSES $\underline{P}$ TO DESIRE GOAL $\underline{G}$.

(2) $\underline{P}$ TRIES TO GET $\underline{G}$ UNTIL OUTCOME $\underline{O}$ OCCURS."

Das TRY-Schema wird folgendermaßen spezifiziert:

"AGENT $\underline{A}$ TRIES TO GET GOAL $\underline{G}$.

(1) $\underline{A}$ SELECTS A METHOD $\underline{M}$ WHICH COULD LEAD TO $\underline{G}$.

(2) FOR EACH PRECONDITION $\underline{P}$ OF $\underline{M}$, $\underline{A}$ TRIES TO GET $\underline{P}$ UNTIL OUTCOME $\underline{O}$.

(3) $\underline{A}$ DOES $\underline{M}$ WHICH HAS CONSEQUENCE $\underline{C}$."

(Rumelhart 1977:270)

Die folgende Abb. 5 zeigt die graphische Repräsentation der beiden Schemata:

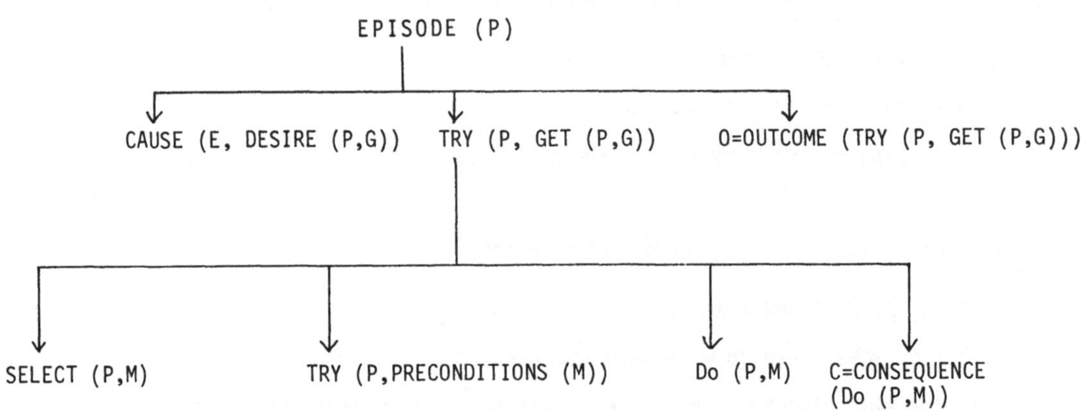

Abb. 5: Strukturdiagramm zur Beziehung zwischen EPISODE- und TRY-Schema nach Rumelhart (1977:270).

Die Anwendung der Strukturbeschreibung dürfte aus der folgenden Beispielanalyse von Rumelhart (1977:275f) hervorgehen. Abb. 6a gibt den Text der Fabel "The Countryman And The Serpent" wieder, Abb. 6b zeigt die Rumelhartsche Strukturbeschreibung dieses Textes.

Über die deskriptive Adäquatheit hinausgehende Erklärungskraft wird bei Rumelhart - wie bei den meisten Textstrukturbeschreibungen der Cognitive Science - mit dem Anspruch erfüllt, das Strukturmodell könne Prozesse der Textverarbeitung voraussagen. (Ich lasse hier das Spannungsverhältnis zwischen der Beschreibung von Textstrukturen und Verarbeitungsprozessen undiskutiert. Vgl. dazu Hoppe-

The Countryman and the Serpent (nach Rumelhart 1977: 275)

(1) A countryman's son, by accident, trod upon a serpent's tail.

(2) The serpent turned

(3) and bit him,

(4) so that he died.

(5) The father, in revenge,

(6) got his axe,

(7) pursued the serpent,

(8) and cut off part of his tail.

(9) So the serpent, in revenge,

(10) began stinging several of the farmer's cattle.

(11) This caused the farmer severe loss.

(12) Well, the farmer thought it best to make it up with the serpent.

(13) So he brought food and honey to the mouth of its lair

(14) and said to it, 'Let's forget and forgive; perhaps you were right to punish my son and take vengeance on my cattle, but surely I was right in trying to revenge him; now that we are both satisfied, why should we not be friends again?'

(15) 'No, no', said the serpent, 'take away your gifts; you can never, never forget the death of your son, nor I the loss of my tail'.

Abb. 6a

Graff/Schöler 1981). Im Fall von Rumelhart 1977 wird die "kognitive Realität" des Strukturmodells überprüft, indem zunächst auf der Basis der Strukturbeschreibung Regeln zur Zusammenfassung von Texten expliziert werden. Die Angemessenheit dieser Regeln wurde nach Aussagen von Rumelhart (1977) an den empirisch von verschiedenen Versuchspersonen erhobenen Zusammenfassungen vorgegebener Texte bestätigt. Der Zusammenhang zwischen der Strukturbeschreibung der Geschichtengrammatik und den empirisch überprüften Zusammenfassungsregeln liegt darin, daß die Regeln auf verschiedenen Ebenen der hierarchisch geordneten Strukturbeschreibung operieren und damit Zusammenfassungen produzieren, die einen regelhaft unterschiedlichen Detailliertheitsgrad aufweisen. Es ist speziell die Regelhaftigkeit dieses Detailliertheitsgrades, mit anderen Worten, die Beschränkung auf die Kombinatorik vorkommender Inhaltselemente in verschieden langen Zusammenfassungen, die durch Rumelharts Zusammenfassungsregeln vorhergesagt wurde und die nach Rumelhart durch die empirisch vorfindlichen Summaries bestätigt wurde. (Allerdings konnte dieses

(a)

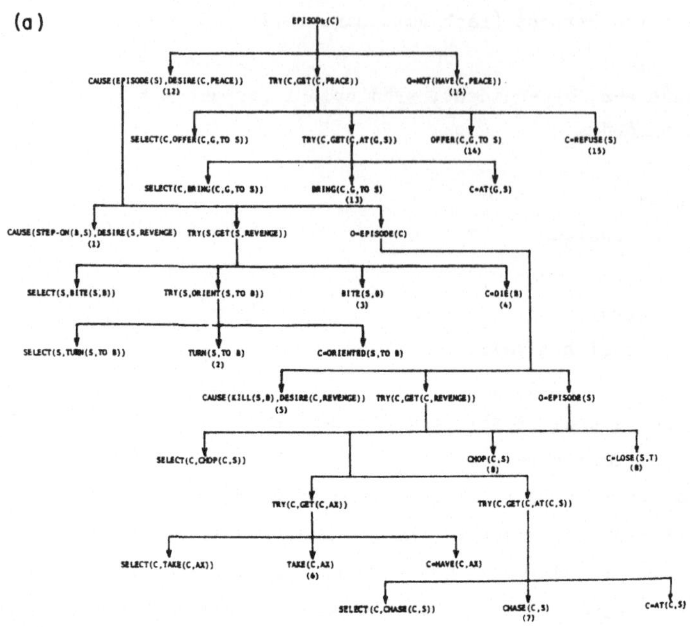

(b)

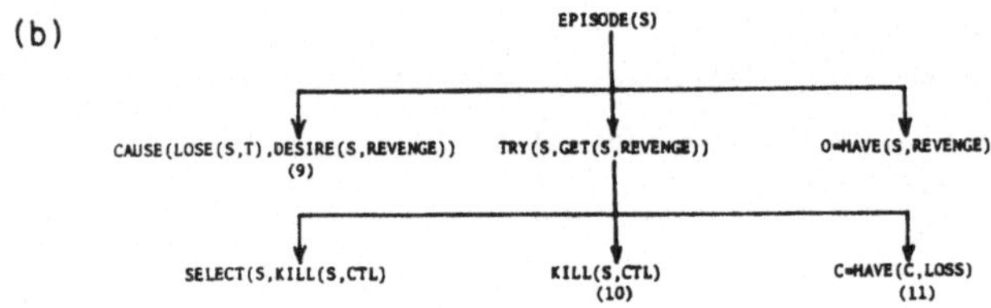

C   = COUNTRYMAN

S   = SERPENT

B   = COUNTRYMAN´S SON

T   = SERPENT´S TAIL

CTL = COUNTRYMAN´S CATTLE

G   = GIFT OF FOOD AND HONEY

Abb. 6b   (Rumelhart 1977; p. 276)

Ergebnis auf der Basis von deutschsprachigen Zusammenfassungen, die im Rahmen von Seminararbeiten erhoben wurden, nicht repliziert werden.)

Wir sehen also mit diesem Anspruch der Vorhersagbarkeit von Verarbeitungsvorgängen kognitiver Prozesse die Prozessualisierung und "Psychologisierung" grammatischer Beschreibungen, die - wie oben in 1.1.1

beschrieben - auch in der Linguistik mehr und mehr paradigmatisch wird. Hoppe-Graff/Schöler 1981 haben übrigens verschiedene Formen des Anspruchs Kognitiver Realität von verschiedenen Varianten der Geschichtengrammatik zusammengestellt (Hoppe-Graff/Schöler 1981:316f).

Bezogen auf das hier vorgestellte Modell der Geschichtengrammatik hieße der Anspruch deskriptiver Angemessenheit, daß die Strukturbeschreibung in der Lage sein muß, die in verschiedenen Texten des zugrundegelegten Typs auftauchenden Inhaltselemente vollständig zu erfassen und ihre Beziehung zueinander in einer Weise zu explizieren, die dem intuitiven Verständnis des sprachlichen Stimulus entspricht. Darüberhinausgehende Erklärungskraft des Modells würde heißen, daß über die angemessene <u>Beschreibung</u> sprachlicher Strukturen hinaus diese Strukturen dadurch <u>erklärt</u> werden, daß sie zurückgeführt werden auf kognitive Prozesse. Diese kognitiven Prozesse sind dann entsprechend der Erklärungsrelation natürlich als grundlegender aufgefaßt. Mit anderen Worten, das Schema als kognitive Kategorie der Verarbeitung würde die sprachlich manifesten Strukturen erklären; die Explikation des Schemas würde mithin die textuellen Strukturen nicht nur als beobachtbare Regelmäßigkeiten beschreiben, sondern diese Regelmäßigkeiten selbst als nicht zufällig ableiten.

Der Nachweis dieser Erklärungskraft ist natürlich nur dann gelungen, wenn die unterstellte "Kognitive Realität" auch tatsächlich empirisch einlösbar ist. Genau darin scheint aber beim gegenwärtigen Entwicklungsstand dieses Paradigmas das Problem zu liegen: Für jede veröffentlichte Variante von Textstrukturbeschreibungen innerhalb der Cognitive Science, die mir bekannt ist, gilt, daß sie in ihrer kognitiven Erklärungskraft vorgeblich durch von den Autoren selbst erhobenen empirischen Befunde abgesichert ist. Black/Bower 1980 haben allerdings die Vorhersagen von Behaltensleistungen verschiedener Modelle vergleichend überprüft. Der Vorhersageanspruch der Geschichtengrammatik konnte dabei i.a. nicht bestätigt werden.

Es wird im folgenden kurz die Relationsstruktur dargestellt, bevor in einem weiteren Schritt beide Modelle in ihrer Beschreibungskraft an den drei genannten Texten überprüft werden.

2.2. Relationsstruktur

Um die im folgenden sehr gerafft zu präsentierende Darstellung der Relationsstruktur als einer Beschreibung des Schemas von Erzähltexten vor Mißverständnissen zu bewahren, sind zwei Vorbemerkungen notwendig.

1. Die Strukturbeschreibung wurde nicht mit dem Ziel der Formalisierung von Verarbeitungsprozessen entwickelt.
   Sie ist deswegen in ihrer gegenwärtigen Form weder als ein Modell gemeint, das exakt formalisiert ist, noch als ein solches, das Prozesse des Verstehens oder Produzierens von Texten expliziert. Es ist vielmehr noch als eine statische Repräsentation von textschematischen Wissensbeständen anzusehen.

2. Das Ziel lag demgegenüber in einer Differenzierung und Explikation erzähltheoretischer Grundbegriffe, die einen möglichst weiten Empiriebereich umfassen sollten. Kognitive Realität wird insoweit beansprucht, als die Hierarchiehöhen in der graphischen Repräsentation des relationalen Netzes dem Grad der Wichtigkeit entsprechender Typen von Inhaltselementen in den schematischen Konzepten von Erzählungen in unserer Kultur entsprechen sollen. Mit anderen Worten, Inhalte, die "hierarchiehohen" Relationen wie GEGENSATZ oder PLANBRUCH zugeordnet werden können, würden länger behalten werden, sollten auch in Zusammenfassungen erscheinen und sollten bei der Produktion von Erzähltexten von möglichst vielen Sprechern immer berücksichtigt werden. Es ist dieser letzte Aspekt der "kognitiven Realität" des beschriebenen schematischen Wissens, der in Zusammenhang mit der Arbeit an der Relationsstruktur empirisch überprüft wurde (vgl. Nikolaus/Quasthoff/Repp 1984a, Kap. 6.4). Die "kognitive Realität" wird hier also im Unterschied zum zuvor besprochenen Modell durch Produktions- statt durch Verstehensdaten gestützt.

Die Relationsstruktur ist als Teil einer semantischen Textstruktur zu verstehen, d.h. sie repräsentiert textsortenspezifische Typen von Inhalten. Daneben ist in meinem Textmodell eine sogenannte Informationsstruktur vorgesehen, die die jeweils in einem spezifischen Text auftauchenden Informationen als Instanziierungen der einzelnen Typen von Informationen aus der Relationsstruktur erfaßt. Diese Unterscheidung, die schon in sehr frühen Varianten des Modells vorgenommen wurde (vgl. Kraft/Nikolaus/Quasthoff 1977), entspricht in etwa dem, was in neueren Varianten des van Dijk'schen Makrostrukturmodells (vgl. etwa van Dijk 1980) in Form der Unterscheidung zwischen Makrostruktur und Superstruktur erscheint.

Neben diesen beiden semantischen Strukturen als Ausdruck textschematischen Wissens sehe ich inzwischen eine sogenannte Musterstruktur vor, die die diskursmusterspezifischen sprachlichen Repräsentationsformen auf der textuellen Oberfläche ausdrückt.

In praktisch allen bekannten Definitionen von Erzählung wird eine Ungewöhnlichkeit des erzählten Geschehens als wesentliches Merkmal genannt (Gülich/Quasthoff i.Dr.). Auch bei den Bearbeitungen erzählender Texte durch die KI wird diese Eigenschaft mehr und mehr beachtet (vgl. Meehan 1980, Habel 1984), nachdem zuvor viele der in der KI so genannten "Geschichten" nach diesen Kriterien eigentlich keine waren.

Quasthoff (1980) bestimmt diese Ungewöhnlichkeit als einen Planbruch in den Plänen der in das erzählte Ereignis involvierten Personen. Die Art dieser Pläne bestimmt sich nach der Rolle, in der die Personen in das Ereignis verwickelt sind. So gibt es Handlungs- und Beobachtungspläne. Ungewöhnlich ist also z.B. eine Geschichte, in der der Handlungsplan eines Agenten in der Geschichte durch ein unvorhergesehenes Ereignis gebrochen wird (APB: z.B. die Geschichte eines Unfalls, aus der Perspektive eines beteiligten Autofahrers erzählt). Ungewöhnlich ist aber auch eine Geschichte, in der der Plan eines Beobachters durch ein unvorhergesehenes Ereignis gebrochen wird, ohne daß der Beobachter seinerseits handelnd auf dieses Ereignis reagieren müßte (BPB: z.B. die Beobachtung eines Unwetters aus sicherer Entfernung). Ungewöhnlich kann eine Geschichte aber auch dann sein, wenn im Rahmen der erzählten Ereignisse nichts Unvorhergesehenes geschieht, die erzählten Ereignisse und Handlungsweisen selbst aber gegenüber allgemeinen Normen, den Erwartungen eines "generalized other", als ungewöhnlich erachtet werden (OPB: z.B. die Geschichte "Ich werde Putzmacherin" im Anhang).

Mithilfe des zentralen Konzepts des Plans bzw. Planbruchs und seiner Differenzierung wird hier eine semantische Typologie von Erzählungen vorgeschlagen, die diesen Ansatz gegenüber vergleichbaren (etwa Geschichtengrammatik und Makrostrukturmodell) als erzähltheoretisch differenzierter ausweist.

Die Repräsentation der erzähltextspezifischesn Typen von Inhalten erfolgt in Form eines relationalen Netzes, dessen Knoten Namen von Relationen sind. Dabei bezeichnet ein jeweils übergeordneter Knoten die Relation, deren Relate von den jeweils untergeordneten Knoten gebildet werden. Die von der Relation PLAN dominierte Teilstruktur der Relationsstruktur, wie sie z.B. in Abb. 7 erscheint, enthält die folgende Menge von Relationen, die ineinander eingebettet sind:

HANDLUNGSPLAN (REALISIERTER NCE, ANTIZIPIERTER NCE)

REALISIERTER NCE (ZUSTAND, AKTIVITÄT, ERGEBNIS)

AKTIVITÄT (VORAUSSETZUNG, DURCHFÜHRUNG)

Diese Planrelation ist übrigens unterschiedlich ausgeprägt je nach dem Typ der Erzählung (APB, BPB, OPB), dessen Strukturschema die Gesamtrelationsstruktur darstellt.

Gemäß einer entsprechenden Auffassung von Semantik (Bartsch/Vennemann 1972) enthält die Relationsstruktur keine linearen Ordnungen der Inhaltskomponenten, die durch die einzelnen Relationen ausgedrückt werden. Über dieser Struktur muß also eine Art Linearisierungsmechanismus operieren, der die lineare Ordnung der Musterstruktur herstellt und der damit auch die noch ausstehende Prozessualisierung der Strukturbeschreibung vornimmt.

Da die Namen einzelner Knoten wie z.B. EPISODE, ERGEBNIS auch in anderen Ansätzen zur Strukturbeschreibung von Erzähltexten vorkommend dort i.a. kategorial aufgefaßt sind, ist daran zu erinnern, daß sie hier in jedem Fall relational definiert sind.

Die Zahlen in der "Endkette" der Relationsstruktur, die in Abb. 7b erscheinen, sind nur zur Verdeutlichung dessen angegeben, was mit den einzelnen Relationen inhaltlich gemeint ist. Nach der Systematik des Textstrukturbeschreibungsmodells gehören diese konkreten Informationen natürlich in die Informations- und nicht in die Relationsstruktur.

Abb. 7 unten (aus Gülich/Quasthoff i.Dr.) zeigt die Relationsstruktur einer konversationellen, d.h. dialogisch in einem Gespräch spontan realisierten Alltagserzählung des APB-Typs zusammen mit dem Transskript dieser Erzählung.

Eine OPB-Erzählung würde sich von der beschriebenen APB-Struktur z.B. dadurch unterscheiden, daß in ihr keine Komplikationsrelation vorkommt, d.h. kein unerwarteter Bruch von Plänen der Beteiligten in der Geschichte. Der Planbruch ist hier sozusagen in die Erzählsituation verlagert: Das, was gebrochen wird, sind die allgemeinen Normalitätserwartungen, die man sich in der Erzählsituation als auf den Zuhörer projeziert vorstellen kann. Im Anhang findet sich eine vollständige Liste der Relationen, die das Modell vorsieht, aufgeteilt nach den verschiedenen semantischen Typen von Erzählungen.

Aus Raumgründen muß hier auf eine detailliertere Darstellung und Diskussion der Relationsstruktur verzichtet werden (vgl. dazu aber Quasthoff 1980, Gülich/Quasthoff i.Dr., Nikolaus/Quasthoff/Repp 1984a). Der im nächsten Abschnitt vorzunehmende Vergleich zwischen Geschichtengrammatik und Relationsstruktur soll an dieser Stelle allerdings dadurch erleichtert werden, daß zumindest für einen Teil des in der relationalen Analyse zugrundegelegten Textes eine Strukturbeschreibung nach Rumelhart vorgeführt wird. Abb. 8 zeigt die Anwendung der Geschichtengrammatik auf die Zeilen 5 - 25 des Textes "Erfolgreiche Wohnungssuche".

Abb. 7 a

GESPRÄCH NR.   3
TITEL DER KE   Erfolgreiche Wohnungssuche
DECKNAME/ALTER D. INFORMANTEN   weibl. ca. 40
DATUM/ORT D. AUFNAHME   14.11.75, Schöneberg
POSITION GEM. ZÄHLWERK   099-162
TRANSKRIPTION   Quasthoff
SPRECHZEIT   5 Min.
KONTEXT   Nach zwei Jahren Wohnheim hat
                                  die Informantin für ihre
                                  Familie eine Wohnung gefunden.

1   B   /Na aber Frau X. das is doch sehr schön

2   wie lange wohn Sie jetz in der Katzbachstraße?/[schnell]

3   ⌈K   s zweite Jahr wird's jetz am 6. Dezember.

4   ⌊B   na ja --

5   daß es dann doch so geklappt hat und eigentlich aufgrund

6   Ihrer eigenen - Initiative --

7   K   ja

8   ⌈B   nun sind Sie mal

9   ⌊K   ach was bin ich aber auch rumgelaufn -

10 B   sind Sie rumgelaufn.

11 K   ach. - Ick bin von Anfang an (Mensch) also vos Ponzius

11a   bis Pilatus

12   was hab ich für Fahrgeld verbraucht - Telefongeld -

13   morgns um sechs Uhr morgns um [Stammeln] Sseitung geholt.

14 B   llm

15 K   mittwochs.

16 K   denn Sontach die Morgnpost - -

17   [L] und alles nicheklappt wenn die denn imma erfahrn ham

18 ⌈   ausm Wohnheim und so nich

19 ⌊B   ja

20 ⌈K   nö - denn hamse absa_ manche ham's denn nichesacht -

21 ⌊B   hm

22 K   denn hamse nur Geburtsdatum verlangt - und=eh - Adrésse

23   un denn hamse jesacht rufen Se morgn an.

24   und denn hamse abgesacht

25 ⌈   denn ham sich irgendwie erkundicht und so ne - wo wi wohn' al_

26 ⌊B   ja ja

27 K   [L] bis auf diesn den ham wa sind wa zu de - Pariser Straße

27a   gegang -

28 ⌈   diese - - - [L] Verband Berliner Hauswarte ne?

29 ⌊B   ja

30 ⌈K   sage versuchn wa doch mal da. Ne? -

31 ⌊B   ja

32 K   bin hinjegang

33   ja denn müßtn wa 61 Mark bezahln fürn Eintritt in'n Verband der

34 ⌈   Hau_ Berliner Hauswarte damit sind wa auch gleich vesichert.

35 ⌊B   ja

35a   ah ja

36 ⌈K   ni? - Is gleich ne Versichrung also d_ für Rechtsschutz nich -

37 ⌊B   ja   ja

38 K   (...) ham wa schon ausprobiert nich? Ge_ klappt prima

39   wir warn schon beim Rechtsanwalt gewesn

40 ⌈   brauchtn nich bezahln. - Ne? - wegn der Wohnung da -

41 ⌊B   na dufte

42 K   und=eh - - ham wa die 61 Mark bezahlt -

43   und denn solltes s'war aufn Freitag gewesn oder aufn Donnerstag

44   und Dienstag solltn wa hinkomm vormittag denn --

45   könnte er was sagn.

46   und da könnt sind wa hingekomm

47   sacht er Mein Gott sacht er ich wärte schon auf Sie sacht er.- ne′

48 K   ich hab da ne schöne Hauswartstelle im Vertraun also - [Stammeln]

225

49		kénn ich sehr gut und so nich -
50	B	ja
51	K	mußtn wa Kurfürstendamm hinfahrn --
52		da war so'n Maklerbüro
53		und der hat uns denn jesacht
54		also w_ um fünf Uhr is der - Herr hier
55		der wohnt in Ulm nicht -
56	B	Hm
57	K	der is zur Zeit in Berlin -
58		und denn könn Se ihn gleich persönlich kennlern.
59		na und da [Stammeln] ham ihm sehr - gefälln
60		und er gefiel uns auch und so
61		warn ganz nett - und alles und die - -
62		(wissense) denn sacht ick denn nachher na ja sa ick bis jetz
63		bin ich so viel rumgelaufn sa ich
64		wenn ma nu wüßte ob Sie das nu wenigstens ernst mein nich
65		denn kriegt man imma ne Absage nur weil wi im Wohnheim wohn sa ich
66		aber niemand fracht warum und wieso
67	B	ja deswegen hätt ich Sie nämlich jetz
67a		gefracht -
68		ob ha_ ham die denn nun auch gefracht wo Sie wohn'
69	K	nei_ nein der hatte ganich da - drauf geachtet nich?
70	B	Ja
71	K	er müßte ja's Formular ausfülln
71a	B	Ja
72	K	das hat er durchelesn
73		da wa_ gar nich drauf geachtet ne?
73a	B	ja
74	K	und=eh s wußt ich ja nich daß er nich drauf geachtet hat ne? -
75	B	ja
76	K	da sacht ich so Na ja -- öh - wir komm ausm Wohnheim
77		sa ich dat wird ja imma schlecht - wird da_ - anjesehn sa ick ne?
78		weil keiner fracht warum man da drinne is nich? aus welchen Gründen
79	B	ja ja ja
80	K	und allet nich - -
81		[L] und dann sacht er na ja sacht er und so nich [Stammeln]
82		na ja Sie kriegn Bescheid.
83	B	Hm
84	K	und dann sind wa nach Haus gefahrn
85		und da sachte unten Herr Krüger ein Tach mal - zu uns -
86		des war einer da hat sich über Sie erkundicht. - nich?
87		da ham wa gleich gedacht das kann er ja wohl nur gewesn sein nich?
88	B	(...) Hmhm
89	K	und denn hab ich mal mit ihm telefoniert weil wir lange keine
90		Nachricht bekam
91	B	ja
92	K	wir solltn /ach doch ein Brief bekam wir/[Tonwechsel]
93		wir solltn uns polizeiliches Führungszeugnis besorgn - und
94	B	ja
95	K	Formulare fürn Hauswartsvertrag und so - und meine Papiere
96		und allet nich? -
97		und denn solltn wa uns die Wohnung anschn.
98		da warn wi da gewesen -
99		und da sacht die Frau zu uns sacht sie Die Wohnung /das is doch
100		schon längst vergem/[imitiert zickigen Ton] sacht se --
101	K	is ja
102		/da brauchn Se gar nich mehr - sich drum bemühn is doch hat
103		doch Herr Schr(...) längs schon jemand jegebm./[imitiert]
104		die wohn am Kottbusser Damm -

105		könn sich erkundigen
106		da könnse hingehn und fragn.
107		is n junges Ehepaar.
108		ich sage /Na des find ich aber komisch -
109		uns hat er jeschriem wir solln - polizeiliche Führungszeugnis
110		ham noch Geld dafür ausjegm Kam acht Mark kam eins nich -
111	B	ja ja ja
112	K	und denn die ganzen Formulare besorgt
113		und hin und her gefahrn - -
114		na dacht ich des laß ich muß ick doch mal mit ihn redn
115		des laß ich mir nich gefalln
116		det wer ick ihn aufn Kopp ssusagn/[imitiert veränderten Tonfall]
117	B	ja (richtig)
118	K	hab ich telefoniert nach öh - nach eh Ulm hin
119		und hab ihn des auch gesagt -
120		[L] /ich sage Herr Sch. sag ick des find ich nich schön sa ick -
121	K	(öh Sie schicken → wir ham uns jetz die Sseugnisse besorgt und alles
122	B	ja
123	K	sag ick -
124	B	ja
125	K	und jetz is die Wohnung vergebm-/[imitiert]
126		/wer sagt denn sowas?/[imitiert anderen und erstaunten Tonfall]
127		- - nich - hab ich ihm das erklärt -
128		sagt er davon weiß ich die Leute kenn ich überhaupt nich
129	K	wie könn die Leute denn sowas sagn sagt er
130	B	also stimmte des gar nich
131	K	ja nein hat gar nichestimmt. -
132		/sacht er am Gottes willen sacht er Frau P. ich bin froh daß
133		ich Sie habe sacht er nich? -

134		Sie schicken mir Ihre Papiere
135		und fülln des Formular aus
136		und denn - öh kriegn Se schick ich Ihn Ihrn Vertrag ssu./[imi- tiert]
137		ich sage denn stimmt dat doch?
138		ja ja sacht er Sie könn einssiehn wann Sie wolln sacht er -
139		sobald die Wohnung frei (is)
140	B	ja das stimmte dann allerdings nich weil die Wohnung die
141		Wohnung ja nich frei war.
142	K	nein die hattn ja hier ne Bekannte - ne - anner Hand -
143		und die hättn öh tausend Mark Abstand bezahlt - - ja?
144	B	Ach sooo is das
145	K	und das wolltn se.
146		und er hat uns gesacht wir solln kein H_ Abstand zahln
147		des brauchn wi nich - nich -
148		höchsens für die Decke im Flur -
149		die ham se runtergezogn neu gemacht (und Lampen einiges)
149a		un paar Hundert Mark
150		und das würde er uns dann abssiehn vom Lohn -- nich?
151		und jetz hat er gar nichs mehr von erwähnt
152		er hat den Leuten sogar no-achthundert Mark - Geld angebotn für
152a		den
153	B	damit se aus=
154	K	Umssug - ne? -
155	B	ziehn ja
156	K	und nu nu sind se nich umjezogn um den Zeitpunkt
157		jetz hat er drauf - jetz antwortet also bekomm sie das Geld nicht
158		mehr - ne? - -
159	B	So. - Also Frau P. das hört sich ja alles wunderschön an ich
160		drück Ihn' den Daum'
161		jetz is nur die Frage - öh wie machn wi das mit dem Umzug ...

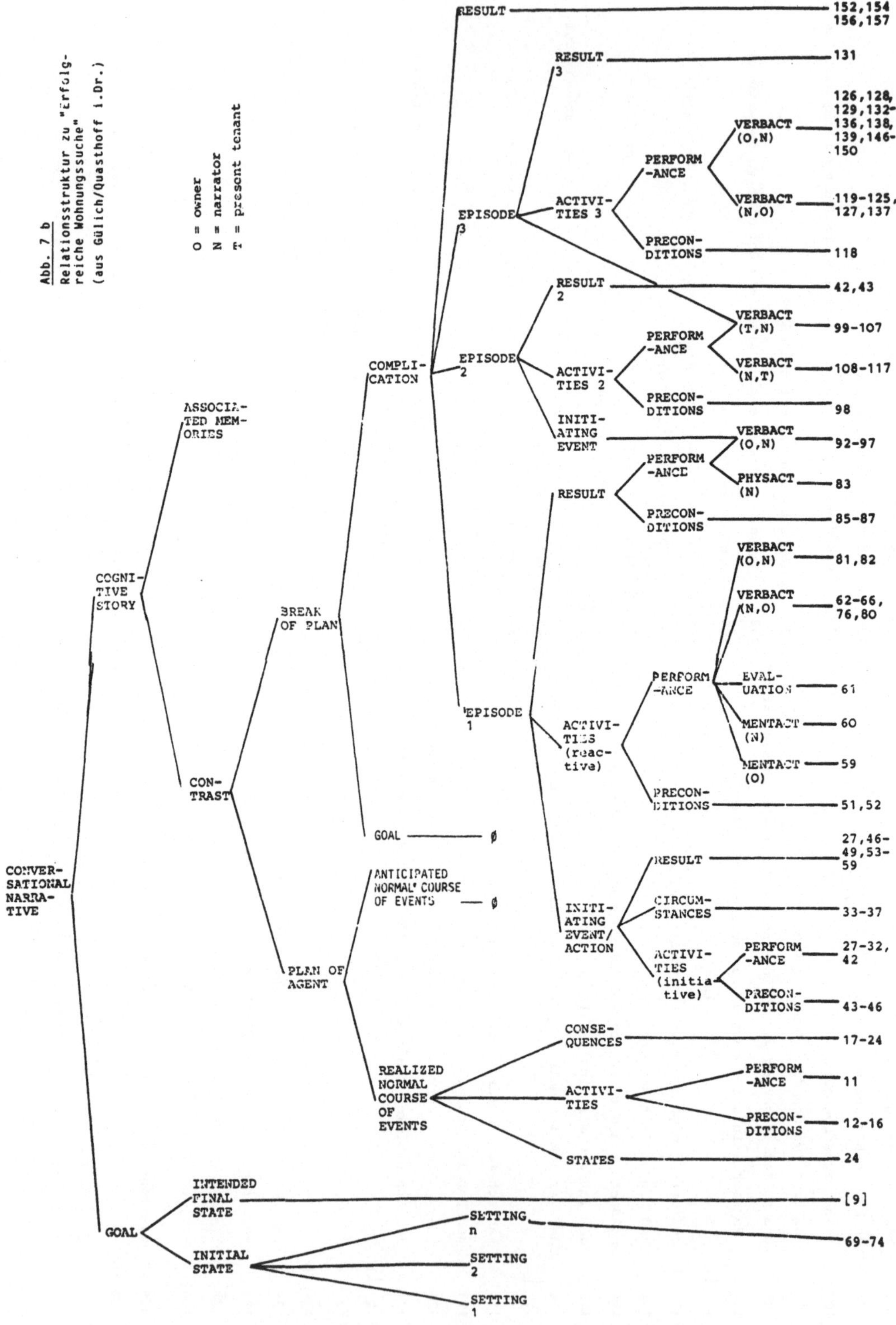

Abb. 7 b
Relationsstruktur zu "Erfolg-
reiche Wohnungssuche"
(aus Gülich/Quasthoff i.Dr.)
O = owner
N = narrator
T = present tenant
CONVERSATIONAL NARRATIVE
COGNITIVE STORY
ASSOCIATED MEMORIES
CONTRAST
BREAK OF PLAN
PLAN OF AGENT
COMPLICATION
GOAL
ANTICIPATED NORMAL COURSE OF EVENTS
REALIZED NORMAL COURSE OF EVENTS
EPISODE 3
EPISODE 2
EPISODE 1
GOAL
RESULT
RESULT 3
ACTIVITIES 3
EPISODE 3
RESULT 2
ACTIVITIES 2
INITIATING EVENT
RESULT
ACTIVITIES (reactive)
INITIATING EVENT/ACTION
CONSEQUENCES
ACTIVITIES
STATES
PERFORMANCE
VERBACT (O,N)
VERBACT (N,O)
PRECONDITIONS
VERBACT (T,N)
VERBACT (N,T)
PRECONDITIONS
VERBACT (O,N)
PERFORMANCE
PHYSACT (N)
PRECONDITIONS
VERBACT (O,N)
VERBACT (N,O)
PERFORMANCE
EVALUATION
MENTACT (N)
MENTACT (O)
PRECONDITIONS
RESULT
CIRCUMSTANCES
ACTIVITIES (initiative)
PERFORMANCE
PRECONDITIONS
PERFORMANCE
PRECONDITIONS
INTENDED FINAL STATE
INITIAL STATE
SETTING n
SETTING 2
SETTING 1
152,154 156,157
131
126,128, 129,132- 136,138, 139,146- 150
119-125, 127,137
118
42,43
99-107
108-117
98
92-97
83
85-87
81,82
62-66, 76,80
61
60
59
51,52
27,46- 49,53- 59
33-37
27-32, 42
43-46
17-24
11
12-16
24
[9]
69-74

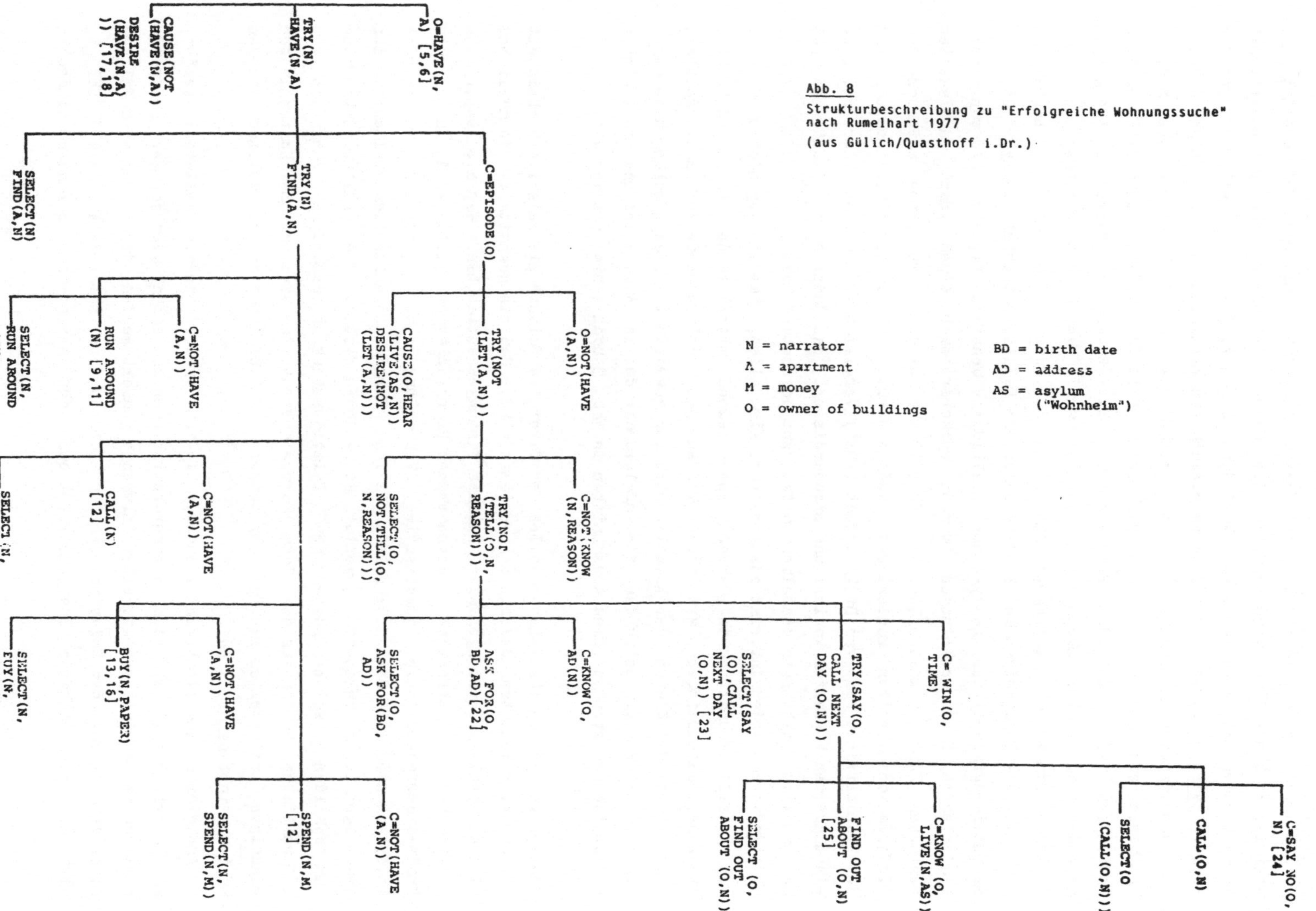

Abb. 8
Strukturbeschreibung zu "Erfolgreiche Wohnungssuche"
nach Rumelhart 1977
(aus Gülich/Quasthoff i.Dr.)

N = narrator
A = apartment
M = money
O = owner of buildings

BD = birth date
AD = address
AS = asylum
     ("Wohnheim")

O=HAVE(N, A) [5,6]

TRY(N) HAVE(N,A)

CAUSE(NOT (HAVE(N,A)) DESIRE (HAVE(N,A))) [17,18]

SELECT(N) FIND(A,N)

TRY(N) FIND(A,N)

C=EPISODE(O)

C=NOT(HAVE (A,N))

RUN AROUND (N) [9,11]

SELECT(N, RUN AROUND (N))

C=NOT(HAVE (A,N))

CALL(N) [12]

SELECT(N, CALL(N))

C=NOT(HAVE (A,N))

BUY(N,PAPER) [13,16]

SELECT(N, BUY(N, PAPER))

C=NOT(HAVE (A,N))

SPEND(N,M) [12]

SELECT(N, SPEND(N,M))

CAUSE(O,HEAR (LIVE(AS,N)) DESIRE(NOT (LET(A,N)))

TRY(NOT (LET(A,N)))

O=NOT(HAVE (A,N))

SELECT(O, NOT(TELL(O, N,REASON)))

TRY(NOT (TELL(O,N, REASON)))

C=NOT(KNOW (N,REASON))

SELECT(O, ASK FOR(BD, AD))

ASK FOR(O, BD,AD) [22]

C=KNOW(O, AD(N))

SELECT(SAY (O),CALL NEXT DAY (O,N)) [23]

TRY(SAY(O, CALL NEXT DAY(O,N)))

C= WIN(O, TIME)

SELECT(O, FIND OUT ABOUT(O,N))

FIND OUT ABOUT(O,N) [25]

C=KNOW(O, LIVE(N,AS))

SELECT(O (CALL(O,N)))

CALL(O,N)

C=SAY NO(O, N) [24]

Zum Abschluß der Vorstellung der Relationsstruktur sei noch auf die Art der empirischen Überprüfung verwiesen, der das Modell unterzogen wurde. Die empirischen Befunde haben übrigens in diesem Fall dazu geführt, daß das Modell aufgrund der Empirie geändert wurde, während in vergleichbaren Varianten der Geschichtengrammatik und des Makrostrukturmodells offensichtlich die von den Autoren des Modells erhobenen Befunde die Strukturbeschreibung immer in der vorgängig unterstellten Form bestätigen. (Daß nach den Befunden von Black/Bower 1980 diesen Bestätigungen gegenüber eine gewisse Skepsis am Platze ist, wurde oben bereits erwähnt).

In einem Forschungsprojekt zur Entwicklung von narrativen (Produktions-)Fähigkeiten bei Kindern wurde die Relationsstruktur als hypothetisches Beschreibungsmodell zur Analyse der Erzähldaten benutzt. Die etwa 240 mündlichen dialogischen Kindererzählungen wurden zunächst nach einem dazu entwickelten Verfahren FASS (Nikolaus/Quasthoff/Repp 1984b) nach dem in ihnen auftauchenden "Informationseinheiten" kodiert und standardisiert. Die Informationseinheiten sind den Propositionen von van Dijk/Kintsch (1983) vergleichbar, werden allerdings nach einem anderen Verfahren kodiert und standardisiert, das dadurch ermöglicht wird, daß bei uns alle Erzählungen denselben Vorfall zum Gegenstand haben.

Alle vorkommenden Informationseinheiten, also alles, was von irgendeinem Kind je zum Vorfall gesagt wurde, wurde anschließend mithilfe der Relationsstruktur strukturell beschrieben. Mit anderen Worten, jede auftauchende Informationseinheit wurde einem der Knoten der Relationsstruktur zugeordnet. Dies geschah nach einer Variante der Relationsstruktur, die vergleichbar der in Abb. 7 ist und die in ihren entscheidenden strukturellen Ausschnitten in Abb. 9 noch einmal gezeigt wird.

Ähnlich wie in den Verstehensmodellen der Cognitive Science die relative Wichtigkeit von Strukturelementen dadurch nachgewiesen wird, daß sie quantitativ in möglichst vielen Behaltensleistungen oder Zusammenfassungen auftauchen, was als empirische Bestätigung der strukturell angenommenen Hierarchiehöhe gilt, wird in unserem Produktionsmodell die quantitative Verteilung des spontanen Auftauchens entsprechender Informationseinheiten als Indiz für den strukturellen Stellenwert der jeweiligen Strukturelemente gewertet. Mit anderen Worten, die Strukturbeschreibung muß abbilden, welche Knoten der Relationsstruktur besonders zahlreich von Informationseinheiten aus dem Gesamtkorpus besetzt sind bzw. welche Knoten in den einzelnen Erzähltexten häufig oder immer - in Kombination mit welchen anderen Knoten - instanziert sind.

Aus diesen quantitativen Befunden, die von Produktionsdaten geliefert werden, können wie gesagt Ableitungen hinsichtlich des zentralen oder weniger zentralen Stellenwerts einiger struktureller Elemente gemacht werden, die in unserem Fall zu einer Veränderung der Relationsstruktur führten: Die Relation AKTIONSAUSLÖSER 1, also das planbrechende Ereignis, ist nach den empirischen Befunden eindeutig

<u>Abb. 9</u>

Ausschnitt aus der ursprünglichen Fassung der Relationsstruktur

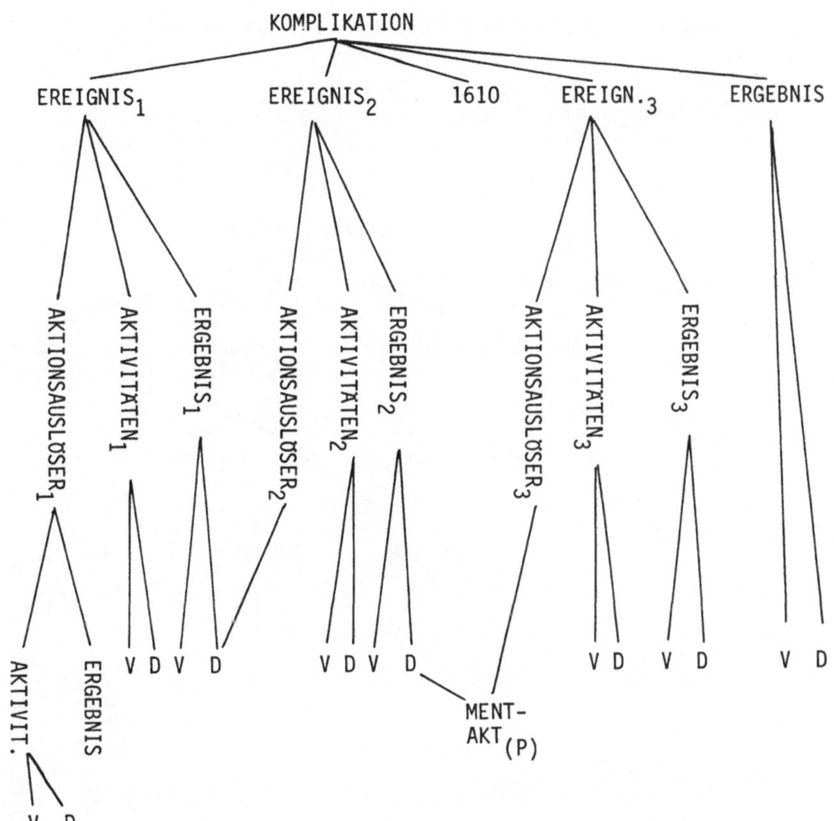

hierarchiehöher anzuordnen als das zuvor in der hypothetisch benutzten
Relationsstruktur unterstellt wurde. Die quantitative Verteilung der entsprechenden
Informationseinheiten hatte zur Folge, daß das "initiating event" strukturell den
gleichen Stellenwert erhalten muß wie das Gesamtergebnis. Mit anderen Worten, die
Relationsstruktur, die in den einschlägigen Ausschnitten in Abb. 9 gezeigt wurde,

mußte ersetzt werden durch die neuere empirisch angemessenere Variante, die Abb. 10 darstellt.

<u>Abb. 10</u>

Revidierte Fassung der Relationsstruktur

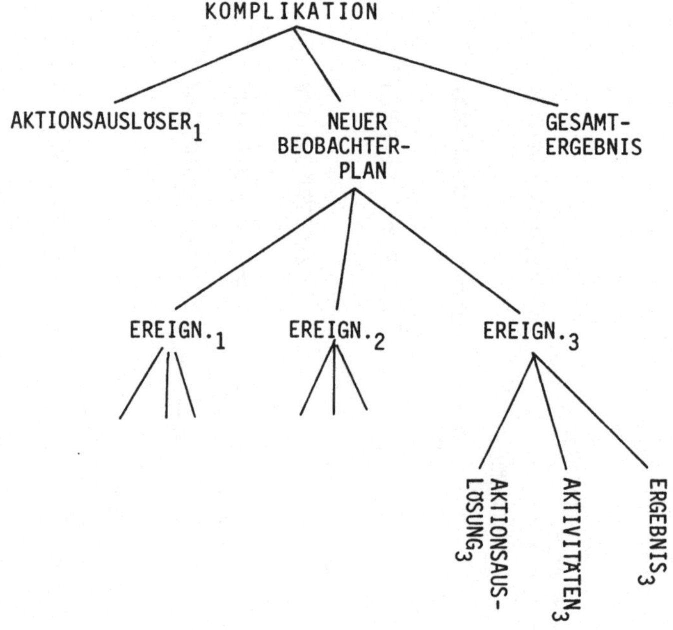

2.3. Exemplarische Anwendung der Geschichtengrammatik und der Relationsstruktur als
      Textbeschreibungsmodelle und ihre vergleichende Bewertung

Die deskriptive Adäquatheit der vorgestellten Textstrukturmodelle wurde von
verschiedenen Teilnehmern verschiedener Seminare von mir überprüft. Dabei wurde mit
Hilfe des jeweiligen Modells versucht, eine Strukturbeschreibung zu den drei
genannten Primärtexten (s. Anhang) herzustellen. Die Gründe für die Auswahl gerade
dieser exemplarisch zu benutzenden Texte waren die folgenden: Mit dem Text "Der
Bauer und der Wassermann" wurde ein Märchen gewählt, das in seiner Struktur einem
bekannten Textschema zu entsprechen scheint, das ähnlich auch in Fabeln auftaucht.
Mit diesem Text sollte ein Texttyp benutzt werden, der relativ nah an den
Beispieltexten liegt, die von den Autoren der verschiedenen Varianten der
Geschichtengrammatik selbst benutzt wurden. Die Anwendung des Modells von
Rumelhart 1977 auf diesen Text müßte also nach den eigenen Ansprüchen des Modells
problemlos möglich sein. Ebenso wurde mit der Auswahl des Textes "Ich werde
Putzmacherin", der ein Beispiel für eine konversationelle Erzählung darstellt, ein
Text des Typs zugrundegelegt, für den die Relationsstruktur entwickelt wurde und für
den sie Gültigkeit beansprucht. Der literarische Text "Eine größere Anschaffung"
sowie der jeweils andere nicht vom Modell vorgesehene Texttyp sollen überprüfen,
inwieweit der jeweilige Ansatz auf Erzähltexte generell anwendbar oder erweiterbar
ist bzw. wo seine Grenzen liegen.

Eine der auffälligsten Beobachtungen bei dem Versuch, die drei Texte nach den
jeweiligen Modellen zu beschreiben, war, daß die Modelle in keiner Weise "blind"
anwendbar waren, sondern daß die Texte strukturell jeweils unterschiedlich
verstanden werden konnten und entsprechend eine unterschiedliche
Strukturbeschreibung auch in Anwendung desselben Modells auf denselben Text das
Ergebnis war. Um diese Verschiedenheit zu demonstrieren, führe ich im Anhang einige
der angegebenen Strukturanalysen des Textes "Der Bauer und der Wassermann" auf.

Eine weitere Beobachtung in Zusammenhang mit der Anwendung der
Beschreibungsmodelle war die, daß die strukturellen Formate zu einem sehr hohen Grad
von Explizitheit in der Repräsentation von Varianten des Verstehens zwangen. Wenn
eines der Anliegen derartiger Beschreibungsmodelle darin liegt, intuitive
Verstehensprozesse explizit zu machen, dann kann dieses Ziel als erreicht gelten.

Hinsichtlich der Anwendbarkeit der Modelle auf die verschiedenen Texte ist
zusammenfassend das folgende festzuhalten:
- Auch die relativ prototypische Geschichte vom Bauern und dem Wassermann stellt
  eine Reihe von Beschreibungsproblemen, die selbst in der Geschichtengrammatik als
  dem Entwurf, der mit vergleichbaren Texttypen arbeitet, noch nicht gelöst sind.

- Die konversationelle Erzählung ist eine Geschichte vom OPB-Typ und damit mit der Geschichtengrammatik, die sich nur auf Problemlösegeschichten - also den APB-Typ - bezieht, nicht bearbeitbar.
- Umgekehrt ist die Wassermann-Erzählung eine solche, auf die das Kriterium der konversationellen Erzählung, daß nämlich der Erzähler mit einem der Beteiligten in der Geschichte identisch sein muß, nicht zutrifft, so daß strenggenommen diese Erzählung auch mit der Relationsstruktur nicht erfaßt werden kann.
- Die literarische Erzählung stellt schon allein aufgrund ihrer semantischen Komplexität Probleme an die Beschreibungsmodelle. Darüberhinaus kommen in ihr "nicht-narrative Expansionen" (vgl. Quasthoff 1979c) vor, also solche Passagen wie Erklärungen, Kommentare zum Geschehen u. ä. geben. Die Geschichtengrammatik sieht keine strukturelle Beschreibung für diese Elemente vor, während es in der Relationsstruktur dafür prinzipiell den "pragmatischen Teil" der semantischen Strukturbeschreibung (vgl. Quasthoff 1980) gibt. Die Relation ZIEL DER ERZÄHLHANDLUNG (s. Liste der Relationen im Anhang) stellt das Verbindungsstück zwischen der semantischen Struktur und den sie determinierenden situationsabhängigen Phasen des Planungsprozesses (s. "Konstitutionsschema" in 3 unten) dar. Zur Situationseinschätzung gehört die Einschätzung des Hörerwissens, das orientierende Äußerungen (Labov/Waletzky 1967) auslösen kann. In diesem Zusammenhang ist an den nicht-linearen Charakter der Relationsstruktur zu erinnern, aufgrund dessen orientierende Äußerungen - im Unterschied zu dem bekannten Modell von Labov/Waletzky - über den ganzen Text verteilt auftreten können.

Zusammenfassend sind entsprechend die folgenden Ergebnisse der vergleichenden Anwendung der beiden Modelle auf die drei Texte stichwortartig zu formulieren. Zu den Leistungen, in denen sich die beiden Modelle unterscheiden, gehört:

- die Behandlung von nicht-narrativen Expansionen und von Evaluationen (z.B. Zeile 17/18 der konversationellen Erzählung), die in der Relationsstruktur, aber nicht in der Geschichtengrammatik zu behandeln sind.
- Das Problem mehrerer Protagonisten (s.u.) ist in der Relationsstruktur nicht gelöst, aber umgangen, indem sie eigentlich nur für solche Erzählungen gilt, in denen der Erzähler mit einem der Aktanten in der Geschichte identisch ist. Damit ist dieser Beteiligte automatisch Protagonist bzw. die Perspektive, aus der die Geschichte erzählt wird, ist eindeutig auf eine Figur bezogen.
- Die Geschichtengrammatik von Rumelhart 1977 ist offensichtlich z.T. implementiert und hat damit Formalisierungsprobleme gelöst, die in der Relationsstruktur noch gar nicht angegangen wurden.

Bei beiden Modellen ungelöst sind die folgenden Beschreibungsprobleme:

- Die Repräsentation von mehreren Episoden, die nicht in Form einer CAUSE-Relation bzw. einer Voraussetzungs-/Folgestruktur verbunden sind.

Beide Modelle scheiterten an der Darstellung des Verhältnisses der beiden Episoden in der Wassermann-Geschichte zueinander, das sich in dem Satz (13) kristallisiert: Es wäre eben eine unangemessene Repräsentation zu sagen, die erste Episode verursache die zweite. Angemessener wäre eine ENABLE-Relation, wie sie in der semantischen Struktur der Variante von Rumelhart 1975 noch vorkam. Die zweite Episode mit dem unehrlichen Bauern wurde eben nur dadurch ermöglicht, daß der erste Bauer die Episode mit den drei Beilen und ihrem glücklichen Ende nicht nur erlebte, sondern auch erzählte. Aus den gleichen Gründen war die eingebettete Episode des Vetter-Besuchs in der Hildesheimer-Erzählung nicht zu behandeln, weil eine solche nicht kausal verbundene Einbettung von Episoden in beiden Modellen nicht vorgesehen ist. Am Rande sei übrigens angemerkt, daß sowohl die Geschichtengrammatik als auch die Relationsstruktur im Unterschied etwa zu van Dijk 1979 die Art der Verbindung zwischen mehreren Episoden überhaupt strukturell explizieren.

- Das Problem mehrerer Protagonisten bzw. der Perspektive.

Beide Beschreibungsmodelle sind handlungstheoretisch fundiert, d.h., sie repräsentieren Handlungen, Ziele, Pläne, die jeweils einem Handelnden zugeordnet werden müssen. Diese Zuordnung wird in den Strukturbeschreibungen so vorgenommen, daß jeweils Handelnde eingeführt werden, so daß repräsentierte Handlungen automatisch Handlungen des jeweils eingeführten Aktanten sind. Im Sinne der Eindeutigkeit darf es pro Episode dann eben nur ein Agent sein, der handelt. Ein anderer Protagonist muß entsprechend neu eingeführt werden, d.h., eine neue Episode eröffnen. Wie erwähnt, wird in der Relationsstruktur das Problem in gewisser Weise vernachlässigt, weil die Strukturbeschreibung nur für solche Erzählungen gilt, in denen das Problem nicht auftaucht. Taucht es aber auf, scheitert auch die Relationsstruktur. Der Text "Der Bauer und der Wassermann" machte das Problem besonders deutlich: Beide Modelle sind im Grunde genommen nur dann sinnvoll anzuwenden, wenn die erste Episode als eine Episode des Wassermanns als Protagonisten aufgefaßt wird. Dennoch vollzieht auch der Bauer in dieser Episode entscheidende Handlungen (z.B. in 7, 9 und 11).

- Behandlung der Erscheinungsform des Textes.

Beide Strukturbeschreibungen sind semantisch und beide thematisieren das Verhältnis zwischen dieser Semantik und der Oberfläche eines Textes nicht. (Im Rahmen des globaleren Textmodells, dessen Teil die Relationsstruktur ist (s.u. 3), ist allerdings eine Strukturbeschreibung der Formebene als "Musterstruktur" vorgesehen.) Solange aber nur die semantische Struktur expliziert wird, müssen all die Formelemente unberücksichtigt bleiben, die bestimmte semantische Lesarten auslösen bzw. nahelegen. Im Sinne einer Modellierung des Verarbeitungsprozesses

müßten derartige auslösende Elemente der Form ganz sicher berücksichtigt werden.
Z.B. war zu beobachten, daß die meisten Versteher des Textes "Der Bauer und der
Wassermann" zunächst die erste Episode als eine Episode des ersten Bauern als
Protagonisten verstanden, und zwar allein deswegen, weil in der Form des Textes
der Bauer als erste Figur genannt wurde.

3. Ansätze zur Generierung von Texten

Die Abb. 11 unten zeigt die Schematisierung des Prozesses der Konstitution von
Diskurseinheiten in Gesprächen. Diese Schematisierung stellt lediglich eine
Veranschaulichung dar und ist nicht in einem formalen Sinne zu lesen. Der
Konstitutionsprozess einer Diskurseinheit, z.B. einer Erzählung in einem Gespräch,
soll zwar als Verbalisierungsplan modelliert werden, auf Grund der Komplexität
dieser Art von Planungsprozeß ist allerdings die Repräsentation in einem der in der
KI üblichen Formate bisher nicht erfolgt. Es wird gegenwärtig geprüft, ob
prinzipiell eine Repräsentation in Form von prozeduralen Netzen nach Sacerdoti 1979
möglich ist.

Wiederum muß eine detaillierte Diskussion dieses Entwurfs zur Generierung von
Diskurseinheiten in Gesprächen an dieser Stelle aus Raumgründen unterbleiben (vgl.
dazu aber Kraft/Nikolaus/Quasthoff 1977, Quasthoff 1980, 1984). Grob vereinfacht
stellt das Schema die folgende Konzeptualisierung der Planung einer Erzählung in
einem Gespräch dar: Aktiviert durch eine bestimmte Konstellation in einer
Gesprächssituation wird die kognitive Repräsentation eines Ereignisses, die
kognitive Geschichte. Eine weitere Überprüfung des situativen Kontextes führt zur
Formation eines kommunikativen Ziels, d.h., der Planung einer kommunikativen
Handlung mit einer bestimmten Funktion, die mit Hilfe repräsentierter Inhalte der
Erzählung erfüllt wird. Zu den kommunikativen Funktionen gehören z.B. die Funktion
positiver Selbstdarstellung, die Funktion der Informierung, die argumentative
Funktion des Belegs einer Meinung etc. Wenn die Durchführung dieser kommunikativen
Funktion situationsadäquat erscheint, kommt es zum thematischen
Realisierungsentschluß.
   Die Formation eines interaktiven Ziels bedeutet die Planung einer Funktion, die
mit Hilfe der Form des Erzählens realisiert wird. Die interaktive Funktion ist also
relativ unabhängig vom Inhalt des Gesagten. Sie wirkt dadurch, daß eine bestimmte
Form verbaler Interaktion etabliert wird. Eine interaktive Funktion wäre z.B. die
Definition einer sozialen Situation als informell, indem das Diskursmuster
(s.o. 1.1.1) des szenischen Erzählens gewählt wird. Eine andere interaktive Funktion
ist beziehungsdefinitorisch insofern, als die Beziehung zum Angesprochenen durch die

Abb. 11

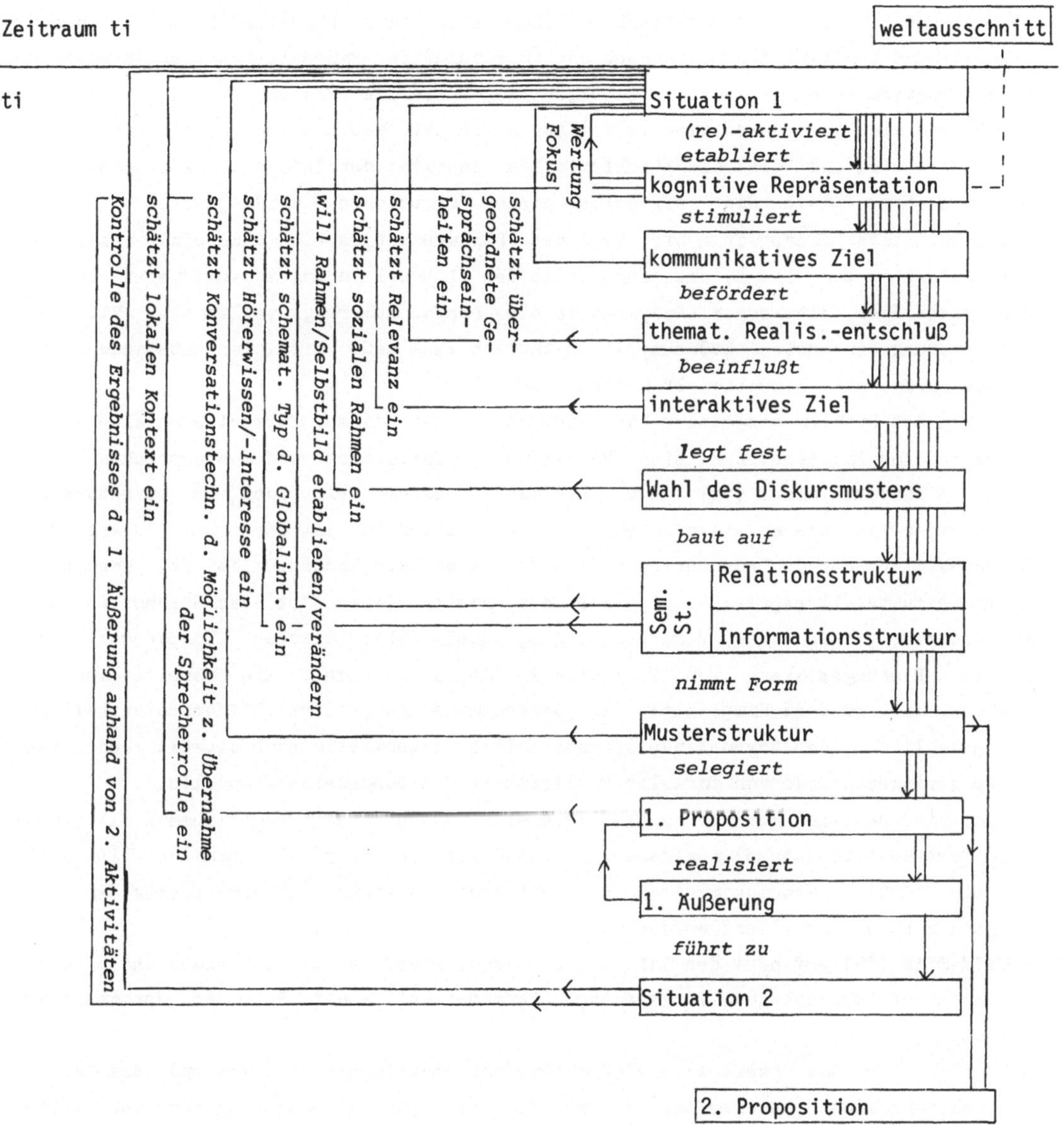

Wahl eben dieses Diskursmusters als eine persönliche, freundschaftliche definiert wird (vgl. Quasthoff 1980, Kap. 2.3). Die Formation eines interaktiven Ziels zieht die Wahl eines bestimmten Diskursmusters zur Repräsentation der Inhalte der zu erzählenden Geschichte nach sich. Die Wahl des Diskursmusters ist natürlich auch situationsabhängig in der Weise, daß es sich entweder einer Situation anpassen muß oder aber mit dem Ziel der Veränderung einer bis dahin vorherrschenden Situationsdefinition eingesetzt wird.

Nach dem Thematisierungsentschluß (Entschluß zur Thematisierung bestimmter Inhalte) und der Wahl des Diskursmusters (Entschluß der Präsentierung der Inhalte in einer bestimmten Form) setzt die eigentliche verbale Planung des Inhaltes der Geschichte ein, die durch die im vorigen Abschnitt beschriebene Relationsstruktur gesteuert wird und die die strukturierten Inhalte der Informationsstruktur als Ergebnis hat. Auch die Formation dieser Strukturen wird jeweils an der Erzählsituation überprüft. Die Wahl des Diskursmusters hat dann eine bestimmte Musterstruktur zur Folge, die ihrerseits den Linearisierungsapparat bereitstellt, der dann über die erste Proposition die erste Äußerung realisiert. Mit der Realisierung der ersten Äußerung ist natürlich eine neue Situation entstanden, die in dem Schema mit "Situation 2" benannt ist.

Neben dem Problem mangelnder Formalisierung birgt dieser Entwurf noch eine ganze Reihe anderer Probleme. Z.B. sind Relations-, Informations- und Musterstruktur noch nicht prozeduralisiert (vgl. auch 2.2 oben), so daß sie noch als strukturelle Fremdkörper in diesem Ablaufschema stehen. Allgemein ist der Zusammenhang von Wissensbeständen und Prozeduren in diesem Schema zwar konzeptualisiert, aber noch nicht strukturell repräsentiert. Auf der anderen Seite ist das Schema relativ differenziert, was die Berücksichtigung diskurstheoretischer Komponenten der globalen Planungsprozesse von Einheiten in Gesprächen angeht. Wie bereits oben (2) erwähnt, muß größere Komplexität des Gegenstands und größere Differenziertheit in der Modellierung des Gegenstands offensichtlich gegenwärtig noch bezahlt werden mit einem geringeren Grad von formaler Explizitheit des Beschreibungsmodells.

Das wird deutlich gemacht an dem Vergleich dieses Konstitutionsschemas mit einem der fortgeschritteneren Textgenerierungsmodelle in der KI, nämlich TALE-SPIN (Meehan 1980). Gemeinsamkeiten und Unterschiede können stichwortartig in der folgenden Weise formuliert werden:
- TALE-SPIN (TS) erfindet den Inhalt von Geschichten, das Konstitutionsschema (KS), realisiert demgegenüber vorgegebenen (erinnerten) Inhalt in einer sprachlichen Form.
- TS bearbeitet das "what-to-say"-Problem, das "how-to-say"-Problem und das "when-to-say"-Problem, jeweils bezogen auf die einzelnen Episoden in der Geschichte (Meehan 1980:10). Das KS bearbeitet darüberhinaus das "when-to-tell-the-whole-story-Problem, m.a.W. die Frage, wann im Gespräch kann eine Geschichte bzw. gerade diese Geschichte erzählt werden.
- Beide Modelle sind dialogisch. In TS kommen aber die zentralen Entscheidungen, die die Erzählung strukturell zu einer Erzählung machen, also z.B. die komplikativen Elemente (jemand hat schlechte Absichten, jemand kann den Protagonisten nicht leiden etc.) i.a. vom Benutzer und nicht vom textgenerierenden System. Im KS

dagegen wird der Zuhörer in seiner normalen <u>unterstützenden</u> und nicht in <u>steuernder</u> Funktion im Planungsprozess berücksichtigt (und zwar in Form entsprechender "Anfragen" an die Situation; vgl. die "Rückkopplungsschleifen" in der Abb. 11).

- TS ist - zumindest im "bottom up mode" 1 und 2 - ein Modell über die <u>Welt</u> (Meehan 1980:9). Das heißt aber, es ist gerade nicht ein Modell von bestimmten <u>Texten</u> und deren Inhalten. (Kognitive) Geschichten im KS sind dagegen gerade nicht einfach ein Modell von Welt schlechthin in ihrer Normalität, sondern nur von bestimmten speziellen Umständen (vgl. das Kriterium der Ungewöhnlichkeit).

- Entsprechend dem im vorigen Punkt Gesagten sind in TS (in mode 1) die Kategorien 'Ziel', 'Plan' etc. auf die Figuren der <u>Geschichte</u> angewandt, während sie im KS die <u>Erzählhandlung</u> modellieren. Die Modellierung des Inhalts der Geschichte als Teil des KS, die Relationsstruktur und ihre einzelnen Relationen, sind entsprechend auch auf den <u>Texttyp</u> ausgerichtet. Natürlich ist der Inhalt einer Erzählung über Weltausschnitte eng mit dieser Welt selbst verbunden. In mode 3 von TS (top down) wird das Problem von Erzählungen als Texttyp mit dem Kriterium der "Interessantheit" auch gesehen und dadurch gelöst, daß nur solche Problemlösungen zugelassen werden, die entweder in sich schwierig sind (vergleichbar mit dem OPB-Typ?) oder ständig mit Rückschlägen fertig werden müssen.

Zusammenfassend kann festgestellt werden:
- Prinzipiell ist KS globaler und modelliert komplexere Vorgänge der verbalen Planung, dafür ist TS detaillierter und modelliert damit notwendigerweise nur einfachere Zusammenhänge.

Was forschungslogisch wünschenswert wäre, ist eine Annäherung beider Herangehensweisen mit dem Ziel der Optimierung ihrer jeweiligen Vorteile und der Minimierung ihrer jeweiligen Nachteile.

Mit diesem Artikel hoffe ich einen kleinen Beitrag zur Annäherung an dieses Ziel geleistet zu haben, indem ich Ansätze zur Beschreibung von Texten in ihrer historischen Entwicklung in einer solchen Weise nachgezeichnet habe, die
- die Notwendigkeit einer Verbindung kognitiver und kommunikativer Aspekte,
- die Notwendigkeit der Kombination semantischer und formaler Strukturbeschreibungen,
- die Notwendigkeit der Verbindung differenzierter und komplexer Beschreibungen mit praktikablen Formalisierungen

deutlich gemacht haben sollte.

ANHANG:
Relationen für APB- und BPB-Geschichten

KONVERSATIONELLE ERZÄHLUNG (ZIEL DER ERZÄHLHANDLUNG,KOGNITIVE GESCHICHTE
ZIEL DER ERZÄHLHANDLUNG (EINSCHÄTZUNG DER ERZ.SIT.,ERZ.INTENTION)
KOGNITIVE GESCHICHTE (GEGENSATZ,ERLEBNISUMFELD)
GEGENSATZ (HANDLUNGSPLAN,PLANBRUCH)
(HANDLUNGS-BEOBACHTUNGS- (REALISIERTER NCE,ANTIZIPIERTER NCE))
(REALISIERTER NCE (ZUSTAND*,AKTIVITÄT*,ERGEBNIS*))
(AKTIVITÄT (VORAUSSETZUNG,DURCHFÜHRUNG)   )
PLANBRUCH (PLANZIEL,KOMPLIKATION)
KOMPLIKATION (AUSLÖSENDES EREIGNIS,NEUER HANDLUNGS-BEOBACHTUNGS-PLAN,ERGEBNIS)
NEUER HANDLUNGS-BEOBACHTUNGS-PLAN (EREIGNIS 1, EREIGNIS 2, EREIGNIS n)
(AUSLÖSENDES EREIGNIS (AKTIVITÄT,UMSTÄNDE,KONSEQUENZ))
(AKTIVITÄT (VORAUSSETZUNG,DURCHFÜHRUNG))
(EREIGNIS (AKTIONSAUSLÖSER,AKTIVITÄT,KONSEQUENZ))
(DURCHFÜHRUNG (MENTALER AKT,VERBALER AKT,PHYSISCHER AKT,EVALUATION))

Relationen für OPB-Geschichten

KOGNITIVE GESCHICHTE (GEGENSATZ,ERLEBNISUMFELD)
GEGENSATZ (OP,PLANBRUCH)
(OP (AUSGANGSBEDINGUNG,ANTIZIPIERTER NCE)
(AUSGANGSBEDINGUNG (ZUSTAND,AKTIVITÄT))
(AKTIVITÄT (VORAUSSETZUNG,DURCHFÜHRUNG)
PLANBRUCH (PLANGEMÄSSE ERWARTUNG,AKTIVITÄT)
AKTIVITÄT (VORAUSSETZUNG,DURCHFÜHRUNG,ERGEBNIS)
(DURCHFÜHRUNG (MENTALER AKT,VERBALER AKT,PHYSISCHER AKT,EVALUATION))

"NCE" steht für normal course of events' aus der Handlungstheorie
"OP" steht für die Normalitätserwartungen gemäß üblicher Beobachtungs-
    pläne eines "generalized other".

Liste von Relationen, die das Modell der Relationsstruktur vorsieht.
(Relationen, die in runden Klammern erscheinen, sind fakultativ.)

"Der Bauer und der Wassermann"

(1) Einem Bauern fiel das Beil in den Fluss,

(2) er setzte sich bekümmert ans Ufer und weinte.

(3) Das hörte der Wassermann,

(4) der Bauer tat ihm leid,

(5) und er brachte aus dem Fluss ein goldenes Beil.

(6) "Dein Beil", sagte er.

(7) Der Bauer sagte: "Nein, nicht meins."

(8) Der Wassermann zeigte ihm ein anderes, ein silbernes Beil.

(9) Der Bauer sagte wieder: "Das ist nicht mein Beil."

(10) Jetzt brachte der Wassermann das richtige Beil zum Vorschein.

(11) Der Bauer sagte: "Das ist mein Beil."

(12) Der Wassermann schenkte ihm alle drei.

(13) Zu Hause zeigte der Bauer die Beile seinen Nachbarn und erzählte wie es zugegangen war.

(14) Da kam ein anderer Bauer auf den Gedanken, es ganauso zu machen.

(15) Er ging an den Fluss,

(16) warf absichtlich sein Beil ins Wasser,

(17) setzte sich ans Ufer und weinte.

(18) Der Wasserman brachte das goldene Beil hervor und fragte: "Dein Beil?"

(19) Der Bauer war hocherfreut und rief: "Meins, meins!"

(20) Der Wassermann gab ihm weder das goldene noch das, welches er ins Wasser geworfen hatte.

Eine größere Anschaffung

Eines Abends saß ich im Dorfwirtshaus vor (genauer gesagt, hinter) einem Glas Bier, als ein Mann gewöhnlichen Aussehens sich neben mich setzte und mich mit gedämpft-vertraulicher Stimme fragte, ob ich eine Lokomotive kaufen wolle. Nun ist es zwar ziemlich leicht, mir etwas zu verkaufen, denn ich kann schlecht nein sagen, aber bei einer größeren Anschaffung dieser Art schien mir doch Vorsicht am Platze. Obgleich ich wenig von Lokomotiven verstehe, erkundigte ich mich nach Typ, Baujahr und Kolbenweite, um bei dem Mann den Anschein zu erwecken, als habe er es hier mit einem Experten zu tun, der nicht gewillt sei, die Katze im Sack zu kaufen. Ob ich ihm wirklich diesen Eindruck vermittelte, weiß ich nicht; jedenfalls gab er bereitwillig Auskunft und zeigte mir Ansichten, die das Objekt von vorn, von hinten und von den Seiten darstellten. Sie sah gut aus, diese Lokomotive, und ich bestellte sie, nachdem wir uns vorher über den Preis geeinigt hatten. Denn sie war bereits gebraucht, und obgleich Lokomotiven sich bekanntlich nur sehr langsam abnützen, war ich nicht gewillt, den Katalogpreis zu zahlen.
Schon in derselben Nacht wurde die Lokomotive gebracht. Vielleicht hätte ich dieser allzu kurzfristigen Lieferung entnehmen sollen, daß dem Handel etwas

Anrüchiges innewohnte, aber arglos wie ich war, kam ich nicht auf die Idee. Ins Haus konnte ich die Lokomotive nicht nehmen, die Türen gestatteten es nicht, zudem wäre es wahrscheinlich unter der Last zusammengebrochen, und so mußte sie in die Garage gebracht werden, ohnehin der angemessene Platz für Fahrzeuge. Natürlich ging sie der Länge nach nur etwa halb hinein, dafür war die Höhe ausreichend; denn ich hatte in dieser Garage früher einmal meinen Fesselballon untergebracht, aber der war geplatzt.

aus: Wolfgang Hildesheimer:
Lieblose Legenden, Suhrkamp
Frankfurt/M.,1962, 88-90

Bald nach dieser Anschaffung besuchte mich mein Vetter. Er ist ein Mensch, der, jeglicher Spekulation und Gefühlsäußerung abhold, nur die nackten Tatsachen gelten läßt. Nichts erstaunt ihn, er weiß alles, bevor man es ihm erzählt, weiß es besser und kann alles erklären. Kurz, ein unausstehlicher Mensch. Wir begrüßten einander, und um die darauffolgende peinliche Pause zu überbrücken, begann ich: »Diese herrlichen Herbstdüfte...« – »Welkendes Kartoffelkraut«, entgegnete er, und an sich hatte er recht. Fürs erste steckte ich es auf und schenkte mir von dem Kognak ein, den er mitgebracht hatte. Er schmeckte nach Seife, und ich gab dieser Empfindung Ausdruck. Er sagte, der Kognak habe, wie ich auf dem Etikett ersehen könne, auf den Weltausstellungen in Lüttich und Barcelona große Preise, in St. Louis gar die goldene Medaille erhalten, sei daher gut. Nachdem wir schweigend mehrere Kognaks getrunken hatten, beschloß er, bei mir zu übernachten, und ging den Wagen einstellen. Einige Minuten darauf kam er zurück und sagte mit leiser, leicht zitternder Stimme, daß in meiner Garage eine große Schnellzugslokomotive stünde. »Ich weiß«, sagte ich ruhig und nippte von meinem Kognak, »ich habe sie mir vor kurzem angeschafft.« Auf seine zaghafte Frage, ob ich öfters damit fahre, sagte ich, nein, nicht oft, nur neulich, nachts, da hätte ich eine benachbarte Bäuerin, die ein freudiges Ereignis erwartete, in die Stadt ins Krankenhaus gefahren. Sie hätte noch in derselben Nacht Zwillingen das Leben geschenkt, aber das habe wohl mit der nächtlichen Lokomotivfahrt nichts zu tun. Übrigens war das alles erlogen, aber bei solchen Gelegenheiten kann ich der Versuchung nicht widerstehen, die Wirklichkeit ein wenig zu schmücken. Ob er es geglaubt hat, weiß ich nicht, er nahm es schweigend zur Kenntnis, und es war offensichtlich, daß er sich bei mir nicht mehr wohl fühlte. Er wurde ganz einsilbig, trank noch ein Glas Kognak und verabschiedete sich. Ich habe ihn nicht mehr gesehen.
Als kurz darauf die Meldung durch die Tageszeitungen ging, daß den französischen Staatsbahnen eine Lokomotive abhanden gekommen sei (sie sei eines Nachts vom Erdboden – genauer gesagt vom Rangierbahnhof – verschwunden), wurde mir natürlich klar, daß ich das Opfer einer unlauteren Transaktion geworden war. Deshalb begegnete ich auch dem Verkäufer, als ich ihn kurz darauf im Dorfgasthaus sah, mit zurückhaltender Kühle. Bei dieser Gelegenheit wollte er mir einen Kran verkaufen, aber ich wollte mich in ein Geschäft mit ihm nicht mehr einlassen, und außerdem, was soll ich mit einem Kran?

KE NR.   3 (Sozialamt-Corpus)*
TITEL DER KE: Ich werde Putzmacherin!
STIMULUS: —
DECKNAME/ALTER D. INFORMANTIN: Frau P., ca. 40
BERUF: Hausfrau? (Putzmacherin)
DATUM/ORT DER AUFNAHME: 14.11.75, im Amt
INTERVIEWER: —
TRANSKRIPTION: Quasthoff
AUFNAHMEGERÄT/KASSETTEN NR.   Sony TC 55, Fss. 3
POSITION GEM. ZÄHLWERK: 070 - 079
SPRECHZEIT: ca. 1 Min.
TRANSKRIPTIONSZEIT: 45 Min.
KONTEXT: Berufliche Entwicklung der
                                      Söhne

```
 1  ┌ B  Gott - vlleicht hat er Intrésse dafür -
 2  └ K                                          Ja
 3  ┌ B  aber hat er nich erzählt er wollte zur See fahrn (inner . . .)
 4  └ K                    Und Martin hat für alles Intresse - - -
 5    K  auch n Schiff -
 6    K  da hat er so jeschwärmt
 7         weil Robby ja auch mal auf n Schiff war
 8  ┌ K  nich -
 9  └ B        Ach so
10    K  also det sind alte Schwärmeréien.
11    K  Wat Festes wissen se nié - -
12    K  n die sind ja so. - -
13    K  Weeß nich / ick hab von Ánfang an als Kind jesacht
14    K     „ick werde Pútzmacherin" [Tonhöhenwechsel, schneller, leb-
                                            hafter]/
15    K  un det bin ich auch gewórdn. -
16    K  Nich hab mich auch allèine drum beworbm -
17    K  w_ meine Mutter hat s nich geglaubt
18  ┌ K    daß ick det dòch dúrch-hàltn werde nich -
19  └ B              Hm
20    K  bin einfach reinjegang in Geschäft
21  ┌ K  hab jefracht ob se ne - Léhrmädchen brauchn. Ne - -
22  └ B              Hm
23    K  [Lachen]                       Da sachte die Chefin
24    B  Mit einmal sind Se s gewordn -
25    B  war n auch damit zufriedn ja
26    K     sacht se „na wenn de so ne große Intresse an den
27           Beruf hast"
28    K     sa se „denn br_ komm mal mit deine Mutter her." - -
29    K  Denn bin ick mi meiner Mutter hínjegang
30    K  da sacht se „Wir brauchn an un für sich níemand -
31    K  aber des Mädel scheint groß Intresse für zu habm" - -
32  ┌ K                                      [Lachen]
    └ B                                      [Lachen]
33    K  Ham se mich denn dóchenomm.
34    B  (gut)
35    B  Na nu wolln wa mal sehn was mit Martin wird
```

---

* Das Material stammt aus dem Forschungsprojekt „Bürgernahes Verhalten in der So-
zialhilfe", Leitung R. Silbereisen.

LITERATUR:

Austin, John L. (1972): Zur Theorie der Sprechakte; Stuttgart (Reclam). Engl.: How to do things with words; ed. by J.O. Urmson, Oxford 1962.

Bartlett, F.C. (1932): Remembering: A study in experimental and social psychology; Cambridge University Press.

Bartsch, Renate/Vennemann, Theo (1972): Semantic Structures; A Study in the Relation between Semantics and Syntax; Frankfurt a. M. (Athenäum).

de Beaugrande, R.A./Dressler W.U. (1981): Einführung in die Textlinguistik; Tübingen (Niemeyer).

Bellert, Irena (1970): On a Condition of the Coherence of Text. In: Semiotica 2: 335-363.

Berger, P./T. Luckmann (1970): Die gesellschaftliche Konstruktion der Wirklichkeit; Frankfurt/M.

Bergmann, Jörg R. (1981): Ethnomethodologische Konversationsanalyse; in: Dialogforschung; Jahrbuch 1980 des Instituts für deutsche Sprache; hrsg. von Peter Schröder und Hugo Steger; Düsseldorf (Schwann), S. 9-51.

Bernstein, Basil (1972): Studien zur sprachlichen Sozialisation; Düsseldorf (Schwann).

Black, J.B./Wilensky R. (1979): An Evaluation of Story Grammars; in: Cognitive Science 3; S. 213-229.

Bransford. J./Barclay R./Franks J. (1972): Sentence memory: A constructive versus interpretative approach; in: Cognitive Psychology 3; S. 193-209.

Bransford, J./Franks J. (1971): Abstraction of linguistic ideas; in: Cognitive Psychology 2; S. 331-350.

Bredenkamp, Jürgen (1972): Gedächtnis. in: Herrmann, Theo/Peter R. Hofstätter/Helmut P. Huber/Franz E. Weinert (eds): Handbuch psychologischer Grundbegriffe. München (Kösel-Verlag), S. 143-155.

Burghardt, W./Hölker K. (ed.) (1979): Text Processing - Textverarbeitung; Beiträge zu Textanalyse und Textbeschreibung; Berlin, New York (Walter de Gruyter).

Chomsky, Noam (1969): Aspekte der Syntax-Theorie; Frankfurt a. M. (Suhrkamp). Engl.: Aspects of a Theory of Syntax; Cambridge, Mass. (Cambridge University Press) 1965.

Cicourel, Aaron v. (1973): Ethnomethodology; in: Cicourel, A.v.: Cognitive Sociology. Harmondsworth, S. 99-140.

Dascal, Marcello/Arishai Margalit (1974): Text Grammars - A Critical View; in: Projektgruppe Textlinguistik Konstanz (ed.): Probleme und Perspektiven der neueren textgrammatischen Forschungen I; Hamburg (Buske); S. 81-120.

van Dijk, Teun A. (1979): Recalling and Summarizing Complex Discourse; in: W. Burghardt/K. Hölker (eds.): Text Processing - Textverarbeitung: Beiträge zu Textanalyse und Textbeschreibung; Berlin (de Gruyter); S. 49-118.

van Dijk, T.A. (1980): Macrostructures; Hillsdale, N.J. (Erlbaum).

van Dijk, Teun A./Kintsch, Walter (1983): Strategies of Discourse Comprehension; New York (Academic Press).

Dressler, Wolfgang (1972): Einführung in die Textlinguistik; Tübingen (Niemeyer).

Engelkamp, Johannes (1974): Psycholinguistik; München (Fink).

Engelkamp, Johannes/Michael Bock (1980): Textstrukturen aus sprachpsychologischer Sicht, Teil 2: Textmodelle; Folia Linguistica.

Frankenberg, Hartwig (1976): Vorwerfen und Rechtfertigen als verbale Teilstrategien der innerfamilialen Interaktion; Diss. Universität Düsseldorf.

Garfinkel, H. (1972): Remarks on Ethnomethodology; in: Gumperz, J./Hymes, D. (eds.): Directions in Sociolinguistics; New York; S. 301-324.

Goffman, Erving (1977): Rahmen-Analyse. Ein Versuch über die Organisation von Alltagserfahrung; Frankfurt (Suhrkamp).

Gülich, Elisabeth (1970): Makrosyntax der Gliederungssignale im gesprochenen Französisch; München (Fink).

Gülich, Elisabeth/Reinhard Meyer-Herrmann (1983): Zum Konzept der Illokutionshierarchie; in: Rosengren, Inger (ed.): Sprache und Pragmatik. Lunder Symposion 1982; Stockholm (Almquist & Wiksell); S. 245-261.

Gülich, E./U.M. Quasthoff (i.Dr.): Narrative Analysis; in: van Dijk, Teun (ed.): Handbook of Discourse Analysis, Vol. 2: Dimensions of Discourse; London (Academic Press).

Habermas, Jürgen (1971): Vorbereitende Bemerkungen zu einer Theorie der kommunikativen Kompetenz; in: Habermas, J./N. Luhmann: Theorie der Gesellschaft oder Sozialtechnologie - was leistet die Systemforschung? Frankfurt/M., S. 101-141.

Hartmann, P. (1968): Textlinguistik als linguistische Aufgabe; in: S. Schmidt (ed.): Konkrete Kunst - konkrete Dichtung; Karlsruhe; S. 62-77.

Harweg, Roland (1968): Pronomina und Textkonstitution; München (Fink).

Hauenschild, Christa/Pause Peter E. (1983): Faktoren-Analyse zur Modellierung des Textverstehens; in: Linguistische Berichte 88; S. 101-120.

Heidolph, Karl Erich/W. Flämig/W. Motsch u.a. (1981): Grundzüge einer deutschen Grammatik; Berlin, DDR (Akademie-Verlag).

Heringer, H.J. (1974): Praktische Semantik; Stuttgart (Klett).

Hoppe-Graff, S./Schöler, H./Haas W. (1981): Ein Modell zur Beschreibung und Vorhersage des Zusammenfassens einfacher Geschichten; in: Mandl, Heinz (Hg.): Zur Psychologie der Textverarbeitung; München (Urban & Schwarzenberg); S. 169-200.

Ihwe, J. (ed.) (1971): Literaturwissenschaft und Linguistik; 3 Bände; Frankfurt a. M. (Athenäum).

Isenberg, H. (1971): Überlegungen zur Texttheorie; in: Ihwe, J. (ed.): Literaturwissenschaft und Linguistik, 3 Bde; Frankfurt a. M. (Athenäum); S. 155-172.

Jefferson, Gail (1972): Side Sequences; in: Sudnow, David (ed.): Studies in Social Interaction; New York, London (The Free Press, Collier, Macmillan Ltd.); S. 294-338.

Johnson, N.S./Mandler, J.M. (1980): A tale of two structures: Underlying and surface forms in stories; Poetics 9, S. 51-86.

Kallmeyer, Werner (1978): Fokuswechsel und Fokussierungen als Aktivitäten der Gesprächskonstitution; in: Meyer-Herrmann, R. (ed.): Sprechen - Handeln - Interaktion. Ergebnisse aus Bielefelder Forschungsprojekten zu Texttheorie, Sprechakttheorie und Konversationsanalyse. Tübingen, S. 191-241.

Kraft, Eberhard/Nikolaus, Kurt/Quasthoff, Uta (1977): Die Konstitution der konversationellen Erzählung; in: Folia Linguistica XI, 3/4, S. 93-141.

Labov, William/Waletzky, Joshua (1973): Erzählanalyse: mündliche Versionen persönlicher Erfahrung; in: Ihwe, Jens (ed.): Literaturwissenschaft und Linguistik, Bd. 1; Frankfurt a. M.; S. 78-126.

Mandl, Heinz (Hg.) (1981): Zur Psychologie der Textverarbeitung; Aufsätze, Befunde, Probleme; München (Urban & Schwarzenberg).

Mandler, Jean/Johnson, Nancy (1977): Remembrance of things parsed; Story structure and recall; in: Cognitive Psychology 9; S. 111-151.

Mandler J.M./N.S. Johnson (1980): On throwing out the baby with the bath water: A reply to Black and Wilensky's evaluation of story grammar; Cognitive Science 4, S. 305-312.

Morik, Katharina (1982): Überzeugungssysteme der Künstlichen Intelligenz; Tübingen (Niemeyer).

Nikolaus, K./U.M. Quasthoff/M.Repp (1984a): Der Erwerb kommunikativer Fähigkeiten am Beispiel kindlichen Erzählens; Linguistische Arbeiten und Berichte (LAB) 20; Berlin.

Nikolaus, Kurt/Uta M. Quasthoff/Michael Repp (1984b): FASS - Form-Abhängige Semantische Standardisierung. Ein Verfahren zur Analyse der Wiedergabe von Handlungen. Ms.

Morris, Charles William (1972): Grundlagen der Zeichentheorie; München (Hanser). Engl.: (1938): Foundations of the Theory of Signs; Chicago.

Petöfi, Janos S./Rieser, Hannes (1974): Probleme der Modelltheoretischen Interpretation von Texten; Hamburg (Helmut Buske Verlag).

Quasthoff, Uta M. (1978): The uses of stereotype in everyday argument; in: Journal of Pragmatics 2.1, S. 1-48.

Quasthoff, Uta M. (1979a): Verzögerungsphänomene, Verknüpfungs- und Gliederungssignale in Alltagsargumentationen und Alltagserzählungen; in: Weydt, Harald (ed.): Die Partikeln der deutschen Sprache; Berlin (de Gruyter); S. 39-57.

Quasthoff, Uta M. (1979b): Eine interaktive Funktion von Erzählungen; in: Soeffner, Hans-Georg (ed.): Interpretative Verfahren in den Sozial- und Textwissenschaften; Stuttgart (Metzler); S. 104-126.

Quasthoff, Uta M. (1979c): Gliederungs- und Verknüpfungssignale als Kontextualisierungshinweise: Ihre Formen und Verwendungsweisen zur Markierung von Expansionen in deutschen und amerikanischen Erzählungen; Trier; Linguistic Agency University of Trier (L.A.U.T.), Series A, Paper No. 62.

Quasthoff, Uta M. (1980): Erzählen in Gesprächen; Tübingen (Narr).

Quasthoff, Uta M. (1981): Rezension von "Arbeiten zur Konversationsanalyse. Hg.: Jürgen Dittmann"; in: Language 57, No 3, S. 755-759.

Quasthoff, Uta M. (1982): Frageaktivitäten von Patienten in Visitengesprächen: Konversationstechnische und diskursstrukturelle Bedingungen; in: Köhle, Karl/Hans-Heinrich Raspe (eds.): Das Gespräch während der ärztlichen Visite; München, Wien, Baltimore (Urban & Schwarzenberg), S. 70-101.

Quasthoff, Uta M. (1983): Nichtsprachliches und "semisprachliches" Wissen in interkultureller Kommunikation und Fremdsprachendidaktik; erscheint in: Die neueren Sprachen.

Quasthoff, Uta M. (demn.): Ethnomethodology; in: Sebeok, Thomas A. (ed.): Encyclopedic Dictionary of Semiotics.

Rehbein, Jochen (1972): Entschuldigungen und Rechtfertigungen; in: Wunderlich, D. (ed.): Linguistische Pragmatik; Frankfurt/M. (Athenäum), S. 288-317.

Rumelhart, D.E. (1977): Toward an interactive model of reading; in: S. Dornic (ed.): Attention and performance; Hillsdale, N.J. (Erlbaum); S. 573-603.

Rumelhart. D.E. (1980): Schemata: The building blocks of cognition; in: R. Spiro/B. Bruce/W. Brewer (eds.): Theoretical issues in reading comprehension; Hillsdale, N.J. (Erlbaum); S. 33-58.

Sacerdoti, D. (1977): A structure for plans and behaviour; New York, Amsterdam (Elsevier).

Sacks, Harvey (1972): On the Analyzability of Stories by Children; in: Gumperz. John J./Hymes, Dell (eds.): Directions in Sociolinguistics; New York (Holt, Rinehart and Winston); S. 325-345.

Saussure, Ferdinand de (1967): Grundlagen der allgemeinen Sprachwissenschaft, 2. Aufl.; Berlin

Schegloff, E.A./Sacks, H. (1973): Opening up Closings; in: Semiotica;S. 289-327.

Schlieben-Lange, Brigitte (1979): Linguistische Pragmatik, zweite überarbeitete Auflage; Stuttgart, Berlin (Kohlhammer).

Searle, J.S. (1969): Speech Acts; Cambridge (Cambridge University Press). Dt.: Sprechakte, Frankfurt (Suhrkamp); 1971.

Soeffner, H.-G. (ed.) (1979): Interpretative Verfahren in den Sozial- und Textwissenschaften; Stuttgart (Metzler).

Streeck, Jürgen (1983): Konversationsanalyse. Ein Reparaturversuch; in: Zeitschrift für Sprachwissenschaft 3; S. 24-53.

Sulin. R.A./D.J. Dooling (1974): Intension of a thematic idea in retention of prose; in: Journal of Experimental Psychology 103; S. 255-262.

Stein, Nancy/Glenn, Christine (1979): An analysis of story comprehension in elementary school children; in: Freedle Roy O. (Hrsg.): New Directions in Discourse Processing; Norwood, N.J. (Ablex); S. 53-120.

Thorndyke, P.W. (1977): Cognitive Structures in Comprehension and memory of narrative discourse; in: Cognitive Psychology 9; S. 77-110.

Tulving, E. (1972): Episodic and semantic memory; in: Tulving E./Donaldson W. (eds.): Organization of memory; New York (Academic Press); S. 382-404.

Tulving, E. (1983): Elements of Episodic Memory; Oxford (Clarendon Press).

Wald, Benji (1978): Zur Einheitlichkeit und Einleitung von Diskurseinheiten; in: Quasthoff, Uta (ed.): Sprachstruktur - Sozialstruktur. Zur linguistischen Theorienbildung. Kronberg Ts. (Scriptor); S. 128-144.

Weber, Heinz Josef (1982): Politikertreffen; Propositionale Spezifikationen und satzübergreifende Analyse von Nachrichtentexten; in: H. Fix/A. Rothkegel/E. Stegentritt (Hrsg.): Sprachen und Computer; Festschrift zum 75. Geburtstag von Hans Eggers; Dudweiler; S.385-403.

Winograd, Terry (1983): Language as a cognitive process, Volume I: Syntax; Reading, Mass. (Addison-Wesley).

Wunderlich, Dieter (1976a): Entwicklungen der Diskursanalyse; in: Wunderlich, D.: Studien zur Sprechakttheorie; Frankfurt a. M. (Suhrkamp); S. 293-395.

Wunderlich, Dieter (1976b): Studien zur Sprechakttheorie; Frankfurt a. M. (Suhrkamp).

Lernen und Wissensakquisition

Christopher Habel & Claus-Rainer Rollinger

Technische Universität Berlin
Institut für Angewandte Informatik
Sekr. FR 5-8
Franklinstr. 28/29
D-1000 Berlin 10
Fed. Rep. of Germany

1.   Vorbemerkungen zum Thema Lernen und Wissensaquisition

Das Gebiet Machine Learning (ML), im Deutschen häufig als Maschinelles Lernen
bezeichnet, ist eine Teildisziplin der Künstlichen Intelligenz, die sich in letzter
Zeit in heftiger Entwicklung befindet. Diese starke Entwicklung zeigt sich sowohl in
einer gestiegenen Anzahl von Veröffentlichungen als auch daran, daß spezielle
Tagungen zu diesem Thema in steigendem Maße abgehalten werden /1/. Dieses
gesteigerte Interesse am Gebiet des Maschinellen Lernes und der Wissensaquisition
/2/ basiert insbesondere auf Anregungen und Anforderungen aus der Praxis, da sich in
den letzten Jahren (vor allem auf dem Gebiet der Expertensysteme) herausgestellt
hat, daß neben den Problemen, die noch immer in der Verarbeitung großer
Wissensbestände bestehen, das Hauptproblem (Feigenbaum 1980) darin liegt, überhaupt
erst das Wissen eines Systems über einen Anwendungsbereich aufzubauen. Daher
erscheint es notwendig zu sein, die Prozesse der Modellbildung bei der Entwicklung
von Expertensystemen und anderen wissensbasierten Systemen durch "lernende Systeme"
der Künstlichen Intelligenz zu unterstützen. Somit ist ein Ziel des Gebietes
"Maschinelles Lernen und Wissensaquisition" schon genannt, nämlich beim Aufbau
intelligenter Systeme zu helfen.

Bevor auf die Forschungsziele des Gebietes näher eingegangen wird, müssen jedoch
einige einschränkende Bemerkungen gemacht werden. Obwohl in den nächsten Kapiteln

----

/1/ Hier sind z.B. zu nennen Michalski/Carbonell/Mitchell 1983 und der Machine
    Learning Workshop (Michalski (ed.) 1983).

/2/
    Einige Versuche zur Abgrenzung der beiden Themenbereiche werden in den
    folgenden Kapiteln unternommen.

Systeme und Ansätze für Maschinelles Lernen und maschinelle bzw. automatische Aquisition von Wissen im Mittelpunkt der Darstellung stehen werden, kann immer noch nicht von einem einheitlichen Paradigma des Maschinellen Lernens gesprochen werden /3/. Dies zeigt sich z.B. daran, daß der Gegenstandsbereich dieser Teildisziplin bisher noch nicht hinreichend geklärt ist. Es fehlen z.B. anerkannte - anerkannt bedeutet hier allgemein akzeptiert - Kriterien dafür, was eigentlich eine Lernaufgabe ist, wann ein System etwas gelernt hat, usw. Ebenso fehlen weitestgehend allgemein akzeptierte Verfahren bzw. Standardmethoden, um wohldefinierte Teilprobleme anzugehen /4/. Im Gegensatz hierzu existieren im Bereich des Maschinellen Lernens im wesentlichen Einzellösungen für individuelle Problemstellungen.

Kommen wir auf die Forschungsziele des Gebiets Maschinelles Lernen und Wissensaquisition zurück. Die Untersuchungen orientieren sich - wie in allen Teilbereichen der KI - in zwei Richtungen. Auf der einen Seite stehen die Bemühungen, durch Untersuchungen zum Maschinellen Lernen generell Erkenntnisgewinn in Bezug auf das Phänomen Lernen zu erzielen. Auf der anderen Seite stehen die Bemühungen, durch Systeme, die selbsttätig bzw. selbständig Wissen aufbauen bzw. erweitern, die Leistungsfähigkeit intelligenter Systeme zu steigern. Dies muß insbesondere unter dem Gesichtspunkt des Aufbaus intelligenter Systeme für "schwerprogrammierbare" Bereiche gesehen werden, in denen etwa nach dem Motto vorgegangen wird: Was nicht programmiert werden kann, bzw. was schwer zu programmieren ist, muß das System eben selbst lernen /5/.

/3/ Weil zur Charakterisierung und Etablierung eines Paradigmas (vgl. Kuhn 1973) insbesondere "klassische Beispiele" gehören, das sind solche, die von den Mitgliedern der Wissenschaftlergemeinschaft gekannt und akzeptiert werden, wird auch in dieser Einführung auf die, in der Literatur beschriebenen Beispiele zurückgegriffen werden. Eine Kenntnis dieser Beispiele ist unseres Erachtens für das Verständnis des Teilgebietes unerlässlich.

/4/ In anderen Bereichen der Künstlichen Intelligenz ist man in dieser Hinsicht z.T. schon erheblich weiter. So gibt es innerhalb des Bereiches Planen und Suchen allgemein verwendete Standardmethoden, man denke z.B. an die Untersuchungen über Suchverfahren und die dort eingesetzten Strategien.

/5/ Diese Sichtweise stand schon am Anfang der Disziplin Maschinelles Lernen. So war gerade eine Motivation für Samuels Dame-Programm (s.u.) darin zu sehen, daß keine vernünftigen bzw. berechtigten Vorstellungen herrschten, wie die Bewertungsfunktionen und Algorithmen eines Dameprogramms zu programmieren seien. Aus diesem Grunde wurde von Samuel (1963) vorgeschlagen, daß ein lernendes System die entsprechenden Bewertungen erst selbst aufdecken solle, um hierdurch den Programmieraufwand zu verringern.
    Die Versuche, Expertenwissen oder Wissen, welches z.B. in den Bereich der naiven Physik gehört, automatisch zu gewinnen, fallen in die gleiche Kategorie. Die Gemeinsamkeit zwischen den Überlegungen Samuels aus den fünfziger Jahren und den Überlegungen zur Aufdeckung von Expertenwissen in den späten siebziger Jahren sind insofern parallel als in beiden Fällen die intellektuelle Analyse des Gegenstandsbereiches durch den Systementwickler nicht mit hinreichender Güte/Qualität erfolgen kann und daher durch ein automatisches System ersetzt werden soll.

Um dem Phänomen Lernen näher zu kommen, sollen zuerst einmal einige Beispiele für Aufgaben bzw. Tätigkeiten genannt werden, bei denen das Attribut Lernen vergeben werden kann:

das kleine Einmaleins
die "Glocke"
den Weg zur Schule
das Lösen von linearen Gleichungssystemen
die Muttersprache
eine Fremdsprache
(gut) Schach zu spielen
Klavier zu spielen
zu komponieren
Schreibmaschine zu schreiben
zu laufen
zu lernen.

Hält man sich diese Beispiele vor Augen, so können schon einige wichtige Gesichtspunkte, die für spätere Klassifikationen von Lernen, Aufgaben und Lernmethoden wichtig werden, erkannt werden. So stellt sich z.B. heraus, daß neben anderen auch solche Lernsituationen auftreten, die man mit "Auswendig-lernen" kennzeichnen kann. Das wesentliche Charakteristikum dieser Lernsituationen besteht darin, daß Sachverhalte gemerkt und reproduziert werden, d.h. also, daß Auswendig-lernen mit Sich-merken korrespondiert.

Neben den Lernsituationen, in denen der Lernende bewußt neues Wissen aufnimmt - hierunter fallen z.B. die meisten Fälle des Fremdsprachenerwerbs darunter oder die Situationen, in denen jemand bewußt versucht, sich eine Fähigkeit anzueignen - gibt es sehr viele Lernsituationen, in denen der Lernprozeß unbewußt abläuft: z.B. der Erwerb der Muttersprache (insbesondere in den ersten Jahren).

Ein wichtiger Gesichtspunkt für die Einteilung von Lernsystemen und Lernsituationen ist am komplementären Verbpaar 'Lernen' vs. 'Lehren' festzumachen und zwar in folgender Hinsicht: neben demjenigen, der lernt, existiert in vielen Lernsituationen auch eine Person oder Institution, die lehrt. Der Lehrer ist insbesondere dafür verantwortlich, daß die Lernleistung in die richtige Richtung gelenkt wird /6/. Es ist hierbei sinnvoll, zwischen Lernverfahren, Lehrverfahren und Lernerfolg zu unterscheiden. Wie wir sehen werden, sind diese auch beim Maschinellen Lernen nicht unabhängig voneinander.

Betrachtet man die oben aufgeführten Beispiele von Lernaufgaben, so fällt auch eine weitere wichtige Unterscheidungsmöglichkeit auf und zwar die in den Erwerb von

----

/6/ Die hier verwendete bildhafte Beschreibung des Lernprozesses in Hinblick auf Richtung wird in späteren Schritten noch expliziert werden. Dort wird auch auf die Funktion des Lehrers eingegangen werden.

Wissen einerseits und Fertigkeiten und Fähigkeiten andererseits. In die erste Gruppe gehört z.B. das Erlernen des Einmaleins, das Erlernen von Wegbeschreibungen usw.; in die zweite Gruppe der Erwerb von Sprachen, das Erlernen des Klavierspielens u.ä., wobei jedoch darauf hingewiesen werden soll, daß auch innerhalb des Spracherwerbs neben den Fertigkeiten, die erworben werden, das Lernen von Wissensbeständen, z.B. das Erlernen eines Vokabulars, eine erhebliche Rolle einnimmt /7/. Diese grobe Unterteilung in Erwerb von Wissen gegen Erwerb von Fähigkeiten wird im weiteren nur eine untergeordnete Rolle spielen, insbesondere deswegen, weil wir uns im wesentlichen nur mit dem ersten Fall, dem Erwerb von Wissen, beschäftigen werden.

Zum Abschluß dieser Vorbemerkung soll noch ein weiterer wichtiger Punkt erwähnt werden, der Rückschlüsse auf den Stand der bisherigen Erkenntnisse zuläßt: Betrachtet man das natürlichsprachliche Verb 'Lernen', so existiert z.B. im Deutschen der komplementäre Begriff des Verlernens. Ein entsprechendes Paar von Begriffen bzw. Konzepten findet man in der Psychologie z.B. im Paar des Erinnerns und Vergessens. Zu diesem Paar von Begriffen wird in der psychologischen Forschung (Kintsch 1977) häufig angemerkt, daß jede interessante Theorie des Gedächtnisses und des Erinnerns eine Theorie des Vergessens beinhalten muß, um überhaupt aussagekräftig sein zu können. Überträgt man diese Forderungen auf unseren Problembereich des Lernens, so stellt man fest, daß auch das Thema des Verlernens Gegenstand der Forschung sein müßte. Zum gegenwärtigen Zeitpunkt ist dies innerhalb der KI-Forschung, aber auch in den meisten Ansätzen der psychologischen Lerntheorie, nicht der Fall. (Eine Annahme die jedoch in Hinblick auf kognitive Phänomene völlig inadäquat ist, findet sich bei Samuels.)

Nachdem wir nun den Themenkreis des Lernens grob skizziert haben, soll nun ein erster Versuch unternommen werden, Lernprozesse durch ein einfaches Grundschema zu beschreiben.

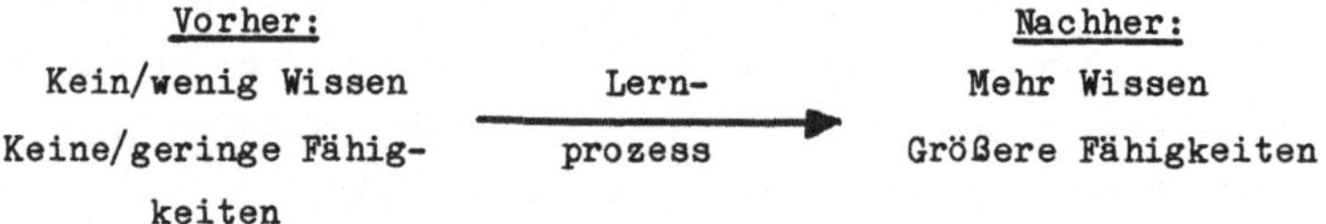

Dieses Grundschema von Lernprozessen, daß Lernen als die Transformation eines Wissen/Fähigkeiten-Systems in ein anderes Wissen/Fähigkeiten-System beschreibt, ist

----

/7/ Insofern soll die Unterteilung in Fertigkeiten vs. Wissen nur unterschiedlichen Schwerpunkten Rechnung tragen. Es ist einerseits nicht denkbar, daß man eine Fertigkeit erlernt, ohne gleichzeitig Wissensbestände aufzubauen, die mit dieser Fertigkeit in Beziehung stehen, und andererseits ist es nicht sinnvoll anzunehmen, daß man sich Wissen aneignet, ohne es im Zusammenhang mit einer (möglicherweise noch zu entwickelnden) Fertigkeit benutzen zu wollen.

sicherlich noch sehr allgemein. Es wird in den nächsten Abschnitten verfeinert werden. Daß entsprechende Grundannahmen für Lernprozesse sowohl innerhalb der KI als auch innerhalb der Psychologie vorliegen, kann an zwei neueren Beschreibungen/ Charakterisierungen dessen, was Lernen ist, gezeigt werden.

Lernen bezeichnet Veränderungen eines Systems, die adaptiv in folgendem Sinn sind: sie ermöglichen dem System, die gleiche Aufgabe (oder eine Aufgabe der gleichen Population) beim nächsten Mal effizienter und effektiver zu bearbeiten. (Simon 1983, Übersetzung C.H.)

Lernen ist jede Veränderung eines Individuums, das sich in einer relativ stabilen Form des Verhaltens befindet, so weit sie durch Interaktion mit der Umwelt vermittelt und durch die Sinnesorgane verursacht wird. (Borger/Seaborne 1982, Übersetzung C.H.)

Betrachtet man diese beiden Zitate, so stößt man auf ein Problem, das grob gesagt, in dem folgenden Umstand besteht: Einerseits existiert der Begriff des Lernens in der Umgangssprache, andererseits wird er innerhalb von Fachsprachen z.B. der Psychologie oder in neuerer Zeit der Künstlichen Intelligenz als technischer Ausdruck verwendet /8/. Ein Symptom dafür, daß es sich hierbei um ein Problem handelt, ist, daß es einem immer wieder, wenn man von konkreten lernenden Systemen oder Lernsituationen spricht, gesagt wird "Das ist doch nicht Lernen!". Dieser Einwand ist natürlich darin begründet, daß zwischen dem umgangssprachlichen Lernen und dem, was Lernen innerhalb der KI bedeutet, z.T. noch ein großer Unterschied besteht. Andererseits definiert sich der Begriff Lernen in der KI weitgehend über die Verfahren und Systeme, die bislang entwicklet worden sind, und insofern ist es vernünftig, zuerst einmal genauer zu klären, was im weiteren unter Lernen verstanden werden soll. Innerhalb der KI, aber auch allgemeiner im Bereich der Kognitionswissenschaften, wird dies im wesentlichen durch eine Klassifikation von lernenden Systemen einerseits und Lernsituationen andererseits erreicht. Hierbei wird die Klassifikation insbesondere bezüglich der folgenden Kriterien bzw. Dimensionen des Klassifizierens durchgeführt:
- Lernverfahren
- Art des zu lernenden Wissens
- Aufgabenstellungen, Anwendungsgebiete

/8/ Diese Situation der parallelen Verwendung eines Begriffes sowohl in einer natürlichen Sprache als Umgangssprache, als auch in deren fachsprachlichen Ausprägungen, ist natürlich nicht auf 'Lernen' beschränkt.

Durch diese vorerst einmal drei Dimensionen des Lernens wird in intuitiver Weise ein Raum von Lernsituationen aufgespannt. Hierbei ist jedes Tripel bestehend aus einer Strategie bzw. Methode einerseits, einem Typ von zu erlernendem bzw. zu erwerbendem Wissen andererseits und einem Anwendungsgebiet in der dritten Komponente als Lernsituation zu bezeichnen. Der gegenwärtige Stand der Forschung bzw. das gegenwärtige Vorgehen im Bereich des Maschinellen Lernens besteht darin, Lernsituationen dieser Art (d.h. im technischen Sinne Tripel im Raum der Lernsituationen) zu untersuchen. Die Betrachtung einer derartigen Lernsituation führt dazu, daß ein System zu entwerfen ist, mit dessen Hilfe anhand von Experimenten Eigenschaften lernender Systeme untersucht werden.

Gegenwärtig sind wir in der KI, bildhaft gesprochen, noch dabei, den Raum der Lernsituationen zu erforschen /9/, und der gegenwärtige "Stand der Kunst" im Bereich der Forschung auf dem Gebiet 'Lernender Systeme' kann wie folgt charakterisiert werden: Unter Vorgabe wohldefinierter Lernsituationen wird versucht, die Leistungsfähigkeit einzelner Ansätze zur Theorie und Praxis des Maschinellen Lernens zu testen. Anschließend werden im Raum der Lernsituationen Veränderungen vorgenommen, d.h. einer der Parameter der Lernsituation wird variiert und das Lernsystem wird in einer neuen Lernsituation eingesetzt. Die Zielsetzung dieser Forschungsstrategie besteht einerseits darin, ausgehend von speziellen Lernsituationen allgemeinere Ansätze zu finden und andererseits dem Phänomen des Lernens genereller auf die Spur zu kommen. Es ist jedoch nicht davon auszugehen, daß in absehbarer Zeit _das_ generelle lernende System bzw. _die_ generelle und umfassende Theorie des Lernens entwickelt werden wird.

Zum Abschluß der Vorbemerkung, d.h. bevor auf das Gebiet des künstlichen, nämlich Maschinellen Lernens näher eingegangen wird, soll noch eine Frage angesprochen werden, die für die weiteren Untersuchungen einen Vergleichsmaßstab liefern könnte. Jeder, der sich mit dem Phänomen des Maschinellen Lernens beschäftigt, sollte sich ab und zu die Frage stellen, ob Menschen eigentlich gute Lerner sind. Hierunter fallen z.B. die folgenden Fragen:

Lernen Menschen schnell/langsam?
Lernen Menschen viel/wenig?
Wie gut lernen Menschen in Bezug auf komplexe Problemstellungen?

/9/ Der oben beschriebene Raum der Lernsituationen ist in verschiedener Hinsicht noch nicht adäquat und vollständig: Erstens können wir noch nicht sicher sein, daß die drei genannten Dimensionen als Klassifikationskriterien für lernende Systeme ausreichend sind. Es ist durchaus damit zu rechnen, daß sich im Rahmen weiterer Untersuchungen herrausstellen wird, daß ergänzende Klassifikationsdimensionen benötigt werden (z.B. der Lernerfolg). Zweitens sind die Extensionen der einzelnen Dimensionen nicht vollständig oder nur unzureichend bekannt. So können wir davon ausgehen, daß z.B. neue Lernverfahren hinzukommen, die bislang noch keinen Einsatz gefunden haben. Und drittens sind sicherlich noch nicht alle Punkte des bislang bekannten Teils des Raums der Lernsituationen untersucht worden.

Diese Fragen sollen und können hier nicht beantwortet werden. Wir wollen jedoch einiges Material, das den Leser vielleicht zum Nachdenken veranlaßt, aufführen. Nach S. Carey (1978) lernen Kinder in der Zeitspanne zwischen dem achtzehnten Monat und dem sechsten Lebensjahr ca. 8.000 Wortstämme zu ca. 14.000 Wörtern. Dies bedeutet den Erwerb von ca. 5 bzw. 9 (je nachdem, ob man Wortstämme oder Worte berücksichtigt) lexikalischen Einheiten pro Tag. Ist das eigentlich eine schnelle Lernleistung? Betrachtet man nicht die Tage, sondern die Wachstunden eines Kindes, so kann man grob abgeschätzt sagen, daß in jeder Stunde des Wachseins vom achtzehnten Monat bis zum sechsten Lebensjahr eine neue lexikalische Einheit erlernt wird. Ob dies eine gute oder eine schlechte, eine schnelle oder eine langsame Lernleistung ist, mag der Leser versuchen, selbst zu entscheiden.

Aus einem interessanten Bereich komplexer Fähigkeiten, nämlich aus dem Bereich des Schachspielens, liegen ebenfalls Zahlen vor, die für die Fragestellung: "Wodurch - durch welche Lernleistung - werden Experten eigentlich Experten?" interessant sein können. So werden von Chase und Simon (1973) Untersuchungen angeführt, wieviel Zeit Schachspieler verschiedener Fähigkeitsstufen (= Spielklassen) bisher für das Schachspiel aufgewendet haben. Es sind etwa die folgenden Durchschnittszahlen anzusetzen:

Anfänger	ca.	100 Stunden
Class A-Spieler(recht gut)	ca. 1.000 - 5.000 Stunden	
Meister/Großmeister	ca. 10.000- 50.000 Stunden	

Was diese Zahlen an Spielpraxis bedeuten, mag man sich anhand folgender Umrechnungen vor Augen halten:

dreißig Jahre täglich eine Stunde:	ca. 11.000 Stunden
zwanzig Jahre täglich fünf Stunden:	36.500 Stunden

Betrachtet man diese Zahlen, so stellt man fest, daß der Weg zum Schachexperten sehr lang ist. Überträgt man diese Zahlen und Erkenntnisse auf lernende Systeme, so sollte man die Erwartungen, die man in lernende System setzt, nicht unrealistisch hoch ansetzen. Wenn ein Großmeister zwischen 20.000 und 30.000 Stunden, d.h. eventuell 20 Jahre vier Stunden am Tag mit Schachspielen verbracht hat, so sollte man nicht erwarten, daß ein lernendes Schachprogramm in kurzer Zeit Großmeisterqualitäten erreicht. Dies ist wieder einmal ein Punkt, an dem es geeignet erscheint, auf die Mensch/Übermensch-Problematik in den Erwartungen an KI-Systeme zu verweisen. Wenn wir Systeme der Künstlichen Intelligenz anstreben, so sollten wir erwarten, daß wir die Probleme, die Menschen bei der Ausführung entsprechender Aufgabenstellungen haben, in der einen oder anderen Weise auch für maschinelle Systeme zu lösen haben. Wenn sich Menschen komplexe Fähigkeiten nur mit großem Lernaufwand aneignen, so dürfen wir nicht erwarten, daß Maschinen dies "umsonst tun".

Dies scheint uns auch der richtige Zeitpunkt zu sein, um auf ein weiteres hartnäckiges Vorurteil im Zusammenhang mit lernenden Systemen hinzuweisen. Es wird häufig die Vermutung geäußert, daß dies alles schon alleine deswegen nichts mit einem wirklich intelligent lernenden System zutun haben könne, weil man ja alles Wissen in das System vorher bereits hineingesteckt habe. Hier muß jedoch betont werden, daß jeder Lernprozess, gerade auch beim Menschen, Vorwissen erfordert. Mit anderen Worten: "Von Nichts kommt Nichts!". Wenn wir ein System nicht mit Grundwissen ausstatten, wird es auch nicht lernen können. Und auch Menschen, die lernen, sind keine leeren Wesen, in die alleine durch die Umwelt Wissen hineingelangt.

2. Klassifikation nach Lernmethoden

Innerhalb des Maschinellen Lernens hat sich in den letzten Jahren im wesentlichen die folgende Klassifikation nach Lernmethoden durchgesetzt (vgl. Carbonell/Michalski/Mitchell 1983):

- Rote Learning (Lernen als Erinnern)
- Learning by being told (Learning from Instruction)
- Learning by analogy
- Learning from examples
- Learning from observation (Discovery)

Im weiteren Verlauf dieser Übersicht werden zwar die meisten dieser Lernmethoden angesprochen werden, der Schwerpunkt jedoch wird auf den beiden letzten liegen, d.h. auf 'Lernen durch Beispiele' und 'Lernen durch Beobachtung'. Daher soll nun auf die beiden nach unserer Meinung wichtigsten Aufgaben eingegangen werden, die innerhalb dieser Lernverfahren zu leisten sind: Auf die Generierung von Hypothesen und auf deren Überprüfung.

Nach den Vorbemerkungen ist es offensichtlich, daß Lernen etwas mit dem Aufbau und der Überprüfung von Hypothesen zu   tun hat, die, informell gesprochen, Vermutungen über die regelhaften Beziehungen in der Welt darstellen. Dies bedeutet aber auch, daß Maschinelles Lernen auf Bestätigungstheorien zurückgreifen muß.

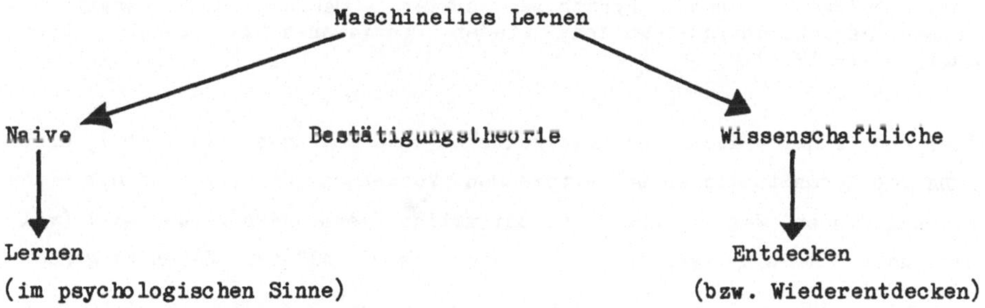

Abb. 1: Lernen - Bestätigungstheorien

Die Begründung des Maschinellen Lernens auf Bestätigungstheorien führt jedoch zu verschiedenen Schwierigkeiten. Einerseits   existieren   Bestätigungstheorien (Stegmüller 1973, v. Kutschera 1972), die in der Wissenschaftstheorie entwickelt wurden und auf den Theorien der Induktion und der Wahrscheinlichkeit aufbauen, andererseits gibt es Lerntheorien z.B. innerhalb der Psychologie, die in gewisser Weise als naive Bestätigungstheorien aufgefaßt werden können. Die Probleme mit wissenschaftlichen Bestätigungstheorien sind innerhalb der Wissenschaftstheorie ausführlich behandelt worden. Insbesondere sind in diesem Bereich zahlreiche

"Paradoxien" entdeckt worden /10/. Naive Bestätigungstheorien finden sich gegenwärtig in zwei Bereichen: Zum einen werden innerhalb der Psychologie verschiedene Ansätze zum Lernen und zur Wissensverarbeitung diskutiert, zum anderen werden innerhalb der Künstlichen Intelligenz Theorien über die Verarbeitung von Wissensbeständen und die Bestätigung neuen Wissens durchgeführt. Wenn hier von naiver Bestätigungstheorie die Rede ist, so soll damit die Beziehung zu dem Bereich hergestellt werden, der von Hayes (1979) durch den Begriff "naive Physik" gekennzeichnet wurde. Gemeint sind also Bestätigungstheorien, wie sie im Alltag von normalen Menschen durchgeführt und verwendet werden.

Gemeinsam sind den wissenschaftlichen und den naiven Bestätigungstheorien, auch wenn es in anderen Punkten erhebliche Abweichungen voneinander gibt, die folgenden Grundannahmen:

- Es wird davon ausgegangen, daß Hypothesen unterschiedlich gut bestätigt bzw. unterschiedlich stark widerlegt werden können. Dies führt dazu, daß ´Bestätigung´ und ´Widerlegung´ nicht nur als binäre (ja/nein) Konzepte behandelt werden dürfen, sondern daß hier gradierte Konzepte vorliegen.

- Darüberhinaus ist davon auszugehen, daß auch mit noch nicht "vollbestätigten" Hypothesen gearbeitet wird. Dies bedeutet insbesondere, daß Menschen oder Systeme bereits dann Hypothesen in ihr Denken (als der Grundlage von Handlungen) einbeziehen, wenn noch nicht davon ausgegangen werden kann, daß diese Hypothesen "über jeden Zweifel erhaben" sind /11/.

- Aus diesen beiden Annahmen kann abgeleitet werden, daß System über die Möglichkeit verfügen müssen, Hypothesen später, nachdem sie bereits in Denkprozessen berücksichtigt wurden, wieder revidieren zu können (Truth Maintenance, Doyle 1979).

Wir wollen nun eine - auch für die weiteren Überlegungen wichtige - erste Formalisierung von Lernsituationen und -prozessen vornehmen. Wir beginnen mit einer Charakterisierung dessen, was als Ausführungssituation verstanden werden soll (vgl. den Abschnitt über ´Machine Learning´ im "Handbook of AI" von Cohen/Feigenbaum

----

/10/ Hier sei z.B. an das sogenannte Rabenparadoxon erinnert (vgl. v. Kutschera 1972). Das "paradoxale" besteht darin, daß einerseits die intuitive Vorstellung darüber, wie Bestätigungen und Widerlegungen vor sich gehen, und andererseits die wissenschaftliche formalisierte Behandlung dieses Phänomens schwer miteinander verträglich sind. Hier soll daran erinnnert werden, daß z.B. die Schilderung des Rabenparadoxons während des entsprechenden Kurses in der Frühjahrsschule 1984, zu heftigsten Diskussionen führte.

/11/ Es entspricht der alltäglichen Verhaltensweise des Menschen, daß er Entscheidungen unter Risiko treffen muß, weil er nicht über vollständiges Wissen verfügt (Lehrer 1981).

(eds.) 1982).

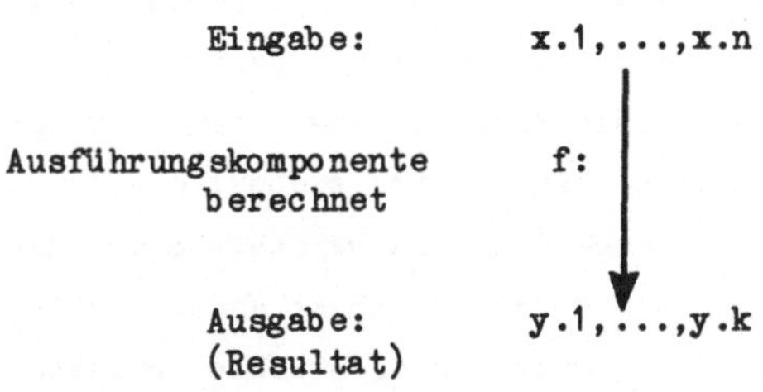

Abb. 2: Ausführungssituation

Entsprechend Abb. 2 handelt es sich um eine Situation, bei der aus Eingabedaten (x.1 bis x.n) durch eine Ausführungskomponente eine Ausgabe (y.1 bis y.k) berechnet wird. Diese Situation stellt das Umfeld der Lernaufgaben dar.

Das Lernresultat besteht dann, z.B. im Sinne des Rote Learnings, in der Speicherung des durch die Ausführungskomponente berechneten Wertes.   D.h. der Wert f(x.1,...,x.n) = (y.1,...,y.k) wird im "Gedächtnis", d.h. dem Wissensspeicher des Systems, abgelegt und steht für weitere Verwendungen in der Zukunft zur Verfügung. Wenn man die oben skizzierte Beziehung zwischen Berechnungsaufwand und Speicherungs- bzw. Retrieval-Aufwand in Betracht zieht, so ist die wesentliche Frage, die in Bezug auf derartige Lernverfahren zu behandeln ist, die folgende: Welche Ergebnisse/Erfahrungen sollen gespeichert/gelernt werden und welche nicht?   Zur Beantwortung dieser Frage soll der damit verbundene Problemkreis noch einmal an einem Beispiel (aus dem Bereich der Verwandtschaftsbeziehungen) illustriert werden. Ausgangspunkt sei ein Grundwissen, das sich aus Fakten bzgl. der Prädikate

    kind_von (x,y), männlich (x), weiblich (x)

und aus den folgenden Regeln zusammensetzt:

    Ex z: kind_von(x,z) & kind_von(y,z) <-> geschwister_von(x,y)

    geschwister(x,y) & männlich(x) <-> bruder_von(x,y)

    geschwister(x,y) & weiblich(x) <-> schwester_von(x,y)

Zusätzlich kann eine Symmetrieregel für Geschwister formuliert werden, etwa in der Art:

    geschwister(x,y) <-> geschwister(y,x).

Geht man etwa von dem folgenden Grundwissen bzgl. einer Diskurswelt aus:

            kind_von (maria,paul)   weiblich (maria)
            kind_von (peter,paul)   männlich (peter)

dann kann abgeleitet werden:

            geschwister (maria,peter)   schwester_von (maria, peter)
            geschwister (peter,maria)   bruder_von (peter, maria)

Die entscheidende Frage ist nun, wird von diesem erzeugten Wissen etwas gelernt bzw. gespeichert und wenn ja, welche dieser abgeleiteten Wissenseinheiten werden im weiteren ins (Grund-)Wissen aufgenommen. Diese Fragen sind natürlich sowohl unter dem Gesichtspunkt des Systemverhaltens im Falle maschineller Frage-Beantwortungs-Systeme zu betrachten, als auch aus dem Gesichtspunkt des menschlichen Informationsverarbeitungsverhaltens. Beim Menschen können wir sicherlich davon ausgehen, daß in vielen Fällen Beziehungen, wie etwa die Geschwister- oder die Schwester_von-Beziehung zwischen Maria und Peter, vom Menschen direkt abgespeichert und bei Bedarf erinnert und nicht jedesmal neu über inferentielle Prozesse abgeleitet werden. Bei Frage-Antwort-Systemen oder allgemeiner bei wissensbasierten Systemen ist es sicherlich sinnvoll, sich zu überlegen, in welchen Fällen das Wissen in die Wissensbasis aufgenommen werden soll und in welchen nicht. Beim vorliegenden Beispiel haben wir etwa folgende - in gewisser Weise gestufte - Möglichkeiten: Zum einen können alle vier abgeleitete Fakten in die Wissensbasis aufgenommen werden (Extremlösung), im zweiten Fall könnte man gute Gründe dafür finden, a) entweder nur die beiden Geschwister-Beziehungen oder aber b) nur die beiden Beziehungen 'schwester_von' bzw. 'bruder_von' in die Wissensbasis aufzunehmen. Im dritten Fall integriert man nur eine der Beziehungen (bei unterschiedlicher Begründung) in die Wissensbasis. Betrachtet man die Ableitungslänge, die zur Ableitung der oben genannten Fakten benötigt wurde, so würde der Fall 2.b dadurch gekennzeichnet werden können, daß gerade solche Fakten abgespeichert und für spätere Erinnerungsprozesse zugänglich gemacht würden, die eine größere Ableitungslänge benötigten. Der Fall 2.a hingegen kann so gekennzeichnet werden, daß allgemeinere Fakten abgespeichert werden, während speziellere weiterhin nur durch Inferenzen (jetzt aber eben kürzere) zugänglich sind. Diesen allgemeinen Prinzipien steht in Form des Falles 3 ein anderes Prinzip entgegen. Hier wird eine Begründung nur über einen inhaltlichen Bezug, über die Relevanz einer Beziehung und/oder die Fokusierung einer Person zu finden sein.

In das Muster der oben beschriebenen Schluß- bzw. Lernsituation fallen auch solche Beziehungen wie 'ist_angestellt_bei (x,y)', sind_Kollegen (x,y) und die damit verbundenen Regeln.

Im Fall der Verwandtschaftsbeziehungen erschien es sinnvoll, das Wissen, das abgeleitet wurde, auch abzuspeichern, d.h. zu lernen. Betrachtet man jedoch diese zweite Welt über Angestellte und Kollegen, so erscheint es nicht unbedingt sinnvoll, alle aus Angestellten-Beziehungen ableitbaren Kollegen-Beziehungen zu lernen und ins permanente Wissen aufzunehmen. Dieses erhärtet die folgende Grundannahme:

Gelernt/gespeichert wird das, was wichtig/relevant ist.

Dieses Motto für lernende Systeme ist sicherlich richtig und wird allgemein anerkannt werden, andererseits bleibt hierbei das Hauptproblem offen. Was ist als 'relevant' anzusehen? Die Frage nach der Relevanz von Fakten bzw. Regeln wird uns im weiteren bei allen Lernaufgaben bzw. Lernmethoden begleiten. Allerdings muß schon jetzt darauf hingewiesen werden, daß wir in der Forschung zur Künstlichen Intelligenz und Informationsverarbeitung beim Menschen und bei Maschinen (noch) keine (endgültige) Antwort auf diese Frage besitzen. Was als relevant zu betrachten ist, wird von Einzelfall zu Einzelfall zu entscheiden sein. ´Einzelfall´ bezieht sich hier einerseits auf den Kontext der Eingabe bzw. Schlußsituation, andererseits allgemeiner auf die Diskurswelt (Aufgabenwelt/Lernwelt) des Systems.

2.1. Rote Learning

Beim Rote Learning, dem einfachsten im Bereich des Maschinellen Lernens bearbeiteten Lerntyp, werden solche Lernaufgaben betrachtet, die auch als "durch Übung lernen" oder als "Auswendiglernen" bezeichnet werden können. Bei diesen Aufgaben, und darauf wird im weiteren noch näher eingegangen werden, wird Lernen auf den Prozeß des Erinnerns zurückgeführt. Dieser einfache Typ des Lernens soll zuerst einmal an einer Beispielklasse, wie sie ähnlich auch in der Lernpsychologie verwendet wird, vorgeführt werden; die der "Ratten-Labyrinth-Experimente". Die typische Grundsituation eines derartigen Experiments ist in Abb. 3 dargestellt.

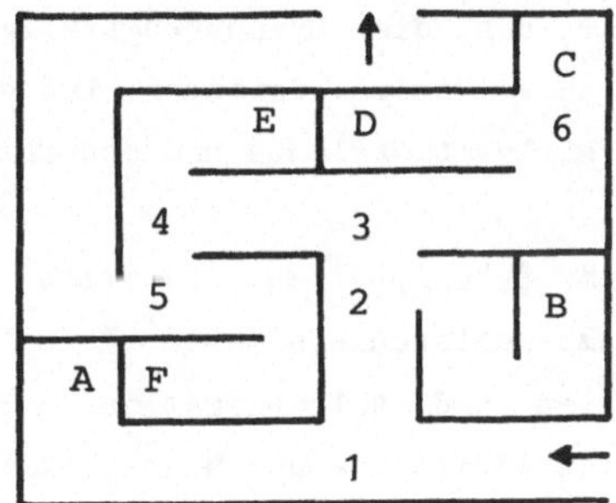

Abb. 3

Das Labyrinth selbst bzw. die beim Durchlaufen des Labyrinths zu treffenden Entscheidungen sind im Entscheidungsbaum (Abb. 4) repräsentiert.

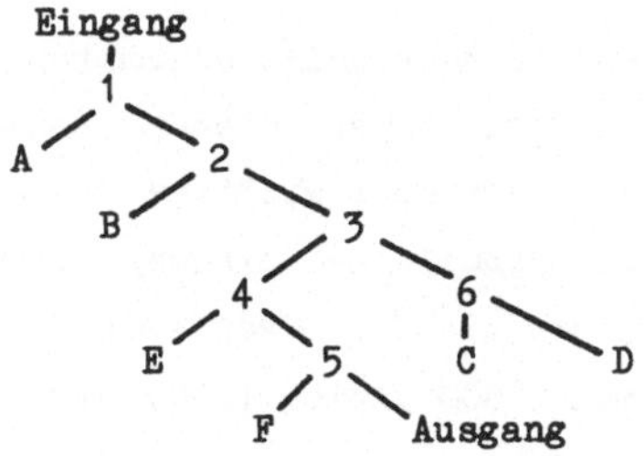

Abb. 4

Die Beziehung zwischen Labyrinth und Entscheidungsbaum ist durch die folgende Korrespondenz gegeben: Die Verzweigungen im Labyrinth, gekennzeichnet durch Ziffern, entsprechen den Entscheidungsmöglichkeiten im Entscheidungsbaum, d.h. den nicht-terminalen Knoten. Die Sackgassen bzw. der Eingang und Ausgang entsprechen den terminalen Knoten bzw. der Wurzel des Baumes. Die erfolgreiche Bewältigung dieser Lernaufgabe bedeutet letzten Endes, daß das Versuchstier in der Lage ist, sich den erfolgreichen Weg durch das Labyrinth, d.h. den erfolgreichen Weg durch den Entscheidungsbaum, zu merken und genau in dieser Hinsicht ist die Lernaufgabe an eine Erinnerungsaufgabe gekoppelt.

Nicht zufälligerweise wird gerade diese einfache Lernaufgabe auch im Bereich des Maschinellen Lernens bzw. automatischer Systeme als Testaufgabe verwendet, wir denken hierbei an die regelmäßig wiederkehrenden Wettbewerbe der sogenannten "Euro-Mouse", bei denen in einem Labyrinth sogenannte Mäuse und dies sind "Kleinstroboter" mit taktilen Fähigkeiten, die Labyrinthaufgaben zu lösen haben. Die Aufgabenstellung ist, verkürzt gesagt, die folgende: vorgegeben wird ein Labyrinth, in dem die Mäuse vom Eingang in möglichst kurzer Zeit zum Ausgang zu finden haben. Dieser Aufgabenschritt erfordert neben taktilen Fähigkeiten, die Fähigkeit der Fortbewegung und Wissen darüber, wie Labyrinthe sinnvoll und effizient zu durchsuchen sind. Im zweiten Schritt, d.h. im zweiten Durchgang des Wettbewerbes werden die Euro-Mäuse wieder auf das gleiche Labyrinth angesetzt, haben nun aber die Möglichkeit, ihre Lernfähigkeit, d.h. die Erinnerungsfähigkeit an den erfolgreich ausgeführten ersten Durchgang zu verwenden. Gewonnen hat die Maus, die im Schnitt der beiden Testläufe, also des Explorationslaufs und des Erinnerungslaufs die besten Durchgangszeiten erzielt.

Rote-Learning ist mit einem prinzipiellen und immer wiederkehrenden Problem behaftet, auf das wir in einem weiteren einfachen Beispiel eingehen wollen. Das Beispiel betrifft die Addition und Multiplikation z.B. natürlicher Zahlen. Voraussetzungen für das Lösen von Additions- und Multiplikationsaufgaben sind:

- Additions- und Multiplikationstafeln, d.h. Wissen über die Wertzuweisungen für ein Basisinventar an Wertepaaren, und

- Berechnungsvorschriften (Prozeduren), d.h. Vorschriften, wie für beliebige Wertepaare die Ergebnisse der Addition und Multiplikation zu berechnen sind.

Diese beiden Wissensquellen stellen die notwendige Grundausstattung für beliebige Additions- und Multiplikationsaufgaben dar. Neben dieser Grundausstattung kann man sicherlich davon ausgehen, daß einige, besonders wichtige bzw. besonders markante Argument-Wert-Kombinationen (über das Einmaleins hinaus) zusätzlich erlernt und somit auch erinnert werden. Als Beispiele hierfür mögen etwa gelten:

"25 mal 25 ist 625" und "1.000 mal 1.000 gleich 1.000.000".

Hierbei kann sicherlich davon ausgegangen werden, daß in der Mehrzahl der Fälle derartige Berechnungsaufgaben nicht auf die elementaren Additions- und Multiplikationstafeln und die Berechnungsvorschriften zurückgegriffen wird, sondern daß die Ergebniszuweisung aufgrund der erinnerten Werte erfolgt. Das Problem besteht nun im Ausgleich zwischen Speicherungs- und Berechnungsaufwand.

```
Speicherung        Aufwand        Berechnung

       <————————————————————————————>

            max.    " ∞ "   min.
                    Basis
            min.     2      max.
```

Abb. 5: Speicherungs.- und Berechnungsaufwand

Der entscheidende Parameter in Bezug auf Speicherungs- bzw. Berechnungsaufwand bei Addition bzw. Multiplikation stellt die Basis des Zahlensystems dar. Gehen wir von der Basis 2 aus, die das binäre Zahlensystem charakterisiert, so haben wir in Bezug auf die Größe der Additions- und Multiplikationstafeln, bzw. dessen, was in einem Rechner diesen Tafeln entspricht, den Speicherungsaufwand minimiert. Andererseits hat man den Berechnungsaufwand maximiert, wie allgemein bekannt ist. Bei Vergrößerung der Basis würde man den Speicherungsaufwand dadurch maximal machen, daß man (im Rahmen eines Gedankenexperiments) die Basis gegen unendlich laufen ließe, wohingegen gleichzeitig der Berechnungsaufwand minimiert würde. Bekanntermaßen haben beide Extrema in Bezug auf die Größe der Basis ihre Vor- und Nachteile. Für don (digitalen) Computer hat sich die Basis 2 durchgesetzt, die zu einem minimalen Speicheruns- und einen maximalen Berechnungsaufwand führt. Andererseits stellt man bei Zahlen- und Berechnungssystemen, die vom Menschen verwendet werden, fest, daß eine Basis zwischen 8 und 12 die vorteilhafteste zu sein scheint. Insofern kann die in unserem Zahlsystem verwendete Basis 10 in gewisser Weise als ein "kognitives Optimum" im Hinblick auf den Ausgleich zwischen Speicherungs- und Berechnungsauswand, betrachtet werden.

2.2. Samuels Damesystem

Als Beispiel wird nun das Damesystem von Samuels (1963) vorgestellt werden /12/, das in der Geschichte des Gebiets 'Maschinelles Lernen' eines der sehr wichtigen, frühen Lernprogramme war. Aufgabe dieses Programmes ist es, wie der Name schon sagt, Dame zu spielen. Dabei wird von Samuels insbesondere eine klassische Methode der Künstlichen Intelligenz verwendet und zwar das Minimax-Verfahren. Dieses Verfahren, auf das im Einzelnen hier nicht eingegangen werden kann /13/, beruht im wesentlichen auf der folgenden Grundidee: Ausgehend von einem Anfangszustand S (vgl. Abb. 6) werden mögliche Folgezustände berechnet, wobei sich die Folgezustände des Zustands S aus den möglichen Zügen des ersten Spielers (Spieler A) ergeben.

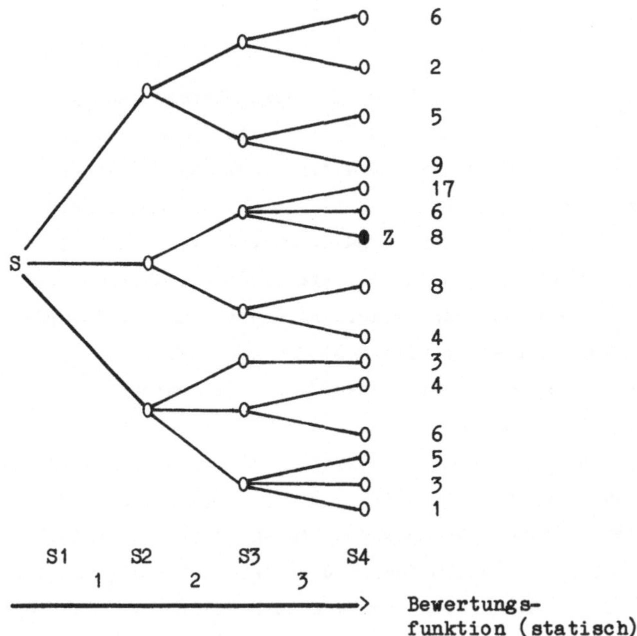

Abb. 6: (Fiktiver) Spielbaum

Ausgehend von diesen Folgezuständen werden weitere Folgezustände der nächsten Ebene berechnet, und zwar solche, die sich aufgrund der möglichen Züge des Gegenspielers (Spieler B) ergeben. Insofern stellt der Spielbaum der Abb.6 die möglichen Spielverläufe nach zwei Zügen des ersten und einem dazwischenliegenden Zug des

----

/12/ Die hier gewählte Darstellung ist am 'Handbook of AI' (Cohen/Feigenbaum (eds.) 1982) angelehnt.

/13/ Zum Minimax-Verfahren siehe z.B. Nilsson 1981 oder Rich 1983.

zweiten Spielers dar. Ausgangspunkt für die Bewertungen innerhalb des Minimax-Verfahrens ist eine (statische) Bewertungsfunktion, mit der jedem Zustand eine Bewertung zugewiesen werden kann. Unter Vorgabe einer Bearbeitungstiefe, im vorliegenden Fall die Tiefe 3, wird nach dem Minimax-Verfahren der "für A günstigste Wert" nach oben durchgereicht. Ausgangspunkt für dieses Verfahren ist die Annahme, daß Spieler A, wenn er am Zug ist, jeweils die Möglichkeit auswählen wird, die ihm den größten Gewinn, d.h. den höchsten Wert der Bewertungsfunktion sichert. Analoges ist für den Gegenspieler B anzunehmen. Dabei ist es Grundlage des Minimax-Verfahrens, daß die Werte der Zustände - die in unserem Beispiel fiktiv sind - von Spieler A und Spieler B in unterschiedlicher Weise interpretiert werden. Für Spieler A sind die Zustände mit hohen Werten die anstrebenswerten, während dies für Spieler B die Zustände mit möglichst niedrigen Werten sind, jedoch, wenn man das Verfahren über mehrere Ebenen verfolgt, daß A davon ausgehen sollte, daß er den Zug durchzuführen hat, welcher dem Gegenspieler die geringsten Möglichkeiten zum Gewinn, d.h. zu einer für ihn günstigen Bewertung, gibt /14/. Im vorliegenden Fall des Beispiels aus Abb. 6 ergibt sich dann, daß der durch einen Kreis gekennzeichnete Wert Z über mehrere Stufen nach oben gezogen wird. Durch das Minimax-Verfahren wird also möglich, für Zustände im Spielbaum vorausschauende Bewertungen zu erzielen. Betrachten wir z.B. den Zustand S in Abb.6, so gibt es für diesen Zustand zwei Möglichkeiten der Bewertungsberechnung: einerseits die Berechnung der Bewertung durch die statische Bewertungsfunktion, andererseits die Berechnung aufgrund der Minimax-Verfahrens unter Vorausschau von n, hier 3, Spielzügen. Die Grundannahme des Minimax-Verfahrens ist nun, daß je tiefer man in den Suchbaum hineinsteigt bzw. je weiter das Spiel fortgeschritten ist, desto günstiger sind die Chancen, daß die statische Bewertungsfunktion eine adäquate/vernünftige Bewertung liefert. Insofern wird davon ausgegangen, daß die durch Minimax-Verfahren hochgehobenen Bewertungen, die vorausschauend berechneten, den "wirklichen" Bewertungen näher kommen als die der statischen Bewertungsfunktion. Insofern können die durch das Minimax-Verfahren erzielten Bewertungen als quasi-dynamische Bewertungen angesehen werden.

Wie man sich leicht vorstellen kann, steigert sich der Aufwand des Minimax-Verfahrens erheblich, wenn man die Tiefe der zu berücksichtigenden Spielebene vergrößert, wobei insbesondere die Verzweigungsfaktoren der Spielbäume eine wesentliche Rolle spielen.

/14/ Das Minimax-Verfahren ist insbesondere auf 2-Personen Nullsummenspiele anwendbar.

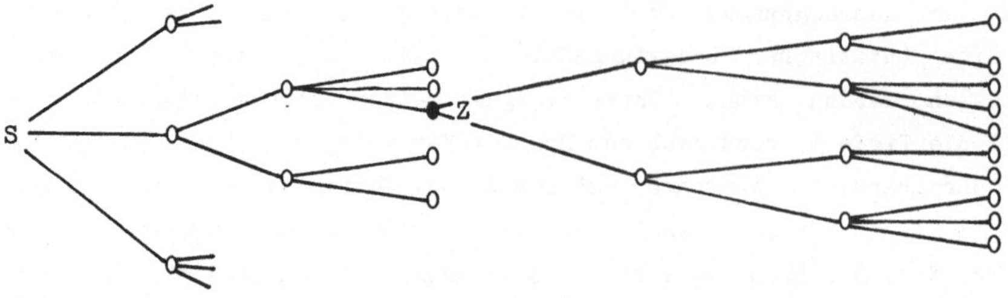

Abb. 7: Partielle Erhöhung der Vorrausschau-Tiefe

Man betrachte nun die in Abb.7 dargestellte Situation. Die Bewertung für den Knoten, bzw. den Spielzustand, Z kann man nun auf zweierlei Weisen berechnen (s.o.). Zum einen, mithilfe der statischen Bewertungsfunktion, welches der übliche Weg innerhalb des Minimax-Verfahrens wäre, zum anderen aber könnte man auch Z als Ausgangpunkt eines Minimax-Verfahrens verwenden. Würde man dies tun, wie es in Abb. 7 angedeutet ist, würde man, in Bezug auf die Nachfolgezustände von S, einen Minimax-Baum erhalten der partiell die Tiefe 6 aufweist. Unter der oben genannten Grundannahme für das Minimax-Prinzip, kann man nun annehmen, daß in diesem Bereich eine der Realität näherkommende Bewertung vorliegt.

Geht man nun, davon aus, daß gewisse Zustände im Spielbaum während eines Spiels mehrfach, bzw. im Verlauf zahlreicher Spiele häufiger vorkommen, und darauf beruht die Grundidee des Samuel'schen Lernverfahrens, dann erscheint es sinnvoll zu sein, die in der Stufe 3 des Minimax-Verfahrens benötigten Bewertungen nicht durch die Verwendung der statischen Bewertungsfunktion zu berechnen, sondern diese, falls es möglich ist, durch die Erfahrungen, die man durch frühere Minimax-Anwendungen erzielt hat, zu ersetzen. D.h.:

Statische Bewertungsfunktionen werden, falls möglich, d.h. wenn Erfahrungen vorliegen, durch eine quasi-dynamische Bewertung, die durch das Minimax-Verfahren in früheren Anwendungen erzielt wurde, ersetzt.

Dies entspricht einer partiell größeren Tiefe im Suchbaum (Spielbaum) vgl. Abb. 7. Aufbauend auf dieser Grundidee wurde von Samuels für das von ihm entwickelte, mit Minimax-Berechnungen versehene, Dameprogramm ein Lernprogramm des Typs "Rote Learning" entwickelt. Wenn für einen Zustand vermittels des Minimax-Verfahrens eine Bewertung berechnet war, dann wird das Paar - bestehend aus Zustand und durch Minimax-Verfahren berechnete Bewertung - abgespeichert. Das bedeutet, daß für gewisse Zustände, nämlich solche, die schon mal einer intensiveren Untersuchung unterzogen wurden, neben der statischen Bewertung, eine weitere vorliegt, die auf Erfahrung beruht. Im normalen Verlauf der Minimax-Berechnung wird nun wie üblich zuerst einmal ein Spielbaum der vorgegebenen Tiefe aufgebaut. In allen Fällen, in denen aufgrund einer früheren Anwendung des Minimax-Verfahrens eine, auf Erinnerungen beruhende Bewertung vorliegt, wird diese anstelle der statischen Bewertung eingesetzt. Hiermit ergibt sich für den Ausgangsknoten eine Berechnung vermittels des Minimax-Verfahrens, die partiell auf einer größeren Suchtiefe im Spielbaum basiert (vgl. die Überlegungen zu Beginn dieses Abschnitts).

Dieses mit einer Lernkomponente versehene Dameprogramm war durchaus in der Lage, über das Anfängerniveau hinaus, vernünftige Damespiele durchzuführen. Das Hauptproblem dabei bestand jedoch in der oben erwähnten Abwägung zwischen Speicher- und Berechnungsaufwand. Bei Samuels wurden bis zu 50.000 Situationen, die früher schon einmal einer Minimax-Analyse unterzogen worden waren, im Gedächtnis explizit abgespeichert. Der Aufwand derartiger Verfahren ist offensichtlich. Da auch bei einer Anzahl von ca. 50.000 durch Minimax-Verfahren schon einmal analysierten Spielzuständen nicht davon ausgegangen werden kann, daß nun eine "Sättigung" des Erfahrungsschatzes erreicht ist, steht man vor zwei Alternativen: Einerseits kann man versuchen, den Erfahrungsschatz solange anwachsen zu lassen, bis wirklich eine Sättigung einsetzt /15/, andererseits kann man versuchen, von einer gewissen maximalen Größe des Erfahrungsschatzes auszugehen und nachdem diese erst einmal erreicht ist, nur noch durch "Austauschverfahren" neue zusätzliche Werte aufzunehmen. Hierunter ist folgendes zu verstehen, daß nämlich Werte, die sich als weniger relevant erweisen, gegen Werte, die versprechen, relevant zu sein, ausgetauscht werden. Derartige Verfahren basieren häufig auf dem Konzept der Erwartung bzw. Wahrscheinlichkeit bezüglich der zukünftigen Verwendbarkeit von Informationen. Aufbauend auf dieser Grundidee werden Mechanismen des selektiven Vergessens erstellt. Eine besonders wichtige, und in der Wissensverwaltung häufig eingesetzte Klasse von Algorithmen wird als LRU-Algorithmen bezeichnet, wobei "LRU" für: "least recently used" steht. Der Name dieser Algorithmen charakterisiert schon die wesentliche Grundidee. So wird z.B. in Samuels Dame-Lernkomponente ein derartiger Algorithmus verwendet, der jede Verwendung eines erlernten/erinnerten Wertes markiert und dadurch in der Wissensbasis der Bewertungen dafür sorgt, daß die am häufigsten und die am letzten verwendeten Daten als solche gekennzeichnet sind. Neue Werte werden dann gegen die Werte, die am seltensten bzw. am frühesten verwendet wurden, ausgetauscht. Durch dieses Verfahren wird erreicht, daß nach einer gewissen Zeit der Erfahrungsschatz sich stabilisiert und nur noch Werte "am Rande" ausgetauscht werden, während ein Kern von häufig verwendeten Werten etabliert wird /16/.

Zum Abschluß dieser kurzen Skizze über Rote Learning wollen wir noch eine Bemerkung machen, in der Rote-Learning von anderen Lernverfahren abgrenzt wird:

/15/ Dies ist selbst für das Dame-Spiel unrealistisch, da sowohl der Speicher- als auch der Suchaufwand sehr groß werden würde.

/16/ LRU-Algorithmen betreffen also den oben angesprochenen Gesichtspunkt des selektiven Vergessens.

Das, was erlernt wird, liegt beim Rote Learning in der gleichen "Wissensebene" wie das Wissen, das von der Umgebung und der Ausführungskomponente zur Verfügung gestellt wird. Gemeint ist die Ebene des Faktenwissens. Die anderen "Wissensebenen" werden wir bei der Beschreibung der anderen Lernverfahren einführen und erläutern.

3.   Lernen auf der Grundlage von Beispielen

Von den oben angedeuteten Lernstrategien soll in diesem Abschnitt der Bereich des Lernens auf der Grundlage von Beispielen (learning from example) wesentlich vertieft werden. Wir stützen uns hierbei auf die Arbeiten von Mitchell über den 'version space' und das LEX System /17/, da wir der Überzeugung sind, daß mit diesen Arbeiten exemplarisch allgemeine Lernprobleme aufgezeigt werden können. Darüberhinaus kann mit ihnen deutlich gemacht werden, inwiefern es nicht gelingt, Lernen aus Beispielen als streng abgegrenzte Problemstellung im Rahmen eines (experimentellen) Lern-Systems zu behandeln. Um ein komplexes Lernproblem im Rahmen eines KI-Systems behandeln zu können, müssen weitere Lernstrategien berücksichtigt werden. Dabei wird der Übergang zwischen diesen Strategien fließend. Bei der Auseinandersetzung mit dem LEX System wird die Rolle des Vorwissens deutlich werden, über das ein intelligentes System verfügen muß, damit es überhaupt in die Lage versetzt werden kann, in einem bestimmten Bereich etwas zu lernen. Das Wissen über das Lernziel selbst spielt hier ebenfalls eine ausgezeichnete Rolle. Neben diesen Arbeiten werden wir Winstons Arch-Algorithmus, das System Sprouter von Hayes-Roth sowie das System METAXA (Emde/Habel/Rollinger 1983) vorstellen.

Beim Lernen aus Beispielen besteht die wesentliche Lernaufgabe darin, aus spezifischen Einzelfällen, den Beispielen, auf generellere Beziehungen bzw. Eigenschaften zu schließen. Unter Verwendung der innerhalb der Künstlichen Intelligenz häufig anzutreffende bzw. üblichen Terminologie bedeutet dies, daß von Faktenwissen auf Regelwissen generalisiert werden soll. Was gelernt werden soll, sind also Regeln, die die Eigenschaften der betrachteten Objekte der Welt (Gegenstände, Ereignisse, Situationen, Handlungen) - also die Beispiele - intensional erfassen. Diese Regeln werden im weiteren auch Konzepte genannt werden. Analog zu der am Ende des vorigen Abschnittes verwendeten Charakterisierung des Rote Learning ergibt sich für das Lernen aus Beispielen die folgende Charakterisierung:

/17/ Bei den Orginalarbeiten handelt es sich um Mitchell 1982, Mitchell, Utgoff, Banerji 1983 und Mitchell 1983, die alle auf der Dissertation von Tom Mitchell (1978) über den 'version space' aufbauen. Wir haben diese Arbeiten ausgewählt, da sie uns sowohl vom Ansatz her als grundlegend, sowie von der Ausführung und Implementierung her als sehr sorgfältig erschienen und es insgesamt gestatten, einen tiefen Einblick in den Bereich des Konzeptlernens zu vermitteln.

Das zu erlernende Wissen liegt auf einer anderen (höheren) "Wissensebene" als das von der Umgebung zur Verfügung gestellte Wissen.

Zwischen diesen beiden Wissensebenen findet ein Wechselspiel von Hypothesengenerierung und Hypothesenüberprüfung statt.

Abb. 8

Geht man von dieser allgemeinen Charakterisierung dessen aus, was man unter ´Lernen durch Beispiele´ verstehen kann, dann ist die generelle Frage "Wo/wie kommt man zu welchen Beispielen ?" noch unbeantwortet.

Die Parameter dieser Frage können auch als Parameter für Klassifikationen lernender Systeme verwendet werden, wie wir es im folgenden skizzenhaft tun wollen.

Betrachtet man die verschiedenen Möglichkeiten, woher die Beispiele für ein lernendes System kommen können, so findet man im wesentlichen die folgenden Typen:

Beispiele vom Lehrer/Instrukteur	(Learning from Example)
Beispiele zufällig aus der Umwelt	(Learning by Observation)
Beispiele vom System gesucht	(Discovery)

Zu unterscheiden sind auch die Fälle, in denen einerseits nur positive Beispiele verwendet werden gegenüber dem anderen Situationstyp, in dem positiven Beispielen auch negative gegenüberstehen.

Neben dem idealen Fall, in dem nur "saubere", d.h. korrekte Daten dem System zur Verfügung stehen, ist in der Realität davon auszugehen, daß die Daten "verrauscht" sind, d.h., daß u.U. Hypothesen aufgrund fehlerhafter Eingaben generiert werden und anschließend korrigiert werden müssen. Das Hauptproblem besteht hierbei darin, zwischen fehlerhafter Hypothesengenerierung einerseits und Hypothesengenerierung aufgrund fehlerhafter Daten andererseits abzuwägen.

Eine weitere wesentliche Unterscheidung bezüglich der dem System, d.h. dem Lernenden, zur Verfügung stehenden Beispielen besteht zwischen geordneten Beispielsequenzen einerseits und Beispielmengen andererseits. Unter Beipielmengen sind im Gegensatz zu Beispielsequenzen nicht geordnete Mengen vorklassifizierter

Beispiele zu verstehen, die dem System als Block übergeben werden. Gerade im Bereich des "Learning from Example" treten fast ausschließlich Beispielsequenzen auf, während die Beispiele, die zufällig aus der Umwelt genommen werden (Learning from Observation) normalerweise als Mengen verarbeitet werden, d.h., daß nicht jedes neue Beispiel sofort dem Lern- und Generalisierungsprozeß als Input zur Verfügung gestellt wird. Erst dann, wenn eine hinreichend große und interessante Beispielmenge vorliegt, ein läuft Generalisierungsprozeß ab. Während einerseits jede Beispielsequenz natürlich auch als Beispielmenge angesehen werden kann, wobei die Reihenfolge der Information dann unberücksichtigt bleibt, ist die umgekehrte Sichtweise, Mengen zu sequentialisieren, problematischer. Eine Sequentialisierung von Beispielmengen ist insofern bedenklich, als die Reihenfolge der Beispiele normalerweise das Lernergebnis beeinflußt, Beispielmengen jedoch zu zahlreichen Sequentialisierungen führen können und insofern von der Sequentialisierung das Ergebnis wesentlich abhängt. Hier stoßen wir auf das Problem der Präsentation von Information: Wie sequentialisiere ich eine Beispielmenge so, daß ein optimales Lernergebnis erzielt werden kann.

Die typische Lernsituation kann aber auch dahingehend abgeändert werden, daß der Lerner dem Lehrer gezielt Beispiele zur Entscheidung vorlegt, die er selbst "konstruiert" hat.

Zusammenfassend können Lernsituationen also nach den Gesichtspukten ´Quelle der Lernbeispiele´, ´Reihenfolge der Lernbeispiele´, ´Klassifikation der Beispiele´ und ´Fehlerfreiheit der Lernbeispiele´ geordnet werden.

3.1. Das Lernen singulärer Konzepte

In den nun folgenden Überlegungen wollen wir uns ausschließlich mit einer Lernsituation befassen, bei der gegenüber realen Lernsituationen die folgenden Einschränkungen gelten: Es soll genau ein Konzept gelernt werden /18/, nicht mehrere gleichzeitig; es liegt eine Lernsequenz vor, die von einem Lehrer dem Lerner präsentiert wird, die sich sowohl aus positiven als auch negativen Instanzen zusammensetzt; verrauschte Daten kommen nicht vor.

/18/ Als ein solches Konzept wollen wir z.B. ´Hund´ verstehen. Aus der Klasse der Vierbeiner gibt es positive Beispiele (konkrete Hunde) und negative Beispiele (z.B. eine konkrete Kuh). Die Lernaufgabe besteht darin, genau die Eigenschaften von Hunden herauszufinden, die notwendig sind, um Hunde von anderen Vierbeinern unterscheiden zu können. Die Summe der Eigenschaften, die ein reales Objekt haben muß bzw. nicht haben darf, um als Hund eingestuft werden zu können - das Konzept also - kann auch als Regel aufgefaßt werden, mit der man in der Lage ist, eine solche Klassifikation vorzunehmen.

Die Ausgangssituation ist die folgende: Zur Verfügung stehe eine Repräsentationssprache zur Darstellung von Beispielen sowie eine Repräsentationssprache zur Darstellung von Konzepten. Es liegt eine Sequenz unverrauschter, als negativ bzw. positiv klassifizierter Beispiele vor. Die Aufgabe besteht nun darin, das Konzept zu finden, das alle positiven und kein negatives Beispiel abdeckt. Da ein Konzept als die intensionale Beschreibung einer Menge von Instanzen (Beispielen) aufgefaßt werden kann, liefert uns ein Konzept ein Entscheidungsverfahren, mit dem neue, unklassifizierte Beispiele klassifiziert werden können. Somit liegen auch die Anwendungsgebiete konzeptlernender Systeme in den Bereichen der Klassifikation und der Komprimierung großer Datenbestände /19/.

Dieses Entscheidungsverfahren verlangt die Möglichkeit, Beispiele mit Konzepten vergleichen zu können. Der Vergleich zwischen einem Beispiel und einem Konzept liefert als Wert "true" genau dann, wenn gezeigt werden kann, daß es sich bei dem Beispiel um ein positives Beispiel des Konzeptes handelt. Im anderen Fall handelt es sich um ein negatives Beispiel und der Vergleich liefert "false". Diese Vergleichsoperation reguliert somit die Beziehung zwischen der Repräsentationssprache der Beispiele und der der Konzepte. Es ist zweckmäßig, die Unterschiede zwischen diesen Sprachen möglichst gering zu halten, um eine einfache Vergleichsoperation zu ermöglichen; je größer der Unterschied zwischen den Sprachen, umso größer auch der Aufwand des Vergleichs. Wenn es die Repräsentationssprache der Beispiele erlaubt, Beispiele (über ihre Eigenschaften) zu beschreiben (Raum der möglichen Beispiele), dann ist die Repräsentationssprache der Konzepte in der Lage, eine Menge von Konzepten (über ihre Eigenschaften) zu beschreiben (Konzept-Raum oder Raum der möglichen Generalisierungen). Der Beispielraum ist unterteilt in die disjunkten Mengen der positiven und der negativen Beispiele, wenngleich in der Lernsequenz nicht alle möglichen Beispiele enthalten sind. Eine mögliche Betrachtung des hier gestellten Lernproblems besteht darin, den Konzeptraum als Suchraum und das Lernproblem als Suchproblem aufzufassen, dahingehend, daß das zu einer Lernsequenz 'passende' Konzept gefunden werden soll. Dabei liefern die Beispiele der Lernsequenz die Hinweise, wie der Suchraum durchsucht werden soll.

Die Suche im Konzeptraum setzt eine Strukturierung dieses Raumes voraus, wobei eine Struktur aus der intendierten Anwendung der Repräsentationssprache der Konzepte heraus notwendigerweise vorhanden ist. Diese Sprache soll es ermöglichen, alle durch Beispielsequenzen extensional formulierbaren (sinnvollen) Konzepte intensional auszudrücken. In diesem Sinn sind die folgenden beiden Extremfälle für Konzepte

----

/19/ Nun ist es natürlich ein Ziel des Lernens - singulärer - Konzepte, die Lernsequenz so kurz wie möglich zu halten, also nicht die gesamte Extension des Konzeptes zu präsentieren; ein Konzept soll optimal, d.h. mit möglichst wenigen Lernschritten gefunden werden.

sinnvolle Beispiele. Bei den beiden Extremfälle handelt es sich zum einen darum, daß es nur genau eine Instanz des Beispielraumes für das Konzept gibt, alle anderen Instanzen also negative Beispiele sind, und zum anderen, daß alle Instanzen des Beispielraumes positive Instanzen sind. Im letzteren Fall führt dies zu der allgemeinsten überhaupt möglichen Generalisierung, dem allgemeinsten Konzept, während es im anderen Fall zu einer, der speziellsten Generalisierung, die möglich ist, führt. Der wesentliche Punkt dabei ist, daß die positive Instanz eines speziellsten Konzeptes auch positive Instanz des allgemeinsten Konzeptes ist. Da diese Beziehung auch für weniger extreme Beispiele bzw. Konzepte gelten kann (nicht muß), können wir damit eine Struktur über den Generalisierungsraum legen, die wir zur Grundlage für den Suchprozess machen werden. Allgemein formulieren wir die 'ist-spezieller-als' Relation (als Umkehrung der 'ist-genereller-als' Relation) wie folgt (vgl. Mitchell 1982, S. 206):

> Seien $g1$ und $g2$ Generalisierungen (Konzepte) einer Generalisierungssprache. $g1$ ist-spezieller-als $g2$ genau dann, wenn die Menge der positiven, bekannten Instanzen für $g1$ eine Teilmenge oder gleich der Menge der positiven, bekannten Instanzen von $g2$ ist.

Diese Relation liefert uns eine Hierarchie von Generalisierungen, wobei die allgemeinste Generalisierung den obersten Knoten ausmacht, während die speziellsten Generalisierungen die unterste Ebene bilden. Diese Struktur ermöglicht nun gezielte Suchprozesse ausgehend von positiven und negativen Beispielen. Aus einem positiven Beispiel kann über die dazugehörige speziellste Generalisierung erschlossen werden, welches Gebiet des Generalisierungsraumes das gesuchte Konzept enthalten wird, während ein negatives Beispiel ebenfalls über die dazugehörige speziellste Generalisierung Auskunft darüber gibt, welches Gebiet des Generalisierungsraumes das Konzept nicht enthalten wird.

Die Suche im Generalisierungsraum wird von der Vergleichsoperation wesentlich beeinflusst. Nehmen wir an, daß die Lernsequenz zum Teil abgearbeitet ist und ein Vorschlag für ein Konzept vorliegt, das alle bisherigen positiven Beispiele abdeckt und alle negativen Beispiele ausschliesst. Wenn das nächste Beispiel der Sequenz eine positive Instanz ist und die Vergleichsoperation zwischen Konzept und Beispiel den Wert 'true' liefert, dann deckt die Generalisierung auch das neue Beispiel ab und das Konzept kann beibehalten werden. Liefert die Vergleichsoperation hingegen 'false', dann wird von dem Konzept ein positives Beispiel ausgeschlossen, was die Suche nach einem geeigneteren neuen Konzept auslösen muß. Handelt es sich umgekehrt um eine negative Instanz und liefert der Vergleich 'true', dann wird ein negatives Beispiel abgedeckt, was dazu führen muß, daß ein neues Konzept gefunden werden muß, das dieses negative Beispiel ausschliesst, ebenso wie alle anderen bisher bekannten negativen Beispiele. Liefert die Vergleichsoperation hingegen bei einem negativen Beispiel 'false', dann wird das Beispiel ausgeschlossen und das Konzept kann beibehalten werden.

Bevor wir auf drei unterschiedliche Suchstrategien im Konzeptraum eingehen werden, soll das bisher Gesagte an einem Beispiel verdeutlicht werden.

Die Repräsentationssprache für Beispiele sei ein fünfstelliger Merkmalsvektor, bei dem die erste Stelle den Aufenthaltsort der Objekte kennzeichnet (Land oder Wasser), die zweite Stelle gibt Auskunft über die Farbe der Objekte (braun, grün, grau, rot), die dritte Stelle kennzeichnet die Bewegungsart (schwimmen, gehen, hüpfen), die vierte Stelle spezifiziert die Art der Körperoberfläche (Federn, Fell, glatt) und die fünfte Stelle gibt Auskunft darüber, ob das Objekt über Stoßzähne verfügt oder nicht. Mit diesen Merkmalsvektoren können wir konkrete Objekte beschreiben, z.B.:

<Land,grau,gehen,glatt,Stoßzähne>

<Wasser,braun,schwimmen,glatt,Stoßzähne>

Jeder Vektor steht für die Eigenschaften eines konkreten Objekts.

Die Repräsentationssprache der Konzepte sei eine Erweiterung der Repräsentationssprache der Beispiele dahingehend, daß Stellen des Merkmalvektors variabel (gekennzeichnet durch ein ?) gehalten werden können, d.h. daß dieses Merkmal irrelevant oder unbekannt sein kann. Von der Variablen können alle für diese Stelle möglichen Werte gebunden werden. Formal unterscheiden wir Konzepte von Beispielen durch die Verwendung von runden Klammern (bei Konzepten) im Gegensatz zu spitzen Klammern (bei Beispielen). Bei dem Vektor

(Land,grau,gehen,glatt,?)

handele es sich z.B. um das Konzept ´Elefant´ in dem Sinn, daß es Elefanten mit und ohne Stoßzähne gibt, bei dem Vektor

(?,grün,hüpfen,glatt,keine Stoßzähne)

um das Konzept ´Frosch´. Disjunktive Generalisierungen (wie sie bei INDUCE von Diederich/Michalski 1983 Verwendung finden - s.u.) lassen wir (aus Vereinfachungsgründen) nicht zu, was die Mächtigkeit der Repräsentationssprache allerdings einschränkt. Nehmen wir als ein zusätzliches Beispiel für einen Frosch den Vektor

<Wasser,grün,schwimmen,glatt,keine Stoßzähne>,

dann müssten wir das Konzept für Frosch hinsichtlich der Fortbewegungsart verallgemeinern:

(?,grün,?,glatt,keine Stoßzähne)

Von diesem Konzept würde die negative Instanz

<Land,grün,gehen,glatt,keine Stoßzähne>,

nicht mehr ausgeschlossen werden. Dies ginge nur durch die Einführung der disjunktiven Generalisierung

(?,grün,schwimmen ODER hüpfen,glatt,keine Stoßzähne)

Als Konzeptraum bzw. Suchraum ergibt sich somit die folgende Struktur:

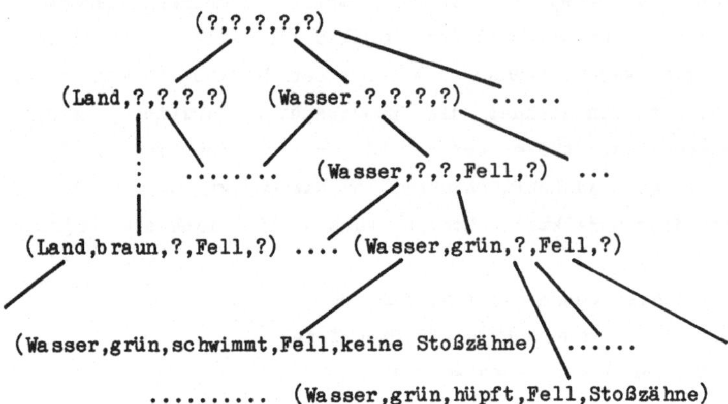

Abb. 9.1: Der Suchraum

Klassifizieren wir den Beispielvektor ⟨Wasser,grün,hüpft,Fell,Stoßzähne⟩ als negatives Beispiel, dann fallen alle diejenigen Konzepte für das gesuchte Konzept aus, die dieses Beispiel abdecken würden, d.h. diejenigen, welche bzgl. genereller_als im Suchraum über den negativen Beispielen angeordnet sind.

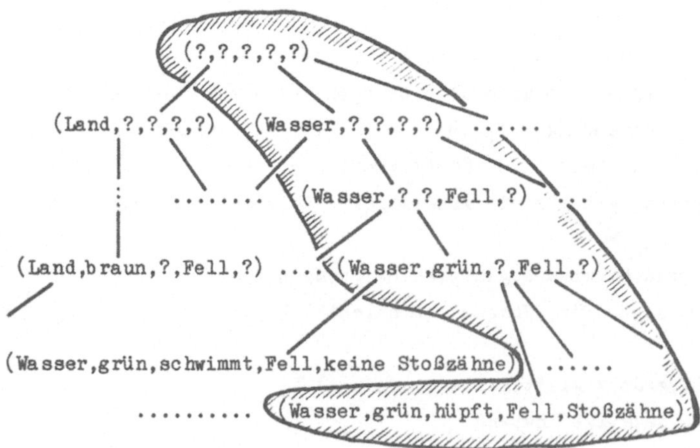

Abb. 9.2: Ein negatives Beispiel

Klassifizieren wir den Vektor ⟨Wasser,grün,schwimmt,Fell,keine Stoßzähne⟩ als positives Beispiel, dann kommen alle diejenigen Konzepte für das gesuchte Konzept in Frage, die dieses Beispiel (und alle anderen bisherigen positiven Beispiele) abdecken und keines der negativen Beispiele.

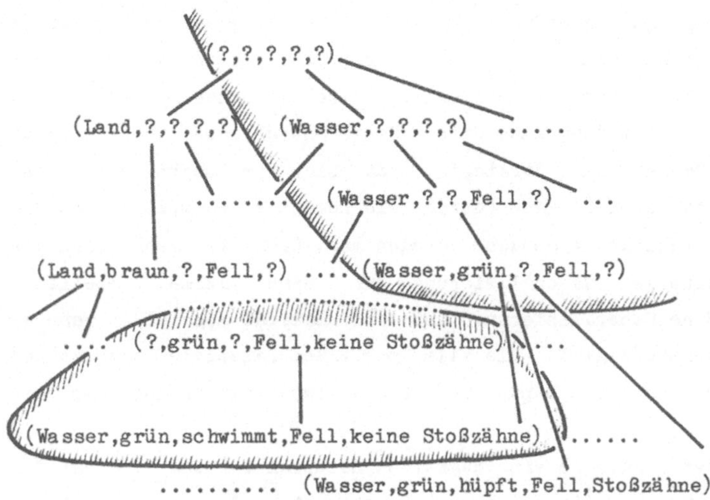

Abb. 9.3: Ein positives Beispiel

3.2. Drei Generalisierungsstrategieen

Im folgenden diskutieren wir drei Generalisierungsstrategien für datengesteuerte
Verfahren. Es handelt sich hierbei um die Depth-first Suche, die Breadth-first Suche
und die version-space Strategie /20/. Wir wollen dabei unseres besonderes Augenmerk
auf die version-space Strategie von Mitchell richten.

Bei der Depth-first Suchstrategie beginnt die Suche bei einer speziellsten
Generalisierung, die durch ein erstes positives Beispiel gefunden wurde. Die
Strategie besagt nun, daß bei einem nächsten positiven Beispiel ein Vergleich
zwischen dem bisherigen Konzept und dem Beispiel vorgenommen wird. Liefert die
Vergleichsoperation 'true', dann kann die Generalisierung beibehalten werden.
Liefert sie hingegen 'false', dann ist die bisherige Generalisierung zu speziell und
es muß eine allgemeinere Generalisierung gesucht werden, so daß der Vergleich mit
allen positiven Beispielen (einschließlich dem neuen) 'true' liefert. Danach muß

/20/ Diese Diskussion basiert auf der version-space Strategie (Mitchell 1982).
     Mitchell vergleicht dort seinen Ansatz mit den traditionellen Suchstrategien,
     depth-first und breadth-first, für Produktionssysteme (vgl. Nilson (1981) u.
     Rich (1983)).

untersucht werden, ob diese neue Generalisierung alle bisher bekannten negativen Beipiele ausschließt. Wenn dem nicht so ist, dann muß eine neue Generalisierung gesucht werden, die diese Bedingungen erfüllt. Da es nun der Fall sein kann, daß es mehrere Generalisierungen geben kann, die einerseits allen diesen Anforderungen genügen und andererseits nicht in der ist-spezieller-als Relation zueinander stehen, muß man sich für eine Generalisierung aus dieser Menge entscheiden. Hierin liegt bereits der wesentliche Mangel der Strategie, da sich im nachhinein diese Entscheidung als falsch herausstellen kann (durch ein negatives Beispiel) und die entsprechende Entscheidung rückgängig gemacht werden muß. Dies ist auch dann der Fall, wenn man als aktuelle Generalisierung nur eine maximal spezielle Generalisierung erlaubt. Eine Generalisierung ist dann maximal speziell, wenn es keine speziellere Generalisierung gibt, die alle positiven Beispiele abdeckt und alle negativen ausschließt. Für die Depth-first Suche ist Backtracking also die wesentliche Voraussetzung.

Liegt bei der Depth-first Strategie ein negatives Beispiel vor und liefert der Vergleich mit dem aktuellen Konzept ´true´, dann muß versucht werden, die bestehende Generalisierung spezieller zu machen, so daß sie aber noch alle positiven Beispiele abdeckt. Gelingt dies nicht, muß man durch Backtracking alternative Generalisierungen suchen. Neben dem Backtracking ist der weitere Nachteil der Depth-first Suche der Aufwand des Vergleichs zwischen einem Kandidaten für eine Generalisierung und allen bisherigen (positiven bzw. negativen) Beispielen, ein Vergleich, der immer wieder von neuem durchgeführt werden muß.

Bei der Breadth-first Strategie entfällt der Aufwand des Backtracking, da bei jedem Generalisierungsschritt alle maximal speziellen Generalisierungen erzeugt werden. Bei einem negativen Beispiel reicht es dann aus, aus der Menge der maximal speziellesten Generalisierungen (im weiteren die Menge S) diejenigen Generalisierungen zu entfernen, die beim Vergleich mit dem negativen Beispiel ´true´ liefern. Bei einem positiven Beispiel müssen die Elemente von S, die das Beispiel nicht abdecken in alle ´Richtungen´ genereller gemacht werden, bis sie es abdecken, danach muß aus S jedes Element entfernt werden, das entweder genereller ist als ein anderes Element aus S, oder das ein früher beobachtetes negatives Beispiel abdeckt.

Bei der Breadth-first Strategie bleibt der Nachteil, daß bei positiven Beispielen, die zu Generalisierungen führen die bisherigen negativen Beispiele immer noch abgeprüft werden müssen.

Bevor wir zur version-space Strategie kommen, untersuchen wir diese beiden Suchstrategien im Hinblick auf die Ergebnisse, die sie liefern, wenn ihnen Beispiele zur Entscheidung vorgelegt werden /21/. Hier spielt eine besondere Rolle, daß mit

----

/21/ Man beachte, daß in einem Lernsystem Lernaufgaben von Klassifikationsaufgaben (als Ausführungsaufgaben) abgelöst werden können.

beiden Verfahren nicht erkannt werden kann, ob man das endgültige Konzept nun gefunden hat oder nicht. Diese Sicherheit wäre erst dann gegeben, wenn man weiß, das alle Beispiele in der Lernsequenz enthalten waren. Es besteht prinzipiell immer die Möglichkeit, daß noch ein Beispiel kommt, das eine neue Generalisierung auslöst. Für die Breadth-first Suche gilt dies mit der Einschränkung, daß, wenn die Kardinalität von S größer 1 ist, man weiß, daß das endgültige Konzept noch nicht gefunden worden ist. Allerdings bedeutet das nicht, daß bei der Kardinalität 1 das gesuchte Konzept gefunden worden ist, da ein weiteres positives Beispiel die Menge S wieder vergrößern kann. Unter diesen Gegebenheiten kann für ein nicht klassifiziertes Beispiel bei der Depth-first Suche folgende Klassifikation vorgenommen werden: Entweder wird das Beispiel von der aktuellen Generalisierung abgedeckt, dann scheint es sich um ein positives Beispiel zu handeln, oder der Vergleich liefert 'false', dann kann man nicht entscheiden, ob es sich um ein positives oder ein negatives Beispiel handelt, da der Bereich des Suchraumes, in dem die entgültige Generalisierung nicht liegen wird bei diesem Verfahren nicht explizit berücksichtigt wird. In dem Fall, daß der Vergleich 'true' liefert, kann man nicht sicher sein, daß es ein positives Beispiel ist, da das aktuelle Konzept u.U. wieder aufgegeben werden muß, wenn quasi durch Backtracking die Menge S erschlossen wird, z.B. gerade dadurch, daß das zu klassifizierende Beispiel dasjenige ist, das als negative Instanz das Backtracking auslöst. Daher gilt für die Breadth-first Suche, daß alle die Beispiele, die bisher als positive Beispiele erkannt werden können, auch als solche erkannt werden, dann nämlich, wenn alle Elemente von S das zu klassifizierende Beispiel abdecken. Bei der Depth-first Suche kann also keine Klassifikation vorgenommen werden, bevor das aktuelle Konzept nicht von außen bestätigt wurde, während es bei der Breadth-first Suche nicht möglich ist zu entscheiden, ob es sich um ein negatives Beispiel handelt. Wenngleich es sich hierbei um eine Verbesserung gegenüber der Depth-first Suche handelt, muß dieses als ein gravierender Nachteil begriffen werden. Bei der Version-Space Strategie werden wir sehen, wie dieser Nachteil ausgeräumt worden ist.

Die Grundidee der version-space Strategie geht nun davon aus, daß auch die negativen Beispiele entsprechend ihrer Bedeutung für den Generalisierungsprozess herangezogen werden. Bei der Breadth-first Strategie durchsucht man den Generalisierungsraum von unten nach oben und benutzt die negativen Beispiele lediglich dazu, das Suchspektrum der Ebene, in der man sich gerade befindet (die Menge S), einzuengen. Nun können die negativen Beispiele aber auch dazu verwendet werden, den Suchraum nach oben zu begrenzen, nicht nur zur Seite. So ist bei nur einem negativen Beispiel bereits klar, daß die allgemeinste Generalisierung nicht mehr das gesuchte Konzept sein kann. In dieser Weise kann der Suchraum sowohl von unten als auch von oben eingeschränkt werden. Hierzu führen wir die zu S analoge Menge G ein, wobei G Generalisierungen enthält, die einerseits mit den bekannten

Lernbeispielen konsistent sind, und die andererseits die generellsten Generalisierungen darstellen, es also keine Generalisierung gibt, die genereller ist und konsistent mit den bekannten Beispielen. Alle Generalisierungen, die im Suchraum über G und unter S liegen, können somit nicht das gesuchte Konzept sein. Die Strategie besagt nun, daß bei einer nächsten negativen Instanz einerseits (wie bei der Breadth-first Strategie) aus S diejenigen Generalisierungen entfernt werden, die das negative Beispiel abdecken, und andererseits diejenigen Generalisierungen aus G spezieller gemacht werden, die G abdecken, solange, bis dieses nicht mehr der Fall ist und sie genereller sind als Generalisierungen aus S. Aus G muß dann jedes Element entfernt werden, das spezieller ist als ein anderes Element von G. Bei einer nächsten positiven Instanz werden aus G diejenigen Generalisierungen entfernt, die das positive Beispiel nicht abdecken und die Elemente von S werden generalisiert, die das Beispiel ebenfalls nicht abdecken, solange, bis dieses der Fall ist. Danach müssen wieder diejenigen Generalisierungen aus S entfernt werden, die genereller sind als ein anderes Element aus S.

Eine Generalisierung ist dann Bestandteil des 'version-space' wenn sie a) Element von S oder genereller als ein Element von S ist, und wenn sie b) Element von G oder spezieller als ein Element von G ist. D.h. wir können anhand des 'version space' entscheiden, ob eine Generalisierung als mögliches gesuchtes Konzept noch infrage kommt oder nicht.

Der 'version space' ermöglicht eine weitergehende Klassifikation unklassifizierter Beispiele als dies bei der Depth-first und Breadth-first Suche der Fall war. Es wird ein Beispiel als positive Instanz erkannt, wenn es von jeder Generalisierung des 'version space' abgedeckt wird, was dadurch gewährleistet ist, daß es von allen Generalisierungen von S abgedeckt wird, wie dies bei dem Breadth-first Verfahren der Fall war. Dies hat seine Ursache darin, daß es sich bei S um die speziellsten Generalisierungen handelt, durch die alle diejenigen Beispiele abgedeckt werden, die (neben weiteren) auch von generelleren Generalisierungen (insbesondere der Menge G) abgedeckt werden. S hat den Status einer Minimalbeschränkung. Ein Beispiel wird als negative Instanz klassifiziert, wenn sie von keiner Generalisierung des 'version space' abgedeckt werden kann, was dann gewährleistet ist, wenn keine Generalisierung von G das Beispiel abdeckt. Da G die Maximalbeschränkung darstellt, kann man sicher sein, daß, wenn ein Beispiel von keinem Element von G abgedeckt wird, die Klasse von Generalisierungen, die das Beispiel abdecken würden, ausserhalb des 'version space' liegen muß. Ein Beispiel kann dann nicht klassifiziert werden, wenn es nur von einigen Generalisierungen des 'version space' abgedeckt wird.

Die version-space Strategie liefert darüberhinaus ein Kriterium, mit dem man feststellen kann, daß das zu lernende Konzept feststeht, sowie keine fehlerhaften Instanzen bei der Eingabe vorlagen. Dieser Fall ist dann gegeben, wenn die Menge S mit der Menge G identisch ist und beide jeweils genau eine Generalisierung enthalten. Da bei diesem Verfahren Backtracking vermieden wird, ist die Anordnung der Lernsequenz von untergeordneter Bedeutung. Es besteht außerdem die Möglichkeit, daß bei diesem Verfahren sinnvolle Beispiele dem Lehrer zur Entscheidung vorgelegt werden, Beispiele die auf der Grundlage des 'version space' ausgewählt werden können und das Ziel verfolgen, den 'version space' relevant zu verkleinern. Damit ist es aus der gewählten Suchstrategie heraus sinnvoll, die ursprünglich angenommene Lernsituation abzuändern dahingehend, daß das System die Lernsequenz selbst seinem Lernpotential angemessen anordnet, was sicherlich einer anderen Qualität entspricht als die Situation, von der wir ausgegangen sind.

3.3. Lernen durch Beispiele: Winstons 1970 Arch

3.3.1. Informelle Einführung

Die Ausgangssituation dieses Programms ist kurz gesagt die folgende: Gegeben ist ein Objekt (bzw. eine Situation) mit interner Struktur und deren Repräsentation. Über Objekt bzw. Situation werden Informationen eingegeben, z.B. Klassifikationsannahmen; im Fall des Winstons´schen Programms Angaben des Typs "ist-ein". Diese Informationen werden als ein erstes positives Beispiel einer Klassifikation angesehen. Anschließend werden im Rahmen einer Lern/Trainingssequenz weitere Beipiele dem System vorgegeben und zwar sowohl positive als auch negative ("ist-kein"), sowohl relevante als auch irrelevante. Das Ziel dieser Lernsequenzen besteht darin, das System "mit einem Konzept auszustatten", und zwar so, daß es die mit Hilfe der ist-ein/ist-kein-Klassifikation beschriebenen Einteilungen nachvollziehen und bei neuen Eingaben korrekte Klassifikationen durchführen kann.

Zur Verdeutlichung von Vorgehensweise und Intention wollen wir das schon klassische Beispiel des Winston´schen Ansatzes betrachten. Im ersten Lernschritt, wird dem System ein Bogen (vgl. Abb. 10a) präsentiert. Eine propositionale Repräsentation dieses Bogens im Rahmen des semantischen Netz-Formalismus findet man in Abb. 10b /22/.

Abb. 10a

/22/ Wir gehen im weiteren davon aus, wie auch Winston, daß die semantische Repräsentation als Input der Lernkomponente fungiert. Auf Probleme bei der Erstellung derartiger netzartiger semantischer Repräsentationen werden wir nur am Rande eingehen.

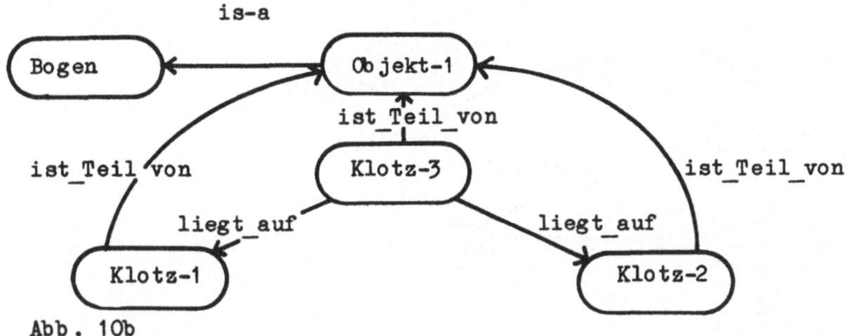

Abb. 10b

Die wesentliche Leistung, die schon in diesem ersten Schritt der Erstellung der Repräsentation zu erbringen ist, besteht darin, das Objekt als eine Gesamtheit zu erkennen und als Bogen zu klassifizieren. In Bezug auf die propositionale Repräsentation bedeutet dies, daß einerseits ein Knoten Objekt-1 (vgl. Abb. 10b) angenommen wird, der kennzeichnet, daß es sich um eine Gesamtheit handelt, und daß andererseits ein Konzeptknoten ´Bogen´ angenommen wird, der via is-a-Kante /23/ mit Objekt-1 verbunden ist. Anschließend an das erste Beispiel wird dem System ein weiteres positives des Konzeptes Bogen (vgl. Abb. 11a,b) präsentiert.

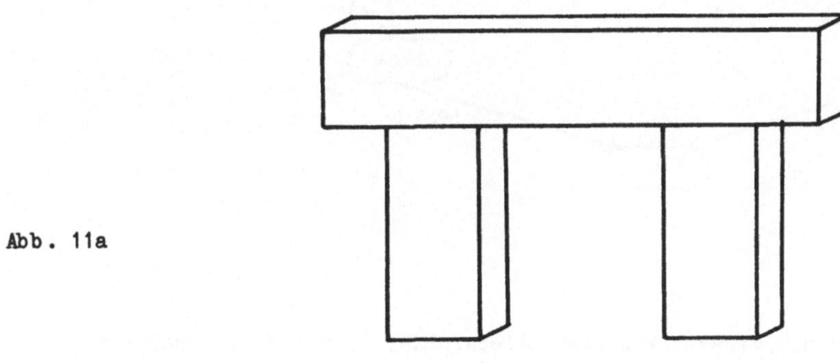

Abb. 11a

/23/ Die is-a-Kanten werden hier systematisch mehrdeutig verwendet, und zwar sowohl für Instanz-Typ-Beziehungen, als auch für Subtyp-Typ-Beziehungen. (Zu einer berechtigten Kritik dieses Vorgehens siehe Brachman 1979)

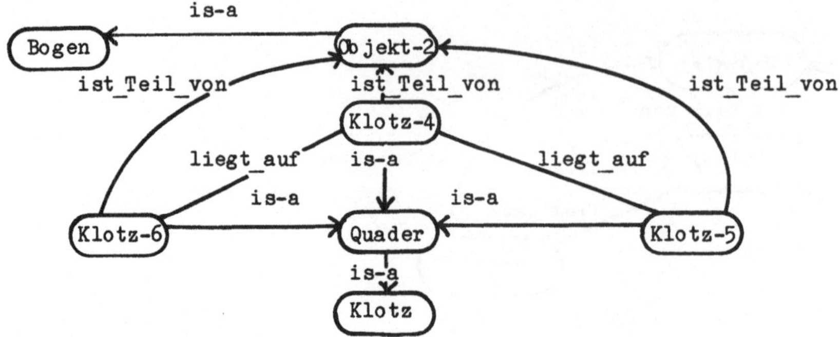

Abb. 11b

Im vorliegenden Fall ist es wichtig, daß Vorwissen über gewisse Konzepte und Konzeptzusammenhänge vorhanden ist (Siehe Abb. 11b), und zwar in folgender Hinsicht: Unter Berücksichtigung der in Abb.12 dargestellten Vererbungshierarchie (siehe Laubsch in diesem Band) ist es möglich, sowohl 'Quader' als auch 'Dächer' durch 'Klötze' zusammenzufassen, d.h. mit einem Oberkonzept zu versehen.

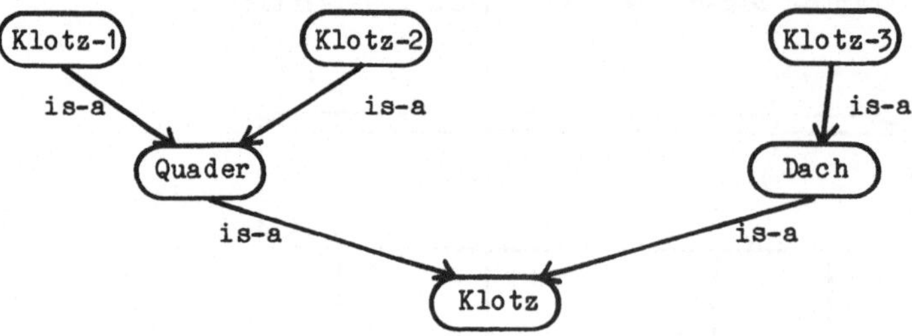

Abb. 12

Berücksichtigt man diese Vererbungshierarchie, so kann zwischen den propositionalen Repräsentationen 10b und 11b eine Gemeinsamkeit erkannt werden, und zwar die in Abb. 13 dargestellte Beziehung zwischen Klötzen.

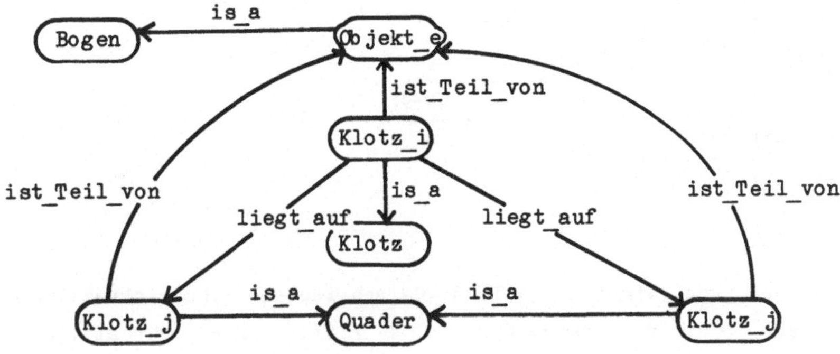

Abb. 13

Verbal ausgedrückt bedeutet dies in erster Näherung:

> Bögen sind komplexe Objekte, bei denen zwei Quader einen dritten Klotz stützen oder anders ausgedrückt, ein Klotz auf zwei Quadern liegt.

Man beachte, daß diese Generalisierung nur dann erfolgen kann, wenn die Vererbungshierarchie berücksichtigt wird, denn anderenfalls wäre die Gemeinsamkeit zwischen dem oben liegenden Dach im ersten Beispiel (Abb. 10a) und dem obenliegenden Quader im zweiten Beispiel (Abb. 11a) nicht erkennbar. An dieser Stelle muß auf einen wichtigen Punkt hingewiesen werden, der im weiteren häufiger angesprochen werden wird, daß nämlich das Vorwissen den Lernprozeß wesentlich beeinflußt und steuert; vom Vorwissen ist es abhängig, ob überhaupt ein Lernerfolg stattfinden kann. Im vorliegenden Fall ist die is-a-Hierarchie für Klötze die Voraussetzung dafür, daß überhaupt zwischen dem ersten und zweiten Beispiel eine relevante Gemeinsamkeit erkannt werden konnte.

Die Lernsequenz wird nun durch ein weiteres Beispiel, genauer ein Gegenbeispiel, fortgeführt. Man betrachte hierzu Abb. 14, einen sogenannten "near-miss".

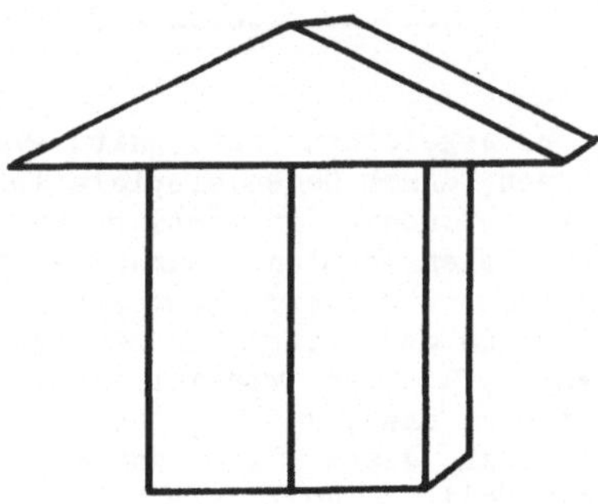

Abb. 14a

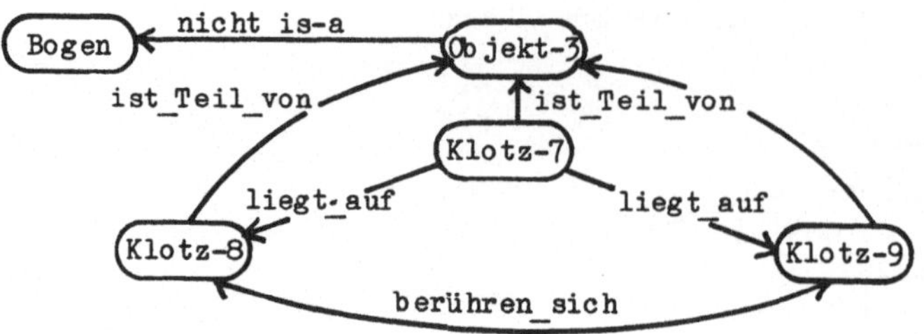

Abb. 14b

Als near-miss werden von Winston solche Gegenbeispiele bezeichnet, die hinreichend ähnlich zu positiven Beispielen sind /24/. Die propositionale Repräsentation 14b des dritten Beispiels unterscheidet sich von den beiden vorher verwendeten Repräsentationen insbesondere in zwei Punkten:

- Anstelle der is-a-Kante wird hier mit einer nicht-is-a-Kante gearbeitet, wodurch der Status des Gegenbeispiels gekennzeichnet wird.

- Zwischen den Klötzen 8 und 9, d.h. den Klötzen, die in der liegt-auf-Beziehung zum Dach des Objektes-3 stehen, wird die Beziehung ´berühren sich´ notiert.

Ein wesentlicher Aspekt dieses Beispiels, genauer dieses Lernschritts, ist darin zu sehen, daß in der dritten Repräsentation ein Konzept auftritt, welches in den ersten beiden Repräsentationen nicht berücksichtigt wurde: das Konzept des ´sich Berührens´. Auch hier sieht man wieder, daß das Inventar des Repräsentationsformalismus entscheidend dafür ist, was überhaupt gelernt werden kann. Nur dann, wenn ein Konzept des Berührens zur Verfügung steht, ist es auch möglich, den near-miss der Abb. 14 als solchen überhaupt zu verarbeiten. Man stelle sich vor, das System würde nicht über ein Konzept des sich-Berührens bzw. des sich-nicht-Berührens verfügen. In diesem Fall wäre es nicht mehr möglich, zwischen dem Beispiel 1 und dem Beispiel 3 (also Abb. 10a und Abb. 14) zu unterscheiden. Man beachte hierbei, daß die Lernsequenz über den propositionalen Repräsentationen, und nicht über den analogen Repräsentationen arbeitet.

/24/ Was als hinreichend zu bezeichnen ist, wird ebenfalls im weiteren genauer erläutert werden. Lernen durch Gegenbeispiele spielt auch beim Menschen eine wesentliche Rolle, insbesondere im Bereich von Übergeneralisierungen, die aufgrund von Gegenbeispielen meistens zurückgenommen werden. Man denke hier z.B. an ein Phänomen, das sich beim Erstspracherwerb des Kindes sehr häufig zeigt. So werden - wie in der Literatur häufiger berichtet wird - z.B. von Stadtkindern, anfangs oft alle vierbeinigen größeren Tiere als Hunde bezeichnet. Dies führt etwa dazu, daß bei den ersten Begegnungen mit Kühen und Pferden auf dem Land auch diese Tiere vom Kind deswegen, weil es sich um größere Vierbeiner mit Fell handelt, als Hunde bezeichnet werden. Erst wenn dieser Irrtum - meist von den Eltern - korrigiert wird, dann bildet sich ein dem normalen Sprachgebrauch näherstehendes Konzept von ´Hund´.

Bevor wir die Lernsequenz fortsetzen, soll noch einmal auf das Konzept des near-miss näher eingegangen werden. Es ist wichtig, zu beachten, daß zu entfernte Gegenbeispiele häufig als irreführend angesehen werden müssen. Die wesentliche Frage, die sich für die Gestaltung von Lernsequenzen aus der Sicht des Lehrenden dabei ergibt, lautet: Welche Gegenbeispiele sind zu weit entfernt und verbessern dadurch nicht das Lernergebnis oder führen im schlimmsten Fall zur völligen Verwirrung?

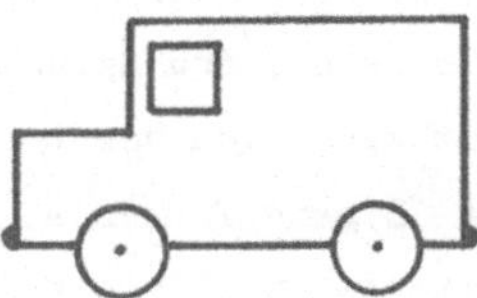

Abb. 15

Die beiden analogen Darstellungen aus Abb. 15 sind sicherlich "zuweit entfernte" Gegenbeispiele, wenn es sich um das Erlernen des Konzeptes ´Bogen´ handelt. Andererseits sollten auch positive Beispiele nicht zu stark von einem "Prototyp" abweichen.

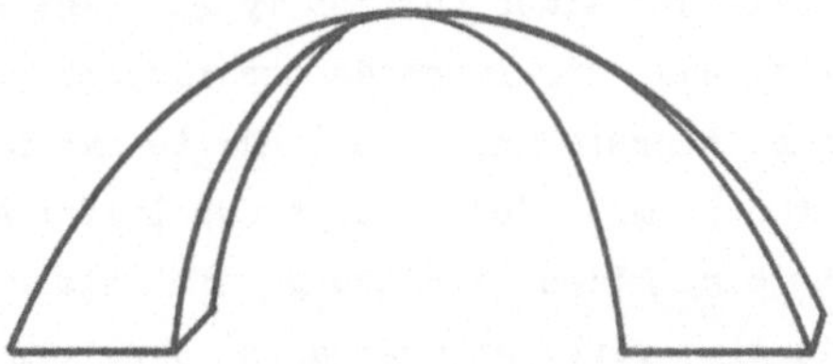

Abb. 16

Man betrachte etwa die in Abb. 16 dargestellte Figur, und die Information: ´Dies ist ein Bogen´. Abgesehen davon, daß beim hier verwendeten Inventar der propositionalen Repräsentationssprache Schwierigkeiten existieren, diesen Bogen adäquat zu repräsentieren, wäre der Unterschied zwischen diesem Bogen und den bisher dargestellten erheblich.

Das in dieser Einführung schon mehrfach erwähnte Problem, daß das Inventar der Konzepte der verwendeten Repräsentationssprache entscheidend für die Lernleistung des Systems ist, ist parallel zu sehen zum Phänomen beim Verstehen von Sprache oder Bildern, auch hier ist das Inventar der zur Verfügung stehenden Konzepte für die Verstehensleistung ausschlaggebend. Somit ergeben sich für beide Bereiche, dem des Verstehens und dem des Lernens, übereinstimmende Fragestellungen insofern, als vorher, d.h. beim Entwurf des Verstehens- oder Lernsystems zu entscheiden ist, welche Repräsentationen dem System zugrundegelegt werden sollen. Hierbei werden insbesondere zwei Problemfälle auftreten:

- Welche Konzepte können/werden sich im weiteren Verlauf als relevant/irrelevant herausstellen? (Frame-Problem, McCarthy/Hayes 1969)

- Wie fein sind die Konzepte zu analysieren? (Granularitätsproblem).

Wir wollen diesen Abschnitt mit einer weiteren Beispielklasse beschließen. In den obigen, auf Winston basierenden Bogenbeispielen wurden Farben von vornherein nicht repräsentiert, d.h. in den Klassifikationen wurden Farben als irrelevant ausgeschlossen. Dies von vornherein anzusetzen ist eine, und darüber muß man sich klar sein, wesentliche Entscheidung gewesen. Damit wurde von vornherein festgelegt, daß Farbe ein für die Lernsequenz, die zum Konzept 'Bogen' führen soll, irrelevantes Konzept darstellt. Man betrachte hierzu ein weiteres, vielleicht etwas künstlich wirkendes Beispiel: Man stelle sich vor, daß man einen Besucher aus einem fernen Land, der dabei ist, die deutsche Sprache zu lernen und die Konzepte des deutschen Alltagslebens zu erwerben, beim Blick aus dem Fenster Erscheinungen des täglichen Straßenlebens erklärt. Beim Vorbeikommen eines mittelgroßen gelben Lieferwagens sagt man z.B.: "Dies ist ein Postauto." Kurze Zeit später wieder bei einem gelben mittelgroßen Auto (vielleicht eines anderen Typs) sagt man wieder: "Dies ist ein Postauto." Vorausgesetzt, daß der Lernende das Konzept der Post und entsprechender Institutionen noch nicht hinreichend kennt, dürfte man nicht überrascht sein, wenn er das Konzept des Postautos mit dem Konzept des Lieferwagens identifizieren würde. Dies wäre sicherlich eine Identifizierung, die einerseits vom Standpunkt des Lernenden aus gerechtfertigt wäre, andererseits aber vom Standpunkt eines Sprechers des Deutschen nicht vernünftig erscheint. Der Grund hierfür liegt sicherlich darin, daß der Lernende eine Funktion der vorbeifahrenden Autos, nämlich die der Postauslieferung gekoppelt mit der Farbe der für diese Institution charakteristischen Autos, angesprochen hat, während der Lernende das Augenmerk auf die Form und Funktion (in Hinblick auf Transportfähigkeit) gerichtet hat, die Farbe jedoch in den Hintergrund stellte. Somit ist als Lernergebnis, das was für einen Deutschen zum Konzept des Postautos gehört, nämlich gelb (oder grau) zu sein, nicht bemerkt worden. In Hinblick auf das, was oben mit dem Frame-Problem schon angesprochen wurde, haben wir hier also einen Fall, in dem in der Lernseqeunz an sich die Farbe von Autos zuerst einmal als irrelevant angesehen wurde.

3.3.2. Der Lernalgorithmus

Im folgenden soll der Lernalgorithmus beschrieben werden, der Winstons Arch-Programm zugrundeliegt. Er enthält im wesentlichen zwei Schritte:

1. Vergleich der Repräsentationen: Hierbei werden die Repräsentationen des aktuellen Beispiels und der jeweiligen Generalisierung verglichen, der Vergleich wird kommentiert, d.h. es werden die Unterschiede zwischen den beiden Repräsentationen explizit beschrieben.
2. Generalisierung der Gemeinsamkeiten: der Generalisierungsschritt basiert auf den Kommentaren der Vergleichs- bzw. Unterschiedsbeschreibungen.

Die diesem Generalisierungs/Lernalgorithmus zugrundeliegende Kontrollstrategie ist in Abb. 17 angedeutet.

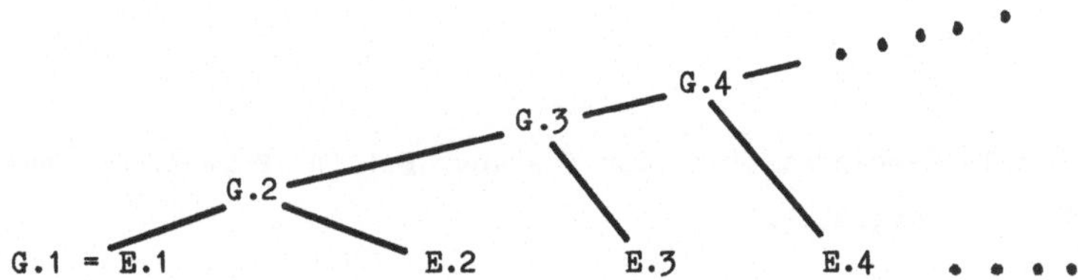

Abb. 17

Beschreibung der Kontrollstrategie:
Ausgangspunkt für den Lernprozess ist eine Sequenz von Beispielen, die hier durch E.i (example i) bezeichnet werden. Aufgabe ist es, aus der Beispielsequenz Generalisierungen (G.i) zu ermitteln. Das erste Beispiel E.1 wird auch als erste Generalisierung G.1 angesehen. Anschließend wird aus dieser ersten Generalisierung G.1 (d.h. dem ersten Beispiel) und dem folgenden Beispiel E.2 eine neue Generalisierung ermittelt, in diesem Fall G.2. Im weiteren wird jeweils aus der Generalisierung G.i und dem neuen Beispiel E.i+1 eine Generalisierung G.i+1 aufgebaut.

Der Ablauf eines Lernprozesses im Winston'schen Lernprogramm Arch soll nun an einem Beispiel /25/, das der vergleichenden Arbeit von Dietterich und Michalski (1979) entnommen ist, ausgeführt werden. Es dreht sich hierbei um Generalisierungsaufgaben, wie sie in ähnlicher Art und Weise auch bei vielen einfachen "Intelligenztests" verwendet werden. Der Kern der Aufgabenstellung besteht darin, aus zwei oder mehreren vorgegebenen Exemplaren, hier durch E.i bezeichnet, die gemeinsamen Eigenschaften, d.h. die gemeinsame Struktur der Exemplare,

----

/25/ Wir werden auf dieses Beispiel bei der Beschreibung weiterer Lernalgorithmen zurückkommen.

aufzudecken, und insofern eine Generalisierung durchzuführen. Die Ausgangssituation für die Aufgabenstellung ist in Abb. 18a dargestellt.

Eigenschaften: Größe -   Groß/Klein
                   Form   -   Kreis/Quadrat

Beziehungen: auf, innerhalb

Abb. 18a

Die propositionale Repräsentation der Instanz E.1 in Form eines semantischen Netzes ist in Abb. 18b dargestellt.

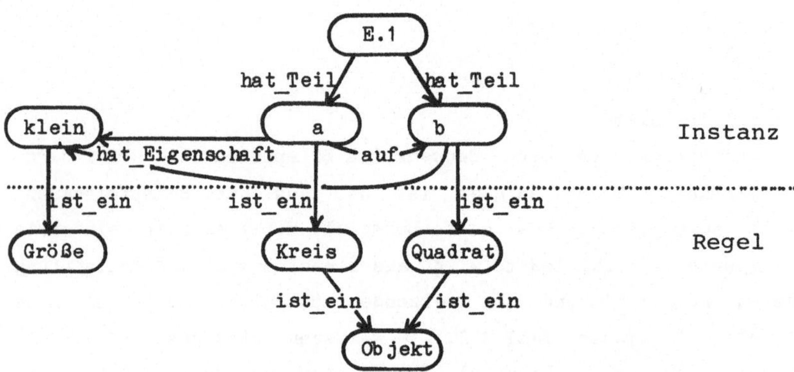

Abb. 18b

Der obere Teil des semantischen Netzes (markiert durch den waagerechten Strich) beschreibt faktuelles Wissen, d.h. Wissen über die betreffende Instanz, nämlich Exemplar E.1, der untere Teil beschreibt regelhaftes Wissen, z.B. über die Zugehörigkeit der Konzepte ´Kreis´ und ´Quadrat´ zum generelleren Konzept ´Objekt´(= Vererbungshierarchie, s.o.). Diejenigen Kanten, in diesem Fall is-a-Kanten, die zwischen den Instanzen und dem Regelteil "vermitteln", stellen den Bezug zwischen der Instanz und dem generellen Weltwissen her. Entsprechend ist die propositionale

Repräsentation des Exemplars E.2 in Abb. 19 zu verstehen.

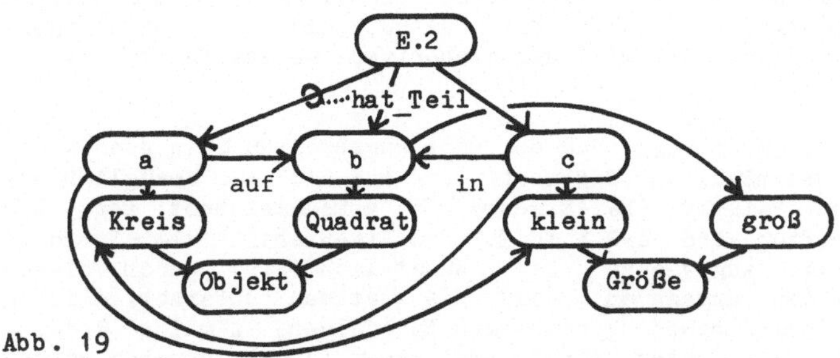

Abb. 19

Im ersten Schritt des Generalisierungsverfahrens wird ein Vergleich zwischen der ersten Generalisierung, d.h. hier dem ersten Exemplar E.1, und dem zweiten Exemplar E.2 durchgeführt. Diese Verfahren beruhen auf generellen netzvergleichenden Mechanismen, die hier nicht weiter erläutert werden sollen. Das Ergebnis des Vergleiches ist in Abb. 20 dargestellt.

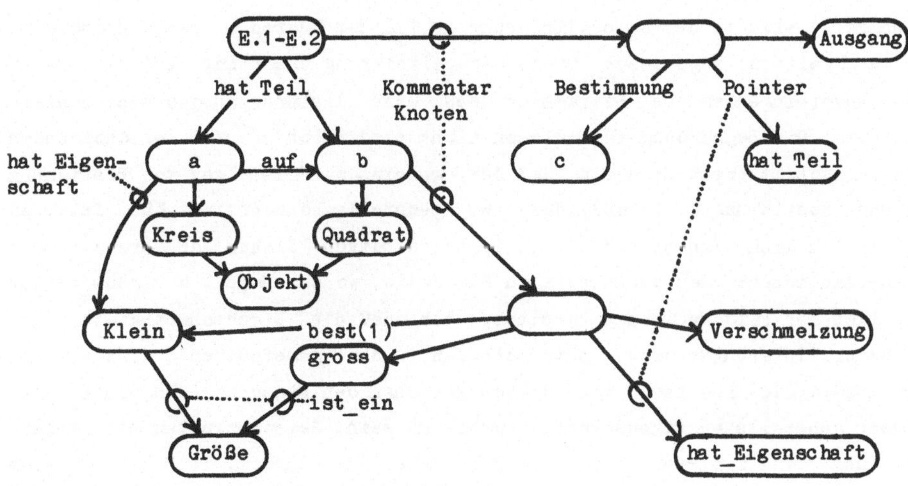

Abb. 20

Die Gemeinsamkeit von E.1 und E.2 besteht nun darin, daß - wie aus Abb. 20 ersichtlich ist - zwei Objekte, ein Kreis und ein Quadrat vorkommen, wobei der Kreis die Eigenschaft hat, klein zu sein. Zusätzlich stehen diese beiden Objekte in folgender Beziehung zueinander: a ist auf b. Neben diesen Gemeinsamkeiten, die im linken Teil von Abb. 20 dargestellt sind, werden auch die Unterschiede repräsentiert. Diese Abweichungen werden durch sogenannte Kommentarknoten (bei Winston C-nodes) dargestellt. Im vorliegenden Fall existieren zwei C-nodes, d.h. heißt Kommentierungen folgender Unterschiede:

- Ein Ausgangs-C-node in Bezug auf den Knoten c, der folgendermaßen zu interpretieren ist: Die Markierung 'Ausgang' besagt, daß hier ein Knoten vorliegt, der durch 'Bestimmung' markierte Knoten c, der im Exemplar E.2 mit dem Pointer-Teil an dem Gesamtknoten, d.h. dem Knoten, der das Gesamtobjekt repräsentiert, verbunden war und der mit der bisherigen Generalisierung nicht zusammenpaßt.

- Ein Verschmelzungskommentar, der besagt, daß der Ursprungsknoten b in den beiden Exemplaren E.1 und E.2 unterschiedliche Eigenschaften hat und zwar bezüglich der Markierung, die durch den Pointer 'hat-Eigenschaft' gekennzeichnet ist. Die unterschiedlichen Eigenschaften sind, daß b in E.1 die Eigenschaft 'klein' und in E.2 die Eigenschaft 'groß' zugewiesen war. Zusätzlich wird durch diesen Verschmelzungs-Kommentarknoten angegeben, daß die beiden unterschiedlichen Bestimmungen 'klein' und 'groß' einen gemeinsamen Nachfolger, nämlich 'Größe', besitzen, also in gewisser Weise unter einem gemeinsamen Aspekt gesehen werden können.

Der Generalisierungsschritt, der nun aus kommentierten Unterschieden und den Gemeinsamkeiten eine Generalisierung erzeugt, in diesem Fall die Generalisierung E.1.2, beinhaltet erstens die Gemeinsamkeiten der beiden Exemplare, vernachlässigt zweitens die durch 'Ausgang' kommentierten C-nodes und hat drittes die durch Verschmelzungs-C-nodes gekennzeichneten Gemeinsamkeiten (es handelt sich hier um nicht-direkte und vollständige Übereinstimmungen) zu berücksichtigen. Im vorliegenden Fall wird in der Generalisierung E.1.2 dem Knoten b die Eigenschaft, eine Größe zu besitzen, zugewiesen. Diese Generalisierung erscheint auf den ersten Blick einem unvoreingenommenen Betrachter des Generalisierungsprozesses contra-intuitiv zu sein. Die Begründung für diesen nicht sonderlich sinnvoll erscheinenden Generalisierungsschritt besteht darin, daß der gemeinsame Nachfolger von Bestimmung 1 (klein) und Bestimmung 2 (groß), das "zu generelle Konzept" 'Größe' ist. An anderen Beispielen kann man sich den prinzipiellen Nutzen dieses Verfahrens jedoch besser veranschaulichen: Man denke etwa an die Fälle, wo das Objekt b Eigenschaften aus dem Bereich der Farbzuweisungen besitzt, d.h. daß die Eigenschaftsknoten, die sich im Generalisierungsprozeß unterscheiden, den gemeinsamen generellsten Nachfolger 'ist-farbig' besitzen. Wenn jedoch zwischen den Eigenschaften von E.1 und E.2 und dieser generellsten Eigenschaft, farbig zu sein, Zwischenknoten existieren, wie es etwa der Fall ist, wenn b in E.1 die Farbe 'karminrot', in E.2 die Farbe 'zinnober' hätte, und somit die erste Gemeinsamkeit, die von einem Verschmelzungskommentar aufgezeigt werden könnte, zu 'rot' führt, so würde in der Generalisierung nicht eine Verknüpfung zwischen b und dem Konzeptknoten 'ist-farbig' vermittels einer Kante 'hat-Eigenschaft' erfolgen, sondern eine Verknüpfung von b und dem Konzeptknoten 'rot', der wiederum oberhalb von 'ist-farbig' liegt.

Die wesentliche Grundlage für Generalisierungsschritte stellen also Kommentarknoten, die sogenannten C-nodes, dar. Im vorliegenden Beispiel haben wir nur Kommentarknoten zu Knoten betrachtet, und zwar einerseits den Typ der Verschmelzung, das sind Fälle, in denen Knoten eine gemeinsame ist-ein-Verbindung haben, und den Typ ´Ausgang´, das sind Fälle, in denen Knoten nicht zur Generalisierung passen. Zu jedem Kommentarknoten existiert eine Vorschrift (oder sogar eine Folge von Vorschriften), die angibt, wie die entsprechende Kommentierung im Generalisierungsschritt zu behandeln ist. Für den Fall des Verschmelzungsknotens und des Ausgangsknotens hat das vorliegende Beispiel gezeigt, welche Schritte in der Generalisierung vorgenommen werden /26/.

Der Kontrollmechanismus, der derartigen auf Lernsequenzen basierenden Verfahren zugrundeliegt, wurde in Abb. 17 dargestellt. Das wesentliche Problem mit diesem Kontrollverfahren besteht darin, daß unterschiedliche Reihenfolgen der Lernsequenzen bei einer an sich gleichen Menge von Exemplaren zu unterschiedlichen Generalisierungen führen können. Dies sei an einem Beispiel, das ebenfalls auf Dietterich/Michalski zurückgeht, dargestellt. Die Exemplare, mit denen die Lernsequenzen gebildet werden können, sind in Abb. 21 dargestellt.

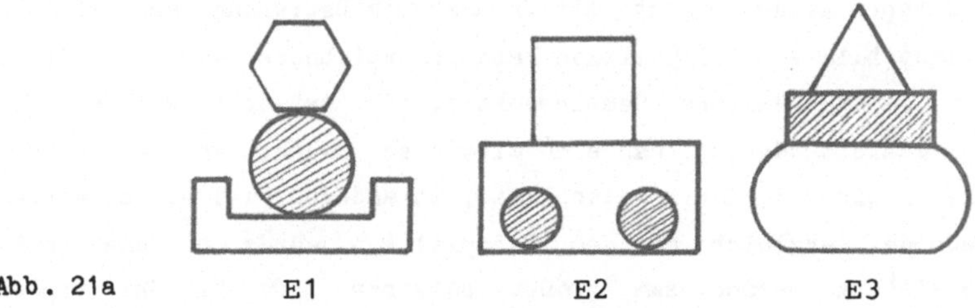

Abb. 21a

Eigenschaften: Größe - klein, mittel, groß
Farbe   - schwarz, rot = ▨
Form   - kiste, rechteck, quadrat, sechseck, dreieck,
          kreis, oval

Abb. 21b

Zusätzlich sei das System instruiert, daß die Formkonzepte Quadrat, Sechseck und Dreieck Subkonzepte eines generelleren Polygon-Konzeptes sind.

Die Generalisierung, die aufgrund verschiedener Lernsequenzen vorgenommen werden, sind (laut Dietterich/Michalski) die folgenden:

/26/ In den Arbeiten von Winston werden noch weitere Kommentarknoten verwendet, z.B. die ´Kette´ für den Fall, daß ein Knoten genereller ist als der andere. Darüberhinaus finden sich auch Kommentarknoten zu Kanten, z.B. die Gegensatzkommentierung, ein Kommentarknoten, der im Fall des Bogenbeispiels zur Kommentierung zwischen der Kante ´berühren´ und der Kante ´nicht-berühren´ verwendet werden muß. Weitere Details zu den Typen der Kommentierungsknoten und den Generalisierungsverfahren, die vom Kommentierungsknoten angestoßen werden, finden sich in den Arbeiten von Winston (1975).

E.123 enthält: großes, schwarzes Objekt

E.312 enthält: mittleres schwarzes Polygon auf anderem Objekt mit

Größe und Farbe. außerdem existiert noch ein

Objekt mit Größe und Farbe.

Anmerkungen zu diesen Generalisierung: der genaue Ablauf der Prozesse sei dem Leser als Übungsaufgabe überlassen. Wir wollen hier jedoch versuchen, einen intuitiven Eindruck zu vermitteln, warum die Generalisierungen so ablaufen, wie sie oben aufgeführt wurden. Beginnen wir mit der Reihenfolge E.123, d.h. einer Reihenfolge, in der zuerst eine Generalisierung aus E.1 und E.2 und anschließend eine Generalisierung mit E.3 durchgeführt wird. Zuerst müssen also die Gemeinsamkeiten zwischen den Objekten E.1 und E.2 gefunden werden. Die augenfällige Gemeinsamkeit dieser Objektkombinationen besteht darin, daß das unterste Objekt jeweils groß und schwarz ist. Aus diesem Grunde wird der Vergleich genau an dieser Stelle ansetzen, d.h. es werden die entsprechenden Objekte miteinander in Beziehung gesetzt. Die beiden kleinen Kreise innerhalb von E.2 besitzen keine hinreichende Gemeinsamkeit zu Objekten aus E.1. Die einzige weitere Gemeinsamkeit, die zwischen E.1 und E.2 entdeckt werden kann, besteht darin, daß ein mittleres Objekt auf dem großen schwarzen Objekt liegt, im einen Fall ein roter Kreis, im anderen Fall ein schwarzes Quadrat. Der anschließende Vergleich mit dem Beispiel E.3 würde nun das große schwarze Oval in Beziehung setzen zum großen schwarzen Objekt der ersten Generalisierung und das rote und mittelgroße Rechteck zum mittelgroßen Objekt der Generalisierung G.2. Das Ergebnis, das wir so beschrieben haben, weicht von dem der Beschreibung von Dietterich und Michalski ab.

Betrachten wir nun die andere Reihenfolge E.312, die mit einem Vergleich der Objekte E.3 und E.1 beginnt. Wir sehen hier, daß im ersten Generalisierungsschritt eine offensichtliche Beziehung erkannt werden dürfte zwischen den jeweils großen schwarzen Objekt unten, den mittelgroßen roten Objekten darüber und den schwarzen mittelgroßen Polygonen oben. Beim Vergleich dieser Generalisierung mit dem nun dritten Beispiel, dem Exemplar E.2, würde sich eine Beziehung ergeben zwischen den großen schwarzen Objekten unten und zwischen den mittelgroßen schwarzen Polygonen, wobei festgestellt werden kann, daß die letzteren auf einem anderen Objekt liegen. (Auch diese Generalisierung weicht leicht von der von Dietterich/Michalski angegebenen ab.)

Diese Beschreibungen des Generalisierungsprozesses zeigen, daß die in den Arbeiten von Winston, aber auch von Dietterich und Michalski angegebenen und beschriebenen Prozesse dort leider nicht mit hinreichender Präzision dargestellt sind. Interpretiert man das Verhalten, so wie es in den Arbeiten beschrieben wird, muß man zu dem bisher dargestellten noch einiges ergänzen. So ist z.B. davon auszugehen, daß Knoten, die große Übereinstimmungen oder sehr präzise Übereinstimmungen aufweisen, zuerst als Gemeinsamkeiten angenommen werden. Dies zeigt sich z.B. in der Generalisierung E.312 dahingehend, als daß man zu entscheiden hat, mit welchem Objekt aus der Generalisierung G.2 das schwarze Quadrat aus E.2 in Beziehung zu setzen ist. Man bedenke, daß zwei Möglichkeiten existieren: Zum einen die Beziehung zum schwarzen Polygon und zum anderen die Beziehung zum mittleren Objekt.

Gerade aus dem Grund, daß 'ein schwarzes Polygon' informationsreicher ist als 'ein mittleres Objekt', wird im vorliegenden Fall die Identifizierung mit dem schwarzen Polygon gewählt. Durch diese Entscheidung wird aber verhindert, daß die an sich interessante (weil relevante) Beziehung, daß das mittlere Objekt auf einem schwarzen großen Objekt liegt, bei der vorliegenden Generalisierung vernachlässigt wird.

Wie man an diesen letzten Beispielen sieht, wäre (auch) für das vorliegende Problemfeld die Aufnahme von Relevanzkonzepten interessant. Unter Verwendung derartiger Konzepte könnte man Mechanismen entwickeln, die "ihr Augenmerk" auf interessante, relevante Bereiche der Beispiele richten. Einige derartige Vorschläge werden in den weiteren Beispielen "Lernender Systeme" erläutert werden.

3.4. SPROUTER

Im folgenden wird ein weiteres System vorgestellt, das ebenfalls in die Klasse 'Lernen durch Beispiele' einzuordnen ist. Es handelt sich um das von Frederick Hayes-Roth (1976) entwickelte System SPROUTER. Den Repräsentationsformalismus, der in SPROUTER verwendet wird, bezeichnet Hayes-Roth als 'parametrisierte Strukturbeschreibung'. Das schon im letzten Abschnitt verwendete und in Abb. 18 ausgeführte Beispiel mit den Exemplaren E.1 und E.2 wird vermittels parametrisierter Strukturbeschreibungen wie folgt dargestellt:

E.1: ⟨kreis:a⟩, ⟨quadrat:b⟩   E.2: ⟨kreis:c⟩, ⟨quad:d⟩, ⟨kreis:e⟩
    ⟨klein:a⟩, ⟨klein:b⟩   ⟨klein:c⟩, ⟨groß:d⟩, ⟨klein:e⟩
    ⟨auf:a, unten:b⟩   ⟨auf:c, unten:d⟩
                                 ⟨innerhalb:e, außerhalb:d⟩

Die von Hayes-Roth verwendeten parametrisierten Strukturbeschreibungen sind an Fillmores (1968) Kasustheorie orientiert. Dementsprechend werden die einzelnen Ausdrücke, d.h. die sprachlichen Objekte, die durch spitze Klammern gebildet werden, als Kasusrahmen bezeichnet. Die sprachlichen Ausdrücke der Repräsentationssprache, die vor dem Doppelpunkt stehen, z.B. 'kreis' oder 'groß', stellen die "Kasusmarkierungen" dar. Im ersten Schritt des Lernverfahrens werden die so dargestellten Ereignisse bzw. Objekte bezüglich der Kasusrahmen miteinander verglichen. Hierbei ist insbesondere eine Parameterbindung vorzunehmen. Das Ergebnis des Vergleichs der Repräsentationen im vorliegenden Fall ist:

    ⟨kreis:a/c;a/e⟩   ⟨klein:a/c;b/c;a/e;b/e⟩
    ⟨quad:b/d⟩   ⟨auf,unten:a/c;b/d⟩

Abb. 22

Ausdrücke der Art a/c werden als Parameterbindungen bezeichnet. Die Grundidee ist hier die folgende: Durch eine Parameterbindung, wie etwa a/c, wird ausgedrückt, daß eine mögliche Beziehung zwischen den Objekten/Strukturen E.1 und E.2 darin bestehen kann, daß der Kreis a aus E.1 mit dem Kreis c aus E.2 in Beziehung gesetzt wird, d.h. daß gerade diese beiden Objekte a und c als gemeinsam bezüglich der Generalisierung, die aus E.1 und E.2 zu bilden ist, angesehen werden. Betrachtet man die erste Zeile des obigen Vergleichs, so stellt man fest, daß es zwei mögliche Parameterbindungen mit a gibt, nämlich eine, die a mit c und eine, die a mit e in Beziehung setzt /27/.

/27/ Die Schreibweise, die hier verwendet wird, weicht geringfügig von der bei
    Hayes-Roth ab. Zum einen erfolgt hier die Auflistung der möglichen
    Parameterbindungen durch Semikolon, und nicht durch Komma wie bei Hayes-Roth,
    zum anderen werden bei mehrelementigen Kasusrahmen, wie es etwa bei 'auf/unter'
    in der letzten Zeile der Fall ist, auf der linken Seite des Doppelpunktes die

Der nächste Schritt des Lernprozesses besteht nun darin, aus den verschiedenen möglichen Parameterbindungen eine Kombination auszusuchen, welche insgesamt zu einer konsistenten Parameterbindung führt. Die Grundidee der 'konsistenten Parameterbindung' ist: Das Ziel des Lern- bzw. Generalisierungsschrittes ist die Gemeinsamkeit zwischen den Exemplaren herauszuarbeiten. In den bisher schon häufig verwendeten intuitiven Erläuterungen der Generalisierungsschritte, wurde immer wieder davon gesprochen, daß ein Objekt a des Exemplars E.1 zu einem Objekt b des Exemplars E.2 in Beziehung gesetzt wird. Genau dieses in-Beziehung-Setzen hat konsistent zu erfolgen, insofern nämlich, als im Rahmen einer Generalisierung a nur mit einem Objekt aus dem Exemplar E.2 in Beziehung gesetzt werden darf, und, da es sich hier um eine Ähnlichkeitsbeziehung handelt, auch umgekehrt b nur mit einem Objekt aus dem Exemplar E.1 in Beziehung gesetzt werden darf. Das heißt für eine formalere Darstellung des Konzeptes der konsistenten Parameter, daß eine Menge von Parameterbindungen (d.h. eine Menge von Ausdrücken der Art a.i/b.i mit a.i aus Exemplar E.1 und b.i aus Exemplar E.2) nur dann als konsistent anzusehen ist, wenn jedes a.i. bzw. jedes b.i maximal einmal als linke bzw. rechte Seite einer Parameterbindung auftritt. Betrachten wir in diesem Sinne nur die Eigenschaft 'klein' aus Abb. 22, dann wäre sowohl 'a/c;b/e' als auch 'b/c;a/e' eine konsistente Parameterbindungsmenge.

Für den Aufbau konsistenter Parameterbindungen wird von Hayes-Roth ein Algorithmus angegeben, der im weiteren am Beispiel erläutert werden soll. Die Grundidee ist, mit einer Parameterbindung zu beginnen und dann konsistente Erweiterungen dieser Parameterbindung vorzunehmen, bzw. andere, alternative konsistente Parameterbindungen aufzubauen, die aber zu den bisher bearbeiteten nicht konsistent zu sein brauchen. Ein guter Ansatzpunkt ist hierbei, mit Parameterbindungen zu beginnen, die aus mehrstelligen Kasusrahmen stammen. Im vorliegenden Fall etwa mit der Parameterbindung a/c, b/d, welche von der auf-unten-Beziehung

----

Paare der Kasusmarkierungen notiert und auf der rechten Seite entsprechend die Paare möglicher Bindungen.

nahegelegt wird. Diese Parameterbindung ist in Abb. 23 mit 1 bezeichnet.

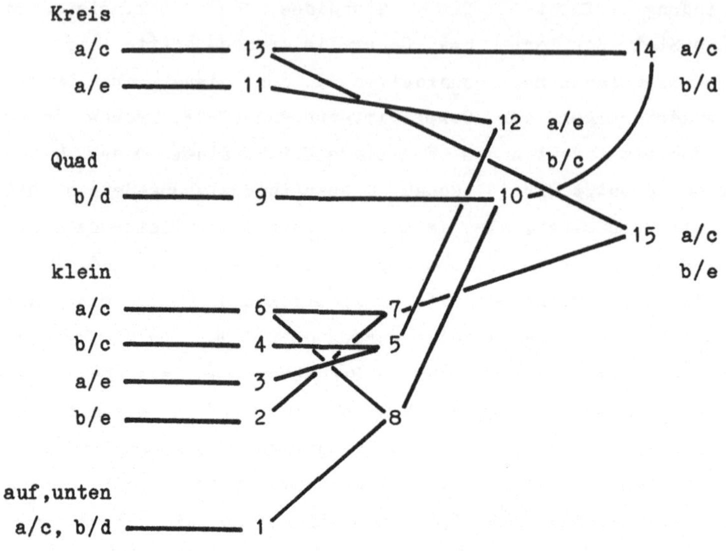

Abb. 23

In der linken Spalte der Abb. 23 sind sämtliche, durch den Vergleich der Kasusrahmen vorgeschlagenen Parameterbindungen, aufgelistet. Von unten nach oben diese Parameterbindungsvorschläge abarbeitend, betrachtet man die zweite Parameterbindung b/e. Diese ist inkonsistent zur Parameterbindung 1, d.h. es gibt keine konsistente gemeinsame Parameterbindung zu 1; daher wird diese Parameterbindung b/e durch '2' markiert und nicht mit '1' verbunden. Weiter nach oben gehend kann auch a/e nicht konsistent mit einer der bisher verarbeiteten bzw. markierten Parameterbindungen vereinigt werden. Im Gegensatz zu den bisherigen Fällen stellt die vierte Parameterbindung b/c einen Fall dar, der zwar mit 1 und 2 nicht konsistent vereinigt werden kann, aber zusammen mit 3 eine neue konsistente Parameterbindung, hier durch '5' bezeichnet, ergibt. Die weiteren Schritte der konsistenten Erweiterung bzw. Vereinigung von Parameterbindungen zu Parameterbindungsmengen erfolgen entsprechend und sind in ihren Ergebnissen in Abb. 23 dargestellt. Die drei Parameterbindungsmengen, die durch 12, 14 und 15 gekennzeichnet sind, nehmen insofern eine Sonderstellung ein, als es sich hier um maximal konsistente Parameterbindungsmengen handelt. Diese drei Maximalknoten, an denen eine konsistente Parameterbindungsmenge aufgesammmelt wurde, entsprechen den folgenden Generalisierungen:

14: a/c, b/d
   <kreis:v.1>, <quad: v.2>
   <klein: v.1>
   <auf: v.1, unten: v.2>

12: a/e, b/c
   <kreis: v.1>
   <klein: v.1>, <klein: v.2>

15: a/c, b/e
   <kreis: v.1>
   <klein: v.1>, <klein: v.2>

Diese Generalisierungen weisen u.a. die folgenden interessanten Eigenschaften auf: Die aufgrund der Parameterbindung 12 und 15 erschlossenen Generalisierungen sind als Generalisierungen identisch, obwohl sie aufgrund unterschiedlicher Parameterbindungen und insofern unterschiedlicher Beziehungssetzungen zwischen den Objekten der Exemplare E.1 und E.2 zustandegekommen sind (vgl. hierzu die Abb. 24).

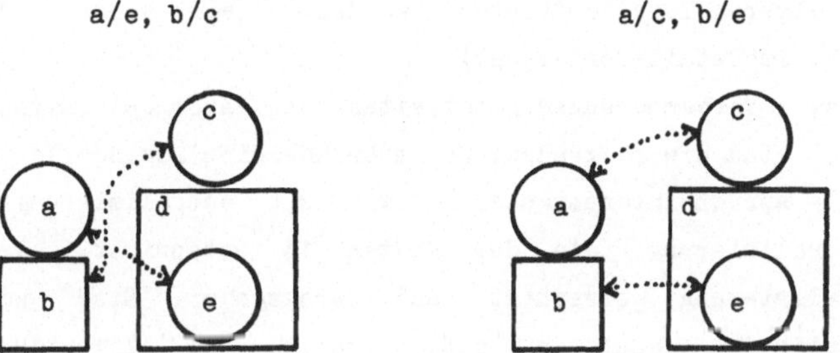

Abb. 24: "Es gibt einen kleinen Kreis und ein kleines Objekt"

Die Generalisierung, welche aufgrund der Parameterbindungsmenge 14 entsteht, ist die informationsreichste, und in gewisser Weise auch, wenn man die Abb. 25 betrachtet, die intuitiv verständlichste und akzeptabelste.

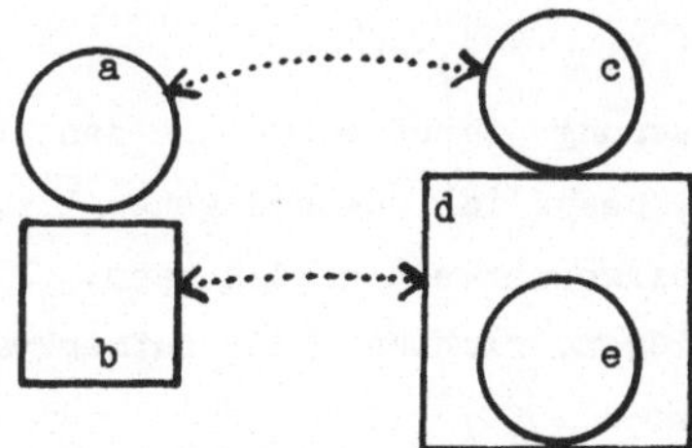

Abb. 25: "Ein kleiner Kreis ist auf einem Quadrat"

14 ist auch die einzige Generalisierung, die das auf/unten-Konzept beinhaltet.

Daß dieses Konzept in nur einer Generalisierung enthalten ist und insbesondere die seltsame Parameterbindung, die in 12 vorliegt, ist auf einen Mangel des Repräsentationsformalismus zurückzuführen, der in den Bereich der obenerwähnten Probleme des Sprachinventars fällt. Daß menschliche Betrachter hier zu anderen Generalisierungen, insbesondere informationsreicheren - auch in Bezug auf die Generalisierung 15 - kommen, und die Generalisierung 12 vermeiden würden, ist darin begründet, daß beim Betrachten der analogen Darstellungen, die innen/außen-Beziehung und die auf/unten-Beziehung zueinander wiederum in Beziehung gesetzt werden. D.h., daß menschliche Betrachter der Problemstellung davon ausgehen würden, daß der in dem Quadrat liegende Kreis aus E.2 ebenso wie das Quadrat selbst unter dem obersten Kreis in E.2 liegt. Man beachte jedoch, daß in den Repräsentationen nirgendwo diese Beziehung dargestellt wurde, und insofern eine Generalisierung auf diese Beziehung auch keine Rücksicht nimmt.

Einige abschließende Bermerkungen zu SPROUTER:

1. Die Generalisierungen erfolgen (wie im Falle von Winstons Arch Programm) seriell, d.h. in Sequenzen. Es liegt also der gleiche generelle Kontrollmechanismus zugrunde. Aus diesem Grund kann man auch damit rechnen, daß die gleichen bzw. entsprechenden Reihenfolgeprobleme auftreten werden. (Wir werden diesen Problembereich hier nicht im Detail verfolgen.)

2. Einige Veränderungs- bzw. Verbesserungsmöglichkeiten, die auch bei Hayes-Roth schon formuliert wurden, sind die folgenden: Je mehr übereinstimmende Instanzen vorliegen, desto besser - sprich interessanter - wird die Generalisierung sein. Deshalb wird die Generalisierung, die dem Knoten 14 entspricht, als die interessanteste Generalisierung betrachtet und ausgegeben. Eine weitere Verbesserung des Verfahrens bestände z.B. darin, im Inventar der Repräsentationssprache zu markieren, welche Konzepte als interessant anzusehen sind. Dabei handelt es sich insofern um eine Erweiterung der oben vorgeschlagenen Vorgehensweise, die Anzahl der übereinstimmenden Instanzen als Auswahlkriterium für eine interessante Generalisierung zu wählen; durch die Bewertung interessanter Konzepte kann eine gewichtete Berechnung und Bewertung der verschiedenen Generalisierung erfolgen.

Dieser letzte Vorschlag für eine Verbesserung führt schon in den Bereich des modellgesteuerten Lernens, da der Suchraum, bezüglich dessen generalisiert wird, durch "Vorwissen" über den Aufgabenbereich eingeschränkt werden kann. Die Modelle, die dem modellgesteuerten Lernen zugrundeliegen, richten "die Aufmerksamkeit des Systems" auf spezielle Bereiche des Suchraums.

3.5. INDUCE

Ein wichtiger Problembereich, der auch von SPROUTER nicht bearbeitet werden kann,
betrifft den Bereich der disjunktiven Generalisierung. Disjunktive Konzepte sind ein
häufig auftretendes Phänomen, so daß es wirklich notwendig erscheint, auch derartige
Konzepte durch Lernverfahren zugänglich zu machen. Ein einfaches Beispiel eines
disjunktiven Konzeptes mag einem die Allgegenwart der Disjunktivität erläutern: In
einer an PROLOG-Schreibweisen orientierten Darstellung von
Verwandtschaftsbeziehungsregularitäten ergibt sich etwa:

    onkel (x) <- bruder (elternteil (x))
    onkel (x) <- ehegatte (schwester (elternteil (x)))

Obwohl disjunktive Konzepte sehr wichtig sind, ist es bisher sehr problematisch,
disjunktive Generalisierungen durchzuführen. Eine extreme Lösung, die jedoch nicht
adäquat ist, bestände darin, die Disjunktion aller Beispiele als Generalisierung zu
verwenden. Dies ist offensichtlicherweise keine sinnvolle Art zu generalisieren. Die
Aufgabe bei disjunktiven Generalisierungen besteht also darin, zwischen der
Disjunktion aller Beispiele und dem Verzicht auf die Disjunktion, geeignete
Zwischenstufen zu finden.

Das System INDUCE 1.2 von Michalski/Dietterich (1979) hat eine doppelte
Zielsetzung: Aufwandsärmere Generalisierungen durchzuführen, die besser sind, als
die bislang beschriebenen und auch disjunktive Generalisierungen zu erarbeiten. Die
Methoden, die Induce 1.2 zugrundeliegen, beinhalten zum einen zweistufige Verfahren
(s.u.), zum anderen bereichsabhängige Regeln. Durch letzteres wird zwar die
Allgemeinheit des Verfahrens verringert, aber andererseits werden die oben
gesteckten Ziele zumindest zum Teil realisiert. Als Repräsentationssprache dient
eine Erweiterung der Prädikatenlogik erster Stufe, mit VL.2.1 bezeichnet /28/. Die
beiden wesentlichen Sprachkonzepte, die hier Verwendung finden, sind einstellige
Attributsdeskriptoren und mehrstellige Strukturdeskriptoren.

Die folgende Abbildung 26 enthält die Repräsentation des uns nun bereits
vertrauten Standardbeispiels in VL.2.1.

/28/ Eine genaue Erläuterung dieser Repräsentationssprache wird im weiteren nicht
erfolgen, hier sei auf die Arbeiten von Michalski und Dietterich verwiesen.

```
E.1:    Ex v1, v2:                E.2:    Ex v1, v2, v3:
        <größe (v1) = klein>              <größe (v1) = klein>
        <größe (v2) = klein>              <größe (v2) = groß>
        <form (v1) = kreis>               <größe (v3) = klein>
        <form (v2) = quad>                <form (v1) = kreis>
        <auf (v1,v2)>                     <form (v2) = quad>
                                          <form (v3) = kreis>
                                          <auf (v1,v2)>
                                          <innerhalb (v3,v2)>
```

Abb. 26

In Abb. 26 sind die Deskriptoren ′Größe′ und ′Form′ als Attributsdeskriptoren aufzufassen, die Deskriptoren ′auf′ und ′innerhalb′ als Strukturdeskriptoren. Das Verfahren von Michalski/Dietterich geht nun in zwei Schritten vor. Im ersten Schritt wird eine Generalisierung bzgl. der Strukturdeskriptoren, im anschließenden zweiten Schritt dann eine Generalisierung bzgl. der Attributsdeskriptoren durchgeführt. Durch diese Zweistufigkeit wird insofern eine implizite Relevanzanordnung vorgenommen, als die Strukturdeskriptoren gegenüber den Attributsdeskriptoren als relevanter angesehen werden.

Im vorliegenden Fall ist auf der Ebene der Strukturgeneralisierung (zu Exemplar E.1 und dem Exemplar E.2) nur eine Generalisierung möglich, nämlich bezüglich des Strukturdeskriptors ′auf′. Diese Generalisierung führt zu:

$$auf\ (x.1,\ x.2).$$

In dieser Strukturgeneralisierung treten zwei Variablen, nämlich $x.1$ und $x.2$, auf. Bezüglich dieser Variablen, genauer bezüglich _aller_ in Strukturgeneralisierungen auftretenden Variablen, werden sogenannte Attributsvektoren gebildet. Diese Attributsvektoren sind Vektoren, die für alle Variablen einer Strukturgeneralisierung sämtliche Attribute, die diesen Variablen zugesprochen werden können, beinhalten. Dann ergibt sich der Attributsvektor:

$$<größe(x.1),\ form(x.1),\ größe(x.2),\ form(x.2)>.$$

Ausgehend von diesem Attributsvektor kann nun für jedes Exemplar (als E.1 und E.2) eine Instanz durch Belegung der Variablen mit den entsprechenden Konstanten errechnet werden. Im vorliegenden Fall ergibt sich:

$$E.1:\ <klein,\ kreis,\ klein,\ quad>$$
$$E.2:\ <klein,\ kreis,\ groß,\ quad>$$

Der nun folgende, zweite Generalisierungsschritt, der der Attributsgeneralisierung, berücksichtigt die einzelnen Dimensionen des Attributsvektors. Dies führt zu:

```
Ex x.1, x.2:
<größe (x.1) = klein>
<größe (x.2) = klein v groß>
<form (x.1) = kreis>
<form (x.2) = quad>
<auf (x.1, x.2)>
```

Eine Verbalisierung dieser Generalisierung lautete etwa: Vorhanden sind ein kleiner Kreis, der auf einem Quadrat ist, das klein oder groß ist.

Ein weiteres Beispiel, das ebenfalls auf Michalski und Dietterich zurückgeht, soll das Vorgehen in Induce 1.2 für die Fälle veranschaulichen, in denen mehrere Generalisierungen möglich sind.

```
E.1:    Ex v1, v2:                E.2:    Ex v1, v2, v3:
           <größe (v1) = groß>               <größe (v1) = klein>
           <größe (v2) = groß>               <größe (v2) = groß>
           <form (v1) = kreis>               <größe (v3) = groß>
           <form (v2) = kreis>               <form (v1) = kreis>
           <auf (v1,v2)>                     <form (v2) = quad>
                                             <form (v3) = quad>
                                             <auf (v1,v2)>
                                             <auf (v2,v3)>
```

Abb. 27

Hier tritt im Exemplar E.2 der Strukturdeskriptor ´auf´ zweimal auf. Für die Strukturgeneralisierung ergibt sich keine Veränderung gegenüber dem ersten Beispiel, sie lautet wieder ´auf´. Auch der Attributsvektor ist der gleiche wie im vorhergehenden Beispiel; für das Exemplar E.1 ergibt sich die Instanz:

E.1: <groß, kreis, groß, kreis>

Die mehrfachen Vorkommnisse des Strukturdeskriptors ´auf´ in Exemplar E.2 führen nun dazu, daß für E.2 zwei Instanzen des Attributsvektors auftreten können, nämlich:

E.2.1 <klein, kreis, groß, quad>

E.2.2 <groß, quad, groß, quad>.

Dementsprechend ergeben sich im folgenden Schritt zwei Generalisierungen.

```
G.1: Ex x.1, x.2:               G.2: Ex x.1, x.2:
        <größe (x.2) = groß>            <größe (x.1) = groß>
        <form (x.1) = kreis>            <größe (x.2) = groß>
        <auf (x.1, x.2)>                <auf (x.1, x.2)>
```

Die erste dieser Generalisierungen stellt die Tatsache in den Vordergrund, daß jeweils das oberste Objekt dieser Beispielfiguren ein Kreis ist, und daß darunter sich ein großes Objekt befindet. Die Generalisierung G.2 betont, daß zwei große Objekte jeweils übereinander sind /29/.

Die Modellgesteuertheit des Verfahrens ermöglicht einige interessante Erweiterungen, z.B. die Einführung von Generalisierungsregel, die, informell gesprochen, etwa folgendermaßen lauten könnten: Achte auf gleiche Form bzw. achte auf gleiche Größe. Unter Verwendung derartiger Generalisierungsregeln könnte (vom System) jeweils eine der beiden oben genannten Generalisierungen als die vorzuziehende ausgesucht werden.

Die Leistungsfähigkeit des Systems Induce 1.2 (insbesondere unter Verwendung des Konzeptes der disjunktiven Generalisierungen) ersieht man aus den Ergebnissen, die von den Autoren für das Beispiel, das in Zusammenhang mit Winstons Arch-Programm für Reihenfolgeprobleme schon einmal erläutert wurde, angegeben wird. Unter den Generalisierungen, die von Induce 1.2 erstellt werden, finden sich u.a. die folgenden:

G.1: Es existiert ein schwarzes, mittleres Polygon auf einem anderen mittleren oden großen Kreis oder Rechteck.

G.2: Es existiert ein mittleres Objekt, und zwar Kreis, Quadrat oder Rechteck auf einem großen schwarzen Rechteck, Kiste oder Oval.

Unter Verwendung von Modellsteuerung, d.h. kontextabhängigen Regeln, die das Augenmerk auf interessante Aspekte richten, konnten von Dietterich und Michalski u.a. die folgende Generalisierung erzielt werden:

G: Es gibt insgesamt drei oder vier Objekte. Genau zwei davon sind schwarz. Das oberste ist ein schwarzes Polygon. Dies befindet sich auf einem großen oder mittleren Kreis oder Rechteck.

Abschließend sei noch einmal daran erinnert, worauf die Leistungsfähigkeit des Induce-Verfahrens basiert. Die wesentliche Idee, die für den Erfolg ausschlaggebend ist, besteht darin, daß zwischen Strukturdeskriptoren einerseits und Attributdeskriptoren andererseits unterschieden wird. Insofern werden Generalisierungen bezüglich Attributsdeskriptoren nur dort vorgenommen, wo schon durch Strukturdeskriptoren Gemeinsamkeiten aufgedeckt werden konnten. Daher wird in diesem zweistufigen Verfahren der Suchraum, d.h. der Generalisierungsraum, sehr schnell auf relevante Teile eingeschränkt.

/29/ Warum im vorliegenden Fall nicht disjunktiv generalisiert wird, ist in den Arbeiten von Dietterich und Michalski nicht begründet.

3.6. METAXA

METAXA bezeichnet eine Familie von lernenden Systemen, die in den letzten Jahren (ab 1982) an der TU Berlin entwickelt wurden. Der im folgenden beschriebene System- und Konzeptionszustand, entspricht dem, der in Emde/Habel/Rollinger (1983) vorgestellt wurde. Die Lernaufgabe des Systems besteht darin, Regeln bzw. regelhafte Beziehungen zu erlernen und zu entdecken. Die wesentlichen Teilprobleme hierbei sind: Hypothesen aufzustellen, zu überprüfen, zu bewerten und zu restrukturieren. Wie sich zeigen wird, handelt es sich bei METAXA um modellgesteuertes Lernen. Das Anwendungssystem, in dessen Kontext METAXA arbeiten wird, ist ein wissensbasiertes System, das auf der Zweiteilung des Wissens in Fakten und Regeln basiert. Eine wichtige Klasse von Regeln, die in wissensbasierten Systemen (insbesondere solchen, die zur Klasse der textverstehenden bzw. sprachverstehenden Systeme gehören) eingesetzt werden, stellen semantische Relationen zwischen Konzepten dar /30/.

Geht man etwa von einem Konzept ´nördlich´ aus, so gehört sicherlich zu den wesentlichen Eigenschaften dieses Konzeptes, daß ´nördlich´ transitiv ist. Dieser Sachverhalt, im weiteren als ´Metafakt´ bezeichnet, kann in der semantischen Repräsentationssprache durch TRANS(nördlich) ausgedrückt werden. Diesem Metafakt zu ´nördlich´ entspricht die folgende, wohlbekannte Transitivitätsregel für ´nördlich´ /31/:

nördlich (x, y) & nördlich (y, z) -> nördlich (x, z).

Die in METAXA realisierten Generalisierungs- und Lernprozesse basieren wesentlich auf der Annahme der Existenz sogenannter höherer Konzepte (h_c), z.B. des Konzeptes der Transitivität (TRANS), das der Konversität (CONV), das der Parallelität (PAR). Die wichtigsten Komponenten derartiger höherer Konzepte, die im weiteren an Beispielen erläutert werden, sind:

- der Konzeptname

- ein zugehöriges Regelschema

- Schemata für positive charakteristische Situationen und Schemata für negative charakteristische Situationen

- Verweise auf Metafakten

/30/ Der Konzeptbegriff und der Begriff der semantischen Relationen zwischen Konzepten, wie er für das System METAXA im speziellen und für die Repräsentationssprache SRL im allgemeinen verwendet wird, geht auf den Psychologen G. A. Miller zurück; vgl. Miller 1978; zu SRL siehe Habel (1984).

/31/ Man bedenke, daß für das verwandte Konzept ´westlich´ die Transitivität nicht erfüllt ist.

- Verweise auf Metaregeln

In den Lernsequenzen, die den Kern der weiteren Darstellung einnehmen, werden die folgenden Metaregeln verwendet, die die Beziehungen zwischen den h_c festlegen.

        MR.1:   TRANS (p) & CONV (p, q) -> TRANS (q)
        MR.2:   TRANS (p) & PAR (p, q) -> TRANS (q)
           .
           .
        MR.n: PAR (p, q) & PAR (q, r) -> PAR (p, r)

Abb. 28

Das Lernverhalten von METAXA wird an einem Beispiel, das geographische und klimatische Beziehungen über politische/geographische Objekte in Nord- und Südamerika behandelt, erläutert werden. Die im Laufe der Lernsequenzen behandelten Objekte sind in Abb. 29 dargestellt.

Abb. 29

Im ersten Instruktionsschritt wird das System mit einigen geographischen Fakten bzgl. der Konzepte 'nördlich_von' (nor) und südlich_von (süd) instruiert. Diese geographischen Fakten sind in Abb. 30 aufgeführt (die 'c'-Informationen werden erst später benötigt, s.u.).

```
(1)   nor (AL,B-C)────── c.1
      nor (B-C,OR)────── c.1 ─────────────── c.5
      nor (OR,CAL)────── c.1
      nor (AL,CAL)────── c.1
      nor (CAL,MEX)──────────────────── c.6
      nor (MEX,PAN)──────────── c.2 ── c.3
      nor (PAN,EC)───────────── c.2 ───── c.4
      nor (MEX,EC)───────────── c.2
      nor (PAN,BOL)──────────────── c.3
      nor (BOL,ARG)──────────────── c.3
      nor (MEX,ARG)──────────────── c.3
      nor (PAR,ARG)

      süd (C-H,ARG)
      süd (ARG,EC)
      süd (EC,PAN)───────────────────── c.4
      süd (PAN,HON)
      süd (HON,MEX)
      süd (MEX,CAL)───────────────── c.6
      süd (OR,B-C)────────────────── c.5
      süd (PAR,BOL)
      süd (MEX,AL)
```

Abb. 30: Instruktionsschritt 1: Geographische Fakten über
        'nördlich_von' und 'südlich_von'

Aus diesen geographischen Fakten kann das System, unter Zuhilfenahme der folgenden Datenstrukturen (Wissensstrukturen) für höhere Konzepte, einige Eigenschaften von 'nördlich_von' bzw. 'südlich_von' erschließen.

TRANS:
    <u>positive charakteristische Situationen:</u>
        p (x, y) & p (y, z) & p (x, z)
        p (x, y) & p (y, z) & ... p (a, b) & p (x, b)
    <u>Regelschema:</u>
        p (x, y) & p (y, z) -> p (x, z)
CONV:
    <u>positive charakteristische Situationen:</u>
        p (x, y) & q (y, x)
    <u>Regel:</u>
        p (x, y) -> q (y, x)

Abb. 31

Für die in Abb. 31 aufgeführten Schemata für positive chrakteristischen Situationen der Transitivität werden in den durch den Instruktionsschritt 1 eingeführten geographischen Fakten Instanzen gefunden, und zwar die charakteristischen Situationen c.1, c.2 und c.3, die in den rechten Spalten der Abb.

30 oben gekennzeichnet sind. So bedeutet etwa die Markierung mit c.2, daß für die hierdurch gekennzeichneten Fakten bzgl. ´nördlich_von´, ein positives Exemplar, d.h. eine Evidenz dafür vorliegt, daß ddas Konzept ´nördlich_von´ transitiv ist. Entsprechend hierzu stellen die charakteristischen Situationen c.4, c.5, c.6 (ebenfalls in Abb. 30, notiert) Exemplare, d.h. Evidenz dafür dar, daß ´nördlich´ und südlich´ zueinander konvers sind. Aufgrund der im Instruktionsschritt 1 dem System mitgeteilten geographischen Fakten, kann METAXA nun die Eigenschaften der Transitivität bzw. Konversität der Relationen ´nördlich_von´ und ´südlich_von´ erschließen.


```
bestätigende              generalisierte
Daten                     Metafakten
─────────────             ─────────────
c.1, c.2, c.3             MF.1: TRANS (nor)
c.4, c.5, c.6             MF.2: CONV (nor, süd)

                          MR.1 ⇓
                          MF.3: TRANS (süd)
```

Abb. 32

Nach der Generalisierung der Metafakten MF.1 und MF.2 kann das System unter Verwendung der Metaregel 1 (MR.1) darauf schließen, daß das Konzept ´südlich´ transitiv ist, in der Schreibweise, die hier verwendet wird, ´TRANS (süd)´. Dieses Metafaktum (MF.3) ist ebenfalls in Abb. 32 notiert worden.
Nach Durchführung des ersten Generalisierungsschrittes kann vom System erschlossen werden, ohne daß dies explizit formuliert werden muß, daß die beteiligten geographischen Objekte eine lineare Ordnung einnehmen.

Bevor auf den zweiten Instruktions- und den sich daran anschließenden Generalisierungsschritt eingegangen wird, soll hier noch betont werden, daß natürlich die wesentlichen Eigenschaften des Systems davon abhängen, aufgrund welcher bzw. aufgrund von wieviel Evidenz Generalisierungsschritte durchgeführt werden. Das vorliegende Beispiel geht davon aus, daß schon mit wenig positiver Evidenz (d.h. nach dem Finden weniger positiver charakteristischer Situationen) generalisiert wird. Dieses Vorgehen ist sicherlich prinzipiell nicht adäquat da es sehr risikobeladen ist, d.h. es sollen genauere und insbesondere sorgfältigere Berechnungen aufgrund umfangreicheren Datenmaterials durchgeführt werden, bevor eine Generalisierung durchgeführt wird. Um aber die Prinzipien des vorliegenden Systems aufzuzeigen, soll hier auf den Punkt der Hypothesenbewertung weniger Wert gelegt werden.

Der wesentliche, schon in diesem ersten Instruktionsschritt verwendete Gedanke der METAXA-Konzeption ist, daß höhere Konzepte für die Generalisierung eingesetzt werden. Um es noch einmal deutlicher zu machen: In der METAXA-Konzeption wird davon ausgegangen, daß das System, und wir wollen sogar weiter gehen, daß Menschen über derartige höhere Konzepte wie Transitivität und Konversität verfügen. Wissen über derartige Konzepte gehört zu der Grundausstattung eines wissensbasierten Systems. Wenn z.B. über ein neues Prädikat, d.h. über ein Konzept, Faktenwissen dem System zur Verfügung gestellt wird, dann ist es sinnvoll, zu überprüfen, welche höheren Konzepte diesem neuen Konzept zugesprochen werden können. Im vorliegenden Fall wird also nach der Instruktion mit geographischen Fakten bezüglich nördlich und südlich das System versuchen, festzustellen, ob diese neuen prädikativen Konzepte transitiv bzw. konvers sind.

Im zweiten Instruktionsschritt wird das System in Bezug auf einige klimatische Daten instruiert /32/.

```
(2) kälter_als:                    wärmer_als:
      kält (AL,OR)─────── f1          wärm (PAN,MEX) ─────── f5
      kält (MEX,HON)───── f2          wärm (HON,CAL) ─────── f6
      kält (CAL,MEX)───── f3          wärm (MEX,AL) ──────── f7
      kält (CAL,PAN)───── f4          wärm (CAL,B-C) ─────── f8
                                      wärm (B-C,AL) ──────── f9
```

Abb. 33: Instruktionsschritt 2: klimatische Daten

Diese Daten, die nur den Bereich Nordamerikas betreffen, geben nun dem System die Möglichkeit, weitere Metafakten zu erschließen (s. Abb. 34).

| bestätigende Daten | | | | generalisiertes Metafakt |
| via | | | | |
DIREKT	TRANS	CONV	CONV&TRANS	
f3	f1,f4	f2,f3		mf.4 ── PAR (nor,kält)
f7	f5,f6	f5,f9	f8	mf.5 ── PAR (süd,wärm)
f5,f9	f7,f8		f6	mf.6 ── CONV (nor,wärm)
f2,f3		f3	f4	mf.7 ── CONV (süd,kält)

Abb. 34

Die in Abb. 33 eingeführten Fakten f1 bis f9, können wieder daraufhin untersucht werden, ob sich aus ihnen charakteristische Situationen zu höheren Konzepten

----

/32/ Diese klimatischen Daten sind idealisiert. Nur basierend auf dieser Idealisierung kann das folgende Beispiel, d.h. also die folgende Generalissierungs- bzw. Lernleistung erbracht werden. Wir werden am Ende dieses Abschnittes noch einmal kurz darauf eingehen, wie einige der vorgenommenen Idealisierungen aufgehoben werden können.

ergeben. Im vorliegenden Fall liegen charakteristische Situationen für Parallelität
zwischen 'nördlich' und 'kälter' bzw. zwischen 'südlich' und 'wärmer' sowie für die
Konversität zwischen 'nördlich' und 'wärmer' bzw. zwischen 'südlich' und 'kälter'
vor (s. Abb. 34). Hierbei existieren sowohl charakteristische Situationen (also
bestätigende Daten), die direkt die entsprechenden Metafakten MF.4 bis MF.7
bestätigen (in Abb. 34 in der ersten Spalte notiert), als auch charakteristische
Situationen, die indirekt über die Konzepte TRANS und CONVERS mithilfe von
Metaregeln auf die generalisierten Metafakten schliessen lassen. Diese Beziehung
zwischen bestätigenden Daten und den generalisierten Metafakten ist beispielhaft in
Abb. 35 aufgeführt.

DIREKT   CONV
   f7: wärm (MEX,AL)   f5: wärm (PAN,MEX)
       süd (MEX,AL)   süd (PAN,MEX)

TRANS
   f5: wärm (PAN,MEX)
       süd (PAN,MEX)   nor   (MEX,PAN)
       süd (PAN,HON) & süd (HON,MEX)   CONV & TRANS
                                                f8: wärm (CAL,B-C)
                                                    süd (CAL,B-C)

                                                    nor (B-C,CAL)
                                                    nor (B-C,OR) & nor (OR,CAL)

Abb. 35

In einem dritten Instruktionsschritt werden nun weitere Beispiele eingegeben, die
jedoch zu dem bisher Gelernten bzw. Generalisierten im Gegensatz stehen:

(3a) kält (C_H,ARG)   (3b) wärm (PAR,C_H)
     wärm (BOL,ARG)   kält (ARG,PAR)
                                kält (PAR,BOL)

So ist etwa das Faktum 'kält (C_H,ARG)' zusammen mit dem früher eingegebenen Faktum
süd (C_H,ARG) inkonsistent zum Metafaktum 4, welches die Parallelität zwischen
wärmer und südlich konstatiert. Weitere Inkonsistenzfälle bzw. Inkonsistenz-
begründungen sind in Abb. 36 aufgeführt.

```
süd (C_H,ARG)   inkonsistent zu   kält (C_H,ARG)   durch   MF.4
nor (B̄OL,ARG)   inkonsistent zu   wärm (B̄OL,ARG)   durch   MF.6

süd (PAR,C_H)   inkonsistent zu   wärm (PAR,C_H)   durch   MF.5
nor (PAR,ĀRG)   inkonsistent zu   kält (ARG,P̄AR)   durch   MF.4
süd (PAR,BOL)   inkonsistent zu   kält (PAR,BOL)   durch   MF.7
```

Abb. 36

Bevor nun die Behebung dieser Inkonsistenzen, d.h. die Zurücknahme einiger der Metafakten und somit die Zurücknahme einiger der Hypothesen, die das System im Verlauf der Lernsequenzen aufgestellt hatte, erläutert wird, sind einige wichtige weitere Konzepte des METAXA-Ansatzes zu skizzieren. Die Formulierung der höheren Konzepte und damit verbunden die Formulierung von Regeln und Schemata charakteristischer Situationen als Komponenten höherer Konzepte, beruhte stets auf der Annahme, daß Prädikate bzw. Relationen hinsichtlich einer nicht näher bestimmten Grundmenge von Objekten (Definitionsbereich = Individuenbereich) in Beziehungen zueinander stehen. So war etwa durch das Metafaktum TRANS(nördlich) implizit formuliert worden, daß die Transitivitätsregel für beliebige (geographische) Objekte anwendbar ist, bzw. daß die Parallelität zwischen 'nördlich' und 'kälter' für beliebige (geographische) Objekte gilt /33/. Im weiteren soll nun davon ausgegangen werden, daß Metafakten einen Gültigkeitsbereich besitzen, den wir als 'Stützmenge' bzw. 'Support-Set' (Sup-Set) bezeichnen wollen. Der Support-Set eines Metafakts und somit Support-Set der entsprechenden Regel, die zu diesem Metafakt gehört, bezeichnet die Menge der Objekte bzw. Objektkonfigurationen, über denen die Gültigkeit des Metafakts angesetzt wird und auf die entsprechende Regeln angewendet werden dürfen. Da z.B., wie oben schon angedeutet wurde, die Transitivität des Konzeptes 'westlich' zwar nicht generell angenommen werden darf, so kann man dennoch zumindest davon ausgehen, daß innerhalb eines Kontinents keine Schwierigkeiten bzw. Komplikationen bei der Annahme der Transitivitätseigenschaft von 'westlich' auftreten. Diese Situation kann z.B. beschrieben werden durch /34/:

$$\text{Sup-Set(TRANS(westlich), Europa)}$$

Komplementär zur Stützmenge, d.h. dem Gültigkeitsbereich eines Metafakts wollen wir die Ausnahmemenge oder Exception-Set (Ex-Set) annehmen. Diese Ausnahmemengen werden dazu verwendet, die Bereiche anzugeben, in denen das entsprechende Metafaktum und somit die entsprechende Regel als nicht gültig erkannt worden ist.

/33/ Genau diese Annahmen führen zu den Inkonsistenzen, die durch Instruktionsschritt 3a herbeigeführt wurden.

/34/ Wir haben hier, bewußt vereinfachend, nur die Transitivität von 'westlich' für den Kontinent Europa postuliert und verzichten auf die Ausformulierung des Support-Set-Ansatzes für komplexere Stützmengen (vgl. Emde 1984).

Aufbauend auf den Konzepten der Stützmenge und der Ausnahmemenge ist es nun möglich, eine Hypothesenreanalyse für viele interessante und wichtige Fälle vorzunehmen. Dabei werden verschiedene Support-Set-Strategien (SSS) verwendet, von denen wir zwei in Abb. 37 aufgelistet haben:

SSS 1: Falls Ausnahmen existieren, d.h. Ex-Set $\neq$ 0 , dann reduziere die
Stützmenge wie folgt:
Sup-Set (MF.i, neu) := Sup-Set (MF.i, alt) - Ex-Set (MF.i, neu)

SSS 2: Falls Ex-Set groß bzw. relevant, suche Regularitäten in Ex-Set.
Reanalysiere die Stützmenge, evtl. unter neuer MF.j's.
Sup-Set(MF.i, alt) =
Sup-Set(MF.i, neu) $\cup$ Sup-Set(MF.j, neu) $\cup$ Ex-Set(MF.i, neu)

Abb. 37

Die erste der beiden Stützmengenstrategien sieht also vor, daß Ausnahmen zuerst einmal als solche behandelt werden, d.h. daß der Gültigkeitsbereich eines Metafaktums um die Ausnahmen reduziert bzw. eingeschränkt wird. Die zweite Support-Set-Strategie sieht vor, daß für den Fall, daß die Menge der Ausnahmen groß wird bzw. daß sich innerhalb dieser Ausnahmemengen eine interessante bzw. relevante Struktur ergibt, insgesamt eine Reanalyse vorgenommen wird, und zwar wird der alte Support-Set in drei Bereiche zerlegt, nämlich: einen neuen Support-Set bezüglich des alten/erstbetrachteten Metafaktums MF.i, einen Support-Set für die im alten Support-Set gefundene Regularität bzgl. eines neuen Metafaktums MF.j und eine Menge von Ausnahmen, die beide Metafakten MF.i und MF.j betreffen.

Für MF.4 ergibt sich im vorliegenden Beispiel nach dem Instruktionsschritt 3a die folgende Stützmengenreduktion:

MF.4: PAR (nor,kält)

Ex-Set (MF.4, 3a) = $\{$ C_H, ARG, BOL $\}$

Nach dem Instruktionsschritt 3b:

Ex-Set (MF.4, 3b) = $\{$C=H, ARG, BOL, PAR$\}$.

Unter Verwendung der Strategie 1 ergibt sich für die Stützmenge:

Sup-Set (MF.4, 3b) = Geo-Obj - Ex-Set (MF.4, 3b).

Da nun die Ausnahmemenge nach dem Schritt 3b in Bezug auf die Gesamtmenge der geographischen Objekte (Geo-Obj) als hinreichend groß angesehen werden kann, ist es nützlich, nach Regularitäten zu suchen, und zur Support-Set-Strategie 2 überzugehen. Nach einer entsprechenden Analyse des Datenbestandes findet das System z.B.:

nor(Sup-Set(MF.4, 3), Ex-Set(MF.4, 3)).

D.h. die Stützmenge, die aufgrund der Support-Set-Strategie 1 gefunden wurde, besteht aus geographischen Objekten, die nördlich von den geographischen Objekten liegen, welche in der Ausnahmemenge (nach dem gleichen Instruktionsschritt) liegen. Hierauf basierend kann eine Zerlegung der geographischen Objekte in zwei Teilmengen vorgenommen werden, nämlich:

Geo-Obj.1 = Sup-Set (MF.4, 3b) = {ÁL, OR, B-C, CAL, MEX, PAN, HON, EC }`

Geo-Obj.2 = Ex-Set (MF.4, 3b) = {BOL, PAR, ARG, C-H}

Aufbauend auf dieser Zerlegung der geographischen Objekte kann nun eine Reanalyse der Metafakten durchgeführt werden, wie sie in Abb. 38 aufgeführt ist.

Reanalyse der Metafakten

metafakt		support-set
PAR (nor,kält)	MF.4	Geo-Obj.1
PAR (süd,wärm)	MF.5	Geo-Obj.1
CONV (nor,wärm)	MF.6	Geo-Obj.1
CONV (süd,kält)	MF.7	Geo-Obj.1
PAR (nor,wärm)	MF.4´	Geo-Obj.2
PAR (süd,kält)	MF.5´	Geo-Obj.2
CONV (nor,kält)	MF.6´	Geo-Obj.2
CONV (süd,wärm)	MF.6´	Geo-Obj.2

Abb. 38

Die Metafakten 8 und 9 sind von der Reanalyse nicht betroffen. Das vorliegende Beispiel wird mit einem vierten Instruktionsschritt abgeschlossen:

(4) kält (CAL, EC)   wärm (EC, ARG)   kält (C_H, EC)

Die durch den Instruktionsschritt 4 hinzugekommenen geographischen bzw. klimatischen Fakten sind konsistent zu den bisherigen Metafakten. Betrachtet man nun etwa die Metafakten MF.4 und MF.4´ (s. Abb. 38), so sieht man, daß die Stützmenge zu Mf4´ auch das geographische Objekt 'EC' umfaßt bzw. umfassen kann, d.h. daß eine neue Zerlegung der geographischen Objekte vorgenommen werden kann durch:

Geo-Obj.1 = support-set (MF.4, 4) = support-set (MF.4, 3b)
und

Geo-Obj.2 = Sup-Set (MF.4´, 4) = {EC, BOL, PAR, ARG, CH}

Hierdurch ergibt sich eine Zerlegung der geographischen Objekte mit:

$$\text{Geo-Obj.1} \cap \text{Geo-Obj.2} = \{EC\}$$

d.h. eine nicht-disjunkte Zerlegung der geographischen Objekte, deren Durchschnitt das Objekt 'EC', d.h. Equador, ausmacht. Situationen dieser Art, d.h. genauer Situationen nicht-disjunkter Zerlegungen von Stützmengen, in diesem Fall von zueinander korrespondierenden, aber inversen Metafakten wie Mf4 und Mf4´, sind von besonderem Interesse. Anders und etwas lax ausgedrückt: An derartigen Stellen muß etwas Besonderes vorliegen. Im vorliegenden Fall nämlich der Umschwung von der Parallelität zwischen 'nördlich' und 'kälter' zur Parallelität zwischen 'nördlich' und 'wärmer'. Entsprechend hierzu findet auch ein Umschwung bzgl. der anderen in Abb. 38 aufgeführten Metafakten-Paare statt. Aus diesem Grunde könnte das System, nachdem es die Instruktionsequenz 1 - 4 durchlaufen hat, feststellen, daß in der Nähe des Landes Equador prinzipiell etwas Interessantes los ist. Eine mögliche Reaktion wäre es, diesen Bereich des Erdballs durch einen speziellen Namen zu kennzeichnen, und da es sich um eine Region handelt, die in der Nähe des Landes Equador liegt, wäre eine Möglichkeit zu sagen:

"Wäre es nicht eine gute Idee, diesen Bereich als Equador-Bereich zu bezeichnen? /35/"

Abschließend sollen einige der wichtigsten METAXA-Konzeptionen noch einmal zusammengefaßt werden: Im Rahmen der vorliegenden Arbeit haben wir schon mehrfach darauf hingewiesen, daß Systeme, die lernen und verstehen, auf Vorwissen aufbauen. Auch für das METAXA-System ist dies natürlich zutreffend und betrifft insbesondere die Charakterisierung des Systems als modellgesteuertes Lernsystem. Das Modell, das für den Lernerfolg ausschlaggebend war, ist im Wissen über höhere Konzepte, hier sind es die Konzepte der Transitivität, Konversität und Parallelität, zu sehen. Nur aufbauend auf diesem Vorwissen ist es möglich, daß das System derartige "Entdeckungen" wie die "Entdeckung des Äquators" durchführen kann. Die Verwendung bzw. die Voraussetzung derartiger höherer Konzepte ist sicherlich eine starke Annahme. Wir gehen jedoch, wie oben schon erläutert wurde, davon aus, daß entsprechendes Vorwissen beim Menschen in vielen Fällen wirkungsvoll angewendet wird, und auch im Bereich des Maschinellen Lernens zu Erfolgen führen kann. Beim gegenwärtigen Stand der Kunst ist nicht davon auszugehen, daß das System selbsttätig Metaregeln, Meta-Metaregeln und weiteres Wissen, das zur Datenstruktur der höheren Konzepte gehört, erlernt. Dies kann nur mit Hilfe von anderen, auf anderen Prinzipien beruhenden Lernsystemen geschehen. Dieser Hinweis soll insbesondere daran erinnern, daß mit dem vorliegenden Ansatz nicht der Versuch unternommen wird, ein lernendes System zu entwickeln, das sich entsprechend der Münchhausen'schen Vorgehensweise selbst aus dem Sumpf des Unwissens zieht. Wichtige offene Probleme, die gegenwärtig innerhalb des METAXA-Konzeptes bearbeitet werden, betreffen: Das Lernen von Faustregeln und Defaultregeln, die Reduktion von Stützmengen und die Restrukturierung von Metafakten.

/35/ Historisch gesehen war der Prozeß der Benennung natürlich umgekehrt. Woher jedoch soll das System das wissen?

3.7. Die Systeme LEX und LEX2

Wenngleich wir die Lernaufgabe des LEX Systems im weiteren formal nicht ausführen werden /36/, sei sie hier der Beschreibung informell vorangestellt. Die Aufgabe stammt aus dem Bereich der symbolischen Integration und befaßt sich mit den Anwendungsbedingungen der Umformulierungsregeln auf konkrete Integrale, die als Ergebnis die Lösung eines Integrals bewirken. Das Lernziel besteht darin, die optimalen Anwendungsbedingungen für eine Umformungsregel aus einer Reihe von Regelanwendungen herauszuarbeiten. Diese Lernsituation entspricht ganz der, in der sich ein Schüler befindet, dem das Grundwissen zur Verfügung gestellt wurde, und der nun durch das Bearbeiten einer Reihe von Aufgaben seine Fähigkeiten entwickeln soll, Integrale zu lösen. Es handelt sich hier offensichtlich um Erfahrungswissen, das explizit gemacht werden soll. Insofern ist die gestellte Lernaufgabe nicht nur sinnvoll, sondern von großer Bedeutung im Hinblick auf die Explikation von Erfahrungswissen, und spricht somit eine grundlegende Fragestellung aus dem Bereich der Expertensystementwicklung an.

Die in der Lernaufgabe enthaltene Problemstellung ist in mehrerlei Hinsicht umfassender als die Lernsituation, die im vorherigen Abschnitt beschrieben wurde. Der wesentliche Unterschied besteht darin, daß nicht nur ein Konzept gelernt werden soll, sondern daß für jede Umformungsregel (LEX arbeitet mit ca. 50 Regeln) ein Konzept gefunden werden soll, nämlich die Anwendungsbedingung. Ein weiterer Unterschied besteht darin, daß erst im nachhinein entschieden werden kann, ob eine Regelanwendung erfolgreich war oder nicht, da zur Lösung eines Integrals eine Folge von Regelanwendungen durchgeführt werden muß. Da es darüberhinaus in der Regel mehrere Lösungswege gibt, die nicht notwendigerweise alle gefunden werden müssen, kann eine Regelanwendung als positiv bewertet werden, wenngleich es optimaler gewesen wäre, eine andere Regel anzuwenden. Die Daten, aus denen die Konzepte erschlossen werden sollen, sind also "leicht verrauscht".

Die Repräsentationssprache der Beispiele ist eine Sprache, in der man beliebige Integrale formulieren kann, zusammen mit den Regeln, die auf diese Ausdrücke angewandt worden sind. Die Repräsentationssprache der Konzepte besteht aus einer Sprache, mit der Strukturbeschreibungen formuliert werden können, so daß sie Ausdrücke, die Integrale enthalten, abdecken können. Ausgangspunkt für eine Regel ist eine sehr allgemeine Strukturbeschreibung, die während der Lernzyklen verfeinert werden soll. Da sich in der Ausgangssituation die Strukturbeschreibungen der Regeln

----

/36/ Wir können und wollen diese Systeme hier nicht in aller Ausführlichkeit beschreiben, da dieses den Rahmen dieser Einführung bei weitem überschreiten würde. Das LEX System ist in Mitchell, Utgoff, Banerji 1983 sehr ausführlich beschrieben und in Mitchell 1983 kann nachgelesen werden, in welcher Weise Erweiterungen an LEX vorgenommen wurden, die dann zu LEX2 führten.

überlappen, insofern, als daß auf ein Integral eine Reihe von Regeln anwendbar sind, ist es das Ziel des Systems, diese Überlappungen zu eliminieren, so daß in jeder Situation möglichst genau eine Regel (als optimale Umformung) in Frage kommt.

Das LEX System besteht aus 4 Komponenten, die bei einem Lernzyklus nacheinander durchlaufen werden. Die erste Komponente ist der Problemlöser, dem ein Integral zur Lösung vorgelegt wird und der aufgrund der bis dahin bekannten Anwendungsbedingungen Regeln auswählt und anwendet. Wenn sich die Anwendungsbedingungen überlappen, dann wird die Regel angewandt, deren Anwendungsbedingung am besten paßt. Da die Anwendungsbedingungen einem Teilbereich des Generalisierungsraums entsprechen, insofern, als daß die allgemeinsten Strukturbeschreibungen der Menge G und die speziellsten Strukturbeschreibungen der Menge S entsprechen, sind die Anwendungsbedingungen als 'version space' formulierbar und es läßt sich anhand der Anzahl der Generalisierungen des 'version space', die das Beispiel (hier das zu lösende Integral) abdecken, entscheiden, wie gut die Anwendungsbedingungen passen. Dies entspricht dem Problem des Klassifizierens unklassifizierter Beispiele, erweitert durch eine Aussage darüber, in welchem Verhältnis die Anzahl der Generalisierungen des 'version space', die ein nicht klassifizierbares Beispiel abdecken, zu der Anzahl der Generalisierungen steht, die das Beispiel nicht abdecken können. Dieses Verhältnis wird hier als Gütekriterium für die Erfülltheit der Anwendungsbedingungen herangezogen. Als weiteres Kriterium für die Entscheidung darüber, welche Expansion vorgenommen werden soll, werden die Kosten berücksichtigt, in denen sich die bis zu diesem Knoten verbrauchte Zeit und der bislang benötigte Speicherplatz ausdrückt. Diesen Kosten ist ein Limit gesetzt, das zu einem Abbruch des Problemlösungsversuchs führt, wenn es erreicht wird. Es ist hiermit deutlich, daß darauf verzichtet wurde (bzw. werden mußte), alle möglichen Lösungen zu generieren und daraus dann die objektiv beste (d.h. kostengünstigste) Lösung auszuwählen.

Der von dem Problemlöser entfaltete Suchbaum wird an die Kritik weitergereicht, die die Aufgabe hat, aus diesem Suchbaum, der einen Lösungsweg enthalten muß, die positiven und die negativen Beispiele herauszufiltern. Dabei wird jeder Problemlösungsschritt entlang des gefundenen Lösungspfades als positive Instanz bewertet. Als negative Instanz wird jeder Schritt aufgefaßt, der von dem Lösungspfad wegführt zu einem Pfad, der zu keiner Lösung führt bzw. mit um einen bestimmten Faktor größeren Kosten (als für die erzielte Lösung) zu der Lösung führt. Dabei beauftragt die Kritik den Problemlöser, auch schlechte Wege weiter zu verfolgen, wobei der Fall eintreten kann, daß eine bessere (d.h. kostengünstigere) Lösung gefunden wird, was wiederum zu einer Neubewertung der Beispiele führt. Da man sich nie darüber im klaren sein kann, ob tatsächlich die kostengünstigste Lösung vorliegt, kann es hier passieren, daß Regelanwendungen als positive Beispiele bewertet werden, wenngleich es sich (von einem objektiven Beobachterstandpunkt aus betrachtet) um negative Beispiele handelt und umgekehrt.

Die von der Kritik ausgewählten positiven und negativen Beispiele werden an den Generalisierer als dem Herz des Systems weitergereicht. Hier findet die Version-space Strategie nun ihren Einsatz. Die neuen Beispiele führen in der oben beschriebenen Art und Weise zur Verkleinerung des 'version space' was einer Spezifizierung der Anwendungsbedingungen der Regeln gleichkommt. Da mit "leicht verrauschten" Daten operiert wird, kann der Fall eintreten, daß bei dem Generalisierungsprozess der 'version space' einer Regel in sich zusammenfällt. Dies ist dann ein sicherer Hinweis darauf, daß die Daten fehlerhaft waren. Da das Problem aber nicht durch Backtracking behebbar ist, behilft man sich wie folgt: Anstelle der durchzuführenden Generalisierung wird für die Regel ein zweiter 'version space' eröffnet, wobei bei der Menge G die bisher bekannten negativen Beispiele berücksichtigt werden, und die Menge S von dem positiven Beispiel gebildet wird, das den Zusammenbruch verursacht hat. Diese Behandlung des Problems hat seine Ursache darin, daß die Generalisierungssprache nicht in Lage ist, disjunktive Generalisierungen auszudrücken, da die Terme der Sprache hierfür nicht ausreichen.

Die vierte und letzte Komponente von LEX schließt den Lernzyklus, da hier nun sinnvolle Probleme (zu lösende Integrale) vorgeschlagen werden, die der Problemlöser dann zu bearbeiten hat. Die wesentliche Grundlage des Problemgenerators besteht in den bekannten Anwendungsbedingungen der Regeln. Er betrachtet sich quasi die 'version spaces' und ihre Überlappungen und entscheidet, welche Beispiele vom Problemlöser entschieden werden sollen, damit die Anwendungsbedingungen verfeinert werden können. Er geht dabei so vor, daß er eine Regel mit unverfeinerter Anwendungsbedingung sucht und ein Problem konstruiert, bei dem sich zeigen wird, ob die Anwendung der Regel einen Erfolg oder Mißerfolg darstellt. Gibt es keine Regel mehr mit unverfeinerter Anwendungsbedingung, dann können Überlappungen gesucht und Probleme kontruiert werden, nach deren Lösung man die Überlappungen beseitigen oder verkleinern kann. Als dritte mögliche Strategie kann man ein gelöstes Problem nehmen und es leicht modifiziert dem Problemlöser erneut vorlegen.

In dieser Weise ist das System LEX in der Lage, bei Kenntnis der Sprache der Beispiele und der Generalisierungen, sowie der 50 Umformulierungsregeln mit unverfeinerten Anwendungsbedingungen, durch das Üben an selbstkonstruierten Problemen die Fähigkeit des Lösens von Integralen zu verbessern. Man darf dabei eines jedoch nicht übersehen: Dem System ist nicht klar, daß es lernt, "gut" Integrale zu lösen. Die einzelnen Komponenten wissen nicht, weshalb ihnen eine andere Komponente einen Auftrag erteilt, der Problemlöser kennt nicht die Gründe, weshalb der Problemgenerator ein Problem vorschlägt, ebensowenig, wie die Kritik und der Generalisierer. Letzterer weiß nicht, daß es seine Aufgabe ist, Heuristiken für die Integralrechnung zu bilden, er kennt nicht die Umformulierungsregeln, nur die Anwendungsbedingungen und er weiß nicht, daß Heuristiken Problemlösungsschritte vorschlagen sollen, die zu Lösungen führen. Der Generalisierer kann deshalb seine

Generalisierungen nicht rechtfertigen, er kann nur syntaktische Ähnlichkeiten untersuchen. Das Lernziel des Systems ist nur in dem Bewertungsalgorithmus der Kritik verborgen, mit dem positive und negative Beispiele erzeugt werden können. In dieser Realisierungsstufe kann LEX sich nicht an dem Lernziel orientieren und aufgrund des Lernziel weitere Schritte entscheiden. LEX2 stellt insofern eine Erweiterung von LEX dar, als daß der Versuch unternommen wurde, das Lernziel explizit zu machen und das Verhalten der Komponenten an diesem expliziten Wissen zu orientieren.

Um dieses zu erreichen, wurde das Lernziel des Systems dahingehend vereinfacht, daß Heuristiken zu finden sind, die Problemlösungsschritte vorschlagen, die zu der Lösung eines Integrals führen. Die Forderung nach der kostengünstigsten Lösung, die in dem Bewertungsmechanismus der Kritik von LEX verborgen war, wurde fallengelassen. So kann nun eine Instanz als positives Beispiel erkannt werden, wenn es sich um die Anwendung einer Regel auf einen Zustand handelt, der kein Zielzustand ist, das Ergebnis der Regelanwendung jedoch entweder einen Zielzustand erzeugt bzw. einen Zustand, von dem aus ein Zielzustand erreicht werden kann. Entsprechend ist eine negative Instanz die Anwendnung einer Regel auf einen Zustand, durch die ein (im Rahmen der Rechenzeit- und Speicherplatzvorgaben) nicht lösbarer Zustand erzeugt wird. Dies erfordert von dem Problemlöser, daß er im Rahmen der Zeit- und Platzbeschränkung den Lösungsbaum voll entfaltet.

Das oben formulierte Lernziel steht der Kritik nun in einer deklarativen Form zur Verfügung, und der Lösungsbaum kann daraufhin untersucht werden, inwiefern er dem Lernziel genügt. Diese Untersuchung geht wie folgt vonstatten: Zunächst wird für jede Instanz eine Erklärung erzeugt, aus der hervorgeht ob und inwiefern sie dem Lernziel genügt. Diese Erklärung besteht (bei einer positiven Instanz) aus dem Weg von einem Zustand zu der Lösung. Da man nun nicht nur eine Regelanwendung betrachtet, sondern (als Erklärung) den Weg bis zu der Lösung mit betrachtet, können die Anwendungsbedingungen der nachfolgenden Regeln für diese Instanz ebenfalls berücksichtigt werden. Dem liegt das Prinzip zugrunde, daß, da wir wissen, daß wir nach der Regelanwendung a die Regelanwendung b machen wollen, solange bis wir eine Lösung erzielt haben, wir die Regelanwendung a also unter der Berücksichtigung der zukünftigen Regelanwendung b machen, wir bei den Anwendungsbedingungen auch die Restriktionen der weiteren, nachfolgenden Regelanwendungen, die bekanntermaßen zu einer Lösung führen, berücksichtigen sollten. Bei der Konstruktion der positiven Instanzen, die an den Generalisierer übergeben werden sollen, werden diese Restriktionen zukünftiger Regelanwendungen in die Anwendungsbedingung der aktuell untersuchten Regelanwendung integriert, was alleine dadurch möglich ist, daß das Lernziel explizite Berücksichtigung findet. Dies führt dazu, daß dem Generalisierer wesentlich präzisere Information zur Verfügung gestellt werden kann, als dies bei LEX der Fall war, so daß LEX2 nach viel weniger Lernzyklen die relevanten Konzepte

finden kann. Da dem System aber explizit mitgeteilt wurde, welche Konzepte bzw. was
es lernen soll, handelt es sich hier in keiner weise mehr um ´learning from example´
sondern um ´learning by being told´! Damit dürfte klar sein, wie eng die
verschiedenen Arten zu lernen miteinander verbunden sind, aber auch, inwiefern
deklarativ formuliertes Meta-Wissen als Wissen über z.B. das Handlungs- oder
Lernziel zu einer wesentlichen Leistungsverbesserung führen kann.

Zusammenfassend kann zu LEX und LEX2 gesagt werden, daß mit diesen Systemen ein
Nachweis dafür erbracht werden konnte, daß inkrementell lernende Systeme eine
explizite Repräsentation der unvollständig gelernten Konzepte benötigen, so wie dies
durch den ´version space´ realisiert wurde. Weiterhin konnte gezeigt werden, daß
explizites Wissen über das Lernziel zielorientierte Lernmethoden ermöglicht, die
mächtiger als rein syntaktische Methoden sind. Letztendlich wurde gezeigt, daß die
Möglichkeit, Experimente durchführen zu können, eine wesentliche Voraussetzung für
erfolgreiches Lernen ist.

4.   Abschliessende Bemerkungen

Die im vorangehenden Kapitel vorgestellten Lernmethoden bzw.   lernenden Systeme
stellen - zugegebenermaßen - nur erste Ansätze für leistungsfähige
Wissensakquisitionsmechanismen dar. Erst die weiteren Arbeiten im Teilgebiet
maschinelles Lernen werden zeigen, ob über die bisher nur partikulären Lösungen
hinaus, umfassende und generelle Lern- und Akquisitionsverfahren auch für reale
Anwendungen entwickelt werden können.

Neben dem erhofften Nutzen in Hinsicht auf effizienten Aufbau von Wissensbasen
hinaus, dürfte in den nächsten Jahren die Grundlagenforschung, die sich dem
übergreifenden Phänomen "Lernen durch Menschen und Maschinen" widmet, im Vordergrund
der wissenschaftlichen Anstrengungen stehen.

Im Literaturverzeichnis sind die unseres Erachtens wichtigsten Arbeiten zum
Bereich "maschinelles Lernen" aufgeführt, soweit sie nach der hiermit vorliegenden
Einführung in das Thema zur Vertiefung geeignet sind.

Literatur:

Borger, R. / Seaborne, A. (1982, 2nd ed.): The Psychology of Learning. Penguin
    Books: Harmondsworth, Middlesex.

Brachman, R. (1979): "On the epistemological status of semantic networks". in: N.
    Findler (ed.): Associative Networks, Academic Press: New York.

Carbonell, J. / Michalski, R. / Mitchell, T. (1983): "Machine Learning: A
    historical and methodological analysis". AI Magazine 4.

Carey, S. (1978): "The child as word learner". in Halle, M. / Bresnan, J. Miller,
    G.A. (eds.): Linguistic Theory and Psychological Reality. MIT-Press, Cambridge,
    Mass.

Chase, W. / Simon, H. (1973): "The mind's eye in chess" in: W. Chase (ed.): Visual
    Information Processing. Academic Press: New York.

Cohen, P. / Feigenbaum, E. (eds.) (1982): The Handbook of Artificial Intelligence,
    Vol. 3. Kaufman: Los Altos, Cal.

Dietterich, T. G., Michalski, R. S. (1979): "Learning and Generalisation of
    Charakteristic Descriptions: Evaluation Criteria and Comparative Review of
    Selected Methods", Sixth International Joint Conference on Artifial
    Intelligence, Tokyo, Japan, pp. 223-231, 1979.

Dietterich, T. / Michalski, R. (1981): "Inductive learning of structural
    descriptions". Artificial Intelligence 16.

Dietterich, T. / Michalski, R. (1983): "A comparative review   of selected methods
    for learning from examples". in: Michalski, R. / Carbonell, J. / Mitchell, T.
    (eds.): Machine Learning: An Artificial Intelligence Approach. Tioga Pub.:
    Palo Alto

Doyle, J. (1979): "A truth maintenance system" Artificial Intelligence 12.

Emde, W. (1984): Das Konzept der Stützmenge als Basis des maschinellen Lernens.
    Diplomarbeit, Fachbereich Informatik, TU Berlin.

Emde, W. / Habel, Ch. / Rollinger, C.-R. (1983): "The discovery of the equator or concept driven learning" in: Proc. 8 IJCAI.

Feigenbaum, E. (1980): "Expert Systems: Looking Back and Looking Ahead". R. Wilhelm (Hrsg.): GI - 10. Jahrestagung. Springer: Berlin.

Fillmore, C.J. (1968): "The case for case ". in: E. Bach / R. Harms (eds.) : Universals in linguistic theory. Holt, Rinehart & Winston: New York.

Habel, Ch. (1984): "SRL und Textverstehen". in: C.-R. Rollinger (Hrsg.): Probleme des (Text-) Verstehens. Niemeyer: Tübingen.

Hayes, P. (1979): "The Naive Physics Manifesto". D. Michie (ed.): Expert Systems in the Microelectronic Age. Edinburgh University Press. Edinburgh.

Hayes-Roth, F. (1976): "Patterns of Induction and Associated Knowledge Acquisition Algorithms", in: Pattern Recognition and Artificial Intelligence, Chen, C. (ed.), Academic Press, New York.

Kintsch, W. (1977): Memory and Cognition. Wiley: New York.

Kuhn, T. S. (1973): "Die Struktur wissenschaftlicher Revolutionen", Suhrkamp Taschenbuch Verlag, Frankfurt a.M., 5. Auflage 1981.

v. Kutschera, F.(1972): Wissenschaftstheorie. W. Fink: München.

Lehrer, K. (1981): "A self profile". Bogdan, R. (ed.): Keith Lehrer. D. Reidel: Dordrecht.

McCarthy, J. / Hayes, P. (1969): "Some philosophical problems from the standpoint of Artificial Intelligence". in: Meltzer, B. / Michie, D. (eds.): Machine Intelligence 4, Edinburgh University Press.

Michalski, R. S. (1983): "Unifying Principles and a Methodology for Inductive Learning", Artificial Intelligence Vol. 20, pp.111-161, 1983.

Michalski, R. (ed.) (1983): Proceedings of the International Machine Learning Workshop. Univ. of Illinois, Urbana-Champaign.

Michalski, R. / Carbonell, J. / Mitchell, T. (eds.) (1983): Machine Learning: An
    Artificial Intelligence Approach. Tioga Pub.: Palo Alto

Miller, G. (1978): "Semantic relations among words" , in: Halle, M. / Bresnan, J. /
    Miller, G. (eds.): Linguistic theory and psychological reality. Cambridge,
    Mass..

Mitchell, T. M. (1978): "Version Spaces: An Approach to Concept Learning", Ph.D.
    dissertation, Stanford University, 1978.

Mitchell, T. (1982): "Generalization as search". Artificial Intelligence 18.

Mitchell, T. (1983): "Learning and problem solving". 8th IJCAI (Karlsruhe).

Mitchell, T. M., Utgoff, P. E. Banerij, R. B. (1983): Learning by Experimentation:
    Acquiring and Refining Problem-Solving Heuristics", in: Machine Learning,
    Mitchalski, R.S., Carbonell, J. G. Mitchell, T. M. (eds.), Tioga, 1983.

Nilsson, N. J. (1981): "Principles of Artificial Intelligence". Springer: Berlin.

Rich, E. (1983): Artificial Intelligence. McGraw Hill: New York.

Samuel, A. L. (1963): "Some Studies in Machine Learning Using the Game of Checkers",
    in: Computers and Thought, Feigenbaum, E. A. and Feldman, J. (eds.), McGraw-
    Hill, New York, pp. 71-105, 1963.

Simon, H. A. (1983): "Why Should Machines Learn?", in: Machine Learning, Michalski,
    R. S., Carbonell, J. G., Mitchell, T. M. (eds.), Tioga, 1983.

Stegmüller, W. (1973): Probleme und Resultate der Wissenschaftstheorie und
    Analytischen Philosophie: Band IV. Personelle und statistische
    Wahrscheinlichkeit. Carnap II: Normative Theorie des induktiven Räsonierens.
    Springer: Berlin.

Winston, P. H. (1970): Learning Structural Descriptions from Examples. PhD.
    Dissertation, MIT.

Winston, P. H. (1975): "Learning Structural Descriptions from Examples", in: The
    Psychology of Computer Vision, Winston, P.H. (ed.), McCraw Hill, New York, ch.
    5, 1975.